세상을 이롭게 빛내는
뉴로리더스가 되시길

당신의 뇌를 리더십의 무기로 만들기

도서출판 영혼의숲

이 책의 저작권은 독점계약으로 도서출판 영혼의숲이 소유합니다.
저작권법에 의하여 한국 내에서 보호를 받는 저작물이므로
무단전재 및 복제를 금합니다.

이종훈 지음

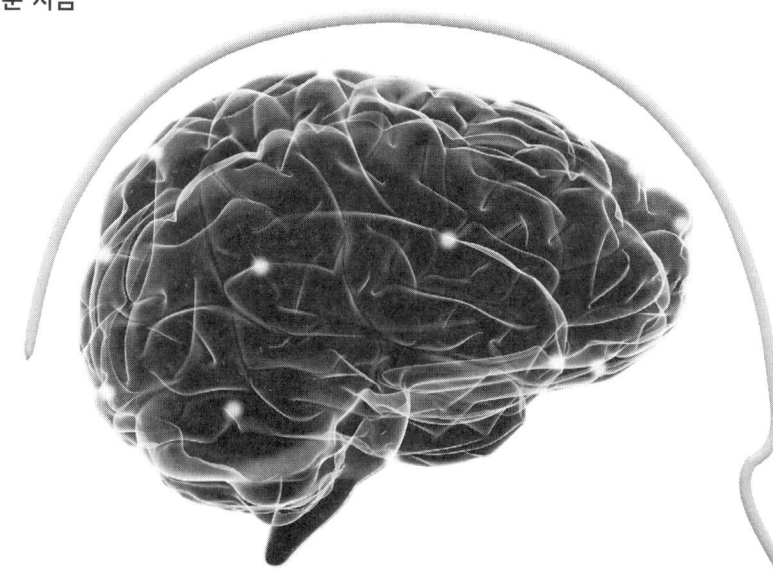

당신의 뇌를 최적화하라
뇌가 바뀌면 운명이 바뀐다

성공의 열쇠, NEURO LEADER SHIP

뉴로리더십은 뇌 과학의 발전을 통해 등장한 새로운 리더십 패러다임입니다.
뇌 과학 연구를 통해 밝혀진 인간행동과 의사결정의 메커니즘을 이해하고
이를 리더십 개발에 적용하는 것이 핵심입니다.

추천의 글

최근 뇌 과학이 크게 발전하고 있지만, 여전히 많은 부분이 미지의 영역으로 남아 있습니다. 예를 들어 우리는 경험적으로 뇌가 운명과 밀접하다는 생각을 하면서도, 단순히 지능을 떠올릴 뿐 구체적으로 어떻게 연관이 되는지 잘 설명하지 못합니다.

저자는 뇌 과학과 인간경험의 경계를 넘나들며 이러한 의문에 답하는 동시에, 신경망 재설계를 통해 리더십을 최적화할 수 있는 구체적인 생활습관을 제시하고, 실제로 어떤 효과를 얻을 수 있는지를 상세히 설명합니다.

저자는 타인에 대한 통제가 아니라 자기규제, 탄력성, 인지 최적화를 통해 진정한 리더십을 만드는 방법을 제시합니다. 이를 통해 독자들이 건강하고 긍정적인 마음 상태를 유지하며, 더 나은 의사결정을 내릴 수 있다고 강조합니다.

복잡한 세상을 성공적으로 살아가고 싶은 현대인들에게 〈뇌를 바꾸면 운명이 달라진다〉는 리더십의 교과서와 같습니다. 이 책이 자기자신을 변화시키고 더 나은 방향으로 운명을 전환하는 이정표가 되기를 기대합니다.

경상북도지사 이 철 우

인지과학과 뇌 과학의 시대가 도래했습니다. 이는 우리가 인간의 정신적, 정서적, 그리고 인지적 기능을 이해하는 데 있어 혁신적인 발전을 의미합니다. 2050년에는 인간의 두뇌 구조에 대한 이해가 더욱 깊어질 것이며, 이는 다양한 분야에서의 응용 가능성을 크게 확장시킬 것입니다.

이러한 변화는 단순히 과학적 호기심을 충족시키는 데 그치지 않고, 우리의 삶의 질을 향상시키고, 교육, 의료, 그리고 심리학과 같은 여러 분야에서 실질적인 변화를 가져올 것입니다. 이 책은 그런 의미에서 매우 중요합니다. 저자는 최신 연구 결과와 사례를 바탕으로 뉴로 시스템의 치유, 차별성 및 다양한 기능이 요구되는 시대에 리더가 반드시 알아야 할 핵심내용을 체계적으로 정리했습니다. 특히, 이 책은 비즈니스 리더, 교육자, 그리고 정책 결정자들에게 실질적인 지침과 통찰력을 제공합니다. 이러한 점에서 이 책을 강력히 추천하고 싶습니다. 다양한 분야의 전문가들이 이 책을 통해 뇌의 작용 원리를 이해하고, 이를 바탕으로 혁신적인 접근 방식을 개발할 수 있을 것입니다.

웅지세무대학교 총장, 전국대학총장협의회 회장 정 창 덕

뉴로리더십은 뇌 과학을 통해 리더십의 본질을 탐구하는 혁신적인 접근법입니다. 이 책은 뇌가소성, 신경 전달 물질, 뇌 체질 및 성격의 탄생 등 신경과학과 리더십의 교차점을 탐색하며, 리더가 뇌의 원리를 이해하고 조직을 효과적으로 이끄는 방법을 제시합니다.

저자는 최신 연구와 실제 사례를 바탕으로 신경망 재설계(Neural Net-worker Re-Programming, NRP) 개념을 통해 ① 뇌 훈련 ② 운동 ③ 명상 ④ 언어 ⑤ 학습 ⑥ 섭생 ⑦ 수면 ⑧ 인맥 등 8가지 생활습관을 설명합니다.

이 책은 독자들이 ① 회복 탄력성 ② 자기조절 능력 ③ 망상 활성화 ④ 인지 저장소 극대화 ⑤ 감정 관리 최적화 ⑥ 표상적 사고력 향상 ⑦ 작업 기억 능력 향상을 통해 리더십 역량과 조직 성과를 극대화할 수 있다고 강조합니다. 독자들은 자신의 리더십 스타일을 점검하고, 뇌 과학과 리더십의 융합을 경험하며, 새로운 시각으로 조직을 이끌어 더 나은 리더로 성장할 수 있을 것입니다.

(전)현대모비스 인재개발실장. 상무 / (현)퀀텀브레인 네트워크 대표 고 동 록

지난 25년간 삼성에서 인사와 경영관리를 담당한 후, 대학에서 인사조직과 경영전략을 가르치며 인격 완성도와 업무능력 차이에 대해 고민해왔습니다. 각 개인의 성장과정과 가치관이 삶의 질에 미치는 영향을 탐구하며, 저자와의 30년 인연 속에서 교육의 본질에 대한 깊은 통찰을 얻게 되었습니다.

제가 인재개발원장으로 있을 때, 저자가 제안한 뇌 과학 기반의 뉴로리더십 이론은 기존 리더십 교육의 패러다임을 전환하는 계기가 되었습니다.

4차 산업혁명 시대에 과학적 리더십 원형으로서 뉴로리더십이 고객 맞춤형 효과성을 갖출 것이라 확신합니다. 실제 학생들의 변화를 이끌어내었으며, 그 결과를 논문으로 발표하여 많은 이들로부터 놀라운 찬사를 받기도 했습니다.

뉴로리더십이 리더십의 새로운 지평을 열 것이라 믿습니다. 저자와 같은 선각자들의 헌신이 지속된다면, 뇌 과학과 뉴로리더십 분야에서 미래의 4.0

리더십을 육성하는 데 큰 기여를 할 것이라 확신합니다.

창원대학교 신산업융합학과 교수 김 수 진

리더(LEADER)는 불완전한 사람들과 함께 성과를 만들고 사회적 기여를 하는 사람이다. 리더십(LEADERSHIP)은 팔로워(FOLLOWER)와 함께 비전을 현실로 이루는 역량이다. 조직의 성과와 비전을 막무가내로 뒤흔들어 순식간에 조직을 천당과 지옥을 경험하게 할 만큼 힘이 센 리더십도 정교한 뇌 과학의 메커니즘으로 작동한다는 것을 알면 리더십의 역량을 효율적으로 극대화할 수 있다. 리더의 뇌가 바뀌면 리더십이 바뀌고 조직의 운명이 바뀐다. "삼국지를 읽지 않은 사람과는 상종하지 말라!" 또는 "삼국지를 세 번 이상 읽은 사람과는 논쟁하지 말라!"라는 말이 있다. 저는 "『뇌가 바뀌면 운명이 바뀐다』를 읽지 않은 리더와는 상종하지 말라!, 진정한 리더가 되려면 『뇌가 바뀌면 운명이 바뀐다』를 세 번 이상 읽어라!"라는 말씀을 드린다.

동국의대 정신건강의학과 교수 · 의학박사 힐링닥터 사공정규

"뇌가 바뀌면 운명이 바뀐다"라는 우리 삶의 변화를 이끌어낼 수 있는 놀라운 메시지를 담고 있는 책입니다. 저자는 최신 뇌 과학 연구를 바탕으로, 우리

의 사고방식과 행동이 뇌의 구조와 어떻게 연결되어 있는지를 명쾌하게 풀어냅니다. 이 책은 독자에게 뇌의 가소성을 활용해 긍정적인 변화를 끌어내는 다양한 방법을 제시하며, 일상에서의 실천 가능성을 강조합니다.

저자의 통찰은 단순히 이론에 그치지 않고, 실제 사례와 실천적 팁을 통해 독자들이 자기 삶을 변화시킬 수 있도록 구체적으로 안내합니다. 특히 리더십의 본능적 원형과 인지적 원형을 명쾌하게 설명한 점, 그리고 신경 가소성의 원리를 활용하여 뇌를 최적화하는 8가지 생활 습관은 독자들에게 큰 영감을 줄 것입니다.

이 책은 자신을 새롭게 만들고자 하는 모든 이에게 깊은 통찰과 실질적인 변화를 위한 길잡이가 될 것입니다. 여러분의 운명을 변화시키고 싶다면, 이 책을 반드시 읽어보시기를 추천합니다.

국제뇌교육종합대학원대학 교수 신 재 한

조직의 역량과 성과를 극대화하려면, 조직을 구성하는 근본적인 요소인 인간의 행동 방식, 학습 능력, 정서적 반응 등을 결정짓는 뇌에 대한 깊은 이해가 필수적입니다. 뉴로리더십은 뇌 과학에서 규명된 뇌의 작동 원리를 활용함으로써, 조직 구성원들이 리더십을 발휘하고 의사결정, 협업, 변화관리를 수행하는 과정에서 상당한 개선을 이룰 수 있음을 입증하고 있습니다.

평생을 경영 이론 탐구에 진력하며 수많은 사례 연구를 통해 현장과의 괴리가 없는 더 나은 방법론을 찾는 데 몰두해 온 저자가, 인간을 중심에 둔 뉴로

리더십에 주목한 것은 자연스러운 귀결이라 할 수 있습니다.

아무쪼록 그의 신작이 불확실한 환경에서 조직의 창의성과 성과를 극대화하고, 더 높은 가치를 창출하는 조직으로 도약할 수 있는 소중한 지침서로 널리 활용되기를 기대합니다.

(전)매일경제신문 논설위원 성 철 환

수많은 리더십 이론을 접해보았지만, 뇌 과학을 리더십에 접목시킨 뉴로리더십을 만난 것은 새롭고 놀라운 경험이었습니다.

뇌 과학과 심리학을 바탕으로 한 인간행동 및 의사결정 메커니즘을 리더십에 접목시킨 뉴로리더십은 기업과 개인의 리더십 모델에 큰 혁신을 가져올 것이라 확신합니다.

ChatGPT의 등장으로 촉발된 인공지능 시대에, 사람들은 AI가 모든 것을 해결해 줄 것이라고 기대하며 AI에 의존하고 있습니다. 하지만 인공지능 시대에 우리가 더 관심을 가져야 할 것은 우리의 뇌입니다.

인공지능 시대에 더욱 중요해지고 있는 인간의 뇌를 최적화하여 새롭게 탄생한 뉴로리더십은 현대인의 성공 열쇠가 될 것입니다. 이 책을 통해 뉴로리더십의 놀라운 경험을 하게 될 것이라 믿습니다.

(전)SK브로드밴드 인재개발원장
(현)지식플랫폼협동조합 운영위원장 오 두 영

리더십의 새로운 패러다임을 제시하며, 누구나 리더십 역량을 지닐 수 있다는 뇌 과학적 증거를 바탕으로 본능적 원형과 인지적 원형을 명확히 설명한 이 책은 독자 여러분의 관심을 끌 것입니다. 지자는 지도자의 뉴로리더십 역량을 최적화하는 방법을 놀라운 통찰력으로 제시하고 있습니다.

제가 가까이에서 지켜본 바에 의하면, 저자는 두 번이나 죽음의 고비를 극복하며 이 책을 출판하기까지 실증적 증거를 직접 실천해왔습니다.

이 책은 기업 내에서 리더십 개발 프로그램에 적용할 경우, 직원들의 잠재력을 극대화하고, 조직의 성과를 향상시키는 데 이바지할 것입니다. 뉴로리더십의 원리를 통해 각 개인의 리더십 역량을 강화함으로써, 팀워크와 협업의 시너지를 창출할 수 있습니다.

이 책이 리더십의 새로운 방향을 제시하는 이정표가 되기를 기대하며, 강력히 추천합니다.

(주)중부케미칼 대표이사 김 금 용

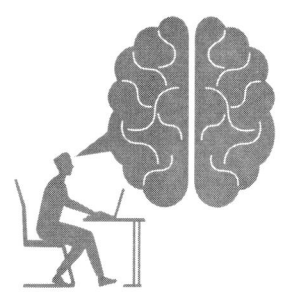

프롤로그

뇌 과학이 열어가는
새로운 리더십의 지평

리더십의 패러다임이 변화하고 있습니다. 과거 강력한 카리스마와 권위에 기반했던 리더십은 이제 더욱 섬세하고 인간중심적인 모습으로 진화하고 있습니다. 이러한 변화 속에서 주목받고 있는 것이 바로 '뉴로리더십'입니다. 뉴로리더십은 뇌 과학의 발전을 통해 등장한 새로운 리더십 패러다임입니다. 뇌 과학 연구를 통해 밝혀진 인간행동과 의사결정의 메커니즘을 이해하고, 이를 리더십 개발에 적용하는 것이 핵심입니다.

이 책은 신경가소성을 기반으로 뇌 최적화를 통해 리더십 역량을 높이는 방법을 제시합니다. 단순히 리더십 이론을 설명하는 데 그치지 않고, 실제 뇌 과학 기반의 신경망재설계(Neural Net-worker Re-Programming, NRP) 8가지 실천생활습관을 소개합니다.

이 8가지 생활습관은 ①뇌 훈련생활습관, ②운동생활습관, ③명상생활습관, ④언어생활습관, ⑤학습생활습관, ⑥섭생생활습관, ⑦수면생활습관, ⑧인맥생활습관입니다. 이를 통해 독자 여러분이 자신의 리더십을 향상시킬 수 있도록 도와드리고자 합니다.

미래 사회에 필요한 새로운 리더십 패러다임, '뉴로 리더십'을 통해 여러분의 리더십 역량 강화의 새로운 지평을 열어 가시길 기대합니다.

이 책은 단순한 리더십 역량 개발을 넘어, 우리 모두가 지닌 본능적 리더십 원형과 뇌의 특성을 최적화하여 발현되는 인지적 리더십 원형을 깊이 있게 탐구하고 있습니다. 특히 저자는 조직에서 리더십을 발휘할 때 발생할 수 있는 본능적 원형과 인지적 원형의 충돌로 인한 리더십 역량 갈등을 뇌 과학적 관점에서 면밀히 분석하고 있습니다. 이러한 충돌 상황에서 발휘할 수 있는 'POWER LEADER IN'의 핵심역량을 제시함으로써, 독자들에게 리더십의 근본적 메커니즘을 깊이 있게 이해할 수 있는 기회를 제공하고 있습니다.

이 책은 단순한 기술적 접근을 넘어, 인간본성의 근원적 측면에서 리더십의 본질을 탐구한다는 점에서 독자들의 큰 관심을 끌 것으로 기대됩니다. 특히 리더십 개발에 관심 있는 전문가와 실무자들에게 새로운 통찰을 제공할 것입니다. 이 책이 지향하는 궁극적인 목표는 독자 여러분이 바로 '뉴로 리더'로 성장하는 것입니다.

마지막장에서 소개하는 7대 효과, 즉 ①회복탄력성, ②자기조절능력, ③망상활성체 활성화, ④인지저장고 극대화, ⑤감정관리능력 최적화, ⑥표상적 사고력 향상, ⑦작업기억능력 향상을 통해 독자 여러분의 리더십 역량을 극대화하는 것이 이 책의 목표입니다.

저자는 독자 여러분 모두가 이미 타고난 뉴로 리더십 잠재력과 뉴로리더십 스타일을 지니고 있음을 입증할 것입니다. 본 책을 통해 여러분은 자신의 뇌 특성을 이해하고 최적화하여, 단순한 리더십 기술을 넘어 인지적 영향력을 발휘할 수 있는 다양한 방법을 발견하게 될 것입니다. 이를 통해 여러분은 단순한 리더가 아닌 진정한 '뉴로 리더'로 거듭나게 될 것입니다. 훌륭한 뉴로리더십은 어두운 상황에서도 빛을 밝혀주는 등불과 같습니다. 먼저 자신의 내면을 밝혀 주변에 긍정적인 영향을 미치고, 이를 통해 세상을 더 나은 방향으로 이끌어 갈 수 있습니다. 리더는 우선 자신을 최적화하여 밝혀야 합니다.

 자신이 내면의 빛을 발하면 주변에 긍정적인 영향력을 미치며, 더 나은 리더십을 발휘할 수 있을 것입니다. 이러한 과정을 통해 여러분은 자신의 내적 성장과 더불어 주변을 이끄는 능력을 발전시킬 수 있기를 기대합니다.

 이 책을 탐독하는 방법은 다음과 같습니다. 먼저 '모듈 06' "뉴로리더십 뇌 최적화로 얻는 7가지 효과"와 '모듈 05' "팔자 고치는 8가지 생활습관"을 먼저 읽어보고 100일간 실천해 보시기 바랍니다. 100일간 실천하시는 분은 저자와 연락하여 매월 1회씩 뇌파 검사를 받으시기 바랍니다.

 가까운 뉴로피드백 훈련센터를 방문하거나 저자를 직접 찾아와서 검사를 받고 피드백을 받을 수 있습니다. 이를 바탕으로 전체 내용을 탐독하는 것도 좋은 방법입니다. 또한 책을 읽기 전에 자신의 "뉴로리더십 스타일과 뇌 체질"을 파악하는 것도 도움이 될 수 있습니다.

 이를 위해 네이버 밴드의 "https://band.us/@neuroleadership"에서 "뉴로리더십 스타일 진단 도구"를 활용하여 저자에게 직접 다양한 피드백을 받을 수 있습니다.

뉴로멘토 이 종 훈

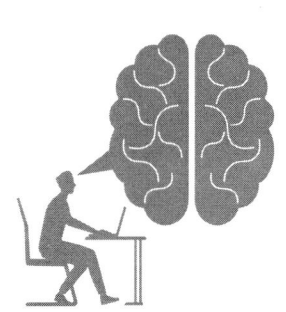

차례

MODULE 01 마음의 과학, 우리마음의 신비를 탐험하다 25

1. 마음을 볼 수 있습니까? 25
   1) 얼굴을 통해서 보는 마음 27
   2) 말을 통해서 보는 마음 28
   3) 행동을 통해서 보는 마음 33
   4) 뇌를 통해서 보는 마음 38
   5) 영혼(靈魂)과 마음의 과학 41
   6) 몸과 마음이 별개임을 증명하는
      전생기억사례 45
2. 뇌가 마음을 말하다 46
   1) 춤추는 마음 49
   2) SMR파 실험 51
   3) 마음을 스스로 조절하는 사람 52
   4) 스트레스에 반응하는 뇌파 53
   5) 뇌파를 조절하는 대학생 55
   6) 뇌파가 바뀌면 마음이 바뀔까? 56
   7) 죽을 고비를 넘기다 62

MODULE 02 뉴로리더십의 원형 71

1. 뉴로리더십의 탄생과 배경 71
2. 리더십의 탄생 76
   1) 겨우살이의 리더십 이야기 80
   2) 톡소플라즈마의 리더십 이야기 85

3. 리더십의 본능적 원형(3S모델)   90
   1) 늑대의 가족중심 리더십 이야기   97
   2) 닭대가리 리더십 이야기   100
   3) 침팬지의 독재자 리더십 이야기   111
   4) 개코원숭이의 민주적 리더십 이야기   113
   5) 기러기의 서번트 리더십 이야기   115
   6) 개미의 멘토링 리더십 이야기   118

4. 리더십의 인지적 원형(GIVE-DIR 모델)   121
   1) 관대함(Generosity)   130
   2) 청렴성(Integrity)   135
   3) 비전(Vision)   145
   4) 공정성(Equitable)   153
   5) 외교력(Diplomacy)   155
   6) 지적 능력(Intelligence)   164
   7) 결단력(Resolution)   178

MODULE 03 뉴로리더십 스타일   189

1. 당신의 리더십스타일은?   189
2. 5대 성격의 탄생   197
3. 뇌 체질   210
   1) 외향성과 도파민 체질   213
   2) 친화성의 아세틸콜린체질   215
   3) 성실성과 가바   217
   4) 개방성과 세로토닌   219
   5) 신경성과 결핍체질   222
   6) 파생적 성질 신경성   227
   7) 한 가지 성격특성이 모든 것을 좌우하지 않는다   229

4. 뇌 체질과 리더십 스타일   **231**
  1) 부족체질이 부르는 화   237
  2) 리더십 누구도 완벽할 수 없다   240
  3) 부족한 사람이 기회다   241
  4) 뇌의 기본 네트워크는 생존을 위한 진화의 산물   242
  5) 리더십은 사회적 뇌의 발달에서   246
  6) 강점특성과 단점특성   255
  7) 신경전달 물질의 최적화   258

5. 뉴로 리더십 4대 스타일   **259**
  1) 외향성 리더십 스타일   259
  2) 친화성 리더십 스타일   269
  3) 안정성 리더십 스타일   283
  4) 개방성 리더십 스타일   294
  5) 균형잡힌 리더십 스타일   304
  6) 독수리오형제   307
  7) 인간의 지혜 집단지성의 발견   310

MODULE 04   뇌가 바뀌면 운명이 바뀐다   **325**

1. 긍정의 뇌 부정의 뇌   325
2. Force Leader In vs. Power Leader In   334
3. 뉴로리더십 공식 $\int (3S \leq 7C) \times (F \leq P)$ 341
4. 본능적 원형과 인지적 원형의 충돌   345
5. 긍정의 뇌가 주도하는 리더십   349

6. POWER LEADER IN 모델　　　　　　　　　　　　　　351

　추진력(推進力, Propulsion)　　　　　　　　　　　　　351
　창의력(創意力, Originality)　　　　　　　　　　　　　352
　예지력(叡智力, Wisdom)　　　　　　　　　　　　　　353
　포용력(包容力, Embrace)　　　　　　　　　　　　　　355
　통제력(統制力, Regulation)　　　　　　　　　　　　　357
　지도력(指導力, Leading)　　　　　　　　　　　　　　359
　인내력(忍耐力, Endurance)　　　　　　　　　　　　　361
　성취력(成就力, Accomplishment)　　　　　　　　　　362
　영성력(靈性力, Divine)　　　　　　　　　　　　　　363
　경쟁력(競爭力, Emulation)　　　　　　　　　　　　　365
　결단력(決斷力, Resolution)　　　　　　　　　　　　　366
　외교력(外交力, Intercourse)　　　　　　　　　　　　368
　협상력(協商力, Negotiation)　　　　　　　　　　　　370

7. FORCE LEADER IN 모델　　　　　　　　　　　　　　373

　결벽(Fastidiousness)　　　　　　　　　　　　　　　　373
　강박(Obsession)　　　　　　　　　　　　　　　　　　376
　부패(Rottenness)　　　　　　　　　　　　　　　　　　377
　투쟁(Combat)　　　　　　　　　　　　　　　　　　　379
　질투(Envy)　　　　　　　　　　　　　　　　　　　　382
　도취(Ecstasy)　　　　　　　　　　　　　　　　　　　385
　비하(Abasement)　　　　　　　　　　　　　　　　　　386
　우울(Depression)　　　　　　　　　　　　　　　　　　388
　무력(Effete)　　　　　　　　　　　　　　　　　　　　389
　불안(Restlessness)　　　　　　　　　　　　　　　　　391
　조급(Impatient)　　　　　　　　　　　　　　　　　　392
　신경(Neurones)　　　　　　　　　　　　　　　　　　　393

8. 리더십의 향상성　　　　　　　　　　　　　　　　　395

MODULE 05 팔자 고치는 8가지 생활습관   401

NRP(신경망제설계) 8가지 습관   **401**
첫째, 뇌 훈련습관   403
둘째, 운동습관   405
셋째, 명상생활습관   407
넷째, 언어(감정)훈련습관   408
다섯째, 학습훈련습관   411
여섯째, 섭생훈련습관   412
일곱째, 수면훈련습관   414
여덟째, 인맥훈련습관   415

MODULE 06 최적화 했을 때 얻을 수 있는 강력한 효과   421

첫째, 회복탄력성의 향상효과   422
둘째, 자기조절능력의 향상효과   424
셋째, 망상활성계의 향상효과   425
넷째, 인지저장고 극대화효과   426
다섯째, 감정관리 능력 최적화효과   428
여섯째, 표상적 사고력 향상효과   429
일곱째, 작업 기억력 향상효과   431

주	434

에필로그	440

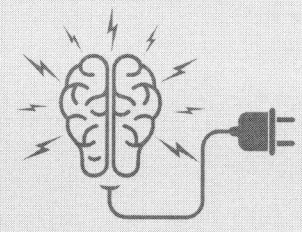

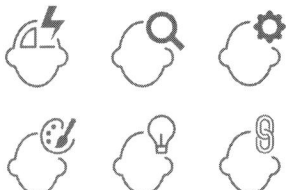

당신의 뇌를
리더십의 무기로 만들기

MODULE
01

마음의 과학
우리마음의
신비를 탐험하다

1. 마음을 볼 수 있습니까?　　　　　　**25**
　1) 얼굴을 통해서 보는 마음　　　27
　2) 말을 통해서 보는 마음　　　　28
　3) 행동을 통해서 보는 마음　　　33
　4) 뇌를 통해서 보는 마음　　　　38
　5) 영혼(靈魂)과 마음의 과학　　　41
　6) 몸과 마음의 별개임을 증명하는
　　　전생기억사례　　　　　　　　45
2. 뇌가 마음을 말하다　　　　　　　**46**
　1) 춤추는 마음　　　　　　　　　49
　2) SMR파 실험　　　　　　　　　51
　3) 마음을 스스로 조절하는 사람　52
　4) 스트레스에 반응하는 뇌파　　53
　5) 뇌파를 조절하는 대학생　　　55
　6) 뇌파가 바뀌면 마음이 바뀔까?　56
　7) 죽을 고비를 넘기다　　　　　62

MODULE 01

마음의 과학
우리마음의 신비를 탐험하다

1. 마음을 볼 수 있습니까?

"마음을 볼 수 있나요?"라는 질문을 받는다면, 여러분은 어떻게 대답할 것인가? 이는 제가 종종 세미나 참가자들에게 던지는 질문 중 하나이다.

대부분의 참가자들은 주저 없이 '볼 수 없다'라고 대답한다. 그러나 나는 이렇게 말한다. "볼 수 있습니다. 관심법으로 보면 보이지 않나요?" 이러한 대답은 매번 큰 웃음을 유발하며, 그 순간 세미나장의 분위기는 한층 더 편안하고 부드러워진다. 우리 속담에 '열 길 물속은 알아도 한 길 사람 속은 모른다'는 말이 있다. 이는 옛날 우리 조상들부터 오늘날 우리에 이르기까지, 인간의 마음이 얼마나 깊고 신비로운지를 담고 있다는 의미이다.

실제로 사람의 마음속을 들여다볼 수 있는 능력은 아무에게나 주어지는 것이 아니다. 그러나 깊은 관심과 이해를 바탕으로 한 관심법은 우리에게 사람의 마음을 조금이나마 이해할 수 있는 통찰력을 제공한다.

이러한 관심법은 단순한 관찰을 넘어 상대방에 대한 진심 어린 관심과 애정에서 비롯된다. 그리고 이것이 바로 우리가 타인의 마음을 '볼' 수 있는 방법 중 하나이다. 따라시, 마음을 볼 수 있는지에 대한 질문에 대한 대답은, 실제로 우리가 얼마나 타인에게 관심을 가지고 있는가를 반영하는 것이라 할 수 있다. 심리학과 신경과학은 인간의 마음과 뇌의 복잡한 관계를 이해하기 위해 다양한 연구를 진행해왔다.

심리학자들은 인간의 행동, 감정, 사고방식 등을 분석함으로써 마음의 작동 원리를 파악하려고 노력해왔고, 이러한 노력은 인간의 내면을 이해하는 데 큰 도움을 주었다. 반면, 신경과학자들은 뇌의 구조와 기능을 연구함으로써, 뇌가 어떻게 다양한 정신 활동을 조절하는지를 과학적으로 탐구해왔다.

이들은 뇌 스캔과 같은 첨단 기술을 사용하여 뇌의 활동을 관찰하고, 이를 통해 인간의 정서, 사고, 의사소통 방식이 어떻게 뇌의 특정 부위와 연결되어 있는지를 밝혀내고 있다. 뇌는 그 자체로 하나의 복잡한 통신 네트워크이며, 다양한 신호를 생성하여 우리가 다른 사람들과 어떻게 상호작용하는지에 대한 정보를 제공한다. 예를 들어, 누군가를 사랑할 때 뇌에서는 특정 호르몬을 분비하여 그 감정을 신체적으로 표현하게 만든다.

또한, 위험을 감지했을 때는 두려움을 느끼고 이를 피하거나 대처하는 반응을 보이게 된다. 이처럼 뇌는 다양한 감정 상태를 조절하고, 이를 통해 우리가 환경에 적응하고 생존할 수 있도록 돕는다. 이 과정에서 뇌는 우리의 생각과 감정을 외부에 표현하는 방법을 찾아내며, 이는 인간이 사회적 존재로서 서로를 이해하고 소통하는 데 필수적인 역할을 한다.

이러한 뇌와 마음의 상호작용은 인간의 행동과 정서에 깊은 영향을 미치며, 우리가 세상을 어떻게 인식하고 대응하는지에 대한 중요한 통찰을 제공한다.

따라서 심리학과 신경과학의 연구는 인간본성에 대한 우리의 이해를 심화시키고, 정신 건강 문제의 예방과 치료에 있어 중요한 기반을 마련해 준다.

1) 얼굴을 통해서 보는 마음

'얼굴'이라는 단어는 '얼'과 '굴'이 결합된 합성어로, 그 내면적 의미를 살펴볼 필요가 있다. '얼'은 순수한 우리말로서 영혼, 정신을 뜻하는 한자어와 연결된다. 이러한 한자어로는 '넋(魂)', '혼(魂)', '영혼(靈魂)', '정신(精神)' 등이 있으며, 이들은 모두 인간의 내면적 의식 상태를 나타낸다. 국어 표준사전에서는 '얼'을 '정신의 줏대'라고 설명하며, 이는 개인의 도덕적이고 정신적인 기반을 의미한다.

법정 스님은 "정신문화에는 민족의 얼이 담겨 있으며, 한 나라의 말에는 겨레의 얼이 살아 숨 쉬고 있다"라고 말하며, 얼이 단순한 개인의 정신을 넘어 민족전체의 정신문화와 밀접하게 연결되어 있음을 강조했다. 또한 "아름다움은 안에서 번져 나오는 것이며, 맑고 투명한 얼이 안에서 밖으로 번져 나와야 한다"고 주장하며, 얼이 외면으로 표현되어야 함을 역설했다.

한편 '굴'은 구멍을 의미하며, 이는 외부에서 내부를 들여다볼 수 있는 특성을 지니고 있다. 따라서 '얼+굴'의 결합은 그 사람의 외적인 모습을 통해 내면적인 정신 상태나 사상을 엿볼 수 있음을 의미한다. 에이브러햄 링컨 대통령은 "40대에 이른 사람이 자신의 얼굴을 책임지지 못한다면, 그는 자신의 인생을 책임질 수 없다"라고 말했는데, 이는 개인이 자신의 내면적 정신 상태를 관리하고 그것이 외적으로 어떻게 표현되는지를 책임져야 함을 강조한 것이다. 심리학자 폴 에크만은 인간의 감정과 그 표현 방식을 깊이 연구했다. 그의 연구에 따르면, 인간이 공통적으로 경험하는 기본적인 감정들은 기쁨, 슬픔, 분노, 공포, 혐오, 놀람의 여섯 가지이며, 이러한 감정들은 특정 문화나 사회적 배경에 관계없이 전 세계 모든 사람들에게 공통적으로 나타난다. 예를 들어 기쁨은 미소로, 슬픔은 눈물로, 분노는 찡그린 표정으로 드러난다. 에크만은 1967년부터 1968년까지 파푸아뉴기니의 원시 부족을 방문하여 그들의 감정 표현 방식을 관찰했다. 그 결과, 이 부족 사람들이 에크만이 제시한 감정의 정확한 표정을 짓는 데 성공했으며, 심지어 그들의 얼굴 근육의 움직임까지도 현대 문명인과 동일하다는 사실을 밝혀냈다. 이는 감정을 나타내는 표정이 개인의 문화적 배경이나 생활 환경에 따라 달라지는 것이 아니라, 모든 인간이 공유하는 보편적인 감정 표현 방식이 있음을 입증한 것이다.

2) 말을 통해서 보는 마음

① 말은 그 사람의 인격이고 신용이고 법이다.

말에는 상(想)이 있다. 말은 단순히 소리의 연속이 아니다. 그것은 우리의 생각과 감정, 그리고 우리의 마음속 깊은 곳에 자리 잡고 있는 신념을 담고 있다. 이러한 말은 그 사람의 내면을 반영하는 거울이자, 그의 정체성을 드러내는 창이라 할 수 있다. 우리가 일상에서 사용하는 언어는 단순한 의사소통 수단을 넘어, 우리의 복잡한 생각과 사상, 그리고 풍부한 지식을 외부 세계에 전달하고 공유하는 가장 효과적인 도구이다.

이러한 말의 사용은 단순히 입을 움직여 소리를 내는 행위를 넘어선다. 그것은 우리의 내면세계와 외부 세계 사이의 소통을 가능하게 하는 중요한 연결고리 역할을 한다. 말을 할 때 우리는 단지 알고 있는 정보를 전달하는 것이 아니라, 그 정보가 우리 내면에서 어떻게 해석되고 이해되었는지를 함께 전달한다. 이 과정에서 우리는 우리가 경험하고, 관찰하고, 배운 모든 것을 바탕으로 이야기를 구성한다. 이처럼, 우리가 사용하는 말과 단어는 그 자체의 의미를 넘어서는 깊이와 넓이를 가지며, 우리가 살아가면서 축적한 지식과 경험, 그리고 그것을 통해 형성된 우리의 세계관과 밀접하게 연결되어 있다. 따라서, 말 한마디 한마디는 그 자체로 우리의 존재와 정체성, 그리고 우리가 이 세상과 어떻게 소통하고 있는지를 나타내는 중요한 지표가 된다. 예를 들어, "나는 당신을 사랑한다"라는 말은 그 자체로 간단해 보일 수 있지만, 이 말을 하는 사람의 나이, 경험, 그리고 상황에 따라 그 의미는 크게 달라진다. 초등학생이 친구에게 하는 "사랑해"와 세월을 함께 겪으며 삶의 동반자가 된 성인 남녀가 서로에게 전하는 "사랑해" 사이에는 그 무게감이나 내포된 의미에서 큰 차이가 있다.

말에는 단순한 의미를 넘어서, 그 말을 하는 사람의 믿음, 감정, 그리고 그 말이 가져올 결과까지도 담겨 있다. 이런 맥락에서, 말은 단순히 의사소통의 도구를 넘어서, 우리의 생각과 믿음을 형상화하고, 예측 가능한 결과를 만들어내는 측정 도구로서의 역할도 한다. 이처럼, 우리가 사용하는 말은 우리의 내면 세계를 반영하며, 우리가 누구인지, 우리가 무엇을 믿는지를 드러내는 중요한 수단이다.

❷ 말의 처리와 이해는 인간의 뇌에서 매우 중요한 역할을 한다.

이 과정은 대부분 뇌의 좌측 반구에서 일어나는 것으로 알려져 있으며, 이는 언어와 관련된 여러 연구와 실험을 통해 밝혀진 사실이다. 물론, 모든 사람의 뇌 구조가 정확히 같은 것은 아니며, 매우 드물게 언어 기능이 뇌의 우측 반구에서 주로 처리되는 사람들도 존재한다. 하지만 이러한 경우는 예외적인 상황으로, 대부분의 사람들에게서는 언어 처리 기능이 좌측반구에서 더 활발하게 이루어진다는 것이 현대 뇌 과학계에서 널리 인정되고 있는 이론이다.

좌측 반구 내에는 언어 처리와 이해에 필수적인 두 가지 핵심영역이 위치하고 있다. 이는 바로 브로카 영역과 베르니케 영역이다. 브로카 영역은 언어의 생성과 관련되어 있으며, 이 영역이 손상되었을 때, 사람은 말이나 글을 이해하는 능력은 유지할 수 있지만, 말을 만들어내거나 글을 쓰는 데 큰 어려움을 겪게 된다. 이러한 상태를 브로카 실어증이라고 부른다. 반대로, 베르니케 영역은 언어의 이해에 중점을 둔다. 이 영역에 손상이 생겼을 때, 사람은 말을 유창하게 할 수는 있지만, 그 말들이 실제로 의미를 가지지 않게 되어 의사소통에 큰 문제가 생긴다. 이를 베르니케 실어증이라고 하며, 말의 내용이 혼란스럽고 이해하기 어려운 특징을 보인다.

이처럼, 뇌의 좌측 반구에 위치한 브로카 영역과 베르니케 영역은 언어의 생성과 이해라는 두 가지 중요한 기능을 담당하고 있다. 그리고 이 두 영역의 상호작용을 통해 우리는 말을 이해하고, 생각을 말로 표현하는 복잡한 과정을 수행할 수 있게 된다.

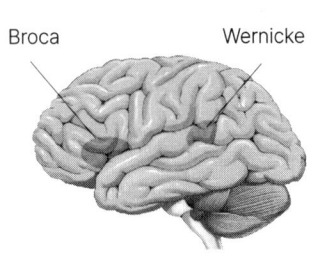

[그림1] 위키백과 사진인용

따라서, 이 두 영역의 건강과 기능 유지는 의사소통 능력을 유지하는 데 있어 매우 중요하다. 뇌에는 말하는 영역과 말의 의미를 이해하는 영역이 다르다. 우리가 어떻게 말하는지는 뇌의 특정 부위, 특히 언어와 관련된 부위의 건강 상태에 많이 달려있다. 그런데 언어 이해와 생성에 관여하는 뇌의 부위에 손상이 전혀 없는 사람들은 어떻게 말을 할까? 이들의 말하기 능력은 그들이 기억하고 배운 지식, 그리고 의식 수준에 따라 달라진다. 이것은 사람이 알고, 경험하고, 이해한 만큼 말한다는 것을 뜻한다.

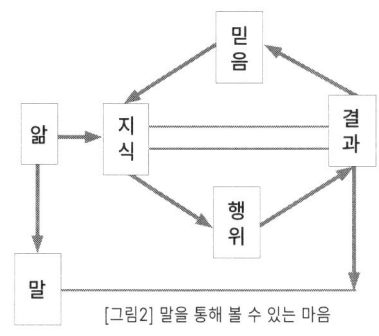

[그림2] 말을 통해 볼 수 있는 마음

말은 결과를 예측한다. 예를 들어 "교육을 받으러 간다"라고 말했다면, 교육을 받는 결과를 예측할 수 있다. 하지만 교육에 대한 믿음이 없다면, 교육을 받으러 가지 않을 것이다. 믿음이 있어서 교육을 받으러 가는 준비를 하고, 그런 행동을 한다. 그 행동은 새로운 믿음을 만들고, 다시 다른 말을 하게 한다

지식이 많으면 다양하고 복잡한 주제에 대해 깊게 표현할 수 있다. 반대로 지식이 부족하면 표현력도 제한된다. 그렇다면 우리가 '안다'고 하는 그 기억은 어떻게 형성되는 것일까? 이에 대해 명확히 구분한 학자 중 하나는 하버드 대학교의 다니엘 삭터 박사다. 그는 기억을 두 가지 유형으로 나누었는데, 이는 외현 기억과 암묵기억이다. 외현 기억은 우리가 의식적으로 접근하고 회상할 수 있는 정보의 저장소로, 특정 사건에 대한 기억이나 언어적 지식 등이 여기에 해당한다.

반면 암묵기억은 의식적으로 인식하지 못하는 기억으로, 자전거 타기나 피아노 연주와 같은 운동 기술이나 어떤 단어의 발음 방법 같은 무의식적 지식을 포함한다. 이러한 구분을 통해 우리는 사람이 어떻게 말을 하게 되는지, 그리고 그 말하기 능력이 어떤 기억의 형태에 의해 지원되는지에 대해 좀 더 깊이 이해할 수 있게 됐다.

❸ 암묵지와 형식지는 양질의 지식을 축적하는 지혜의 수단이다.

노나카 이쿠지로 교수는 지식경영이라는 분야에서 탁월한 업적을 남긴 인물로, 특히 그의 저서인 '지식창조기업'을 통해 전 세계적으로 큰 명성을 얻었다. 이 책에서 그는 지식경영과 관련하여 혁신적인 이론과 실제적인 사례를 제시하며, 지식의 중요성과 그 관리 방법에 대해 심도있게 탐구한다. 특히 그가 제안한 지식의 분류 이론은 많은 학자와 실무자들에게 큰 영향을 미쳤다. 노나카 교수의 이론에 따르면 지식은 크게 '형식지'와 '암묵지'라는 두 가지 유형으로 구분된다. '형식지'는 문서, 매뉴얼, 데이터베이스 등과 같이 명확한 언어나 기호를 통해 표현하고 전달할 수 있는 구조화된 지식을 말한다. 이는 학교 교육이나 전문적인 훈련을 통해 쉽게 배울 수 있는 이론적 지식, 공식, 법칙 등을 포함한다. 따라서 형식지는 지식의 전달과 공유가 비교적 용이하며, 조직 내에서의 지식 관리에 있어 중요한 역할을 한다.

반면, '암묵지'는 개인의 경험, 느낌, 직관 등으로 구성되어 있어 말로 표현하기 어렵고, 주로 개인의 경험을 통해 습득되는 지식이다. 예를 들어, 장인의 숙련된 기술이나 음악가의 창작 과정에서 나타나는 직관적인 능력 등이 암묵지의 예시이다. 암묵지는 개인마다 독특하며, 이를 타인과 공유하고 전달하기 위해서는 특별한 노력과 방법이 필요하다. 노나카 교수는 이러한 암묵지를 형식지로 전환하는 과정이 지식창조의 핵심이라고 강조한다.

노나카 이쿠지로 교수의 이론은 기업이나 조직에서 지식을 어떻게 관리하고 창조해야 하는지에 대한 깊은 통찰을 제공한다. 그의 접근 방식은 지식을 단순히 정보의 집합으로 보지 않고, 개인의 경험과 직관을 중시하는 새로운 시각을 열어준다. 이를 통해 많은 기업과 조직이 지식기반 경제에서의 경쟁력을 강화하는 데 큰 도움을 받고 있다. 기억 처리 과정에서 이 두 가지 지식은 각각 다른 영역에 속한다. 의식적으로 인지하고 처리하는 지식은 '외현기억'에 해당하는 반면, 무의식적인 요소들, 예를 들어 습관이나 본능적 반응 등은 '암묵기억'에 해당한다. 특히, 기술을 배우거나 어떤 행동을 반복함으로써 자연스럽게 익히는 절차적 학습도 암묵지의 한 형태로 볼 수 있다. 예를 들어, 자전거 타기나 자동차 운전 같은 기술은 처음에는 의식적으로 배우지만, 일단 익숙해지면 무의식적으로 실행할 수 있게 되는데, 이는 바로 암묵기억의 작용 덕분이다.

노나카 교수는 이러한 구분을 통해, 우리가 일상생활에서 경험하는 다양한 지식과 기억이 어떻게 작용하고 저장되는지에 대해 설명한다. 예를 들어, 책을 읽거나 강의를 들을 때 얻게 되는 지식은 주로 형식지에 속하며, 이는 외현기억을 통해 의식적으로 처리되고 저장된다. 반면, 자전거 타기나 어떤 감정을 느끼는 등의 무의식적인 행동이나 정서적 표현은 암묵기억을 통해 내면에 저장되며, 이는 암묵지의 영역에 속한다.

이와 같은 지식의 분류는 학습이나 교육뿐만 아니라, 일상생활에서의 의사소통과 인간관계, 심리적 발달에 이르기까지 다양한 분야에 깊은 영향을 미친다. 우리가 어떤 지식을 어떻게 습득하고 사용하는지에 대한 이해는, 더 효과적인 학습 방법을 모색하거나 인간의 마음과 행동을 이해하는 데 있어 중요한 열쇠가 된다.

3) 행동을 통해서 보는 마음

움직임이란 과연 어떻게 일어나는 것일까? 이 질문에 답하기 위해서는 움직임이 단순히 몸을 이동시키는 행위를 넘어선다는 것을 이해해야 한다. 움직임은 목표를 설정하고 그 목표를 향해 나아가는 복잡한 메커니즘을 포함한다.

예를 들어, 동물의 움직임을 살펴보자. 동물이 움직이는 이유는 대체로 두 가지, 즉 성과 먹이를 찾기 위해서다. 이러한 목적을 달성하기 위해 동물이 눈과 입이 앞을 향하도록 진화해 왔다. 이는 동물이 전진하면서 먹이나 파트너를 찾는 데 최적화되어 있음을 의미한다.

모든 생명체, 동물이든 식물이든, 생존과 번식을 위해 각자에게 맞는 방법을 진화 과정에서 선택했다. 식물은 태양 빛을 받아 광합성으로 영양분을 만들어내는 능력을 개발했다. 반면, 동물은 이동해서 먹이를 찾고 먹는 방법으로 생존한다. 이 과정에서 동물은 먹이를 찾기 위해 눈, 귀, 코를 사용해 먹이를 찾고, 먹을 수 있는지 판단한다.

하지만, 먹이를 찾고 먹는 것 만큼 중요한 것은 그 이후의 과정이다. 즉, 섭취한 먹이를 소화시킨 후 남은 배설물을 어떻게 처리하는지가 중요하다. 이에 대해 박문호 박사는 '뇌, 생각의 출현'에서 배설물 처리 방법에 대해 흥미롭게 설명했다. 그는 배설물을 다시 볼 필요가 없기 때문에 배설 부위가 몸 뒤쪽에 위치한다고 말했다. 이는 생물의 신체 구조가 생존과 번식을 최적화하기 위해 진화한 결과임을 보여준다. 배설물을 배출하는 부위가 코와 입 사이에 있었다면, 식사와 호흡에 큰 문제를 일으키고 생존에 위협이 됐을 것이다.

따라서 움직임과 이에 따른 신체 구조는 생존을 위한 중요한 진화의 산물이라고 할 수 있다.

뉴로리더십 세미나에서 가끔 이런 질문을 던진다. "나는 방금 여러분 앞에서 몸을 움직였다. 여러분이 보았듯이, 내 팔과 다리는 물론 눈, 손가락, 발가락까지 내 신체의 여러 부분을 움직였다. 그런데 이 모든 움직임 속에서 두 가지 더 움직인 것이 있다. 과연 그것들은 무엇일까?" 이 질문을 받은 참가자들은 처음에는 당황해하며 서로를 바라본다. 팔과 다리의 움직임은 눈에 보이기 때문에 명확하지만, 그 외에 무엇이 더 움직였을까 하는 궁금증이 생긴다. 이러한 혼란 속에서 한 참가자가 재치 있게 "선생님, 혹시 중간 다리가 움직였나요?"라고 물어보며 분위기를 환하게 만든다. 이 질문은 순간적으로 세미나 장소를 웃음으로 가득 채우며 긴장된 분위기를 누그러뜨린다.

 이런 질문은 참가자들이 단순한 육체적 움직임을 넘어서 생각과 인식의 움직임을 고려하게 만든다. 진행자는 결국 '생각'과 '감정'이 움직였다고 해답을 제시한다. 몸을 움직일 때 우리의 생각과 감정도 함께 움직이는 뇌의 활동을 깨닫게 되는 순간이다. 이 해답은 참가자들을 단순한 신체의 움직임을 넘어서 내면의 움직임에 대해 생각해 보게 한다. 뉴로리더십 세미나는 참가자들이 자신의 생각과 감정, 그리고 그것들이 어떻게 행동에 영향을 미치는지 깊이 생각해 볼 수 있는 기회를 제공한다.

 만약 인간의 좌측 측두엽에 문제가 발생하게 된다면, 이는 우리 몸에 어떠한 변화를 초래할까? 먼저, 측두엽은 뇌의 중요한 부분 중 하나로, 언어 이해, 청각 정보 처리, 기억 저장 등 다양한 기능을 담당하고 있다. 특히, 좌측 측두엽의 기능 장애는 우리 몸의 우측 부분에 직접적인 영향을 미친다. 구체적으로 말하자면, 신체의 우측 부분, 특히 우측 팔과 다리가 마비 상태에 빠질 가능성이 크다. 이는 해당 부위를 제어하는 데 필요한 신경 신호의 전달이 원활하지 않기 때문이다.

 이러한 현상은 뇌와 신체 사이의 복잡한 상호작용에 기반을 둔다. 우리가 몸을 움직이려 할 때, 뇌는 신체의 각 부위로 명령을 내리고, 이에 따라 근육이 반응하여 움직임이 이루어진다. 따라서, 뇌의 한 부분에 문제가 생기면, 이러한 명령 전달 과정에 차질이 발생하여 신체 일부의 기능이 저하될 수 있다.

 그렇다면, 뇌 외에 다른 어떤 요소가 신체의 움직임에 관여한다는 것은 과연 어떤 의미를 가질까? 이는 우리 몸의 움직임과 관련된 뇌 이외의 요소들, 예를 들어 신경계, 근육계 등의 복합적인 상호작용을 시사한다. 이러한 복잡한 관계를 이해하는 것은 의학과 신경과학의 중요한 연구 분야 중 하나이다. 이 글을 읽는 독자들에게도 이와 같은 질문을 던져보며, 신체와 뇌의 관계에 대해 더 깊이 고민해 보는 기회가 되었으면 한다.

이 질문에 대한 명확한 답을 얻기 위해서는, 먼저 우리 뇌의 구조와 기능에 대한 깊은 이해가 필요하다. 우리의 뇌는 대략 1,000억 개의 신경세포, 즉 뉴런으로 이루어져 있다. 이 뉴런들은 1,000조 개가 넘는 시냅스를 통해 복잡한 정보 교환 과정을 진행한다. 이런 방대한 규모의 신경세포와 시냅스들은 서로 연결되어 수천만 개의 모듈로 조직되어 있으며, 이 모듈들은 각각 다양한 기능을 수행한다. 예를 들어, 어떤 모듈은 시각 처리를 담당하고, 다른 모듈은 언어 이해나 감정 조절 같은 역할을 맡는다. 이 모듈들은 서로 정보를 주고받으며 상호작용하고, 이러한 복잡한 상호작용을 통해 우리가 보고, 느끼고, 생각하고, 결정하는 등 인간의 다양한 정신 활동이 이루어진다.

이런 복잡한 뇌의 작동 원리는 우리가 어떻게 움직이고, 행동하는가를 이해하는 데 핵심적인 역할을 한다. 예를 들어, 우리가 걷거나 말할 때, 이는 여러 뇌 모듈이 특정한 방식으로 상호작용하는 결과이다. 이러한 상호작용은 무의식적으로 이루어지기 때문에 우리는 단순히 '걷고 싶다'거나 '말하고 싶다'는 생각을 하면 자연스럽게 해당 행동을 수행하게 된다. 그러므로 우리의 일상적인 행동과 의식적인 결정은 뇌의 복잡한 모듈과 네트워크의 상호작용에 의해 결정되며, 이를 통해 우리는 다양한 환경에 적응하고 생존하며, 사회적인 상호작용을 이어갈 수 있다.

뇌의 신경세포들이 활동을 시작하는 것을 좀 더 시적이고 감성적으로 표현하자면, '마음이 움직인다. 할 수 있다.' 이는 마치 무형의 감정이나 생각이 실제로 움직임을 통해 나타나는 것처럼 느껴진다. 신경과학의 선구자인 로돌프 이나스는 이러한 현상을 매우 흥미롭게 설명했다. 그는 우리가 평소에 느끼는 다양한 생각이나 의식, 즉 내면의 목소리가 실제로 우리 뇌에서 일어나는 물리적인 움직임, 즉 신경세포들의 활동으로 내면화되는 현상이라고 했다.

이런 관점은 마음과 몸이 서로 밀접하게 연결되어 있다는 것을 보여준다. 우리의 감정이나 생각이 단지 추상적인 것이 아니라, 뇌라는 구체적인 기관의 활동과 직접적으로 연관되어 있다는 의미다. 따라서 우리가 느끼는 감정이나 생각이 바뀔 때, 그것은 뇌의 신경세포들이 새로운 방식으로 활동하기 시작했다는 것을 의미한다. 로돌프 이나스의 설명은 우리가 인간의 마음과 몸이 어떻게 상호작용하는지에 대해 더 깊이 이해할 수 있게 해준다.[1]

오늘 사무실의 분위기는 평소와 다소 다르다. 평소보다 조금 더 긴장되고 어수선한 분위기가 감돌고 있다. 함께 일하는 여직원은 오늘따라 왔다 갔다 하는 동안 그녀의 얼굴에 불안한 기색이 역력하다. 그녀의 눈빛에서는 많은 생각과 걱정이 느껴지는데, 아마도 업무와 관련된 어떤 문제 때문에 마음이 무겁게 짓눌려 있는 것 같다.

한편, 어제 시골에서 돌아온 김 군은 책상 앞에 앉아 깊은 한숨을 쉬고 있다. 그의 얼굴에서는 시골에서의 가족 문제나 개인적인 어려움으로 인한 근심과 걱정이 가득 차 있다. 그는 누구에게도 말하지 않지만, 마음속 깊은 곳에서는 해결되지 않는 문제들로 인해 크게 고민하고 있는 것으로 보인다. 그리고 부서장은 오늘 아침 출근하자마자 얼굴이 붉어지며 화를 내고 있는 상황이다. 아마도 업무의 진행 상황이나 팀원들의 성과에 만족하지 못하는 것일 수도 있고, 다른 부서나 상사와의 갈등으로 인한 스트레스일 수도 있다. 그의 화난 모습에서는 지금 당장이라도 폭발할 것 같은 강한 분노가 느껴진다.

 이렇게 각자 다른 이유로 마음이 무거운 이들의 모습에서는 사무실 내의 긴장된 분위기가 더욱 짙게 느껴진다. 여직원의 불안, 김 군의 근심, 부서장의 분노는 그들의 표정과 행동에서 쉽게 알아챌 수 있으며, 이러한 감정들이 서로 영향을 주며 사무실 전체의 분위기를 더욱 어둡게 만들고 있는 분위기이다.

4) 뇌를 통해서 보는 마음

 먼저 우리의 뇌를 상상해보자. 그것은 단단한 두개골로 완전히 보호되어 있으며, 피부 아래에 있는 근육처럼 우리가 손으로 만지거나 눈으로 직접 볼 수 없는 곳에 깊숙이 숨겨져 있다. 이러한 뇌의 위치는 그것이 얼마나 중요하고 민감한 기관인지를 시사한다. 신체의 다른 부분과 달리, 뇌는 그 자체로 외부 환경과 직접적인 접촉을 하지 않는다. 대신, 뇌는 우리 몸의 다른 부분들을 통해 외부 세계와 소통한다. 이러한 특성은 뇌가 얼마나 복잡하고 섬세하게 설계되었는지를 보여준다.

 로돌프 이나스의 관점에 따르면, 인간의 뇌는 그 구조와 기능 면에서 두드러진 특징을 지니고 있다. 이 중 첫 번째로 주목할 만한 특징은 뇌가 골격, 특히 두개골에 의해 완전히 둘러싸여 있다는 점이다. 이는 뇌가 외부의 직접적인 충격으로부터 보호받는 동시에, 우리의 일상생활 속에서 눈에 보이지 않는 신비한 기관임을 의미한다. 이러한 보호 장치는 뇌가 우리 몸에서 가장 중요하고 민감한 기관 중 하나임을 나타내며, 그만큼 보호와 관리가 필요함을 시사한다.

 두 번째 중요한 특징은 뇌가 자기 참조적인 시스템, 즉 자기자신을 바탕으로 정보를 해석하고 반응하는 시스템이라는 점이다. 이는 뇌가 외부 세계와 직접적으로 접촉하지 않고, 오로지 눈, 귀, 코, 혀, 피부와 같은 전문화된 감각 기관을 통해 외부 세계의 정보를 수집하고 이를 내부적으로 처리한다는 것을 의미한다. 이 과정에서 뇌는 들어오는 정보를 선택적으로 해석하고 반응하므로, 우리가 경험하는 현실은 매우 주관적이라는 결론에 이른다. 각자의 뇌는 독특한 방식으로 정보를 처리하고 해석하기 때문에, 같은 상황을 겪어도 사람마다 느끼고 이해하는 방식에 차이가 발생한다. 이러한 이유로, 사람들 사이에 의견 차이나 인식의 다양성이 존재하는 것은 당연한 현상으로 볼 수 있다. 이나스의 이러한 설명은 인간의 뇌가 어떻게 우리 각자의 독특한 현실을 만들어내는지에 대한 깊은 이해를 제공한다.

이나스의 설명은 우리가 외부 세계를 어떻게 인식하고 이해하는지에 대한 근본적인 질문을 제기한다. 뇌가 외부 세계와 직접 접촉하지 않고, 감각 기관을 통해 간접적으로 정보를 수집한다는 사실은 우리가 경험하는 모든 것이 사실은 뇌가 만들어낸 해석일 수 있다는 의미이다. 이는 인식론적으로 매우 중요하다. 우리의 인식과 경험은 객관적인 현실을 직접 반영하는 것이 아니라, 뇌가 처리하고 해석한 결과물일 수 있다. 이러한 관점은 우리가 세계를 바라보고 이해하는 방식에 대해 깊이 생각하게 만든다.

우리의 감각 기관은 오랜 시간에 걸쳐 인간의 생존에 필요한 방향으로 진화해 왔다. 이러한 진화 과정은 우리의 내부 상태를 형성하며, 유전적으로 전달된 신경 회로의 구조에 따라 결정된다. 감각 기관은 외부 세계로부터의 정보를 받아들이는 창문 역할을 하며, 이 정보는 뇌에서 처리되어 의식이나 감정의 형태로 나타난다. 즉, 우리가 외부 세계를 인식하고 반응하는 방식은 이러한 신경 회로의 배열과 밀접하게 연결되어 있다. 신체의 근육과 달리 뇌는 두개골이라는 단단한 보호막에 싸여 있어서 직접적인 관찰이 어렵다. 이로 인해 뇌의 작동 원리를 이해하는 것은 마치 판도라의 상자를 열어보는 것과 같은 도전이 된다. 뇌는 감각 기관으로부터 수집된 정보를 종합하여 우리가 의식적으로 인식할 수 있는 형태로 변환히는 복잡한 과정을 거친다.

예를 들어, 우리가 아름다운 꽃을 눈으로 보고 손으로 만지는 경험을 생각해 보자. 눈은 빛의 형태로 꽃의 이미지를 포착하고, 이 정보는 뇌로 전달되어 '아름다운 꽃'이라고 인식된다. 만약 우리가 그 꽃을 손으로 만진다면, 피부의 감각 수용체는 그 꽃의 질감을 느끼고 이 정보 역시 뇌로 전달된다. 뇌는 이를 종합하여 '이 꽃은 연두색이며 꽃잎이 솜처럼 부드럽다'와 같은 더 구체적인 인식으로 발전시킨다. 하지만 여기서 중요한 점은 우리의 뇌가 정보를 해석하는 과정에서 오류가 발생할 수 있다. 만약 눈으로 본 것과 손으로 만진 감각이 서로 일치하지 않는다면, 뇌는 혼란을 겪게 되고, 이는 '이 꽃은 진짜가 아닌 인조꽃이다, 역겨워!'와 같은 예상치 못한 반응을 유발할 수 있다. 이처럼 우리의 인식과 반응은 감각 기관으로부터의 정보와 그 정보를 해석하는 뇌의 작동 방식에 의해 결정된다.

인간의 뇌에 의식이 존재한다는 사실은 여러 과학적 발견을 통해 밝혀져 왔으며, 이 중에서도 피니어스 게이지 사건은 마음의 신비로움을 잘 보여주는 사례로 꼽힌다. 19세기 중반, 철도 공사 중 대형 사고를 당한 게이지는 대뇌전두엽에 심각한 손상을 입었음에도 생명을 유지했다. 그러나 그의 성격과 행동이 크게 변화하면서, 뇌가 인간의 정신 활동과 밀접하게 연결되어 있음을 시사했다.

신경외과 의사 와일드 펜필드는 뇌와 의식의 관계를 심도 있게 탐구한 인물이다. 그는 캐나다 맥길대학교에서 연구를 진행하며, 신경과학 분야에 큰 발자취를 남겼다. 펜필드는 신경외과 수술 중 환자의 뇌를 직접 관찰하고, 미세한 전기 자극을 통해 뇌의 특정 부위를 자극하는 실험을 진행했다. 이 과정에서 그는 뇌의 다양한 부위가 신체의 다른 부위와 어떻게 연결되어 있는지, 또 어떻게 특정 기억이나 감각을 불러일으킬 수 있는지를 발견했다. 그의 연구로 인해 뇌의 각 부위가 어떤 신체 기능이나 감각과 연결되어 있는지를 나타내는 지도가 처음으로 작성되었다.

1930년부터 1950년 사이에 이루어진 펜필드의 연구는 뇌가 단순히 신체의 기능을 조절하는 중추 기관이 아니라, 인간의 의식, 기억, 감정 등 복잡한 정신 활동을 담당하는 핵심적인 역할을 한다는 것을 입증했다. 이러한 발견은 과학계에 큰 반향을 일으켰고, 그 이후로 많은 학자들이 뇌와 마음의 관계에 대해 더 심층적으로 연구하는 계기가 되었다. 펜필드의 연구는 인간의 의식과 정신 활동의 신비를 탐구하는 중요한 단계로, 오늘날에도 신경과학 분야의 연구에 지대한 영향을 미치고 있다.

신경과학자들은 마음은 추상적이거나 어느 날 신으로부터 물려받은 것이 아니라, 뇌에서 일어나는 물질(뉴런)의 물리화학적 작용에 의하여 일어나는 구체적인 물질이라고 표현하기도 한다.

5) 영혼(靈魂)과 마음의 과학

어느 날 저는 깊이 있는 명상 수련 세미나에 참여했는데, 이곳에서 영(靈)과 혼(魂)이 천상에서 어떻게 분리되어 인간세상에 영향을 미치는지에 대한 흥미로운 주제를 배웠다. 세미나에서는 영이 하늘에 남아 순수한 상태를 유지하는 반면, 혼은 인간의 육신으로 들어와 인간과 함께 일생을 보내다가 죽음이 닥치면 육신에서 분리되어 사후 세계에서 영과 재결합하며 영생을 누린다고 한다. 이러한 과정을 통해 인간은 삶과 죽음을 경험하며 영혼의 성장을 이루게 된다고 한다.

최근 자주 시청한 정법 강의 영상에서는 인간의 존재에 대한 새로운 관점을 제시한다. 이에 따르면 인간이 육신으로 태어날 때 영혼이 자연의 원소를 통해 육체에 들어오면서 비로소 완전한 인간이 된다고 한다. 이 과정에서 영혼은 육체와 결합하여 인간의 정체성, 감정, 그리고 의식을 형성하게 된다고 한다. 이러한 관점은 영혼과 육체의 관계를 보다 신비롭고 복잡한 방식으로 이해할 수 있게 해준다.

이런 설명들이 믿을 수 없다 할지 모르지만, 유명한 양자물리학자 데이비드 붐은 인간의 몸과 마음이 서로 독립적인 존재로서 양자물리학적 관점에서 어떻게 상호작용하는지에 대해 깊이 있는 연구를 통해 입증했다. 그는 인간의 몸과 마음이 별개의 존재이지만 양자파동장에 의해 연결된다고 보았다. 그는 마음과 물질세계의 복잡한 연결고리를 탐구하며, 이 두 세계가 어떻게 서로 영향을 주고받는지에 대한 과학적 이론을 제시했다. 붐은 영혼과 마음, 그리고 이들이 물리적 세계와 어떻게 상호작용하는가에 대한 이해를 통해, 우리가 우리 자신과 우리를 둘러싼 세계를 바라보는 방식에 혁명적인 변화를 가져올 수 있다고 믿었다.

그의 연구는 우리의 전통적인 영혼과 의식에 대한 이해를 넘어서, 더 광범위하고 심오한 차원으로 이끌었다. 붐의 이론은 영혼의 존재를 단순한 신화나 믿음의 영역에서 벗어나 과학적 탐구의 대상으로 만들었으며, 이는 과학과 영성이 서로 대립되는 개념이 아니라 보완적인 관계에 있음을 보여주는 중요한 사례가 되었다. 이러한 접근 방식은 삶과 죽음에 대한 우리의 근본적인 이해뿐만 아니라, 우리가 삶을 어떻게 인식하고 경험하는지에 대한 관점에도 영향을 미쳤다. 붐의 연구는 우리가 물리적 세계를 넘어서는 영적인 차원을 탐구하고, 그 너머의 존재에 대해 더 깊이 사유할 수 있는 기반을 마련해주었다. 이러한 과학적 탐구는 영혼의 존재를 더욱 신빙성 있게 만들며, 인류가 삶과 죽음, 그리고 그 너머의 세계를 이해하는 데 있어 중요한 역할을 계속해서 할 것으로 기대된다.

데이비드 붐은 20세기 물리학에서 중, 그의 연구는 양자이론의 기본적인 이해에 깊은 영향을 미쳤다. 붐은 물리학계에서 양자이론의 핵심적인 측면에 대해 깊은 통찰을 제공한 것으로 유명하다. 그는 양자가 입자이자 동시에 파동이라는 것을 물리적으로 증명함으로써, 물리학의 기초를 뒤흔드는 중요한 발견을 했다. 이 발견은 17세기에 아이작 뉴턴이 제안한 "빛은 입자다"라는 이론, 1809년에 토마스 영이 제시한 "빛은 파동이다"라는 이론, 그리고 1905년에 알베르트 아인슈타인이 제안한 "빛은 입자이자 파동이다"라는 이론을 포함한 여러 혁명적인 이론들을 종합한 것이다.

붐의 연구는 단순히 양자이론의 이해를 넓히는데 그치지 않고, 물리학의 여러분야에 걸쳐 깊은 영향을 미쳤다. 예를 들어, 그의 이론은 양자역학과 관련된 여러 실험적 결과들을 설명하는 데 중요한 역할을 했으며, 이는 물리학자들이 자연 세계의 근본적인 특성을 더 잘 이해할 수 있게 했다. 또한, 붐의 연구는 양자컴퓨팅과 같은 현대 기술의 발전에도 기여했다. 이러한 이유로 데이비드붐은 양자물리학 분야에서 새로운 이론을 제안한 주요 인물로 인정받았으며, 그의 이론은 물리학 분야에 근본적인 변화를 가져왔다. 붐의 업적은 오늘날에도 여전히 많은 과학자들에게 영감을 주며, 그의 연구는 앞으로도 물리학의 발전에 중요한 역할을 할 것이다.

데이비드 붐의 다방면에 걸친 연구는 그의 학문적 호기심이 얼마나 광범위

했는지를 보여준다. 그는 전통적인 물리학의 경계를 넘어, 인간의 마음과 몸이 어떻게 상호작용하는지에 대한 근본적인 질문에 매료되었다.

붐은 특히, 마음과 몸 사이에 존재하는 복잡한 연결고리를 탐구하면서, 이 두 요소가 양자파동장을 통해 서로 영향을 미친다는 혁신적인 생각을 제시했다. 이러한 관점은 당시 과학계에서 통용되던 마음과 몸을 분리된 독립적인 존재로 보는 기존의 견해와는 확연히 대조되는 것이었다.

데이비드 붐의 이론은 양자파동장이 단순히 물리적 현상을 설명하는 데 그치지 않고, 인간의식과 신체 간의 상호작용의 중재자 역할을 한다는 독창적인 주장을 펼쳤다. 이러한 주장은 과학계에 큰 반향을 일으켰고, 전통적인 과학적 사고방식에 도전장을 던졌다. 붐의 이론은 과학과 철학이 서로 교차하는 지점에서 중요한 의미를 지니며, 인간의 내면세계와 외부세계가 어떻게 상호작용하는지에 대한 우리의 이해를 한층 더 깊게 만들어 주었다.

이러한 이론은 데이비드 붐이 단지 물리학의 영역에만 머무르지 않고, 철학적 사유와 탐구로까지 그의 학문적 관심이 확장되었음을 보여준다.

그의 연구는 마음과 몸의 관계를 새로운 빛으로 바라보게 하며, 과학적 탐구와 철학적 사유가 어떻게 서로를 보완하며 깊이 있는 통찰을 제공할 수 있는지를 증명했다. 붐의 작업은 우리가 인간본성과 우주에 대해 가지고 있는 이해를 풍부하게 하며, 과학과 철학의 경계를 넘나드는 새로운 지식의 영역을 개척했다.

6) 몸과 마음이 별개임을 증명하는 전생기억사례

버지니아 대학교에서 교수로 재직 중인 이안 스티븐슨(Ian Stevenson) 박사는 정신과 의사이자 인류학자로서, 전생에 관한 연구를 오랜 기간 동안 진행해왔다. 그의 연구 중에서도 특히 주목받는 사례는 1926년 인도 델리에서 태어난 산티 데비라는 소녀의 이야기이다. 어린 나이에도 불구하고, 그녀는 자신에게는 다른 삶이 있었다고 주장했다. 4살이 되던 해, 그녀는 부모님에게 자신이 미투라 라는 곳에 진짜 집이 있고, 그곳에 남편이 있다고 말했다. 이러한 주장은 주변 사람들로부터 의심을 받았고, 심지어 정신 건강에 문제가 있다는 경고까지 받게 되었다.

그럼에도 불구하고, 산티 데비는 자신의 주장을 굽히지 않았다. 학교에 입학한 후에도 그녀는 자신의 전생에 대해 지속적으로 이야기했다. 이에 그녀가 다니던 학교의 교장 선생님은 산티 데비의 주장을 확인하기 위해 적극적으로 나섰다. 교장 선생님은 그녀가 주장하는 미투라에 거주한다고 하는 남편에게 편지를 보내 상황을 확인했다. 놀랍게도, 미투라에 거주하는 남자로부터 답장을 받았고, 그 내용은 산티 데비의 주장과 일치했다. 이 남자는 10년 전에 아내를 잃었다고 밝혔다. 산티 데비가 주장한 남편이 실제로 존재한다는 사실이 확인되자, 남편은 자신을 사촌인 척하며 그녀를 만났다. 하지만 산티 데비는 그를 보자마자 자신의 전생의 남편인 캐다르 나스로 알아보았다.

이 사건은 그녀의 주장이 거짓이 아님을 입증하는 결정적인 순간이었다. 이어서 교장 선생님은 변호사와 정치인 등 몇몇 사회 유지들과 함께 미투라 마을을 방문하여 사실 확인 작업을 진행했다. 방문단은 산티 데비의 주장을 뒷받침하는 여러 가지 사실들을 확인했다.

마을 사람들, 남편, 그리고 자신의 할아버지까지, 산티 데비는 전생의 가족과 지인들을 하나하나 알아보았다. 심지어 그녀가 아들을 낳다 죽을 때 남편과 자신만 아는 약속을 확인하였다. 자신이 숨겨놓은 10루피를 자신이 죽고 나면 영혼의 구원을 위하여 크리슈나 신에게 바치겠다는 약속도 지키지 않았다는 사실을 확인하였지만 그녀는 남편을 용서하고 전생의 부모와 함께 남편을 고향에 남기고 이생의 부모 품으로 돌아온 이야기이다.

2. 뇌가 마음을 말하다

피니어스 게이지(Phineas Gage, 1823년~1860년)는 뇌와 감정의 관계와 관련된 유명한 실화의 주인공이다. 게이지는 미국의 어느 한 철도 공사 조직의 감독관이었다. 1848년 9월 13일, 25살의 게이지는 동료들과 함께 버몬트 주의 한 철도 공사에서 일하고 있었다. 바위 구멍에 폭발물을 넣고 철 막대기로

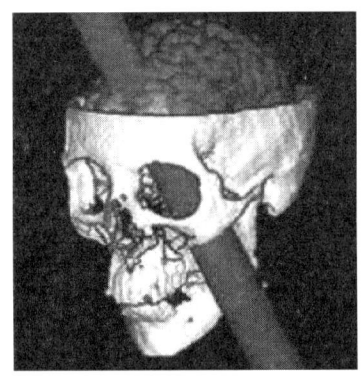

[그림3] 피니어스 게이지의 뇌

구멍의 표면을 고르기 위한 작업을 하던 중 실수로 주변 바위를 쳐 다이너마이트가 폭발하였고 그 폭발의 충격으로 철 막대기가 게이지의 왼쪽 뺨에서 오른쪽 머리 윗부분으로 뚫고 지나가 버렸다. 그 결과, 그는 두개골의 상당 부분과 왼쪽 대뇌 전두엽 부분이 손상되는 심각한 상처를 입게 되었다. 게이지는 할로우(Dr. John Martyn Harlow)박사에게 치료를 받아 다행히 죽을 고

비는 넘겼지만 그의 머리에는 지름이 9cm가 넘는 구멍이 생겨 있었다. 그의 생명이 위험하다는 사실을 어느 누구도 의심하지 않던 상황이었지만, 약 한 달이 지나자 그는 완벽하게 회복된 것처럼 보였다.

이후로, 할로우 박사는 게이지의 가족과 몇 년 동안 함께 지내며 게이지의 행동들을 관찰한 후 "Recovery fromthe Passage of an Iron Bar Through theHead"(머리를 관통한 철근의 통과 후 회복)라는 글을 발표했다.

이 사고로 인해 대뇌 전두엽에 큰 손상을 입었다. 가장 놀라운 점은 사고 이전과 이후의 그의 성격과 행동 패턴에 극적인 변화가 나타났다. 사고 이전에는 책임감 있고 친절한 성격으로 알려져 있었던 게이지가 사고 이후에는 난폭하고 무질서한 행동을 보이기 시작했으며, 음주와 도박에 빠져 생활하면서 도덕적, 사회적인 문제에 부딪혔다.

그의 성격 변화는 그만큼 극단적이어서, 오랜 시간 친구로 지냈던 이들조차 그를 이전의 피니어스 게이지로 인식하지 못할 정도였다. 이러한 변화는 당시 의학계와 신경과학계에 큰 파장을 일으켰다. 대뇌 전두엽의 손상이 인간의 성격과 행동에 미치는 영향을 명확히 보여준 사례로, 뇌와 행동의 관계에 대한 이해를 깊게 하였다. 이 사건은 뇌의 특정 부위가 인간의 성격과 행동 조절에 중요한 역할을 한다는 것을 입증하는 첫 번째 사례로, 뇌 손상 환자를 통해 인간심리와 행동의 메커니즘을 이해하는 데 큰 도움을 주었다.

이로 인해 19세기 신경과학 분야에서 큰 논쟁이 일어났으며, 이후 연구 방향에도 중대한 영향을 미쳤다.[2]

인간의 마음은 단순히 추상적인 개념으로 설명될 수 있는 것이 아니며, 실제로는 우리의 뇌에서 일어나는 매우 구체적이고 복잡한 과정의 결과이다. 이 과정에는 수많은 시냅스 활동과 다양한 신경전달 물질의 반응이 포함되며, 이러한 물리적 현상이 결합하여 우리가 마음이라고 인식하는 현상을 만들어낸다. 이러한 사실을 이해하는 것은 인간의 마음과 행동을 이해하고 예측하는데 있어 매우 중요하다. 따라서, 인간의 마음을 다루고자 할 때는 뇌의 구조와 기능에 대한 깊은 이해가 필요하며, 이는 심리학뿐만 아니라 신경과학의 영역에까지 이르는 지식을 요구한다.

뇌의 관리와 변화에 대한 질문은 매우 중요하다. 우리는 어떻게 우리의 뇌를 더 잘 관리하고, 긍정적인 방향으로 변화시킬 수 있을까? 이런 질문에 대한 답은 뇌의 역량을 확장하고, 더 나은 의사결정을 내리며, 강력한 리더십을 발휘하는 데 핵심적인 역할을 한다. 최근 연구와 뉴로리더십 교육 프로그램은 이런 가능성을 탐구하며, 실제로 뇌를 통해 인간의 근본적인 마음과 행동을 변화시킬 수 있음을 실증적으로 보여주고 있다.

이런 접근법은 뇌의 신경가소성, 즉 뇌가 새로운 정보와 경험에 따라 구조와 기능을 변화시킬 수 있는 능력을 기반으로 한다. 신경가소성은 우리가 새로운 기술을 배우거나 새로운 습관을 형성할 때 작용하며, 이는 뇌의 특정 영역이 강화되고 변화하는 과정을 의미한다. 따라서 우리는 적절한 훈련과 연습을 통해 뇌의 특정 영역을 강화하고, 더 생산적이고 창의적인 사고를 할 수 있게 되며, 결국 더 효과적인 리더가 될 수 있다.

예를 들어, 정기적인 명상과 같은 마음챙김 훈련은 뇌의 전두엽을 활성화시켜 집중력과 감정 조절 능력을 향상시킬 수 있다. 또한, 문제 해결 능력을 향상시키기 위한 퍼즐 게임이나 논리적 사고를 요구하는 활동들은 뇌의 회백질을 증가시켜 인지 능력을 향상시키는 데 도움을 줄 수 있다.

이러한 다양한 훈련과 연습은 일상적인 생활 속에서 뇌를 지속적으로 자극하고 변화시킬 수 있는 중요한 방법들이다.

결국, 뇌 관리와 변화는 단순히 학습과 훈련을 넘어서, 우리의 삶의 질을 향상시키고 더 나은 미래를 만들어가는 데 중요한 역할을 한다. 이를 통해 리더는 더 나은 의사결정을 내리고, 복잡한 문제를 효과적으로 해결하며, 강력한 리더로 성장할 수 있다.

1) 춤추는 마음

최근 신경과학계에서는 뇌가 사고와 의식에 영향을 미치며, 마음이라고 생각했던 것들이 실제로는 뇌의 신경세포 상호작용에 의한 전기·화학적 과정임이 밝혀졌다. 이는 감정, 기억, 의사결정 등 모든 정신활동이 뇌의 물리적 작동에 의해 결정된다는 것을 의미한다. 또한 뇌파(뇌전도; EEG)라는 뇌의 전기활동이 있다는 것도 알려져 있다. 뇌파 측정은 뇌의 다양한 상태를 이해하는 중요한 도구이다. 이 비침습적 기술을 통해 뇌를 손상시키지 않고도 실시간 뇌 활동을 관찰할 수 있다. 신경과학 분야에서 이 기술은 의식, 감정, 행동 패턴에 대한 깊은 연구를 가능하게 했다. 특히 다양한 뇌파 대역을 분석하면 특정 상태와 뇌파의 관련성을 이해할 수 있다. 이러한 연구 결과는 심리학, 정신의학, 교육 분야에 널리 활용되고 있다. 뇌파는 델타(δ), 세타(θ), 알파(α), 베타(β), 감마(γ)파의 5가지 주파수 대역으로 나뉘며, 각 대역은 뇌의 다른 활동 상태를 반영한다. 예를 들어 δ파는 깊은 수면, θ파는 졸음, α파는 이완 상태, β파는 각성 상태, γ파는 집중 및 스트레스 상태와 관련된다. 이러한 뇌파 특성을 이해하고 활용하면 정신 건강 증진, 학습 능력 향상, 명상 등 다양한 방면에서 활용할 수 있다. 뇌파 생물 되먹임 등의 연구는 이러한 가능성을 탐구하고 있다.

인체의 항상성 유지 메커니즘은 내부 환경을 일정하게 유지하려는 자연의 노력이다. 이를 통해 외부 환경 변화에도 생명을 유지할 수 있다. 이 과정은 자율신경계와 내분비계의 긴밀한 협력으로 이루어진다. 만약 이 항상성이 무너지면 정신적·신체적 문제가 발생할 수 있다. 예를 들어 불면증은 뇌가 깊은 수면 상태로 전환하지 못해 발생하는데, 이를 해결하기 위해서는 뇌파 조절과 이완 상태 유도가 필요하다.

신경과학의 발전은 우리의 의식 이해를 변화시켰다. 신경세포 간 시냅스 작용이 의식 형성에 중요한 역할을 한다는 사실이 밝혀졌다. 이를 바탕으로 '정신훈련'이 등장했으며, 이는 개인의 심리적 상태를 조절하고 긍정적인 생각을 증진시키는 데 도움이 된다.

1924년 한스 베르그의 뇌파 기록 실험을 시작으로 다양한 신경과학 연구가 진행되어 왔다. 이러한 실험들은 신경계의 작동 원리를 밝히는 데 기여했다. 특정 실험에서는 동물의 운동 중추 부위에 전선을 삽입하여 팔을 조작하는 방법을 사용했고, 이를 통해 생명체의 신경계가 신체 운동을 조절하는 방식에 대한 통찰을 얻었다. 1950년대 제임스 올즈의 실험에서 쥐의 쾌락 중추가 발견되었다. 이 중추에 전기 자극을 주면 쥐가 스스로 1시간에 5,000번이나 레버를 누르는 행동을 보였는데, 이는 뇌의 쾌락 중추가 동물의 행동을 극적으로 변화시킬 수 있음을 보여주었다.

1960년대 초, 심리학자 조 카미야는 인간이 자신의 뇌파 활동을 의식적으로 조절할 수 있다는 사실을 밝혀냈다. 이후 밀러와 스타만 연구팀은 뉴로피드백 기술을 활용하여 다양한 증상과 장애를 가진 환자들을 치료하는 방법을 모색했다.

현대에는 고도로 발달된 기술을 활용하여 인간의 신체 상태를 면밀히 모니터링할 수 있는 도구들이 등장했다. 이를 통해 얻은 데이터는 사용자에게 실시간 피드백을 제공하며, 이를 기반으로 사용자들은 자신의 신체 반응을 더 잘 인지할 수 있게 되었다. 이러한 과정을 통해 참여자들은 자신의 몸과 마음에 대한 깊은 이해를 얻게 되며, 이는 스트레스 관리, 집중력 향상, 수면의 질 개선 등의 긍정적인 결과로 이어진다.

 저자는 2013년, 한국의 박병운 박사가 개발한 뉴로하모니를 10여 년간 뉴로피드백 기술로 실생활에 널리 활용해 왔다. 뉴로피드백은 뇌파 측정을 통해 뇌의 활동 상태를 실시간으로 확인하고, 이를 바탕으로 사용자가 자신의 뇌 활동을 조절할 수 있도록 돕는 기술이다. 박 박사는 이 기술을 활용하여 사용자들의 주의력 향상, 스트레스관리, 수면 개선 등 다양한 분야에서 긍정적인 효과를 거두어 왔다. 최근 박 박사는 기존의 뉴로피드백 기술을 AI 기반 시스템으로 개발하는 데 성공했다. AI 기술을 접목함으로써 뇌파 분석과 피드백 제공 과정을 더욱 정교하고 효율적으로 수행할 수 있게 되었다. 이를 통해 박 박사는 의료기기로 등록하는 성과를 거두었다. 이는 의료기기 승인 절차가 까다롭기로 유명한 한국에서 이루어낸 쾌거라고 할 수 있다. 의료기기 등록은 엄격한 안전성과 효과성 검증 과정을 거쳐야 하므로, 박 박사의 연구 성과가 공인받았다는 점에서 큰 의미가 있다. 이번 성과를 통해 뉴로피드백 기술이 보다 폭넓게 활용될 수 있을 것으로 기대된다.

2) SMR파 실험

 고양이들은 벨 소리가 울릴 때마다 주의를 기울이고, 소리가 멈추기를 기다리며 집중력을 발휘했다. 연구자 스터만은(Sterman)박사는 고양이들이 학습과정 중 특별한 뇌파 패턴을 보인다는 것을 발견했다. 이 뇌파는 베타파에 속하면서도 주로 감각운동피질에서 발생하는 것으로, SMR(Sensory MotorRhythm)이라고 명명되었다. SMR 파는 고양이가 집중하고 있을 때 발생하는 것으로 관찰되었다. 실험 후반부에, 스터만과 그의 연구팀 및 기술자 시드 로스는 고양이가 특정 SMR 파(12~15Hz)를 0.5초 동안 유지하면 자동으로 닭고기 국물과 우유를 제공하는 시스템을 개발했다.

이를 통해 고양이들이 뇌파를 자발적으로 조절하는 능력을 기를 수 있었다. 1년의 긴 훈련 끝에, 연구팀은 고양이들이 자율적으로 SMR 파를 발생시키고 보상을 얻는 능력을 개발했다고 결론지었다. 이 연구는 동물의 학습 능력과 뇌파 조절 분야에서 중요한 발견으로 기록되었다. 더불어 스터만은 NASA의 머큐리 프로그램 실험에도 참여했다.

이 실험에서 50마리의 고양이에게 로켓 연료를 주사했는데, 대부분이 증상을 보였지만 SMR파 훈련을 받은 3마리는 발작이 일어나지 않았다.

이를 통해 마음과 신체의 생리적 연결, 그리고 뇌파 조절이 운동성 발작 예방에 도움이 될 수 있음이 밝혀졌다.

이후 테네시 대학의 심리학자 조엘 루버 (Joel Lubar)는 간질 환자 4명을 대상으로 한 실험에서 발작이 60~70% 감소했다는 연구 결과를 발표했다. 이어 스터만 박사가 8명의 간질 환자를 대상으로 3년간 실험한 결과, SMR파 증가와 세타파 억제 훈련이 발작 감소에 효과적인 것으로 나타났다. 이 연구는 뇌파 조절이 정신 상태에 중요한 영향을 미친다는 사실을 보여주었다.

3) 마음을 스스로 조절하는 사람

우리 뇌에서 일어나는 일은 마치 신나는 댄스파티와 같다. 이 파티의 중심에는 뇌파라는 율동이 있다. 뉴런들이 전기적 자극을 주고받으며 춤을 추는 것으로 시작된다. 1958년에 리처드 바흐라는 대학원생이 이 파티의 DJ가 되었다. 그는 심리학자 조 카미아의 실험에 참여하여 자신의 뇌파를 스스로 조절할 수 있는 최초의 인간이 되었다.

　바흐는 카미아의 실험에서 점점 자신의 알파파 조절 능력을 높여갔다. 이후 카미아는 벨 소리에 맞춰 알파파 상태에 들어가고 벗어나도록 지시했고, 바흐는 완벽한 조절 능력을 보였다. 바흐는 시각적 이미지 없이 오케스트라 음악을 연상할 때 알파파 상태에 있었다고 밝혔다. 뇌파 조절과 뉴로피드백 훈련은 뇌가 스스로 피드백을 받아들여 학습하고 성장하는 과정이다. 이를 통해 자아인식과 자기조절 능력이 향상되어 정신 건강과 웰빙에 긍정적인 변화를 가져올 수 있다. 특히 스트레스 관리, 집중력향상, 감정 조절 등에서 개선을 경험할 수 있다. 저자 또한 뉴로하모니S20 장비를 활용한 뉴로피드백 훈련을 통해 뇌의 성능을 극대화하는 경험을 했다. 이를 통해 집중력, 창의력, 기억력 등이 향상되었고, 스트레스 관리와 감정 조절 능력도 개선되었다. 이러한 변화는 저자의 일상생활과 창작 활동에 긍정적인 영향을 미쳤다.

4) 스트레스에 반응하는 뇌파

　스트레스에 반응하는 뇌파 연구는 심리학과 신경과학 분야에서 중요한 진전을 이루었다. 특히 1950~60년대에는 신경 피드백 분야에서 눈에 띄는 발전이 있었다. 이 기간 동안의 연구는 스트레스가 인간의 신체적·정신적 건강에 미치는 광범위한 영향을 깊이 탐구하며, 스트레스 관리와 해결에 중요한 기여를 했다. 연구자들은 스트레스가 뇌파 패턴에 미치는 영향과 이로 인한 신체 시스템의 변화를 연구했다.

20세기 초, 월터 캐넌(Walter Cannon)의 연구는 이 분야의 혁신적 발견 중 하나로 평가된다. 그의 실험은 스트레스가 내부 장기에 직접적인 영향을 미치는 것을 보여주었다. 이는 당시 혁신적인 접근이었으며, 스트레스가 신체에 미치는 광범위한 영향을 이해하는 데 중요한 역할을 했다.

캐넌은 고양이 실험을 통해 스트레스 상황에서 위장 활동이 중단되는 것을 관찰했다. 이는 스트레스 시 신체가 방어나 도피를 위해 필수적이지 않은 활동을 일시적으로 중단한다는 것을 의미했다. 이를 '투쟁 또는 도피' 반응으로 명명한 캐넌의 개념은 이후 스트레스 관련 연구의 핵심이론이 되었다. 스트레스가 신체 기능에 직접적인 영향을 미칠 수 있음이 입증되었다. 이후 연구들은 스트레스가 면역, 심장 건강, 전반적 웰빙에 미치는 영향을 더욱 구체적으로 탐구했다. 이를 통해 스트레스 관리의 중요성이 강조되었고, 다양한 스트레스 해소 방법과 치료법이 개발되었다. 한스 셀리예(Hans Selye)는 스트레스 연구 분야의 선구적인 인물로, '일반 적응 증후군' 이론을 통해 인간의 스트레스 반응 메커니즘을 설명했다. 이 이론에 따르면, 자율신경계의 부교감신경과 교감신경이 각각 다른 역할을 하며, 지속적인 교감신경 활성화가 다양한 건강 문제를 초래할 수 있다.

로버트 애들러(Robert Adler) 교수는 동물 실험을 통해 스트레스가 면역계에 미치는 심각한 영향을 입증했다. 면역억제제와 설탕물을 함께 섭취한 동물들의 사망률이 높아진 것이 이를 보여준다.

5) 뇌파를 조절하는 대학생

저자는 CW대학생들의 뉴로리더십 교육에서 뇌파(BQ)검사 결과, 일부 학생들이 불안한 뇌파 상태를 보였지만, 6주간의 지속적인 훈련 후 두 번째 검사에서 약 59%의 학생들이 긍정적인 변화를 경험했다. 비록 즉각적인 큰 변화는 기대하지 않았지만, 3개월 후 실시된 최종 검사에서는 참가 학생들의 뇌파에서 90% 이상의 긍정적 변화가 관찰(그림4 참조)되었다.

이러한 결과는 단순한 뇌파 상태 개선에 그치지 않고, 학생들의 집중력, 스트레스 관리 능력, 정신 건강에 긍정적인 영향을 미쳤다.

뉴로리더십 과정을 통해 교육받은 학생들은 서파와 고베타파 발현을 조절하는 능력을 발전시켰다. 이는 학업성적 향상과 더불어 인생 전반에 걸친 정신 상태 관리에 도움이 된다. 최근 과학계에서는 마음의 건강이 신체 건강에 미치는 영향을 강조하

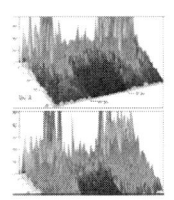 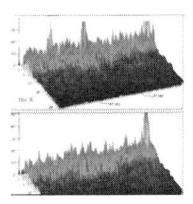

[그림4] CW대 사전사후 뇌파

며, 뇌가 단순한 생각 처리 기관이 아닌 마음과 몸을 조화롭게 연결하는 중심축으로 인식되고 있다.

뉴로리더십 훈련은 뇌 활동과 구조에 긍정적인 변화를 유도하여 리더십과 일상 생활의 질을 향상시키는 것을 목표로 한다. 이를 위해 집중력 증진, 스트레스 관리, 의사소통 기술 향상 등 다양한 접근법을 활용한다. 이러한 개인적 변화는 가정, 직장, 사회 전반에 긍정적인 영향을 미치며, 더 건강하고 조화로운 공동체를 만드는 데 기여할 수 있다. 따라서 뉴로리더십 교육은 개인의 정신적, 감정적 성장을 촉진할 뿐만 아니라, 사회 전반에 긍정적인 변화를 가져올 수 있는 중요한 도구로서의 역할을 한다.

6) 뇌파가 바뀌면 마음이 바뀔까?

나는 지금 CW대학생 대상 차세대 뉴로리더십교육을 하고 있다. 그 답을 찾기 위하여 설문서를 통하여 교육 만족도에 관한 설문서를 받아본다. 그리고 결과에 희비가 엇갈린다. 설문을 잘나오게 하는 방법은 없을까? 물론 있다. 설문을 작성할 당시 교육생에게 심금을 울려주는 강의나 아니면, 적절한 멘트와 노래만으로도 기대 이상의 성과를 얻을 수 있다.

5점 척도에서 4. 5 또는 4. 89가 나오면 경사 나는 일이고, 그 프로그램은 좋은 프로그램으로 많은 기업들에게서 인기를 누린다. 그래서 교육기관들은 어떻게 좋은 평가를 받을 수 있을까? 모든 수단을 다 동원하여 만족도가 높은 교육에 주목하면서 다양한 도구들이 적용되고 동원된다.

만족도가 높아지면 직원들이 정말 달라졌느냐? 라는 질문에는 대부분 글쎄요? 뭐라 말할까 변한 것 같기도 하고 아닌 것 같기도 한데요. 이런 대답은 연수교육 담당자들의 대답이고 고민이다.

그런데 왜 교육을 합니까? 어느 대기업 연수원장의 답변이다. "결과가 없어도 교육은 해야 합니다. 만약 교육을 하지 않아 무슨 문제가 발생하면 최고 경영자가 책임을 면할 수 없을 테니 말입니다." 이것이 현실적인 고민이고 해결해야 할 문제이다.

기업은 교육이 필수적인 투자전략이 아니고, 비용에 불과하다면 기업경영환경이 어려워지면 제일 먼저 손대는 곳이 인사관리이다. 채용을 하지 않거나, 구조조정을 하거나 교육을 하지 않는다. 만약 교육을 받으면 생산성이 높아지고 인적자원의 질적 가치가 높아진다면, 그리고 영업실적이 올라간다면 어떤 일이 일어날까? 아마 경영환경이 어려워지거나 위기가 닥치면 제일 먼저 인적자원개발에 투자할 것이다. 이것이 기업의 현실적인 딜레마다.

교육만 시켜서 성과를 얻을 수 있다면 멋진 답이 아니겠는가? 필자는 그 답을 입증하기 위하여 10여 년간 노력하였고 결과도 얻었다. 신경과학자 라마 찬드란의 말처럼 "내가 돼지에게 말하는 법을 가르쳤다고 하자 그래서 돼지가 말하는 것을 보여주면 사람들은 라마 찬드란이 말하는 돼지 한 마리만 보이지 말고 다른 돼지가 말하는 것을 보면 내가 자네를 믿겠네!" 라마 찬드란의 심정을 내가 요즈음 경험하고 있다. 지난 10여 년간 연구하여 사람의 뇌에서 실질적인 변화가 일어났다는 사실을 보여주고 설명하면 또 다른것을 입증하라 한다.

며칠 전 일이다. 세미나를 마치고 피드백을 하는 회의에서 하는 말 "맞습니다. 뇌가 최적화 되어서 변한다는 것 인정합니다. 그러나 업무성과가 올라갔다는 말과 실제 무엇이 변했느냐를 각 프로그램별 모두 입증해야 합니다." 라는 말을 해댄다. 참으로 답답하지만 어쩔 수 없으니 또 다른 돼지가 말하는것을 보여주는 수밖에…….

선생님! 우리학교에 천재가 있습니다. 멘사(Mensa)회원이고요. 학교 총장님도 자랑스럽게 생각하는 학생입니다. 그 학생 BQ(Brain Quotient)검사 한번 해 보시죠? 당당하고 자랑스럽게 내게 숙제를 제안을 했다. 물론 당연히 해봐야 할 사람이다. IQ가 186이라니 관심이 갈 만한 사람이다.

그런데 뇌파검사 결과 그녀는 우울증에 과잉행동장애에 시달리고 있는 사람이었다. "학생 혹시 우울증이 없습니까?" "네 있습니다. 처방을 받았지만 약을 먹지 않고 있습니다." 검사과정에서도 좀 산만하고 불안정해 보이면서 모자를 푹 눌러쓰고 있는 아름다운 미인형 여성이다. 그 학생이 돌아간 후 "실장님! 그 학생 자살할 것 같은데요? 조심해야 합니다." 깜짝 놀라면서 "어떻게 알았습니까?" 눈이 휘둥그레지면서 하는 말이 "벌써 몇 차례 자살을 시도 했습니다." 그렇게 해서 천재소녀와 나의 인연은 시작되었다. 그 천재소녀의 손목과

목에 칼자국이 기념비처럼 남아 있지만, 지금은 그녀는 활발하고 긍정적으로 자신의 인생을 살아가고 있으면서 지금도 나와 연락하며 대화를 나누는 사이로 지낸다. 천재소녀는 내게 특별한 선물을 해 주었다. 뉴로리더십교육이 실제 사람이 변할 수 있다는 사실을 보여준 첫 번째 성과였다.

교육 첫날, 뇌기능검사 그림5)결과 자기조절 지수(Self Regulation Quotient)에서 휴식 18, 주의력 6, 집중력 20인 상태인 학생이었다. 한마디로

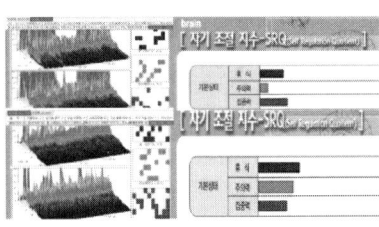

[그림5] 뇌파와 자기조절 변화

그는 산만하고 불안정하여 누군가를 향해서 끊임없이 주절주절 말하지 않으면 못 견디는 사람이었다. 누가 봐도 극히 불안하고 산만해 보였다. 그 당시 친구들 사이에서도 인정을 받지 못하는 그가 변한 것이다. 그림5)에서 보는 바와 같이 자기조절 지수에 큰 변화가 일어나고 있었다.

휴식력 31, 주의력 26, 집중력 21로 변화하였다. 그저 놀라운 변화라고 말할 수밖에 없는 상황이다. 내가 이렇게 말하면 충분히 의심할 수 있을 것이다. 그러나 그는 비록 인턴으로 취업하였지만 일자리에서 자신의 일을 충실히 하고 있는 모습을 본다면 그의 변화를 의심하지 않을 것이다. 또 다른 학생으로부터 편지가 왔다. 그는 자신의 변한 모습을 내게 보여주기 위하여 이 메일로 편지를 보내왔다.

안녕하세요. 저는 환경공학과 4학년 전OO라고 합니다.

처음 뉴로리더십을 접하게 된 것은 2월 달 수강신청을 할 시기였습니다. 저희 학교에서 실시하는 NCS기초역량 과목들 중에서 5과목이 있었는데 그 중 뉴로리더십이라는

과목이 다른 타 과목에 비해 뇌에 대해서 배운다고 생각하니 호기심 반으로 시작하였습니다. 시간 때가 저녁때라 조금 망설이기 하였지만 그래도 앞으로의 내가 하고자 하는 일에 커리어를 쌓기 위해 선택하고 시작하였습니다. 수강을 하고 첫날 수업에 참여하였습니다. 이 마음은 가라앉힐 수가 없었습니다. 그것은 뇌에 알지 못했던 부분들을 알 수 있었습니다. 내가 아는 거라고는 뇌가 우리 신경을 조절하고 명령한다는 것과 우리가 살면서 10%밖에 쓰지 않는다는 것만 알고 있었습니다.

하지만 의외로 뇌라는 것은 복잡한 것이었고, 훈련을 통해서 나의 뇌를 바꿀 수 있다는 것을 알게 되었습니다. 1주차에 뇌를 훈련시키는 기계를 통해서 뇌 훈련을 시작하였습니다. 처음엔 이것이 효과가 있을까라는 생각으로 훈련을 시작하기 시작했습니다. 훈련을 시작하고 1주일이 지난 후 결과는 참담하였습니다. 그것은 내가 생각했던 것과 별 반 차이가 없었습니다. 수업 중 교수님께서도 꾸준히 훈련을 하라는 말씀을 하셨는데, 처음엔 다른 일들에 치여서 할 수 없어서 이런 결과를 가져온 것도 있다고 생각했고, 의심도 들기 했습니다. 하지만 교수님께서 나에게 해당하는 치료법을 가르쳐 주셔서 그것을 통해서 훈련을 하니 조금씩 나아지기 시작했습니다.

수업도 다른 타 수업에 비해 다양한 주제와 333클럽의 경험자와 그리고 뇌 사상체질을 가지고도 한 수업도 정말 좋았습니다. 한번쯤 자기에 체질에 대해서 생각해보고 그 체질에 맞게 하는 사람도 있지만 모르는 사람들도 있을 것이라는 생각이 들어서 이 사상체질 수업을 듣고 나의 체질에 대해서 많은 것을 알게 되었습니다.

정말 사상체질이라는 것이 신기하다는 생각을 하게 되었습니다. 훈련을 하기 전에는 저의 상태는 산만하고 항상 피곤함을 가지고 있었지만, 매일 1시간 이상씩 훈련을 하면서 산만한 것이 많이 줄어들었고 집중도 면에서도 많은 변화를 가져왔으며, 피곤함도 줄어들게 되었습니다. 사실 그전에는 집중을 해도 그 순간만 집중을 하고 말았는데, 이 훈련을 통해서 무엇을 하든지 집중을 할 수 있게 되었고, 교수님께서 내려주신 처방을 통해서 내안에 조금씩 변화를 하기 시작하였습니다. 사람을 대하는 것부터 그리고 뇌의 변화까지 많을 것들이 하나하나씩 변화하게 되어 갔습니다. 어쩌면 제가 하고 싶은 심리학과 관련이 깊어서 그런지 모르겠지만, 심리와 사람의 뇌는 하나의 통로라고 생각이 되어서 더욱더 집중있게, 재미있게, 그리고 저를 변화시키는 시간이 되었습니다. 앞으로 이런 수업이 있다면 조금 더 적극적으로 할 수 있을 거라는 생각도 들고, 사람들 앞에 나서지 못했던 저가 이 수업을 통해서 많은 발표와 대화로 인해 이제는 남들 앞에서 자신감 있게 할 수 있을 것 같습니다.

2015년 10월 03일 환경공학과 4학년 전00 드림

나는 요즘 이들이 변하는 실증적인 결과를 통하여 다양한 입증을 준비하면서 모든 교육과정의 성과를 신경과학적으로 입증할 수 있다는 사실에 주목한다. 약간은 흥분된 감정을 숨기지 못하는 상태이다. 이때를 계기로 대기업과 중소기업에 이르기 까지 신경과학을 접목한 다양한 교육을 적용하기에 이르렀다. 모 대기업 HM사의 전직원 연수교육을 실행하는 결과를 얻었지만 아쉬움은 남아 있다. 당시 제안하기로는 4시간씩 12주간 교육을 제안했지만 회사의 사정으로 1박 2일간 통상적인 방법으로 교육을 진행했다. 당시 교육과정을 지켜보던 사람들로부터 "선생님! 이런 교육 방식은 정말 새롭게 센세이션을 일으키겠습니다." 당시 교육방법은 신경가소성 기반 강의와 공감토론, 비전 꼴라주분석, 미래탐색회의, 그리고 뉴로피드백 훈련과 뇌 체질 검사,

[그림6] 좌측 긍정의 말. 우측 부정의 말

그리고 개인 맞춤형 결핍 체질 음식 설계 등 참여와 실험을 기반으로 하는 색다른 방법으로 진행했다. 그 당시 진행했던 실험 결과에 모두가 놀라워하며 경탄을 금치 못할 정도였다. 교육생들이 평상시 사용하는 부정적인 정서적 반응을 유발하는 단어와 긍정적인 정서적 반응을 유발하는 단어를 각각 두 개씩 적고, 유리병에 식빵 두 장을 넣어 단어를 보게 했다. 1개월 후 아내가 깜짝 놀라며 식빵 실험 결과를 보여주었다. 놀랍게도 나쁜 말을 붙인 식빵은 시커멓게 썩어 있었고, 좋은 말을 붙인 식빵은 노랗게 곰팡이가 피어 있었다.

나는 실험 결과인 그림6)을 연수 담당 임원에게 직접 보여주며 말의 힘이 이렇게 놀랍다는 사실을 설명했다. 당시 임원은 그룹 임원 회의에 실험 결과를 보여주며 설명했고, 다들 경악하며 감탄했다고 전해주었다.

연수 담당 임원과의 약속으로, 교육 이후 전 직원이 뉴로피드백 훈련을 받을 수 있게 조치하기로 했지만, 결국 회사의 임원 인사 결과에 따라 무산되어 아쉬움으로 남게 되었다. 그럼에도 불구하고, 이러한 실험과 교육은 참가자들에게 큰 충격과 인상을 남겼다. 단순히 이론적인 교육이 아니라, 실제 눈으로 확인할 수 있는 결과를 통해 말과 생각의 중요성을 실감할 수 있었다.

이후에도 교육생들은 이 경험을 바탕으로 자신의 삶과 업무에 긍정적인 변화를 주기 위해 노력했다. 뉴로피드백 훈련과 같은 혁신적인 접근 방식은 단순한 교육 이상의 가치를 제공하며, 개인의 잠재력을 최대한 발휘할 수 있도록 도와준다. 또한, 이러한 교육 프로그램은 단지 개인의 발전뿐만 아니라, 조직 전체의 문화와 분위기를 개선하는 데 큰 도움을 준다.

직원들이 서로에게 긍정적인 말을 건네고, 긍정적인 생각을 유지하려는 노력은 조직의 생산성 향상과 직결된다. 뉴로피드백 훈련과 뇌 체질 검사는 그 자체로도 흥미롭지만, 그로 인해 얻게 되는 결과와 변화는 그 이상의 가치를 지닌다. 비록 당시에는 전 직원에게 뉴로피드백 훈련을 제공하지 못했지만, 이러한 경험은 이후의 교육 프로그램 개발에 큰 영향을 미쳤다. 저자는 그동안 다양한 대상을 통하여 연구를 거듭하던 중, 우연한 행운이 찾아왔다. 물론 행운이라 함에는 심각한 사건이 발생한 것이다.

7) 죽을 고비를 넘기다

2021년 10월 어느 날, 나에게는 예상치 못한 사고가 찾아왔다. 자전거를 타고 언덕길을 내려가던 중, 앞 브레이크를 너무 세게 잡는 바람에 나는 앞으로 곤두박질치고 말았다. 그 충격으로 인해 나는 그대로 의식을 잃었고, 얼굴과 머리에서 피를 흘리며 도로 위에 쓰러져 있었다. 다행히도, 주변에 있던 사람들이 신속하게 119에 신고해 주었고, 나는 긴급 구조대에 의해 D병원 응급실로 실려갔다. 응급실에서는 의사들이 나를 빠르게 진단하고 응급 처치를 시작했다. 그 덕분에 나는 아슬아슬하게 죽음의 문턱에서 살아 돌아올 수 있었고, 새로운 인생을 살 기회를 얻었다.

의식이 돌아온 후, 신경과 의사는 나에게 뇌 MRI 결과를 설명해주었다. 두개골 안에서 뇌가 한쪽으로 기울어져 있었고, 뇌 조직 사이에 작은 혈흔이 있었다고 했다. 이는 상황이 매우 심각하다는 것을 의미했다. 의사는 내 딸에게 내 상태를 설명하면서, 6개월 이내에 정상적으로 돌아오기 어려울 뿐더러, 경우에 따라서는 평범한 일상 활동조차 하기 힘들 수 있다고 말했다. 이 말을 들은 가족들은 큰 충격을 받았고, 나 역시 깊은 절망에 빠졌다.

그러나 운이 좋게도, 나의 회복 속도는 의사들의 예상을 뛰어넘었다. 매일매일 꾸준히 재활 치료를 받으며, 조금씩 몸 상태가 나아지는 것을 느낄 수 있었다. 의사는 내가 기적적으로 상태가 호전되어 1개월 만에 퇴원해도 될 만큼 몸이 회복되었다고 판단했다. 그 순간, 나는 인생에서 두 번째 기회를 얻은 것을 깨달았다. 감사의 마음을 간직한 채로, 나는 새로운 삶을 시작했다. 이제 나는 하루의 소중함을 느끼며, 가족들과 함께하는 시간을 더 소중히 여기게 되었다. 이 사고는 나의 인생을 완전히 바꾸어 놓았지만, 나는 그 덕분에 더욱 강해지고, 삶의 의미를 다시 찾을 수 있게 되었다.

퇴원 수속을 마치고 나온 딸이 의사로부터 1개월 만에 빠르게 회복한 것은 기적 같은 일이라는 말을 들었다. 당시 나는 뇌에 문제가 생겼다는 생각에 맨발 걷기와 뉴로피드백 훈련, NRP 훈련만이 유일한 해결책이라고 생각하며, 몸을 제대로 가누지 못하는 상태였지만 아내의 도움으로 매일 수목원의 황토길에서 맨발걷기운동을 했다. 1개월이 조금 넘어서 정상적으로 운동할 수 있게 되었고, 매일 1만 보 이상을 맨발로 접지하며 걷고, 하루에 3-4시간씩 뉴로피드백 훈련을 하고, 매일 1시간 이상 브레인짐을 했다.

이때 나의 심리 상태는 부정적인 생각과 우울한 감정에 빠져 있었고 아내가 나를 방치하려는 것이 아닌가 하는 생각에 짜증을 내고, TV 프로그램을 보며 자주 눈물을 흘렸다. 세상에 대한 부정적인 평가와 염세적인 생각이 머리에서 떠나지 않았다. 이에 뇌파 검사를 해보기로 결심하고 검사한 결과, 나는 예상치 못한 뇌파 결과(BQ 분석)에 깜짝 놀랐다.

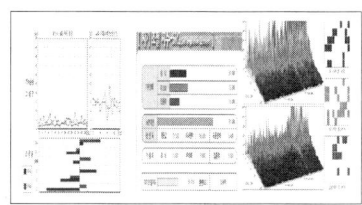

[그림7] 1차 BQ검사 결과

뇌파 검사 결과를 통해 나는 나의 뇌가 얼마나 많은 스트레스와 압박을 받고 있었는지 알게 되었고, 이를 개선하기 위한 방법들을 더 적극적으로 찾게 되었다. 그림 7, 8, 9)의 뇌파 그래프를 통해 자세히 설명하겠다. 이러한 경험을 통해 나는 몸과 마음의 균형이 얼마나 중요한지를 깨닫게 되었고, 앞으로도 꾸준히 건강을 유지하기 위해 노력할 것이다. 저자는 자전거 사고 이후 자신의 뇌파를 측정하고, 뇌파 훈련을 통해 나타난 변화를 기록했다. 2023년 4월 19일 실시한 1차 BQ테스트 그림7) 결과, 기초율동에서 우울증 현상이 뚜렷하게 나타났으며, 이는 우울증과 부정적인 사고의 증가로 특징지어졌다. 또한, 온몸에 통증이 발생하는 등의 문제가 관찰되었다. 3차원 뇌파 그래프에서는 우뇌의 편측 현상이 좌뇌보다 더 뚜렷하게 나타났다. 사고 당시 의사가 MRI를 통해 판독한 결과, 뇌가 한쪽으로 쏠리는 현상이 보였고, 피가 약간 있는 위험한 상태로, 6개월 동안 경과를 지켜봐야 한다고 설명했다. 이러한 결과는 사고로 인한 우뇌 편측 사고와 관련된 우울증 증상으로 해석된다.

집중력이 현저히 떨어지고 부정적인 생각에 사로잡혔다. 이러한 상태에서 자살까지 고려하게 되었고, 병을 앓고 있는 나를 아내가 굶겨 죽이는 것이 아닌가 하는 생각에 사로잡혔다. "세상에 내가 할 수 있는 일이 과연 무엇일까?"라는 의문이 끊임없이 나를 괴롭혔고, 점점 더 하향사고에 빠져들었다. 그러나 어느 순간, 이대로 가다가는 위험한 상황이 발생할 것 같다는 위기감을 느끼고, 내 목숨을 여기서 끝내서는 안 된다는 생각에 두려움을 느꼈다

이러한 위기의 순간, 나는 뇌 훈련 도구인 뉴로하모니 S20을 착용하고 뉴로피드백 훈련을 매일 3-4시간씩 실시하기 시작했다. 훈련 방법은 기본 훈련으로 TV 시청을 하면서 나머지 시간은 활쏘기, 뇌 건강 훈련인 기운 내리기, 명상 훈련, 기억력 훈련 등 20분씩 다양한 활동을 했다.

그럼에도 불구하고, 아내가 조금이라도 불편을 주면 짜증을 내는 내 모습을 발견하곤 했다. 아내는 내가 뇌를 다친 후로 화를 자주 낸다며 불평했다. 이제

와서 돌이켜보니, 아내에게 화를 낸 것뿐만 아니라, 나를 위험에 빠뜨리려 한다는 피해의식에 사로잡혀 있었다. 회복되면 전라도 고흥에 있는 친구를 찾아 집을 나가야겠다고 결심했다. 이는 내 뇌파분석에서도 확인할 수 있듯이, 심한 우울증에 시달리고 있었음을 의미한다.

 2023년 5월 2일, 2차 BQ테스트 그림8)를 받는 동안 나는 예기치 않은 사고로 인해 피로한 상태였었다. 이 사고로 인한 피로와 어려움은 뇌파 검사 결과를 통해 명확히 확인되었었다. 이 상황에서 대구 수목원에서 실시한 맨발 걷기운동은 나에게 큰 도전이었다. 100미터를 걷는 것조차 부담스러웠고, 아내의 지원과 도움이 필요

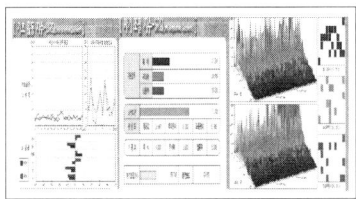
[그림8] 2차 BQ검사 결과

했었다. 잠시 걷는 것조차 체력의 한계를 느껴 매트 위에서 긴 휴식을 취해야 했었다. 이 기간 동안, 나는 일상생활에서 기억력 저하를 경험하기 시작했고, 이는 치매의 초기 증상일 수 있는 인지 장애에 대한 우려로 이어졌었다.

 결과적으로, 나는 치매의 위험에 직면했고, 뇌 건강을 회복하기 위한 방법으로 뇌파 검사를 받았다. 그 이후, 나는 하루에 3-4시간의 뉴로피드백, 브레인짐 트레이닝과 맨발로 15,000보 이상 걷는 운동에 집중했다. 또한 일곱 가지 신경망 재설계 트레이닝을 통해 인지 기능을 향상시키기 위한 노력을 기울였다.

 이러한 지속적인 노력은 맨발 걷기가 발의 감각을 자극하고 뇌를 활성화하는 데 기여한다는 연구 결과를 실제로 체험할 수 있게 해주었다. 이 개인적인 경험과 노력은 맨발 걷기 운동과 브레인 짐. 뉴로피드백이 뇌 기능과 신체 건강을 향상시키는 데 얼마나 중요한 역할을 할 수 있는지 명확히 보여주고, 이

는 건강한 노년을 위한 중요한 교훈이 되었다.

이런 과정에서도 내 고향에서 100여명의 고령의 노인을 대상으로 한 뇌파 검사와 치매 예방 연구 프로젝트를 시작했었다. 만약 이 프로젝트를 통해 정상 상태로 돌아오는 데 성공한다면, 노인을 위한 기억력 향상 기억학교를 운영하겠다는 결심을 하였다.

2023년 7월 2일에 실시한 3차 BQ테스트 그림9)결과가 매우 놀라웠다. 평소에 신경망을 재설계하기 위해 꾸준히 노력한 덕분에, 자기조절 능력, 휴식, 주의력 및 집중력에서 각각 33, 33, 36점이라는 높은 점수를 기록하게 되었다. 이는 나를 '333 클럽'의 일원으로 만들었고, 이는 내 몸의 상태가 전반적으로 크게 개선되었으며, 기억력 또한 확실히 향상되었다는 명확한 신호로 해석할 수 있다. 특히, 예전의 부정적이고 우울했던 감정들을 뒤로하고, 더욱 적극적이고 긍정적인 생각을 가지게 되었다는 점에서 큰 의미를 찾았다. 이러한 변화를 기반으로, 나는 뉴로리더십 강사 과정을 운영하기 시작했다. 이 과정은 참가자들이 자신의 삶에서 타인을 도울 수 있고, 세상에 긍정적인 영향을 미치는 삶을 살도록 독려한다. 뉴로리더십은 단순한 이론 전달이 아닌, 고성능 학습 여정(High-Performance Learning Journey, HPLJ)을 통해 설계되었다.

이는 전통적인 리더십 프로그램과 비교했을 때, 참가자들이 더 많은 행동 변화와 성과 향상을 경험할 수 있도록 도와준다. 뉴로리더십은 리더의 뇌 상태를 정밀하게 평가하여 약점을 집중적으로 개선하고, 관리 및 신경과학이 결합된 새로운 형태의 리더

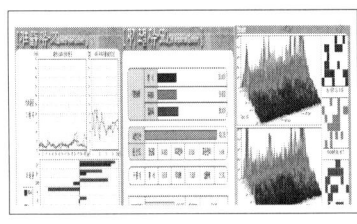

[그림9] 3차 BQ검사 결과

십 개발 및 인간성능 향상에 대한 접근법을 제시한다. 이 프로그램을 통해 얻

은 경험과 성과를 널리 공유하고 전파하기 위해, 나는 유능한 강사들을 직접 양성하고 있다. 이들은 다양한 기업과 조직에서 리더들을 교육하고 멘토링하는 중요한 역할을 수행하게 될 것이다. 이러한 노력은 개인적인 리더십 행동의 변화를 촉진할 뿐만 아니라, 조직 전체의 리더들이 의미 있는 변화를 경험하도록 도와주는 강력한 도구가 될 것이다.

결국, 이 모든 활동은 세상에 대한 긍정적인 기여이자, 뉴로리더십을 통해 남길 수 있는 가장 값진 유산이 될 것이다. 뉴로리더십 교육과정은 단순히 강사가 일방적으로 지식을 전달하는 방식이 아닌, 교육생이 자신의 뇌파를 통해 스스로를 과학적으로 정확하게 이해하는 것을 중심으로 한다.

이 교육과정은 매주 1회씩, 하루에 8시간씩 총 13주 동안 진행된다. 교육은 약 20%의 강의와 80%의 교육생 참여와 공감토론으로 구성되어 있다. 이를 통해 교육생들은 이론을 배우는 데 그치지 않고, 직접 경험하고 느끼며 자신의 변화와 발전을 도모할 수 있다.

또한, 이 과정에서는 매월 1회 뇌파(BQ Test) 검사를 통해 교육생의 뇌파 상태를 정밀하게 분석한다. 이 검사를 기반으로 다음 훈련 방식을 설계하며, 맞춤형 훈련을 진행한다. 이를 통해 교육생은 자신의 뇌파 상태에 따른 최적의 훈련을 받게 되어 더욱 효과적인 학습과 성장을 이룰 수 있다. 최종 목표는 '333클럽'에 도달하는 것이다.

333클럽은 뇌가 최적화된 상태를 의미하며, 이 상태에 도달한 교육생들은 다양한 긍정적인 변화를 경험하게 된다. 333클럽에 도달한 사람들이 얻은 7가지 주요 효과가 마지막 장에 자세히 소개되어 있다. 이를 통해 교육생들은 자신이 앞으로 어떤 변화를 기대할 수 있는지 명확히 이해할 수 있다.

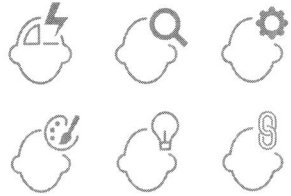

당신의 뇌를
리더십의 무기로 만들기

MODULE
02

뉴로리더십의 원형

1. 뉴로리더십의 탄생과 배경　71
2. 리더십의 탄생　76
　1) 겨우살이의 리더십 이야기　80
　2) 톡소플라즈마의 리더십 이야기　85
3. 리더십의 본능적 원형(3S모델)　90
　1) 늑대의 가족중심 리더십 이야기　97
　2) 닭대가리 리더십 이야기　100
　3) 침팬지의 독재자 리더십 이야기　111
　4) 개코원숭이의 민주적 리더십
　　 이야기　113
　5) 기러기의 서번트 리더십 이야기　115
　6) 개미의 멘토링 리더십 이야기　118
4. 리더십의 인지적 원형
　(GIVE-DIR 모델)　121
　1) 관대함(Generosity)　130
　2) 청렴성(Integrity)　135
　3) 비전(Vision)　145
　4) 공정성(Equitable)　153
　5) 외교력(Diplomacy)　155
　6) 지적 능력(Intelligence)　164
　7) 결단력(Resolution)　178

MODULE 02

뉴로리더십의 원형

1. 뉴로리더십의 탄생과 배경

경영학 분야에서 리더십 연구는 오랫동안 중요한 주제로 다루어져 왔다. 리더십의 발전과 관련하여, 연구자들은 조직의 최고경영자(CEO)나 임원뿐만 아니라 일반 직원들의 리더십 역량을 어떻게 향상시킬 수 있는지에 대해서도 깊이 탐구해왔다. 이들은 조직 내 학습 문화를 어떻게 촉진시키고, 이를 통해 조직 전체의 성과와 효율성을 어떻게 개선할 수 있을지에 대한 방법을 모색해왔다. 이러한 문제는 리더십을 연구하는 컨설턴트, 코치, 학자들에게 있어서 깊은 관심사이며, 그들은 조직의 리더십 개발 방안을 모색함으로써 조직의 성장과 발전을 도모하고 있다.

한편, 과학 기술의 진보, 특히 fMRI(Functional Magnetic Resonance Imaging) 같은 뇌 영상 기술의 발전은 신경과학 분야에 혁명적 변화를 가져왔다. 이러한 기술을 통해 연구자들은 인간의 뇌 활동을 보다 상세하게 관찰하고 이해할 수 있게 되었다. 이는 우리가 인간의 사고, 감정, 행동 등 '마음의 문제'를 과학적인 접근으로 탐구할 수 있게 한 큰 발전이다. 더 나아가, 신경가소성(neuroplasticity) 이론은 인간의 뇌가 경험을 통해 변화하고 적응할 수 있다는 사실을 보여준다. 이는 리더십 연구에도 중요한 영향을 미치는데, 리더의 뇌 역시 학습과 경험을 통해 발달하고 변화할 수 있다는 가능성을 열어주기 때문이다. 이러한 과학적 발견들은 리더십 개발 방안을 모색하는 데 있어서 새로운 기회와 방향을 제시하며, 리더들이 자신의 역량을 향상시키고 조직의 성과를 극대화하는 데 기여할 수 있는 방법을 탐색할 수 있게 하고 있다. 신경과학 분야에서는 다양한 동물실험을 진행하면서 뇌의 학습 능력과 신경가소성에 따른 변화가 인간의 뇌에서도 일어난다는 사실을 밝혀냈다.

신경과학자 마크 로젠츠바이크(Mark Rosenzweig)는 쥐 실험을 통해 학습에서 필수적인 뇌의 신경전달물질인 아세틸콜린[3]은 단순한 공간문제로 훈련받은 쥐들보다 복잡한 문제로 훈련받은 쥐들에게서 더 높은 농도로 존재한다는 사실을 밝혀냈고, 정신 훈련을 받거나 풍부한 환경에서 생활한 동물은 대뇌피질의 무게가 5% 가량 증가했으며[4] 그 훈련으로 직접 자극받은 뇌 영역의 무게는 9% 까지 증가하였다. 훈련 받거나 자극받은 뉴런은 25% 가량 더 많은 가지를 뻗어 뉴런의 크기, 뉴런 한 개 당 연결 수, 혈액공급이 늘어났다. 나이 많은 동물에서의 뉴런 발달은 어린 동물만큼 빠르지는 않지만, 이런 변화는 늦은 시기에도 일어날 수 있다. 사람의 경우에는 사후 부검을 통하여 교육이 뉴런들 간의 가지 수를 증가시킨다는 것을 확인할 수 있다. 가지의 숫자가 많아진 뉴런은 더 멀리 뻗어가면서 뇌의 부피와 두께를 증가시킨다. 훈련을 통해 성장하는 근육과 같이 생각은 단지 은유가 아니[5]라고 하였다.

캘리포니아 대학교의 신경과학자 마이클 머제니치Michael Merjenitch)는 인간 뇌의 복잡성과 가소성에 대해 심층적으로 탐구해왔다. 그의 연구는 인간의 뇌가 겪는 다양한 신경가소적 변화들을 광범위하게 다루며, 특히 뇌의 가소성에 주목한다. 머제니치는 인간의 생애 전반에 걸쳐, 즉 요람에서 무덤에 이르기까지 뇌의 가소성이 지속된다고 강조했다. 이러한 가소성은 나이와 상관없이 인지기능을 크게 개선할 수 있는 가능성을 내포하고 있다.

그는 특히 노인들도 적절한 조건과 환경에서 새로운 기술이나 정보를 배우고 연습함으로써 인지기능을 급격히 향상시킬 수 있다고 주장했다. 머제니치의 연구에 따르면, 이러한 학습과정은 뇌지도 내에서 수억, 어쩌면 수십억에 달하는 신경세포 간의 연결을 변화시킬 수 있다. 이는 새로운 신경회로의 형성을 의미하며, 결국 기억력, 주의력, 추론 능력 등 다양한 인지 기능의 향상으로 이어진다.

머제니치의 연구는 뇌의 가소성에 대한 우리의 이해를 크게 넓혔으며, 특히 노년기에도 학습과 개선의 가능성이 크다는 점을 강조함으로써, 나이에 대한 기존의 편견과 한계를 뛰어넘는 새로운 시각을 제공했다. 그의 연구는 뇌 과학뿐만 아니라 교육, 재활, 노년학 등 다양한 분야에 영향을 미치며, 평생 학습의 중요성과 가능성을 재확인시켜 주고 있다.

신경가소성은 인간의 뇌가 경험에 따라 구조적으로나 기능적으로 변화할 수 있는 능력을 가지고 있다는 개념에 기반을 두고 있으며, 이는 뉴로피드백 이론을 통해 더욱 구체화되었다. 뉴로피드백은 뇌파의 변화를 실시간으로 모니터링하면서, 특정 정신적 상태나 행동을 유도하기 위해 그 변화에 대한 즉각적인 피드백을 제공하는 기술이다. 이를 통해 사용자는 자신의 뇌 활동을 의식적으로 조절할 수 있게 되며, 이는 인간의 뇌를 구체적으로 변화시킬 수 있는 강력한 수단으로 자리 잡았다. 뉴로리더십은 이러한 신경가소성의 원리를 리더십 개발에 적용한 학습 모델이다. 이 모델은 인간의 리더십 능력이 단순히 타고난 속성이 아니라, 사회적 상호작용과 경험을 통해 발전할 수 있다는 점에 주목한다. 특히, 사회적 뇌의 발전, 즉 다른 사람들과의 관계 속에서 발생하는 뇌의 변화를 통해 리더십 능력이 진화할 수 있다고 보았다. 뉴로리더십은 신경가소성을 활용하여, 리더의 뇌에서 일어나는 다양한 변화를 이해하고, 이를 통해 리더십의 다양한 측면을 개발할 수 있는 방법을 제시한다. 예를 들어, 감정 조절, 의사결정, 스트레스 관리 등 리더십에 필수적인 다양한 능력들이 신경가소성을 통해 향상될 수 있음을 시사한다.

이렇게 신경가소성과 뉴로리더십은 인간의 뇌와 리더십 능력의 발전 가능성을 탐구하는 혁신적인 접근 방식이다. 이는 개인의 리더십 능력 개발뿐만 아니라, 조직의 성장과 변화 관리에도 중요한 영향을 미칠 수 있다.

인간의 뇌는 놀라울 정도로 유연하며, 이러한 특성은 리더십 개발 분야에도 새로운 시각을 제공하고 있다. 과거에는 리더십이 타고난 속성으로 여겨졌지만, 최근 연구들은 뇌의 변화와 성장 가능성을 통해 리더십 능력 또한 발달시킬 수 있다는 사실을 밝혀내고 있다. 이는 뉴로리더십 개발 프로그램이나 교육 과정 설계에 있어서 혁신적인 접근 방식을 가능하게 만든다. 심리학은 인간의 행동과 동기 부여 메커니즘을 탐구함으로써 리더와 구성원 간의 상호작용을 이해하는 데 기여한다. 생물학과 신경과학은 뇌의 구조와 기능이 리더십 행동에 어떻게 영향을 미치는지에 대한 설명을 제공한다. 경제학은 리더십이 조직의 경제적 성과에 미치는 영향을 분석하며, 인류학과 영장류 동물학은 리더십의 진화적 측면을 탐구한다.

이러한 통합적 접근 방식은 뉴로리더십 개발에 있어서 보다 근본적이고 포괄적인 이해를 도모할 수 있게 하며, 다양한 학문적 배경을 가진 연구자들 사이의 협력을 촉진한다. 결국, 이러한 다학문적 접근은 리더십의 복잡한 본질을 더욱 깊이 이해하고, 효과적인 리더십 개발 전략을 마련하는 데 중요한 역할을 할 것이다.[6] 찰스 다윈(Charles Robert Darwin; 1809-1882)은 진화론의 아버지로 널리 알려져 있으며, 그의 이론은 생물학뿐만 아니라 다양한 학문 분야에 깊은 영향을 미쳤다. 다윈은 자연 선택이라는 개념을 통해 생명체가 어떻게 시간이 지남에 따라 변화하고 적응해왔는지 설명했다. 그는 "자연 선택이 해부학적 특징부터 행동과 정서적 특징에 이르기까지 유기체 전반에 걸쳐 작용하며, 다른 동물과 마찬가지로 인간도 자연 선택을 통해 진화했다"고 밝혔다. 이러한 관점에서 볼 때, 인간의 뇌는 단순히 생물학적 기관이 아니라 사회적 상호작용을 통해 발달하고 변화하는 사회적 장기라는 것을 알 수 있다. 사람들과의 교류는 우리의 생각과 감정에 영향을 미치며, 이는 뇌의 반응과 발달에 직접적인 영향을 준다.

우리는 일반적으로 일을 경제적 거래, 즉 노동에 대한 재정적 보상을 받는 과정으로 이해하지만, 뇌의 관점에서 볼 때 일터는 무엇보다 사회적 시스템이다. 이는 사람들이 서로 협력하고, 소통하며, 서로에게 영향을 미치는 복잡한 인간관계의 네트워크를 의미한다. 리더십 분야의 코치이자 '조용한 리더십(Quiet Leadership)'의 저자인 데이비드 락(David Rock)은 이러한 사회적 상호작용과 리더십의 관계에 주목했다. 그는 신경과학의 연구 성과를 리더십에 적용할 수 있는 가능성을 탐구하며, 이 두 가지 분야를 접목시킬 수 있는 새로운 접근 방식으로 '뉴로리더십(Neuroleadership)'이라는 용어를 2006년에 제안했다. 뉴로리더십은 리더들이 팀원들의 뇌 반응과 감정을 이해하고, 그에 따라 보다 효과적인 커뮤니케이션과 동기 부여 전략을 개발할 수 있도록 돕는 것을 목표로 한다. 이는 리더십의 전통적인 접근 방식을 보완하고, 팀의 성과와 구성원들의 만족도를 높이는데 기여할 수 있다.

2. 리더십의 탄생

"선생님, 리더십을 과학적으로 증명할 수 있나요?" 이 질문은 처음 듣기에는 다소 놀랍고 복잡해 보일 수 있지만, 실제로는 리더십 연구와 관련하여 매우 중요하고 깊이 있는 질문이다. 리더십이란 개념을 과학적으로 증명하고자 할 때, 우리는 어떤 방법으로 접근해야 할까? 이에 대한 탐색을 시작하기 위해 우리는 우선 리더십 이론이 어떻게 진화해 왔는지 살펴볼 필요가 있다.

고대의 위인론에서부터 시작하여, 현대에 이르러 널리 인정받고 있는 서번트 리더십에 이르기까지, 리더십 이론은 시대의 요구와 사회적 변화에 따라 다양하게 발전해 왔다. 이러한 리더십 모델의 시대에 따른 변화와 발전은 리더십이라는 학문 분야가 어떻게 진화해 왔는지를 보여주는 것이며, 이는 과학적 방법론을 통해 연구되고 증명될 수 있다.

또 다른 관점에서, 우리는 "왜 인간의 리더십은 시대마다 변화했을까?"라는 질문을 통해 사회적, 문화적 맥락에서 리더십이 어떻게 발전해 왔는지 깊이 있게 탐색할 수 있다. 이러한 질문에 답하기 위해 우리는 역사적 사건, 경제적 변화, 기술의 발전 등 여러 외부 요인들이 리더십에 어떤 영향을 미쳤는지 분석할 수 있다. 이를 통해 리더십이 단순히 개인의 자질이나 특성에 의해 결정되는 것이 아니라, 그 시대의 사회적 요구와 조건에 따라 형성되고 변화하는 복합적인 현상임을 이해할 수 있다. 따라서, 리더십을 과학적으로 증명하기 위해서는 다양한 학문 분야의 연구 방법론을 적용하여, 리더십 이론의 진화와 그 배경이 되는 사회적, 문화적 요인들을 종합적으로 분석하는 접근이 필요하다. 왜냐하면 과거나 현재나 인간이 생존을 위해서 함께 집단을 이루어 살아가는 모습은 비슷한데 '왜! 리더십은 달라야 하는가?' 원인은 바로 리더십에 대해서 근본적인 접근을 하지 않았기 때문이 아닐까? 정확하게 말하면 지금까지 두개골 속에 갇혀있는 뇌는 우리에게 리더십에 대한 근본적인 메커니즘인 마음의 과학에 접근할 수 있는 기회가 주지 않았기 때문이 아닐까?

두개골 속에 갇혀있는 뇌를 들여다 볼 수 없는 선조들에게는 뇌가 생존을 위해 어떤 역할을 하는지에 대한 설명할 기회가 주어지지 않았다. 그 이유를 신경과학의 발전 과정으로 설명할 수 있다. 위대한 철학자 아리스토텔레스는 뇌는 심장을 식히는 냉각기에 불과하다고 설명하였지만, 히포크라테스는 뇌에 마음이 존재한다는 사실에 주목하였다. 하지만, 살아있는 인간의 뇌를 들여다 보면서 근본적인 답을 찾으려는 시도와 입증은 최근에 이르러서야 비로소 가능해졌다. 즉 1960년대까지만 하더라도 인간의 뇌는 한 번 결정되면 변화하지 않는다는 사실이 과학적 근거로 통일되어 있었다.

그나마 1960년대 중반에 와서는 어린아이에게는 임계기 가소성이 있음이 밝혀졌다. 임계기 가소성은 20세기 후반 생물학에서 가장 유명한 발견 중 하나로, 각 신경계는 서로 다른 임계기가 있어서 특히 그 기간 동안에 가소적이고 환경에 민감한 상태로 급격한 성장을 하는 것처럼 보였다. 예를 들어 언어 발달에는 유아기에 시작해서 여덟살과 사춘기 사이에 임계기가 끝나기 때문에 외국어를 모국어처럼 학습하기가 불가능해지면서 외국어를 모국어처럼 완벽하게 구사하기가 어려워진다.

가소성이 있기 때문에 뇌의 변화가 가능하다고 하였지만, 대부분의 신경과학자들은 팬필드(Wilder G. Penfield)의 뇌 지도를 기반으로 뇌는 구조화되어 있고 성인의 뇌는 변하지 않는다는 사실에 주목하였고 여기에 근거하여 발전한 이론이 국제론(localization)이다. 뇌의 각 부분은 고정되어 있으며 절대 변할 수 없다는 이론 특히 가소성을 받아드리지 않았지만, 국제론자들도 이제 뇌는 변화가능하다는 신경가소성을 인정하고 있다. 국제론의 망령은 아직도 우리의 뇌리를 떠나지 않고 우리를 지배하고 있다. 이 글을 읽으시는 독자들 중에도 상당히 많은 사람은 뇌는 "노인이 되어도 끊임없이 변화하는 신경가소성을 가졌기 때문에 젊은이 못지않은 능력을 발휘할 수 있다."사실에 의아해 할 것이다.

필자가 많은 기업교육 담당자들에게 인적자원개발(Human Resource Development, HRD)의 효율성과 그 진정한 가치를 뇌 과학에서 찾아야 한다고 강조하였지만 여전히 이러한 관점을 신뢰하는 이들은 소수에 불과하다. 리더십에 대한 과학적 접근 방식이 가능하며, 뇌 기반의 이른바 '뉴로리더십'이 실제로 조직 내 리더들의 역량을 혁신적으로 변화시킬 수 있다는 생각에 동의하는 사람들도 많지 않다는 것이 현실이다. 이러한 상황 속에서도, 모 경제지의 교육 담당 팀장은 어느 정도 긍정적인 전망을 제시했다.

그는 "만약 선생님께서 말씀하신대로 뇌 기반 인적자원개발(Brain-based Human Resource Development, BHRD) 교육의 투자 대비 효과(Return on Investment, ROI)를 과학적으로 입증할 수 있다면, 그것만으로도 노벨상을 받을 만한 업적이 될 것입니다"라고 언급했다. 이 발언은 일견 믿기 어렵다는 인식을 표현한 것일 수도 있으나, 만약 리더십의 신경과학적 ROI를 명확히 증명해낼 수 있다면, 그것은 과연 업계에 혁명적인 변화를 가져올 수 있는 사실임에 틀림없다. 따라서 이제 우리는 이러한 가능성을 탐구하고 그 실체를 밝혀내기 위한 여정의 첫발을 내딛어야 한다. 이 과정에서 HRD 전문가들, 신경과학자들, 그리고 경영학자들이 협력하여 이론과 실제가 만나는 지점을 찾아내고, 그 효과를 공식적으로 입증하는 것이 중요하다. 이렇게 함으로써 우리는 진정으로 조직 내 리더십과 직원들의 성장을 촉진시키는 새로운 방법론을 발견할 수 있을 것이다.

"생명의 탄생과 기원은 무엇인가?"라는 질문은 인류의 오랜 호기심과 탐구의 대상이 되어 왔다. 이러한 질문에 대한 탐색은 과학, 철학, 종교 등 다양한 분야에서 수많은 이론과 가설을 낳았다. 우리는 이러한 다양한 관점을 통해 생명의 본질과 그 기원에 대해 깊이 이해하려고 노력해야 한다. 생명이란 존재하는 모든 동물, 식물, 바이러스 등을 포함하는 광범위한 범주에 속한다.

 이러한 생명체들은 각각 독특한 생존 전략과 번식 방식을 가지고 있으며, 이는 생명체가 갖는 기본적인 가치인 생존과 번식을 가능하게 한다.

 생명체가 자신의 환경에 적응하고 생존하는 과정은 매우 복잡하고 다양한 메커니즘을 통해 이루어진다. 예를 들어, 식물은 광합성을 통해 에너지를 생성하고, 동물은 다양한 먹이 사슬에서 자신의 위치를 찾아 생존한다. 바이러스는 다른 생명체의 세포를 이용하여 자신을 복제함으로써 존재를 이어간다. 이처럼 모든 생명체는 자신만의 독특한 방법으로 생존과 번식을 추구한다. 그러나 중요한 점은 생명체가 해당 환경에서 생존하지 못할 경우, 진화론적 관점에서 볼 때 그 생명체는 자연 선택의 과정에서 도태되어 결국 사라지게 된다.

 따라서 '생존'이라는 개념은 단순히 살아남는 것을 넘어, 그 환경에 최적으로 적응하고 진화하는 과정을 포함한다. 이는 생명체가 직면한 환경적 도전과 위협을 극복하고, 그 과정에서 더 강력하고 적응력 있는 종으로 발전해 나가는 끊임없는 여정이다. 결국, 생명의 탄생과 기원에 대한 물음은 우리로 하여금 생명의 본질과 진화의 신비를 더 깊이 탐구하고 이해하도록 이끈다.

 생명체의 생존을 위한 첫 번째 필수 요소는 먹이를 찾아 섭취하는 것이다. 이는 단순한 에너지 획득을 넘어, 생명체가 지속 가능한 생명 활동을 유지하는데 필수적인 과정이다. 먹이를 통해 에너지를 얻은 생명체는 생존의 다음 단계로 나아가게 되는데, 그것은 바로 자신의 유전자, 즉 DNA를 후대에 전달하고 널리 퍼뜨리는 것이다. 이 두 가지 목표, 즉 생존을 위한 에너지 획득과 유전자의 전달은 모든 동식물에게 공통적으로 적용되는 기본적인 생존 전략이다. 이러한 생명체의 기본적인 생존 전략을 이해하는 것은 생명의 탄생과 진화라는 더 큰 그림을 이해하는 데 필수적이다. 생물학자와 신경과학자들은 오랜 시간 동안 생명의 기원에 대한 답을 찾기 위해 노력해왔으며, 그들은 이러한 답을 종교적 신념이 아닌, 우주의 탄생과 생명을 이루는 기본 단위인 단세포의 관점에서 찾았다. 이러한 과학적 탐구는 생명이 어떻게 시작되었는지, 그리고 어떻게 다양한 형태로 진화해왔는지에 대한 근본적인 이해를 제공한다. 나는 이러한 생명의 기본 원리를 통해 리더십의 기원을 탐구하고자 한다. 모든 생명체는 생존과 번식이라는 궁극적인 목표를 달성하기 위해, 다른 생명체에 영향을 미치거나 조율하는 다양한 방법을 사용한다. 예를 들어, 동물들은 무리를 이끌거나 지혜를 공유함으로써 생존 확률을 높인다. 식물도 꽃가루를 퍼뜨리기 위해 곤충이나 바람의 힘을 이용하는 등, 자신의 유전자를 널리 퍼뜨리기 위한 전략을 구사한다. 이러한 생명체들의 상호작용과 생존 전략에서 나타나는 다양한 형태의 영향력 행사는 리더십의 근원적 형태로 볼 수 있다. 이처럼 동식물의 이야기를 통해, 리더십이라는 개념이 오직 인간사회에만 국한되지 않고, 모든 생명체의 생존 전략 속에 내재되어 있음을 이해할 수 있다.

1) 겨우살이의 리더십 이야기

"겨우살이의 리더십이라고?"라는 의문을 품는 것은 당연한 일이다. "식물에게 과연 리더십이라는 개념이 적용될 수 있을까?"라고 반문하는 것도 무리가 아니다. 이러한 의문에 답하기 위해서는, 우리가 흔히 인간사회에서만 존재한다고 여겨왔던 리더십이 실제로는 자연계의 모든 생명체에게서 발견될 수 있는 보편적인 생존전략의 일부였다는 것을 이해해야 한다. 이러한 관점에서 볼 때, 겨우살이를 포함한 모든 생명체는 그들만의 방식으로 주변환경에 영향을 미치고, 그 환경에 적응하며, 선택을 통해 생존과 번식을 도모해왔다.

생명체가 자신의 생존을 위해 선택하고 적응하는 과정은 인간의 리더십과 유사한 맥락에서 이해될 수 있다. 리더십이란 '주변 환경에 대한 영향력을 행사하여 목표를 달성하는 능력을 의미한다.' 이와 같은 정의를 생명체의 생존전략에 적용해보면, 각 종은 그들이 처한 자연환경에 대해 가장 적합한 방식으로 영향력을 행사하고, 진화의 과정 속에서 생존과 번식을 위한 최적의 선택을 해왔다. 예를 들어, 겨우살이는 기생 식물로서 다른 식물에 기생하여 생존하는 전략을 선택했다. 이는 겨우살이에게 있어 생존과 번식을 위한 가장 효과적인 리더십 전략이다.

진화론적 관점에서 보면, 자연선택의 과정은 바로 각 종이 자연환경에 대해 행사하는 영향력의 결과다. 각기 다른 생존전략을 통해 자연환경에 적응하고, 그 환경을 지배하려는 메커니즘이 바로 생명체의 리더십이다. 어떠한 동식물도 이러한 생존전략에 성공적으로 적응하지 못한다면, 결국 자연도태의 길을 걷게 된다. 이는 진화론이 우리에게 가르치는 가장 중요한 교훈 중 하나였다. 결국, 겨우살이의 리더십은 그 자체로 생명의 진화와 적응, 생존을 위한 끊임없는 노력의 상징이다.

가야산 해인사 부근 상점에는 겨울이 되면 녹색을 띠면서 열매를 가득 품고 있는 겨우살이를 즐비하게 진열해 놓고 판매한다.

겨우살이는 우리나라 전역에서 볼 수 있는 기생식물로[7] 대부분 50~1,100m

의 높이의 산에서 자란다. 겨우살이 과에 속하는 기생식물에는 참나무겨우살이, 꼬리겨우살이, 동백나무겨우살이 등이 있다. 겨우살이는 엽록소를 가지고 광합성 작용도 하면서 부족한 영양분을 숙주식물로부터 얻는 생식물로, 신갈나무, 팽나무, 물오리나무, 밤나무, 배나무, 자작나무에 기생하여 생존한다. 겨우살이는 새의 둥지와 같이 둥글게 자라 지름이 1m에 달하는 것도 있고, 가지는 둥글고 황녹색이며, 차상(叉狀)으로 갈라지며, 마디 사이가 3~6㎝이다.

잎은 피침 형으로 마주 보며 나는데, 길이 3~6㎝, 너비 6~12㎜로 끝은 뭉툭하고 밑은 둥글며 밑으로 갈수록 좁아지고 자루는 없으며 두껍고 짙은 녹색이다. 과육이 잘 발달되어 까마귀·산비둘기·까치와 같은 산새들의 좋은 먹이다.

높은 나뭇가지에 기생하는 겨우살이의 생존과 번식을 위한 선택과 적응은 우리 인간의 말로 표현하자면 매우 지혜롭다. 겨우살이는 식물이므로 스스로 생존과 번식을 위한 수단을 선택하기 어렵다는 근본적인 약점이 있다. 왜냐하면 겨우살이는 생존 수단으로 스스로 영양분을 만들 수 있는 광합성 능력이 부족한데다가 종족 번식의 자율적인 능력도 없기 때문이다.

겨우살이는 굳이 다윈의 진화론을 살펴보지 않더라도 앞에 제시한 두 가지 문제를 해결해야 자연도태라는 최악의 상황에서 벗어날 수 있다. 그리고 겨우살이는 생존과 번식을 위한 수단을 창조했다.

즉 생존을 위한 수단인 영양분 확보는 생존을 위한 중요한 수단이다. 이를 위해, 몇몇 식물은 자신보다 큰 식물에 기생하는 지혜로운 선택을 한다. 그 이유는 간단하다. 생존기간 동안 충분한 영양분을 공급받을 수 있기 때문이다. 이런 식으로 기생식물은 다른 식물이 흡수하는 영양분을 섭취하여 자신의 생존을 해결하고, 후손을 번성하게 한다. 후손 번성의 한 방법은 맛있는 과육을 만들어 겨울철에 먹이가 부족한 조류를 유혹하여 자신의 종자를 퍼뜨리는 것이다. 겨우살이 종자 주변의 과육은 점액물질로 둘러싸여 있어, 새의 부리에 붙으면 잘 떨어지지 않는다. 새들이 이를 떼어내기 위해 나무의 수피에 부리를 비비면, 수피 사이에 달라붙은 종자가 발아하여 번식하게 된다.

 겨우살이는 자신의 종을 번식시키기 위해 까마귀, 까치, 산비둘기 같은 새들을 유혹하는 방법으로 자신의 모습을 마법처럼 변화시켜 까치와 까마귀의 둥지 모양처럼 보이게 했다. 이런 변화는 겨우살이가 까치와 까마귀에게 영향을 미치려고 진화한 과정에서 나타난 리더십의 원형을 보여준다. 모든 식물이 아름다운 꽃을 피우고 향기로운 향과 꿀을 만드는 것도 종의 번식을 목적으로 한다. 이는 마치 기업을 경영하는 CEO가 조직의 생산성을 높이고 수익을 극대화하기 위해 우수한 인재를 채용하여 업무 효율성을 높이고, 사회적 지위를 향상시키며 시장에서 유리한 위치를 차지하려는 전략과 비슷하다.

 겨우살이에게 주목해야 할 점은 생존과 번식을 위해 자신의 생명체의 일부인 과육을 새들을 유혹하는 먹음직스러운 먹이로 제공하였다는 점(자기희생)과 그 먹이를 찾는 동물들을 좀 더 확실하게 유혹하기 위한 수단으로 자신의 모양을 새의 둥지 모양으로 만들어 자신의 종을 잘 퍼뜨려 줄 수 있는 산새(팔로우)들을 끌어들였다는 점이다.

 기업의 CEO가 상품판매를 위한 마케팅 전략으로 고객들이 찾기 쉬운 장소에 고객의 관심을 끌 수 있는 디스플레이로 상품 구매 욕구를 자극하여 유인하는 방법과 크게 다를 바가 없다. 기업은 하나의 상품을 모든 사람이 선호할 것이라고 생각하지 않는다. 그래서 상품을 출시하기 전에 먼저 누구를 대상으로 어떤 상품을 판매할 것인지에 대한 마케팅 전략을 수립한다. 이처럼 겨우살이도 자신의 상품인 먹이를 모든 대상에게 제공하는 것이 아니라, 오직 자신의 종족을 잘 퍼뜨려 줄 대상을 유인하는 전략을 구사한다. 왜 이런 일이 벌어질까? 그 이유는 생명의 기원에서 찾을 수 있는데, 인간이라는 한 종의 생명체가 탄생하기까지의 진화의 역사에서 찾아 볼 수 있을 것이다.

2003년 WMAP관측위성이 지구와 우주의 역사를 관측한 결과, 우주의 나이는 137억년이고, 지구의 나이는 46억년, 생명체의 나이는 35억년[8]이라는 사실이 밝혀졌다. 생명의 역사는 바로 세포의 탄생이라는 놀라운 사실에서부터 출발하는데, 원시대양에서 유기물이 모인 액체 상태의 무생물로 생물 발생의 단초를 제공한 코아세르베이트(Coacervate)가 발생한 후 박테리아 같은 단세포가 탄생한 것이 생명의 기원이다. 단세포가 발생하고 20억 년이 지났을 무렵에 단세포박테리아가 아메바성 세포에게 잡아 먹히는데 잡아먹힌 단세포는 소화되지 않은 채 아메바성 세포와 공생관계를 유지하면서 대표적인 세포내 소기관인 미토콘드리아가 되었다.

미토콘드리아는 단세포와 같은 유전물질을 가진 독립적인 생명체이다. 이 미토콘드리아가 세포내 독립된 존재로 공생 관계를 가지면서 진핵세포가 만들어졌으며, 이 진핵세포는 핵막으로 싸인 핵을 가진 세포로 염색체를 가지고 유사 분열하여 다세포 생명체로 진화한다.[9]

단세포인 균체와 달리 다세포 생명체는 유전적으로 동일하다. 우리 몸은 60조 개라는 다세포로 구성된 생명체이다. 그런데 여기서 주목해야 할 점은 단세포는 유연성이 없는 딱딱한 막을 가진 세포지만, 다세포인 진핵세포는 변화에 잘 적응할 수 있는 유연성을 가진 생명체라는 점이다. 그리고 단세포는 영원한 생명을 가졌지만 다세포는 하나의 생명체를 만들기 위해 모이면서 각각의 세포들이 가진 자유와 자율성을 포기하여 생존에 유리하게 공생 관계를 만들면서 공생 공사(共生 共死)하는 생명 메커니즘을 개발하였다고 뉴욕대 의대 생리학 및 신경과학자 루돌프 이나스(Rodolfo R. Llinas)는 "꿈꾸는 기계의 진화"에서 밝혔다.

다세포 군체와 다세포 동식물에서 찾을 수 있다. 흥미롭게도 다세포 생명체 중 군체(群體)에서도 리더십을 발견할 수 있다. 군체라는 공생 관계로 살아가는 대표적인 동물로 해파리가 있다. 해파리는 접시모양을 한 각각의 개별 동물이지만 생존 환경이 열악해지면 집단을 이루어 군체를 만들고 하나의 생명체가 되어 환경적 위기를 극복한다. 해파리가 군체를 이루면 세상에서 가장 긴 동물이 되는데, 심지어 30m이상 되는 경우도 있다. 해파리 군체는 함께 어우러져 하나의 생명체가 되어 먹이를 찾아 이동하며 살아간다.

이 때, 앞쪽은 머리(우두머리)역할을 하고 뒤쪽은 꼬리(팔로우)역할을 하며 중간 부분은 생식기 기능을 담당한다.[10] 해파리 군체는 각자에게 주어진 역할을 수행하며 협력하여 생존하는 자연 선택의 놀라운 능력을 보여주고 있다. 만약 그 긴 해파리 군체의 앞쪽 부분과 뒤쪽 부분이 모두 머리 역할을 한다면 어떻게 될까? 아마 환경에 적응하는 생존 수단을 영위하지 못할 것이고 분열되어 자멸의 위기를 맞게 될 것이다.

2) 톡소플라즈마의 리더십 이야기

서번트 리더십의 저자인 제임스 헌터(Jamse C. Hunter)가 주장하는 리더십의 정의는 "공동의 이익을 위해 설정된 목표를 향해 매진할 수 있도록 사람들에게 영향력(Influence)을 발휘하는 기술"이라 하였다. 앞에서 우리는 겨우살이가 자신의 생존과 번식이라는 진화의 목적을 달성하기 위하여 다른 종에 영향력을 미쳐 종족 번식이라는 목적을 달성하는 리더십과 열악한 환경을 극복하기 위해 해파리는 군체를 이루어 각자에게 주어진 역할을 나누면서 하나의 생명체처럼 생존하는 생존모형을 살펴봤다.

이들 뿐만 아니라, 다양한 기생 동식물이 다른 숙주인 동식물에 영향력을 미쳐 번식을 한다는 내용은 그리 놀라운 이야기가 아니다. 움직임이 자유롭지 못한 어떤 따개비[11]는 게의 등에 올라타서 여성호르몬인 에스트로겐을 주입하여 수컷 게가 암컷의 행동을 보여 모래를 파게하고 따개비는 그 구멍을 활용하여 종족을 번식시키는가 하면, 말벌들이 모충에 기생하면서 모충으로 하여금 말벌의 둥지를 지키게 하는 사례 등을 다양하게 살펴볼 수 있다.[12] 리더십 세미나에 참여한 중소기업 사장은 아주 진지한 모습으로 "선생님, 만약에 우리 회사 근로자들이 자기 일처럼만 생각하고 일해 준다면 난 그 사람들한테 월급을 두 배로 올려 줄 수 있어요"라고 몹시 진지하게 말하기도 했으며, "평생 직장생활을 하면서 부하들을 관리해 왔지만 세월이 갈수록 점점 어려워져 선생님, 부하들을 내 마음대로 다스릴 수 있는 리더십 기술은 없을까요?" 하며 한숨을 섞어 하소연하는 대기업 조선회사에서 근무하는 현장소장도 있었다.

아마 부하를 관리하는 기업의 관리자, 기업을 경영하는 최고경영자, 유권자들의 마음을 움직여 정치적 목적을 달성하려는 정치인, 이 세상에 존재하는 모든 집단의 리더들은 유사한 고민을 한 번 쯤은 했을 것이다. 그런데 놀랍게도 원생동물인 톡소플라즈마[13]는 자신의 숙주동물에게 영향력을 행사하여 자신이 원하는 방향으로 행동하게 하는 독특한 신경과학적인 리더십 기술을 발휘하여 자신의 숙주인 쥐와 고양이 그리고 인간에게 영향력을 미쳤다는 흥미로운 사실이 있다. 스탠퍼드대학 생물학자인 로버트 새폴스키(Robert M. Spolsky)의 톡소플라즈마(Toxoplasma) 이야기[14]를 살펴보자.

임산부가 톡소플라즈마에 감염되면 태아에게 치명적이어서 유산되거나 기형아가 될 수도 있기 때문에 임산부는 고양이의 배설물에 노출되면 위험하다.

만약 처음 이 이야기를 접하는 독자 분들이 계시다면 이 점에 유의해야 할 것이다. 물론 반려동물은 야생 동물과는 달리 위생적이고 깨끗한 보살핌을 받지만, 그래도 임산부는 고양이 배설물에 노출되지 않도록 조심하는 것이 좋다. 톡소플라즈마는 고양이의 내장에서 유성생식하고 고양이의 배설물을 먹는 설치류인 쥐의 내장과 뇌에 감염되어 쥐에게 영향력을 미친다. 톡소는 쥐의 내장에서 암세포를 증식시키는 역할을 하거나 뇌에서 부종을 일으키거나 직접 쥐를 죽게 만들지는 않는다.

그 이유는 간단하다. 톡소플라스마가 쥐를 죽게 만들면, 고양이 내장에서의 유성생식이 불가능해지기 때문이다. 쥐의 내장에서 성장한 톡소플라스마는 유성생식을 위해 고양이의 내장으로 들어가야 한다. 하지만 스스로는 그렇게 할 수 없다. 따라서 자신의 DNA를 퍼뜨리기 위해서는 쥐가 고양이에게 잡아먹히도록 해야 한다. 톡소플라스마는 숙주 동물을 직접 죽이는 어리석은 짓을 하지 않았다. 대신, 놀라울 정도로 섬세하게 쥐의 행동에 영향을 미치는 탁월한 신경 과학적 기술을 개발했다.

말 그대로 고양이 앞의 쥐처럼, 쥐는 본능적으로 고양이에게 잡아먹히는 것을 피하려고 한다. 고양이의 배설물이나 페로몬을 통해 위험을 감지하고 도망치거나 근처에 접근하지 않는다. 그러나 세폴스키의 실험을 통해 톡소플라스마에 감염된 쥐는 고양이의 오줌에 성적인 매력을 느끼고, 고양이 오줌에 반복적으로 노출될 경우 고환이 커지는 현상을 발견했다. 이는 어떻게 가능한 일일까?

이유는 톡소플라스마가 쥐의 뇌 편도체에 침투해 공포와 두려움을 조절하는 신경세포에 자리 잡고, 포식자인 고양이를 두려워하게 만들던 쥐의 반응을 약화시켜 편도체의 뉴런을 줄이기 때문이다. 편도체는 두려움과 공포에 반응하는 생존을 위한 뇌의 중요 기관이다. 톡소플라스마는 빛이나 다른 동물에 대한 두려움에는 영향을 미치지 않고, 오직 고양이를 회피하는 반응에만 영향을 미쳐 쥐가 고양이의 배설물을 오히려 좋아하게 만들었다. 이를 통해 톡소플라스마는 쥐를 고양이에게 잡아먹히게 하여 고양이 내장에서 유성생식을 가능하게 하는 독특한 기술을 개발한 것이다. 세폴스키는 톡소플라스마가 "전 세계 25,000명의 신경과학자들보다 더 섬세한 신경 과학적 기술을 개발했다"고 감탄하였다.

톡소플라즈마는 고양이와 함께 상생하는 독창적인 리더십 기술로 쥐라는 먹이를 고양이에게 제공하여 숙주의 생존에 도움을 주고 자신의 목숨을 연명하면서 후손을 번성하게 하는 그야말로 Win-Win 게임을 한 것이다. 톡소플라즈마 유전체에는 티로신 수산화효소(Tyrosine Hydrox ylase)라는 유전자가 두 가지 형태로 존재한다. 수산화효소는 신경전달물질인 도파민을 만드는 핵심적인 전구물질이며, 도파민은 사람을 흥분시키며 열정적이고 적극적인 활동성을 가지게 하여 동기 부여하는 데에 영향을 미친다. 또한 도파민은 보상과 기대에 관여하는 뇌의 신경조절물질로 인간의 행동과 사고, 그리고 리더십 능력에 다양한 영향력을 미친다. 뉴로리더십에서 뇌 체질과 리더십 유형에 대해 더 상세하게 설명할 것이다.

만약 전 세계 인류의 33%에게 감염된 톡소플라즈마가 암을 일으키는 등 심각한 문제를 일으킨다면 어떤 일이 벌어질까? 지금 우리는 코로나19라는 신종바이러스에 전세계가 바이러스와의 전쟁을 벌이고 있다. 만약 이 전쟁에서 인간이 패하면 인간은 도태되고 말 것이다. 그러나 전세계는 이를 극복하기 위하여 사투를 벌이는 노력중이다. 반면에 인류의 33%를 감염시킨 톡소플라즈마의 전쟁은 일어나지 않는다. 그 뿐인가? 겨울이 되면 가금류를 사육하는 축산농가에 비상을 걸어 심각하게 위기를 조장하는 것이 있는데, 바로 철새들이 옮기는 AI바이러스이다. AI바이러스에 감염된 오리나 닭이 있는 농장이 생기면 그 반경 3Km이내에 있는 가금류를 살처분 한다는 사실은 잘 알고 있을 것이다. 톡소플라즈마가 인류의 생명에 치명적인 타격을 입힌다는 사실이 밝혀진다면 인류는 모든 수단을 동원하여 그를 박멸할 것이다.

세폴스키는 톡소플라즈마가 인간의 뇌에 들어가서는 기묘하게도 도파민 수용체를 만드는 신경세포에 영향력을 행사하여 더 많은 도파민을 분출하게 하는 역할을 한다는 사실을 밝혔다. 마치 기업의 리더가 구성원들이 열정적으로 일할 수 있는 조직 분위기를 만들기 위하여 다양한 방법으로 보상하는 것처럼 말이다. 톡소플라즈마는 인간의 뇌에서 흥분성 물질인 도파민을 분출하게 하여 기분 좋게 영향력을 미치는 기술을 개발한 것이다. 그렇다 해서 톡소플라즈마에 감염되기 위하여 애쓸 필요는 없다. 왜냐하면 거리를 질주하다 사망한 오토바이 마니아의 경우에 내장에서 톡소플라즈마가 많이 살고 있었다는 연구도 있다.

신경전달물질인 도파민은 인간의 동기와 행동에만 영향력을 미친다. 만일 리더인 당신의 두뇌에 도파민이 부족해지면 어떤 일이 벌어질까? 초기에는 매사에 집중력이 떨어지고 머리는 멍한 기분이 들거나, 중요한 의사결정이 느려지고, 밤이 되면 잠들기가 힘들고 정력이 급격하게 떨어지면서 성적인 욕구가 줄어들다가 점점 심해지면 신체적·정신적인 문제가 발생하게 되며 리더십 능력도 현저하게 떨어질 것이다.

도파민 결핍이 가벼운 경우에는 우울, 피로함, 기억력 감퇴, 불면증 등을 경험하게 되고 점점 더 심해지면 만성피로, 만성우울증, 당뇨병, 파킨슨병, 간경화 등의 심각한 질병에 노출되기도 한다.[15] 그런데 톡소플라즈마가 기묘하게

도 인간의 뇌에 들어가서는 도파민을 분출하는데 그 영향력을 발휘한다.[16] 지금까지 겨우살이와 톡소플라즈마가 생존을 위하여 자연선택에 따라 다른 개체인 숙주에게 어떻게 영향력을 행사하는가를 살펴보았다.

생명체의 진화는 단세포 생물인 고세균이나 전정세균이 아메바와 같은 큰 생명체에게 잡아먹히면서도 소화되지 않고 살아남아, 그 생명체 안에서 공생하면서 진핵세포로 발전했다. 진핵세포는 다시 다세포 동물이나 식물로 진화하는 과정에서 영원히 살아남는 것을 포기하고 서로 협력하여 살고 죽는 공생공사의 방식을 발전시켰다. 이렇게 서로 의존하며 살아가는 공생의 원리가 모든 생명체가 생존과 번식이라는 목표를 달성하기 위한 기본 원칙으로 자리 잡게 되었다.

3. 리더십의 본능적 원형(3S모델)

모든 생명체는 생존(Salary)과 번식(Sex)이라는 기본적인 생존수단을 기반으로 진화해왔다. 단세포에서 진핵세포로 진화하는 과정에서 공생관계라는 협력적 생존의 틀을 창발 하여 상생관계를 만들어 다세포동물로 진화하였다.

다세포 동물로 진화하는 과정에서는 개별적인 진핵세포는 무한생존이라는 영생을 포기하고 새로운 생존수단을 창조하였다. 즉 "모든 동식물은 죽는다"는 진리와 "모든 동식물은 함께 산다"결과이다. 함께 살던 동식물이 죽으면 다세포공동체를 이루며 살아온 모든 세포가 한꺼번에 사망한다. 이런 현상은 생명을 가진 유기체가 함께 죽고 함께 사는 공생적 기본질서를 가졌다. 뇌를 가진 고등동물일수록 혼자 존재하는 것 보다 사회적 집단을 이루어 종족을 번식시키고 위기에 대응하는 방법이 생존에 유리하다는 자연선택의 결과이며 공생의 원리이다. 이제 우리는 사회적 집단을 이루는 동물의 생존수단에서 리더십의 본능적 원형을 찾을 것이다. "뇌 생각의 탄생"의 저자인 박문호 박사는 동물의 진화에서 가장 두드러진 특징은 "목적을 향하여 움직이게 설계되어 있다"는 점이라고 했다. 동물의 눈과 입 그리고 코와 귀가 앞을 향해 있는 것은 성(sex)과 먹이(salary)를 향하여 나아가기 위해서이다.

다윈의 진화론에서 주목하는 것은 생존을 위한 자연선택과 번식을 위한 성선택이며, 이는 기본적으로 적자생존의 원리를 담고 있다. 모든 움직이는 동물은 식물과는 달리 움직이지 않으면 생존할 수 없다. 생존을 위한 움직임은 변화를 의미한다. 변화는 풍요(위기에서 생존) 또는 위험(사망하여 도태)과 같은 극단적인 결과를 가져올 수 있기 때문에, 모든 동물은 자신에게 유리한 방향으로 진화한 뇌를 가지고 있다. 뇌를 가진 동물은 생존에 유리한 방향으로 진화해왔다.

집단을 이루며 사회적인 생활하는 동물의 생존 여부는 그들이 주어진 환경에 얼마나 잘 적응하느냐, 아니면 적응하지 못하고 환경을 떠나 다른 환경을 찾거나 현재의 환경을 변화시켜 적응하느냐에 달려 있다. 환경에 적응하는 동물은 그 환경에서 둥지를 틀고 생존과 번식이라는 목적을 달성하지만, 환경에 적응하지 못하는 동물은 주어진 환경에서 벗어나 생존에 유리한 다른 환경을 찾거나 현재의 환경을 생존과 번식에 유리하게 바꾸어야 한다. 이처럼 환경에 적응하지 못하는 것을 반 적응이라고 하며, 이는 동물이 이동하거나 이주하여 다른 환경을 찾아 적응하거나 주어진 환경을 변화시켜 종의 생존에 적합하게 만드는 용어로 사용된다.

사회적 동물은 환경에 적응하느냐 아니면 반 적응하느냐는 문제를 해결하기 위하여 집단적으로 행동해야 하는 상황이 되면서, 집단을 효율적으로 움직이거나 협력을 이끌어 낼 우두머리가 필요해졌다. 이러한 현상은 진화의 과정에서 일어나는 자연선택의 필수적인 조건으로 적응과 반 적응에는 각각의 비용을 투자해야 했다. 여기서 비용과 투자는 생존을 위한 수단의 대가 지불을 의미한다. 다시 말하면 우두머리는 집단의 생존을 위하여 리더십을 발휘하여 자기희생이라는 비용을 지불해야 했고, 집단을 따르는 무리들은 우두머리에 순응하는 비용을 지불해야 했다. 다만 이러한 비용의 지불은 생존과 번식이라는 대가를 얻기 위한 수단이다. 즉 우두머리는 집단을 위한 희생의 대가로 지위(Status)와 권한(Power)이라는 보상을 얻고, 우두머리를 따르는 무리는 안정적인 생존이라는 보상을 받는다. 그래서 리더십의 핵심은 바로 지위와 권한 vs 안정적 생존이라는 두 가지 중에서 하나를 선택해야 하는 경쟁관계의 형성이다.

리더십의 본능적 원형은 진화론적으로 볼 때, 생존을 위한 자연선택의 필수 조건에 의하여 성립된 산출물이라는 점에 주목해야 한다. 모든 집단 동물은 우두머리에 순응하고 우두머리는 각각의 동물의 특징에 맞는 리더십 행동식이 형성된 셈이다. 생존을 위한 자연선택은 적응과 반 적응이라는 측면에 따라 리더십의 수단을 다르게 작용하게 만들었다.

동물이 환경에 순응하는 긍정적인 측면과 반 적응하는 부정적인 측면으로 구분할 수 있다. 환경에 적응하는 경우로는 겨울잠을 자는 동물들이 있고, 환경에 반 적응하는 동물은 추운겨울이 오면 따뜻한 지역으로 계절에 따라 이동하는 동물들이 있다. 적응하는 동물과 반 적응하는 동물의 사례를 곰과 늑대의 이야기로 풀어보자. 겨울이라는 환경을 극복하기 위한 자연선택[17]으로 곰은 추운 겨울이 오기 전에 몸에 많은 지방을 축적하여 겨울잠을 잔다. 최소 비용인 신체에너지를 소비하면서 생존하는 방법을 선택한 것이다. 그러므로 곰은 집단을 이루어 비용을 지불해야 할 이유가 없으므로 오히려 개별적인 겨울잠 행위가 생존수단에 중요하게 작용한 자연선택의 결과이다. 반면에 늑대는 환경에 보다 유리하게 적응하는 수단으로 우두머리를 중심으로 무리를 이루어 이주하는 방법을 선택한 것이라고 이해할 수 있다.

그렇다면 인간은 적응과 반 적응을 어떻게 활용했을까? 만약 인간이 겨울잠을 자는 동물처럼 오직 적응만을 선택했거나, 혹은 반 적응만을 선택했다면, 인류가 67억 명이라는 인구와 인류만의 고유한 공동체 문화를 만들어 냈을까? 인간은 환경을 선택하고 활용할 수 있는 두뇌, 즉 인지적 메커니즘을 가지고 있기 때문에 환경에 따라 적응과 반 적응을 생존에 유리하게 활용하는 자연선택의 결과다. 이러한 자연선택의 답은 인간의 뇌에서 그 기원을 찾을 수 있다. 즉, 적응은 긍정적인 메커니즘인 뇌의 신경구조(보상 시스템 또는 좌뇌의 긍정 센터)에 의해 작용하고, 반 적응은 부정적인 메커니즘인 뇌의 신경구조(편도체의 공포 시스템 또는 우뇌의 부정 센터)에 의해 작용한다.

신경과학의 관점에서 긍정과 부정의 개념을 단순히 좋고 나쁜 것으로만 구분하는 것은 적절하지 않다고 볼 수 있다. 우리의 뇌는 복잡한 생존 도구로서, 생존(Salary)과 번식(Sex)을 기본 목적으로 한다고 할 수 있다. 이러한 생존 본능은 인간뿐만 아니라 모든 동식물에게 공통적인 특성이다. 특히 사회적 집단을 이루는 동물의 경우, 생존과 번식 이외에도 지위(Status)라는 추가적인 보상이 존재한다. 이는 동물 사회 내에서 리더십의 기초를 형성하는 중요한 요소로 작용한다.

예를 들어, 식물과 파충류는 생존과 번식을 위한 기본적인 메커니즘을 갖추고 있지만, 사회적 집단을 형성하는 동물들, 특히 포유류에서는 지위라는 개념이 도입되면서 리더십의 기초가 더욱 복잡해진다. 이러한 지위는 리더에게 추가적인 보상을 제공하며, 그 결과 리더십의 본능적 기초가 생겨나게 된다.

그렇다면 인간사회에서의 리더십은 어떻게 발달했을까? 인간의 경우, 리더십은 단순히 생존과 번식을 넘어서 사회적 지위와 권력, 그리고 인간관계의 복잡한 맥락에서 형성된다. 이는 인간이 가진 사회적 복잡성과 문화적 다양성을 반영한다. 따라서 인간의 리더십은 다른 동물들에 비해 훨씬 더 복잡한 형태로 나타나며, 이는 인간만의 독특한 사회적 동물로서의 특성을 나타내는 것이라 할 수 있다.

신경과학자 리처드 데이비슨 박사와 같은 연구자들의 연구를 통해 그 유래를 찾아볼 수 있다. 이탈리아 페루지아 대학의 신경생리학자인 구이도 가이노타(Guido Gainotti)는 좌반구 전두엽에 손상을 입은 환자들이 보이는 병적인 슬픔과 부정적인 감정 반응, 그리고 우반구 전두엽에 손상을 입은 환자들이 보이는 과도한 웃음과 긍정성을 통해 뇌가 편측적으로 반응한다는 것을 발견했다. 데이비슨 박사는 인간의 긍정적 감정발달이 좌뇌에서, 부정적 감정 발달이 우뇌에서 일어나며, 이를 통해 동물의 적응과 반적응의 유래를 찾아볼 수 있다. 즉, 좌뇌는 환경에 적응하는 유형에 해당하고, 우뇌는 환경에 부적응하는 유형에 해당한다.

데이비슨 박사의 실험에서는 참가자들에게 중립적인 감정의 질문을 할 때보다 부정적인 감정의 질문을 할 때 참가자들이 좌측을 바라보는 경향이 더 많았다. 반면 긍정적인 감정의 질문을 할 때는 참가자들이 우측을 바라보는 경향이 많았다는 결과를 통해 긍정적인 감정반응은 좌뇌에서, 부정적인 감정반응은 우뇌에서 일어난다는 것을 보여준다. 이는 인간의 뇌가 적응과 반 적응의 자연선택 과정에서 좌·우뇌의 역할을 발견하는 단서가 될 수 있다.

데이비슨 박사의 실험에서는 참가자들이 긍정적인 정서를 유발하는 프로그램을 시청할 때, 특히 얼굴의 웃음 근육이 활성화되고, 뇌의 좌반구 전두엽에서도 활발한 활동이 관찰되었다는 점이 흥미롭다. 이러한 발견은 긍정적인 감정이 우리의 생리학적 반응에 어떻게 영향을 미치는지를 보여준다. 반대로, 부정적인 감정을 유발하는 프로그램에 노출된 참가자들에서는 공포와 혐오의 감정이 강하게 나타났으며, 이때 우반구 전두엽의 활성화가 두드러졌다. 이는 부정적인 감정이 뇌의 다른 부위를 활성화시키며, 이로 인해 우리의 반응이 달라질 수 있음을 시사한다.

또한, 이탈리아 페루지아 대학교의 신경생리학자 구이도 가이노타가 진행한 연구는 뇌 손상 환자들을 통해 이러한 현상을 더욱 명확히 확인할 수 있었다. 좌반구에 손상을 입은 환자들은 병리적인 울음을 보였으며, 반대로 우반구에 손상을 입은 환자들은 병리적인 웃음을 나타냈다. 이러한 연구 결과는 데이비슨 박사의 실험 결과와 함께 긍정적이거나 부정적인 감정이 뇌의 좌우 반구에 어떻게 편향되어 있는가를 명확하게 증명한다.

이러한 발견들은 인간의 뇌가 자연환경에 어떻게 적응하거나 반 적응하는지에 대한 정서적 반응을 잘 보여준다. 뇌의 이러한 반응은 진화 과정에서 인간이 자연환경에 적응하기 위해 발달한 좌뇌 기능과 반 적응하는 과정에서 중요한 역할을 하는 우뇌 기능의 결과로 볼 수 있다. 이는 리더십 성향에도 중요한 영향을 미치며, 좌뇌 성향의 리더십과 우뇌 성향의 리더십은 인간의 자연선택과 생존 과정에서 발달한 결과로 볼 수 있다. 이로 인해, 우리는 긍정적 및 부정적 감정이 인간의 행동과 리더십에 어떻게 영향을 미치는지에 대해 더 깊이 이해할 수 있다.

인간의 뇌에서 정서적 반응이 어떻게 편측화되어 있는지에 대한 또 다른 연구에서, 데이비슨 박사와 나단 폭스는 생후 10개월된 유아 38명을 대상으로 실험했다. 이들은 8개의 전극이 달린 헬멧을 쓴 채 엄마 품에 안겨서 두 편의 영상을 보았다. 한 편은 여배우들이 웃으며 즐거워하는 모습이고, 다른 한 편은 여배우들이 울면서 슬퍼하는 장면이었다.

이 장면들을 본 유아들의 뇌 반응은 예상대로였다. 즉, 여배우가 웃는 장면에서는 유아들도 웃으며 즐거워했고, 뇌의 좌반구가 활성화되었다. 반면, 여배우가 슬퍼하거나 우는 장면에서는 유아들도 눈물을 흘리며 우반구 전두엽이 활성화되는 반응을 보였다. 이 연구를 읽는 독자들도 궁금해질 것이다.

인간의 뇌는 태어날 때부터 정서적 반응에 있어 좌우가 선천적으로 편측화되어 있는 것일까? 데이비슨 박사가 실시된 한 연구에서, 과학자들은 부모의 명시적 동의하에 32명의 신생아를 대상으로 흥미로운 실험을 진행했다. 연구진은 아기들의 안전을 위해 특별히 제작된 헬멧을 착용시킨 후, 아기들의 혓바닥에 세 가지 다른 종류의 용액인 정제된 물, 설탕물, 그리고 레몬주스를 몇 방울씩 조심스럽게 떨어뜨려 아기들의 반응을 관찰했다.

이 과정에서 신생아들은 정제된 물에는 거의 아무런 반응을 보이지 않았다. 그러나 설탕물을 맛볼 때는 사뭇 다른 반응을 보였다. 많은 신생아들이 미소를 지으며 마치 생애 첫 미소를 보여주는 듯한 반응을 보였고, 이 경우에는 주로 좌뇌가 활성화되는 것이 관찰되었다. 더욱 흥미로운 것은, 새콤한 레몬주스를 맛보았을 때의 반응이었다. 신생아들은 레몬주스의 새콤한 맛에 얼굴을 찌푸리는 등의 부정적 반응을 보이며, 이때는 우뇌가 활성화되는 것으로 나타났다.

이러한 연구 결과는 매우 중요한 의미를 담고 있다. 인간의 긍정적인 정서와 부정적인 정서가 뇌의 좌우 반구에 각각 편측화되어 있다는 사실을 실증적으로 보여주는 것이다. 이는 뇌 과학 연구에 있어서 감정의 신경생물학적 기반을 이해하는데 크게 기여할 것으로 보인다. 또한, 이 연구는 신생아 시기부터 이미 인간이 다양한 맛에 대해 선천적으로 다른 감정 반응을 보이며, 이러한 반응이 뇌의 특정 부위와 연결되어 있다는 점을 시사한다.

1) 늑대의 가족중심 리더십 이야기

　어느 날, 세미나에서 한 교육생이 자신의 포부를 밝히며 "저는 늑대의 리더십을 발휘하고 싶어요."라고 말했다. 이 발언은 겉보기에는 농담처럼 들릴 수 있으나, 실제로는 그의 깊은 고민과 진지한 태도에서 비롯된 것이었다.

　대다수 사람들은 늑대를 어둡고 음란하며, 간교한 짐승으로 인식하는 경향이 있지만, 실제로 늑대는 놀랍도록 높은 지능을 지니고 있으며, 인간과 유사한 사회적 구조와 복잡한 관계를 형성하고 있다는 사실이 연구를 통해 밝혀졌다. 고대부터 우리의 이야기, 설화, 전설 속에서 늑대와 인간이 서로 변신하며 교류하는 이야기들은 늑대의 뛰어난 지능과 인간과의 깊은 연결고리를 상징적으로 보여준다.

　실제로 늑대는 매우 사회적인 동물로, 복잡한 사회 구조와 계급 체계를 가지고 있으며, 이는 그들의 생존과 번식에 필수적인 요소이다. 그들은 서로를 보호하고, 사냥을 함께하며, 무리를 이끄는 리더의 지시를 따르는 등 인간의 사회적 행동과 유사한 모습을 보여준다. 이러한 사회성은 인간과 늑대 사이에 특별한 관계를 형성하는 기반이 되었으며, 일부 늑대는 인간에 의해 길들여져 가족의 일원처럼 여겨지기도 했다. 이처럼 늑대는 인간에게 위험한 존재가 아닌, 보호자이자 동반자로서의 역할을 할 수 있는 가장 가까운 동물 중 하나로 인식되기 시작했다. 이 교육생이 말한 '늑대의 리더십'은 바로 이러한 늑대의 사회성, 지능, 보호 본능을 모두 포함하는 개념이며, 인간사회에서도 훌륭한 리더가 가져야 할 속성들과 매우 유사하다는 것을 시사한다.

늑대의 사회성에 관하여 더 자세히 살펴보자면, 늑대들은 매우 조직적이며 복잡한 사회 구조를 가지고 있다. 늑대들 사이에서 일부일처제는 매우 중요한 사회적 규범으로 여겨지며, 한 번 형성된 가족 관계는 늑대의 생애 동안 변하지 않는다. 이러한 가족 구조는 늑대 사회의 기반을 이루며, 가족 구성원들 사이의 긴밀한 유대감을 통해 생존과 번식에 큰 이점을 가져다준다.

새끼 늑대가 태어났을 때, 이는 단순히 어미 늑대만의 책임이 아니다. 오히려, 이때는 다른 어미 늑대들까지도 함께 모여 새끼를 돌보는 놀라운 협력의 장을 볼 수 있다. 이는 늑대 사회에서의 공동 육아라는 개념을 잘 보여주며, 어린 늑대들이 다양한 사회적 상호작용을 배우고 성장하는데 도움을 준다.

또한, 늑대 집단 내에서의 리더십은 매우 중요하다. 리더 늑대는 단순히 힘과 우위를 바탕으로 지위를 유지하는 것이 아니라, 사회적인 기술과 집단을 위한 배려를 통해 그 위치에 오른다. 리더 늑대는 다른 구성원들을 적극적으로 보살피고, 위험으로부터 보호하며, 먹이 확보와 같은 생존에 필수적인 활동에 앞장서는 역할을 한다. 이러한 리더의 행동은 집단의 안정성과 번영을 보장한다. 반면에, 만약 리더 늑대가 포악하고 잔인한 성향을 지녔다면, 그 집단은 오래가지 못하고 결국 해체될 위기에 처하게 된다. 집단 내의 다른 늑대들은 이러한 리더를 따르기보다는 흩어지는 경향을 보인다. 따라서, 늑대 사회에서 리더는 그 힘을 과시하기보다는 집단의 이익을 위해 현명하게 행동해야 한다는 것을 알 수 있다.

이러한 사실은 늑대 사회에서의 리더십은 단순히 물리적 힘의 우위에 기반한 것이 아닌, 집단의 안녕과 생존을 최우선으로 하는 헌신적인 배려와 애정에서 비롯된다. 리더의 역할은 단지 지휘와 지시에 국한되지 않고, 집단 내부의 조화와 단결을 이끌어내는 데 중점을 둔다. 예컨대, 무리 내에서 불화나 싸움이 발생할 경우, 리더 늑대는 단순히 힘으로 상황을 제압하는 대신, 유머나 장난을 통해 긴장된 분위기를 완화시키고 갈등을 중재하는 방식을 택한다. 이는 리더십이 강제력이 아닌, 갈등을 현명하게 관리하고 해결하는 능력에서 찾아야 함을 명시적으로 보여준다.

추운 겨울이 찾아오고 눈이 내리기 시작하면, 늑대들 사이의 협력은 더욱 강화된다. 이때, 늑대들은 생존을 위한 공동의 노력을 배가시키며, 서로를 보호하고 지지하는 끈끈한 공동체 의식을 발휘한다. 특히, 우두머리 늑대의 역할은 더욱 중요해지는데, 그는 무리의 안전과 생존을 위해 앞장서서 어려운 환경 속에서도 먹이를 찾아내는 임무를 수행한다. 먹이 사냥에 실패하면, 그는 무리에게 이 사실을 울부짖음으로써 공유하며, 이는 무리 내의 동료애와 결속력을 강화시킨다.

무리는 함께 배고픔을 견디며 리더의 용기와 노력을 응원하고, 이는 결국 늑대 사회 내에서 리더와 구성원들 사이의 신뢰와 상호 의존성을 더욱 깊게 한다. 이 과정에서 드러나는 것은 단순히 생존을 위한 투쟁이 아니라, 어려움 속에서도 함께 극복해 나가려는 늑대들의 강한 의지와 집단적 유대감이다.

필자는 종종 교육생들에게 "다양한 리더십 중에서 가족의 소중함을 중요하게 여기는 분이 있나요?"라고 질문한다. 그러면 많은 사람들이 손을 들어 답한다. 이에 필자는 "바로 당신이 늑대의 리더십을 가진 분이군요!"라며 함께 웃곤 한다. 늑대의 리더십은 가족과 공동체를 소중히 여기는 데서 출발한다. 이는 생존과 번식이라는 가장 근본적인 욕구에 기반으로 한다. 늑대는 집단을 이루며 이러한 방식으로 생존을 유지해 왔다.

늑대 리더는 무리 구성원 모두의 안녕과 보호를 최우선으로 여기며, 이를 위해 솔선수범하여 배고픔을 해결한다. 또한 자신의 짝만을 사랑하고 다른 암컷을 탐내지 않는 등 윤리적인 행동을 실천한다. 힘없는 새끼들은 어미뿐만 아니라 전체 무리가 함께 보살피며, 서로를 아끼고 위로하면서 무리를 하나로 이끌어간다.

늑대 리더십의 특징은 무리 구성원 모두를 아우르며 공동체를 유지하고 발전 시키는데 초점을 맞추고 있다는 점이다. 또한 가족을 소중히 여기는 모습은 인간과 늑대 사이의 가장 큰 공통점으로 여겨진다. 이러한 리더십은 생존과 번식이라는 가장 근본적인 욕구에 기반하여 자연선택과 성선택이 이루어졌다. 이처럼 늑대의 리더십은 가족과 공동체를 위한 헌신적인 모습을 보여주며, 인간과 공유하는 가치관을 잘 드러내고 있다.

2) 닭대가리 리더십 이야기

사람들은 때때로 타인의 지능이나 판단력이 뛰어나지 않다고 여겨질 때 특정한 별명을 사용하는 경향이 있다. 그 중 하나가 바로 "야, 닭대가리 같은 놈"이라는 표현이다. 이러한 별명은 아마도 닭의 머리가 비교적 작은 크기를 가지고 있기 때문에, 그와 같이 머리가 작아 생각하는 능력이 부족하다고 인식되는 사람들에게 종종 적용되는 것일 것이다.

실제로 닭을 방사하여 사육하는 농부나 전문가들에게 닭들의 사회적 행동과 집단 내에서의 상호작용에 대해 물어보면, 닭들 사이에서도 상당히 복잡한 사회구조가 형성되어 있음을 알 수 있다. 동물학자들은 이를 연구하며, 닭 무리 사이에 존재하는 명확한 위계질서, 즉 '쪼기 계급(Pecking Order)'을 발견하였다. 이 위계질서에서는 무리 중 우두머리 닭이 나머지 닭들을 자유롭게 쪼아 지배할 수 있는 위치에 있다. 이러한 지배형태는 단순한 물리적인 쪼기 행위뿐만 아니라, 지시와 명령, 심지어 군림에 이르기까지 다양한 방식으로 나타난다.

우두머리 닭은 모든 닭들을 쪼아서 그들에게 지시를 내릴 수 있는 절대적인 권력을 가지고 있으며, 나머지 닭들은 우두머리에게 쪼임을 당하더라도 별다른 반항을 하지 않는다는 점에서 이 구조의 엄격함을 확인할 수 있다. 이와 같이, 우두머리 바로 아래 위치한 부두목 격인 닭은 우두머리를 쪼을 수 없지만, 자신보다 낮은 위계의 닭들에게는 쪼는 권리를 행사할 수 있다. 이러한 닭들의 사회적 위계질서는 인간사회, 특히 기업 내부의 조직 문화에서도 유사한 형태로 나타나곤 한다.

내가 과거에 모기업 연수 과정에서 직접 경험했던 사례를 통해 볼 때, 이른바 '닭대가리 리더십'이라 불리는 이러한 지배 구조는 인간사회에서도 다양한 형태로 존재하며, 때로는 조직 내에서 효율성과 생산성을 저해하는 주요 요인 중 하나로 작용하기도 한다. 이를 통해 우리는 자연계의 다양한 생물들 사이에 존재하는 사회적 구조와 그것이 인간사회에 미치는 영향에 대해 더 깊이 이해할 수 있게 된다.

장미꽃이 담장 밖으로 아름답게 피어나는 초여름, 모 기업의 연수원에 근무하던 김미향씨(가명)는 30대 초반의 미혼으로 키가 168cm 정도의 늘씬한 키에 눈맵시가 아름답고 얼굴 윤곽이 선명한 미인형 여성이다. 첫인상이 '참 아름답다'는 생각이 들었지만 얼굴 모습에서 선명하지는 않아도 어두운 그림자가 드리우고 있는 느낌과 웃음을 잃어버리고 고민을 혼자 다 짊어진 인상을 지울 수가 없었다.

그래도 미향씨는 나에게 중요한 고객이다. 왜냐하면 몇 개월 간 그녀가 제공하는 차(茶)를 마시고, 그녀와 함께 어울려 세미나를 진행해야 했기 때문이다. 처음에는 말을 거는 것조차 어려울 정도로 침울해 보이고 쌀쌀하게 느껴지던 그녀도 한 달 쯤 지나자 마음을 열기 시작했다. 웃는 모습이 더욱 아름다워 보이는 그녀가 왜 그럴까 궁금했다. 그녀는 얼굴에 화장을 하지 않은데다가 초췌하고 무언가 모르게 만성적인 불안함과 두려움에 시달리는 모습이었다.

흡사 정신적인 피로감이 쌓여있는 모습이 영락없이 공포에 노출된 동물이 스트레스를 받아 두려움과 공포반응을 일으키는 모습, 그 자체였다. 토끼를 대상으로 연구한 실험에 의하면 동물에게 극도의 공포 분위기를 조성하여 스트레스에 노출시키면 얼마 되지 않아 눈에 녹내장이 생기고 심할 경우 눈이 파열된다는 연구결과가 있으며, 스트레스를 많이 받은 동물의 혈관에서는 콜레스테롤이 심하게 전착되어 있는 것을 발견할 수 있다.

그 연수시설을 처음 방문 했을 때, 그녀의 부서장을 만나고 30분 쯤 지났을 때였다.

부서장 : 우리 회사는 창문 닦을 놈이 없어요! 없어!

나 : 창문 닦을 사람이 없다고요?

부서장 : 그래요! 이 빌어먹을 회사에는 창문 닦을 놈이 없어요!

나 : 아니 그러면 부장님이 닦으시면 되잖아요!

이런 바보! 나는 처음에 건물에 유리창 닦을 사람이 없다는 것으로 이해했다. 그런데 내 이야기를 듣고 있던 그의 부하직원이 하는 말이 "선생님! 그런 말이 아니고요!"

하! 하! 그랬었구나! 싶어서 곰곰이 생각해보니 그 부서장은 편도체가 과잉 활성화되어 무엇인가를 향하여 공격적인 태도로 일관하고 있었다. "나는 항상 옳고 너는 그르다"라는 생각을 가진 사람이었던 것이다.

이런 사람을 심리학자 토머스 해리스(Thomas Harris)는 I'm ok, you're not ok라는 인생태도를 가진 사람이라 하였다.

신경과학적으로 말하면 안와전전두피질은 얇아지고, 편도체가 과잉 활성화되어 항상 불안하여 무엇인가를 향하여 공격하려는 자세를 취하다 보니 아드레날린과 코르티솔이 끊임없이 분출하고 스트레스는 극도에 달해 있었던 것이다. 그래서인지 그의 얼굴은 거무스레하게 초췌한 모습으로 어두워 보였다. 그는 분명한 위계질서를 강조하면서 자신의 부하에게는 엄격할 뿐만 아니라 위압적인 분위기를 연출하는 능력을 가진 사람이었다.

그야말로 닭장에서 일어나는 일이 벌어지고 있었다. 그 부하들은 부장의 앞에서는 누구도 반항하거나 말에 토를 달 수 없다고 하소연을 한다.

"아니! 부장이 소리치면 같이 소리를 치던지 아니면 당신이 논리적으로 설명하면 될 것 아닙니까?"라며 그의 부하들에게 말을 하였지만, 단 한마디로 불가능하다는 것이었다. "그렇다면 회사의 회장님이나 사장님께서는 어떠신가요?"라는 질문에 놀라운 답변이 나왔다. "에그! 말도 마십시오! 회장님만 나타나면 온갖 방법으로 아양을 떨고 무슨 잘못을 지적하면 아주 살살거리면서 예! 예! 거리며 눈꼴사납게 군답니다"

조직 내에서 간혹 일어나는 이야기이지만 위계질서를 분명하게 내세우는 닭대가리 리더십의 전형이다.

그렇다면 왜 이렇게 인간의 뇌에서 닭대가리 리더십이 발휘될까?

폴 맥클린(Paul D. MacLean)의 연구에 따르면, 인간의 뇌는 3개의 층위로 구성되어 있다. 가장 아래층은 파충류의 뇌로, 이는 가장 원시적인 뇌이다. 이 뇌는 생명 유지와 기본적인 생존 행동을 담당하며, 약 5억 년 전 척추동물의 진화 과정에서 형성되었다고 한다. 그 위층은 포유류의 뇌로, 감정과 본능을 담당한다. 가장 위층은 영장류의 뇌로, 고등 인지 기능을 담당하고 있다. 이러한 뇌의 구조는 인간의 행동과 심리를 이해하는 데 중요한 이론적 기반을 제공한다. 가장 먼저 형성된 뇌줄기는 구조가 원시적이지만, 생명체의 기본적인 기능을 담당하는 생명 중추 역할을 한다. 호흡, 혈압, 심장박동 등 생명과 직결된 기능을 조절하는 중요한 부위이다. 이 부위가 손상되면 뇌사 상태에 빠질 수 있다.

또한 교뇌는 대뇌 피질에서 소뇌 피질로 신호를 전달하는 중계핵 역할을 한다. 이는 뇌줄기의 일부로, 등쪽에서 복쪽으로 신호가 전달되는 신경 경로를 형성한다.

이처럼 뇌줄기는 생명체의 가장 기본적인 기능을 담당하는 중요한 부위이다. 이 부위의 손상은 생명에 직결될 수 있어 주의가 필요하다.[18]

포유류의 뇌에는 변연계라는 중요한 부분이 있다. 변연계는 포유동물에서 특히 잘 발달되어 있어, 때로는 '포유류의 뇌'라고 불리기도 한다. 이 변연계는 포유동물들의 다양한 행동과 밀접한 관련이 있다. 예를 들어 강아지가 꼬리를 흔들며 애정을 표현하거나, 동물들이 흥분이나 두려움으로 울부짖는 등의 행동은 모두 변연계의 역할 때문이다.

변연계에는 해마와 편도핵이 포함되어 있는데, 이를 통해 포유동물들은 학습과 기억 기능을 가질 수 있다. 이는 파충류와 구분되는 포유동물만의 특징이다. 따라서 변연계가 손상되면 포유동물들의 학습과 기억 능력이 저하되어 파충류와 유사한 행동을 보이게 된다.

마지막으로, 인간의 뇌는 신피질이 가장 발달한 구조를 가지고 있다. 신피질은 인간고유의 특징으로, 전체 뇌 부피의 약 80%를 차지한다. 신피질은 전두엽, 측두엽, 두정엽, 후두엽 등 다양한 영역으로 구분되며, 펼쳐놓으면 신문지 두 장 정도의 넓이에 달한다. 이처럼 발달된 신피질은 인간의 고등 인지 기능, 언어, 사회성 등을 가능하게 하는 핵심적인 부분이다.

신피질은 작은 두개골 속에 밀어 넣어진 형태로, 이로 인해 쭈글쭈글한 주름이 생기게 된다. 이 주름진 구조에는 신체 운동, 감정 조절, 학습 및 기억, 언어활동, 사색과 창의성 등 다양한 기능이 집중되어 있다. 이러한 고등 정신 기능은 인간을 파충류나 포유류 등 다른 동물과 구분을 짓는 핵심적인 특징이다.

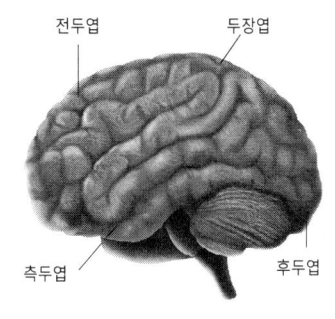

[그림10] 대뇌피질

그러나 이 신피질이 손상이 되거나 수술로 파괴되면 심각한 문제가 발생할 수 있다. 신피질의 기능 저하는 운동 장애, 감정 조절 문제, 인지 능력 저하 등 다양한 증상을 초래할 수 있다. 따라서 신피질의 건강과 기능 유지는 인간의 삶에 매우 중요한 요소라고 할 수 있다.

자, 이제 이전 이야기로 다시 돌아가 보자. 왜 이성적인 인간의 뇌에서 이런 감정적인 반응이 발휘되는 것일까? 그 답은 변연계에 있다.

변연계에 자리 잡은 편도체는 생명에 위험이 닥치면 이성의 뇌인 전두엽의 허락이나 판단과 무관하게 아드레날린을 분출하면서 공격을 할지 혹은 도피를 할지를 결정한다. 즉, 개가 낯선 사람이 나타나면 정신없이 짖거나, 깜짝 놀라 꼬리를 내리고 도망가는 모습을 연상하면 된다.

이처럼 인간의 뇌에서도 때로는 이성적인 판단보다는 감정적인 반응이 우선시되는 경우가 있다. 이는 진화 과정에서 생존을 위해 발달한 기능이지만, 현대 사회에서는 오히려 문제를 야기할 수 있다. 따라서 감정과 이성의 균형을 잡는 것이 중요하며, 이를 위해서는 뇌의 구조와 기능에 대한 이해가 필요하다.

편도체가 과잉 활성화되면, 이성적인 판단과는 무관하게 편도체가 모든 것을 결정하고 상황에 대응하게 된다. 이러한 편도체 반응은 불안, 공포, 분노 등의 부정적인 정서를 동반하며, 이성적 판단이 개입하지 않기 때문에 제어하기 어렵다.

편도체의 과잉 활성화는 신경전달물질인 아드레날린과 코르티솔이라는 호르몬을 약 90초 동안 분출하게 된다. 이로 인해 이성적 판단을 잃어버리는 상태가 발생하는데, 심리학자들은 이를 '편도체 납치'라고 표현한다.

따라서 편도체가 과잉 활성화되면 감정이 이성을 지배하게 되어, 합리적인 판단과 행동을 하기 어려운 상황이 발생할 수 있다. 이는 현대 사회에서 다양한 문제를 야기할 수 있으므로, 감정과 이성의 균형을 유지하는 것이 중요하다. 그 부서장은 어떨까? 승진에서 누락되고 좋은 자리에서 좌천된 상황에 처해있었다. 이러한 상황에서 편도체의 감정은 편안할 수 없었을 것이다. 그로 인해 그는 누군가를 향한 공격적인 감정을 느끼게 되었고, 자신의 감정을 이해해주는 사람이 없자 편도체가 과잉 활성화되어 이성적 판단을 잃어버리는 '편도체 납치' 상태에 빠지게 되었다. 즉, 그는 부정적인 감정에서 벗어나지 못하고 끊임없이 반복되는 감정의 구속 상태에 놓이게 된 것이다.

뉴로리더십을 제안한 데이비드 락(David Rock)은 이러한 상태를 '감정의 하향 확산'이라고 표현했다. 부정적인 감정에서 벗어나지 못하고 지속되는 것은 '하향교류'가 일어난다. 하향교류란 속말을 혼자서 하는 교류 상태를 말하며, 부정적인 감정을 수집하면서 깊은 수렁에 빠져들 듯이 감정에서 헤어나지 못하는 현상을 의미한다. 결국 이는 하나의 감정에 구속되어 버린 상태를 나타낸다.

장면 1. 부장실

나: (편도체의 공격적 감정을 자극하며) 부장님! 저하고 이야기 좀 합시다.

부서장: (구속된 자신의 감정을 알아줄 사람이 생겼다는 안도감을 느끼며) 이 원장이 날 좀 보자고요?

나: (웃으며 농담으로) 부장님과 싸움 좀 하려고 그럽니다.

부서장: (한 판 웃으며) 어라! 야 미향아 이 원장이 나한테, 한판 붙어보자는 군? 하! 하!

나: (피식 웃으며) 내가 부장님에게 이길 자신은 없지만, 오늘 저녁에 소주 한 잔 합시다.

장면 2. 저녁 식사 자리

나: (편도체 감정에 공감하며) 부장님! 요즘 많이 힘드신 모양이지요! 하기야 창문 닦을 놈 없으니 오죽하겠습니까?

부서장: (구구절절이 이야기하며) 세상에 이럴 수가 있습니까? 내 위에 있는 놈들은……

나: (화난 사실을 표현하며) 그렇다면 몹시 화가 나겠습니다.

부서장: (자신의 화난 감정을 바라보며) 나 참! 세상에 내 이런 기분을 알아 줄 놈이 있어야지요! 이 원장 만나니 속이 시원하군요.

장면 3. 대화 마무리

나: (부장님의 강점과 미덕을 알아주며) 아니~ 부장님은 원래 지혜로운 사람 아닙니까? 회사에서 일어나는 불평불만을 사장님께 말씀하시지요.

누가 그렇게 하겠습니까. 그것도 부장님 능력 아닙니까?

부서장: (자신의 감정을 통제할 수 있는 능력을 회복하며) 하! 하! 불평하지 말고 내가 나서서 제안을 하라는 말씀이군요.

나: (부장님의 결정을 살짝 밀어주며) 꼭 그렇다기보다는 그것이 부장님이 가진 재능 아닙니까?

부서장: (이해하며) 잘 알겠습니다. 무슨 말인지 잘 알겠습니다.

사실 나는 남의 회사에 관여할 입장이 아니었다. 다만 부서장의 편도체에 구속되어 있는 감정이 자유를 찾도록 도와준 것뿐이었다. 시간이 지날수록 분위

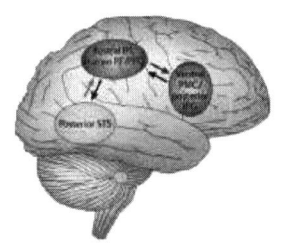

[그림11] 거울뉴런 위치

기는 매우 좋아졌다. 그런데 또 다른 중요한 문제를 해결해야 했다. 매일 출근하면 그 부서장의 얼굴을 바라보면서 스트레스를 받고 있는 미향씨의 문제였다. 그녀는 출근하면 하루 종일 무서운 맹수와 함께 생활하는 것 같아 편도체가 심각한 두려움과 불안함에 노출되어 있었다. 부서장의 편도체 장악으로 인한 리더십 부재의 희생자가 되고 있는 것이다.

어쩌면 부서장이 더 큰 감정의 희생자일 수도 있다. 어쨌든 그 두 사람의 편도체 문제를 해결해 보자는 생각으로 접근했다.

나 : 부장님! 직원들이 부장님을 너무 무서워하는 것 같은데요. 하기야 나도 부장님을 처음 만났을 때 두려웠는데 직원들이야 오죽하겠습니까?

부서장 : 누가 그렇게 말하던가요?

나 : 아니 제가 보니 그렇게 보이는 듯해서 하는 말이죠!

부서장 : 사실 나는 직원들이 사무실에서 엉뚱한 짓을 하는 꼴을 못 봅니다. 그래서 큰소리를 좀 치는 편입니다.

나 : 화를 낼 만하면 화를 내야지요. 그런데 더 좋은 비결이 있기는 한데~

부서장 : 아니 뭔데 그렇게 뜸을 들입니까?

나 : 아니 너무 간단해서 그렇지요.

이렇게 말하는 것은 그의 뇌의 CEO인 배외측전전두피질의 합리적 판단과 복내측전전두피질의 의지중추를 자극하여 쉽게 실천할 수 있다는 결심을 갖게 하는 작전이었다.

부서장 : 간단하다면서 뭘 그렇게 뜸들입니까?

나 : 아니 그냥 화나면 "화가 난다"고 말하면 됩니다. 그러면 아마 직원들이 부장님을 존경할 것입니다.

부서장 : 화를 내지 말고 "화가 난다"고 말하라는 거군요!

나 : 맞습니다. 역시 부장님은 다릅니다.

그 날 이후, 연수원의 분위기는 상당히 좋아졌다. 함께 근무하던 김대리가 '원장님

무슨 비결이 있습니까?' 라는 질문을 하기도 했다.

사무실 복도에서 나와 미향씨가 마주치게 되었다.

나: 미향 씨! 요즘 얼굴이 정말 예뻐 보이는데, 혹시 새로운 사람이라도 생겼나요? 아마 화장만 한다면 미향씨는 정말 아름다운 분이 될 거예요.

미향: (웃으며) 선생님, 저는 화장하는 걸 싫어하는데요. 우리 사무실에서 화장한 얼굴을 보는 사람이 누가 있겠어요?

나: (미소를 지으며) 그렇지만 미향씨가 화장을 한다면 본인뿐만 아니라 연수원 전체 분위기도 달라질 것 같아요.

미향: (고개를 갸우뚱하며) 누가 그런 걸 신경 쓰겠어요? 저 혼자 행복하면 되지 않나요?

나: (이해하는 듯한 표정) 맞아요, 누가 미향씨 얼굴을 보고 살아가는 건 아니죠. 하지만 미향씨가 변화한다면 정말 아름답고 행복한 모습이 될 거예요.

미향: (미소를 지으며) 선생님, 감사합니다. 저도 점점 밝아지고 있어요.

나와 미향씨는 서로의 생각을 나누며 조금 더 가까워졌다. 미향씨는 나에게 감사한 마음을 담아 미소를 지었다. 하지만 필자는 미향씨가 아직 편도체 구속에서 완전히 벗어나지 못한 것 같다고 생각했지만……

다음 주 월요일! 사무실에 찾아가니 분위기가 많이 달라져 있었다. 그 날, 그녀가 타 준 커피 한 잔이 너무 맛이 있었다. 위계질서만 강조하던 부장의 뇌에서 무슨 변화가 일어났을까? 편도체가 발화하여 자신의 이성의 뇌가 납치되어 있던 상황을 스스로 알아차리게 하였을 뿐이다.

인간에게는 인간의 뇌가 존재하기 때문이다. 뿐만 아니라 그 여직원의 예쁜 화장과 함께 미소를 되찾은 것은 내가 그 분들과 함께 시간을 지내면서 즐거운 분위기를 조성하는데 도움이 되었다.

3) 침팬지의 독재자 리더십 이야기

침팬지는 인간과 가장 유사한 동물이다. 침팬지의 DNA는 인간과 98.5%가 동일하고, 심지어 먼 옛날에는 인류의 조상인 유인원과 동일하다고 주장하는 학자들도 있다. 이러한 이유로 신경과학자들은 인간의 행동이나 뇌를 연구할 때 침팬지를 활용한다.

침팬지의 사회적 관계 형성에 대한 연구를 하던 학자들은, 침팬지가 무리 내에서 권력을 행사하는 모습을 통해 인간사회에서 흔히 볼 수 있는 리더십을 발견했다. 세미나장에서 "조직이 올바르게 되기 위해서는 조직의 권위가 바로 서야 한다고 생각하시는 분은 손을 한 번 들어보세요?"라고 질문하면, 처음에는 서로 웅성거리며 옆 사람의 눈치를 살핀다. 그때, 누군가가 "선생님! 조직이 똑바로 서려면 리더의 권위가 똑바로 서야 하지 않겠어요?"라고 소리치면 많은 사람들이 손을 번쩍 들며 "그렇지요! 맞아요!" 하며 동조하는 분위기로 돌아간다. 침팬지의 피가 끓는 모습이라고나 할까?

침팬지의 우두머리는 독재자의 전형이다. 침팬지가 우두머리가 되는 과정을 연구한 네덜란드의 영장류동물학자인 프란스 드 발(Frans de Waal) 교수의

[그림12] 대장 침팬지 AI 그림

연구 사례에 의하면 침팬지가 권력의 서열을 높이기 위하여 노력하는 모습은 인간사회에서도 흔히 발견할 수 있는데, 바로 더 높은 서열에 오르려고 연합을 구축하며 끊임없이 기회를 엿보는 영리한 정치가의 모습이라고 하였다. 현재의 우두머리가 나이가 들거나 병(病)들어 힘이 약해졌을 때를 틈타 무리들 중에 힘이 센 수놈이 도전장을 내민다. 동료들 중에

자신에게 동조하는 수컷과 힘을 연합하여 우두머리의 권위에 도전하는 방법으로 암컷들을 두들겨 패면서 공격하는 것이다. 이 때 우두머리가 도전자를 제압하여 암컷들을 지켜내지 못하면 자연히 우두머리 자리를 빼앗기고 만다. 우두머리 자리를 차지한 수컷의 뇌에서는 공격적이고 권위주의적 권한을 행사하는 테스토스테론이라는 남성호르몬이 많이 분비될 뿐만 아니라, 행복의 신경전달물질이라 할 수 있는 세로토닌이 다량 분비되면서 지위를 누리고 암컷을 독차지(최대75%까지 차지함)하여 자신의 DNA를 많이 퍼트리는 보상을 받는다. 연구자들에 의하면 놀라운 사실은 다음에 벌어진다. 만약에 우두머리 자리에 오를 때 도움을 준 동료와 다른 수컷 사이에 싸움이 벌어진다면, 우두머리는 어떻게 할까? 연구자들은 우리 사회에서 흔히 일어나는 상황이 벌어지는 모습을 발견한다.

북한의 김정은이 자신이 권력을 잡을 때 가장 영향력을 행사하였던 고모부인 장성택을 처단하면서 자신의 권력을 유지하려는 사건이 있었다. 상식적으로 생각하면 자신이 최고의 권력을 얻도록 도와줬으니 당연히 자신의 동조자를 도와줄 것 같지만, 우두머리 침팬지는 자신의 경쟁자가 될 수 없는 약자를 도와 동조자인 팔로우를 신나게 두들겨 패서 자신의 권위에 도전하지 못하게 아예 싹을 잘라낸다. 인간세상에서 일어나는 현상 중에 최고 권력에 오를 때까지 도움을 받았지만 자신의 권위에 도전하는 2인자를 두지 않는 모습을 침팬지에게서도 발견할 수 있다.

흥미롭게도 이러한 모습은 현대 정치사에서도 쉽게 볼 수 있다. 물론 경쟁자를 퇴출시키는 방법으로 정치권력을 유지하려는 독재자도 있지만, "미국 버락 오바마가 민주당 대통령 후보 경선에서 경쟁 상대였던 힐러리 클린턴을 국무장관으로 임명한 것은 자신의 정치적 기반을 넓히고 강력한 비판자가 될 가능성이 높은 사람을 자신의 편으로 만들려는 전략도 포함되었다. 포용력 있는 임명처럼 보였으나 실상은 오바마 자신을 위한 선택이었다."[19]

권력자가 자신의 권력에 심취하여 비합리적 권한을 행사하는 모습은 침팬지의 연구에서 발견할 수 있다.

4) 개코 원숭이의 민주적 리더십 이야기

민주적 리더십은 인간에게만 존재하는 걸까? 그렇지 않다. 동물의 세계에서도 인간 못지않은 민주적 리더십을 발견할 수 있다. 독일의 영장류동물학자 한스 쿠머가 에티오피아의 사바나에 사는 망토개코원숭이에게서 발견한 분산 리더십 모형을 살펴보자. 바위틈을 아슬아슬하게 타고 다니면서 먹이를 구하는 그들은 더 좋은 먹이를 얻고 안전하게 생존할 수 있는 방법을 개발했다.

망토개코원숭이는 현재 거주하는 지역에서 먹이를 다 먹고 나면 다른 곳으로 이동한다. 앞에서 설명했듯이 이동은 변화이고, 변화는 뇌의 입장에서는 위험으로 다가오는 또 다른 도전이다. 항상 이동하면서 먹이를 구하는 이들은 잘못된 선택을 하면 종의 파멸을 초래할 수도 있다. 그래서 망토개코원숭이의 조상들은 수많은 위험 속에서도 함께 생존할 수 있는 메커니즘을 개발했는데, 그것이 바로 분산형 민주적 리더십이다. 이 새로운 생존수단 덕분에 오늘날까지도 멸망하지 않고 종을 유지할 수 있었다.

[그림13] 망토개코원숭이 회의 AI 그림

다른 예로는 아프리카의 코끼리를 들 수 있다. 코끼리 무리에서도 민주적 리더십을 발견할 수 있다. 무리의 리더는 중요한 결정을 할 때 다른 구성원들의 의견을 듣고 그들의 반응을 고려한다. 이로 인해 무리는 더 안전하게 이동하고, 위험을 피하며, 생존율을 높일 수 있다. 코끼리의 민주적 리더십은 무리의 생존과 번영에 중요한 역할을 한다.

　망토개코원숭이는 변화가 필요한 시점에 직면했을 때 어려운 결정을 내려야 할 때가 있다. 이런 때 그들은 인간세계에서 행해지는 선거와 유사한 방식으로 진행한다. 인간의 정당들이 자신들의 이념을 내세우며 유권자들의 지지를 호소하는 것처럼, 망토개코원숭이들도 자신이 먹이를 잘 찾을 수 있다며 지지를 호소한다. 경험이 많은 원숭이 중 한 마리가 남쪽으로 가는 것이 생존과 먹이 찾기에 유리하다고 판단해 남쪽을 향해 앉는다. 다른 원숭이는 동쪽이 더 좋다며 동쪽을 향해 자리 잡고, 신뢰와 존경을 받는 또 다른 원숭이는 서쪽을 향해 자리를 잡는다.

　이렇게 망토개코원숭이 무리에서는 선거가 시작된다. 각자가 신뢰하는 원숭이 뒤에 자리를 잡으면 선거는 끝나고, 가장 많은 지지를 받은 원숭이가 이번 이동의 리더가 된다. 이 리더는 자신의 판단과 무리의 지지를 바탕으로 무리를 안전하게 이끌며 먹이를 찾아 이동한다. 나머지 원숭이들은 결과를 수용하고 리더를 따라 함께 이동한다. 선거에서 승리한 리더는 오로지 무리가 안전하게 먹이를 찾아 이동할 수 있도록 리더십을 발휘한다. 선거에서 패한 다른 원숭이들이 보여주는 행동은 인간사회에 중요한 교훈을 제공한다. 이들은 선거에서의 패배를 개인적인 실패나 모욕으로 받아들이지 않는다.

　대신, 자신을 지지했던 무리와 함께 불평하거나 반대하는 행위를 삼가며, 집단의 일원으로서의 역할을 수행하며 생존을 위해 협력한다. 이러한 행위는 진정한 민주적 리더십의 본질을 반영한다고 볼 수 있다. 즉, 선거의 결과를 겸허하게 받아들이고, 집단의 이익을 우선시하는 태도는 모든 구성원의 생존과 번영에 기여한다.

특히 인간사회에서는 선거 불복이나 무조건적인 반대가 종종 보이는데, 이는 집단의 안정성과 발전을 해칠 수 있다. 망토개코원숭이들은 아마도 선거 후 불복이나 분열이 집단에 재앙을 불러올 수 있다는 사실을 직감적으로 알고 있을 것이다. 선거는 결국 다수의 의견을 반영하는 과정이며, 이 과정을 통해 결정된 결과를 수용하는 것은 진정한 리더의 자질 중 하나이다.

우리 인간사회에서도 선거에 패한 이가 그 결과를 깔끔하게 인정하고 받아들일 때, 우리는 그러한 태도를 높이 평가하고 존중한다. 반면에, 선거 결과를 받아들이지 않고 '내가 당선되지 못한 것은 부정 때문이다'라고 주장하며 끝까지 고집을 피우는 경우, 그러한 태도는 대중의 신뢰를 잃게 만들고, 결국 그 사람을 외면하게 만든다. 이처럼 선거 결과의 수용은 민주주의 사회에서 매우 중요한 원칙 중 하나로, 개인의 성숙함과 리더로서의 자격을 드러내는 지표가 된다.

5) 기러기의 서번트 리더십 이야기

[그림14] 기러기의 비행

앞서 언급된 바와 같이, 동물세계에서는 환경에 적응하는 종과 그렇지 못하는 종으로 나뉘는데, 이 중에서도 환경변화에 민감한 대표적인 예로 기러기를 들 수 있다. 기러기는 그들만의 독특한 자연선택 메커니즘을 통해 수천, 수만 킬로미터에 달하는 장거리 이동을 가능케 하는 놀라운 능력을 지니고 있다. 이들은 크고 강력한 날개를 활용하여 공기 저항을 최소화하는 비행 방식을 진화시켰다. 이는 기러기가 매년 직면하는 엄청난 에너지 비용과 물리적 도전을 극복하기 위한 진화의 산물이다.

하지만, 환경에 적응하지 않고 단지 이동만을 강행하는 것은 기러기에게 막대한 비용을 요구한다. 이에 대한 해결책으로 기러기들은 특별한 협력 체계와 리더십 모델을 개발했다. 그들은 리더가 변하는 '서번트 리더십' 방식을 채택함으로써, 집단 전체의 생존과 이동 효율성을 극대화한다. 서번트 리더십은 리더가 자신을 희생하면서까지 집단의 이익을 우선시하는 리더십 방식으로, 사랑, 희생, 그리고 서로에 대한 믿음을 기반으로 한다. 이를 통해 기러기는 먼 거리를 이동하면서도 에너지 효율을 최적화하고, 집단 내 안정성을 유지할 수 있다.

기러기의 이러한 생존전략은 자연의 지혜와 집단의 힘을 동시에 보여주는 뛰어난 예시다. 그들의 이동방식과 리더십 모델은 다른 동물뿐만 아니라 인간 사회에도 중요한 교훈을 제공한다. 특히, 협력과 희생, 그리고 공동의 목표를 향한 믿음이 얼마나 중요한지를 일깨워 준다. 기러기의 이동은 단순한 이동을 넘어서, 생존을 위한 집단적 지혜와 노력의 상징으로 볼 수 있다. 프랑스 국립 과학연구소의 앙리 위메르 스커크 박사 연구팀은 기러기들의 비행에 과학적인 효율성이 있다는 사실을 증명했다. 연구에 따르면 기러기들의 편대비행은 홀로 날아가는 새들에 비해 에너지를 11~14% 덜 소비하며, 항공 역학적으로 항력을 받고 상승기류를 타는 것으로 나타났다. 기러기들은 편대 비행을 통해 전진 저항을 이겨내고, 그 결과 날갯짓 횟수와 심장 박동 수가 낮아진다는 사실이 밝혀졌다.

기러기들의 편대 비행은 자연 세계에서 가장 장엄한 광경 중 하나로 꼽힌다. 이들의 비행에서 가장 핵심적인 역할을 담당하는 것은 바로 맨 앞에서 길을 안내하는 리더 기러기이다. 리더는 방향을 결정하고, 속도를 조절하며, 편대의 안전을 책임지는 중대한 임무를 맡고 있다. 이러한 중책을 맡은 리더 기러기는 자신의 역할을 충실히 수행하기 위해 때로는 강한 바람과 맞서 편대를 이끈다.

　기러기들이 이동하는 동안, 그들은 '홍크, 홍크'라는 독특한 소리로 서로 의사소통을 한다. 이 소리는 단순히 위치를 알리는 것이 아니라, 서로를 격려하고 응원하는 의미도 담겨 있다. 앞서 나가는 리더 기러기가 크게 '홍크'라고 외칠 때, 이 소리는 뒤따르는 기러기들에게 길을 잃지 않도록 안내하는 신호이자, 힘들 때마다 서로를 지지하고 독려하는 역할을 한다. 뒤따르는 기러기들도 이에 화답하듯 '홍크, 홍크'라고 외치며, 리더의 부담을 덜어주고 편대의 결속력을 강화한다.

　이런 의사소통 방식은 기러기들이 극복해야 할 많은 도전과 위험에 직면했을 때, 그들이 하나로 뭉치게 해주는 강력한 수단이 된다. 서로를 격려하고 응원함으로써, 기러기들은 힘든 여정을 함께 견디고, 목적지에 안전하게 도착할 수 있는 힘을 얻는다. 이처럼 기러기들의 편대 비행은 단순히 이동 수단을 넘어서, 팀워크와 협력의 중요성을 깨닫게 하는 교훈을 전해준다.[20] 마치 시골에서 농부들이 함께 무거운 짐을 이동하면서 앞 사람이 "영차" 하면서 선창하면 나머지 구성들이 "영차! 영차!"하며 함께 후창하면서 힘을 모으는 것을 연상시킨다. 그런가 하면 앞장 선 기러기가 지치면 그를 살펴보는 다른 기러기가 앞으로 자리를 바꾸고 그리고 뒤에 있던 기러기가 다시 힘을 비축하면 다시 앞으로 나선다고 하니 얼마나 놀라운가? 4만Km를 이동하는 기러기는 또 다른 생존비용을 지불해야 하는데, 그 비용은 맹조류의 공격으로 무리 중의 동료를 잃거나 회오리바람과 비바람 폭풍의 공격에 희생당하는 일이 생긴다. 이 비용을 최소화하면서 이동하는 방법이은 거꾸로 된 V자형 대형을 이루면서 리더가 자기희생이라는 서번트 리더십을 발휘한다.

그리고 리더가 병들거나 다른 동물로부터 공격을 받아 생명이 위험하면 동료기러기 2-3마리가 함께 무리에서 빠져 그 리더가 회복하거나 사망할 때까지 곁을 지키면서 함께한다.

6) 개미의 멘토링 리더십 이야기

개미에 관한 흥미로운 연구를 보면, 리더십과 팔로우십을 발휘하며 멘토링하는 모습이 요즘 유행하는 멘토링 리더십과 상당히 연관이 있다. 이는 잉글랜드 브리스톨 대학의 나이젤 프랑스가 템노트락스 개미에서 발견한 연구 내용이다.[21] 연구에 따르면, 리더 개미가 새로운 먹이를 찾아 나머지 팔로우 개미에게 알리면, 이 소식을 들은 팔로우 개미들이 리더 개미를 따라나서며 탠덤 주행이라는 대장정이 시작된다. 먹이를 향해 앞장서는 리더 개미는 자신을 따르는 팔로우 개미들이 위험에 빠지거나 길을 잃지 않도록 배려하며 이동하는

[그림15] 템노트락스 개미군무 AI그림

데, 이 과정은 마치 화려한 대무를 보는 듯하다고 표현했다. 앞서가는 리더 개미는 적당한 거리를 이동한 후 잠시 멈춰서서 뒤따르는 팔로우 개미가 안전하게 따라올 수 있도록 배려한다. 그러면 팔로우 개미는 가던 길을 멈추고 주변

을 살피며 길을 잃었는지, 잘못된 길로 들어서지 않았는지 확인한다.

팔로우 개미가 배워야 할 다양한 정보를 숙지한 뒤에는 앞서가는 리더 개미의 뒷다리를 가볍게 치며 이제 다시 이동해도 된다는 신호를 보낸다. 이러한 과정이 반복되면서, 리더 개미는 다시 멈춰서 뒤따르는 팔로우 개미에게 학습할 기회를 제공하고, 주변 환경에 대한 경계와 위험을 확인한 팔로우 개미는 다시 리더 개미의 뒷다리를 가볍게 치며 이동해도 좋다는 신호를 보낸다. 이는 마치 멘토가 멘티에게 리더십을 발휘하는 모습과 유사하다. 이 과정에서 리더 개미는 많은 에너지를 소모한다.

개미들이 탠덤 주행을 하며 먹이를 찾아가는 과정은 매우 흥미롭다. 일반적으로 생각할 때, 혼자서 길을 가는 것이 더 빠를 것 같지만, 실제로는 탠덤 주행을 할 때 먹이가 있는 곳에 도달하는 데 걸리는 시간이 혼자 갈 때보다 무려 4배나 더 길어진다. 이처럼, 첫눈에 비효율적으로 보일 수 있는 이 행동에는 분명히 개미들에게 이득이 되는 요소가 존재한다.

그렇다면, 개미들이 이러한 방식으로 행동하며 얻게 되는 보상은 구체적으로 무엇일까? 우선, 팔로우하는 개미들은 리더 개미를 따라가며 먹이를 찾을 수 있는 장소에 대한 정보를 얻게 된다. 이는 단순히 먹이를 찾는 것뿐만 아니라, 미래에 자신이 독립적으로 길을 찾아갈 때 큰 도움이 된다. 한편, 리더 개미는 자신이 발견한 정보를 집단 내의 다른 개미들과 공유함으로써 집단의 생존과 효율성을 높이는 중요한 역할을 수행한다.

이러한 정보의 전달은 개미 사회 내에서 상호보완적인 멘토링 관계를 형성하게 되며, 이는 개인과 집단 전체에 장기적인 이익을 가져다준다. 탠덤 주행이 단기적으로는 시간이 4배 더 소요된다는 점에서 비효율적으로 보일 수 있으나, 이를 통해 개미들은 정보를 공유하고 학습하는 과정에서 상호의존적인 관계를 구축한다. 결과적으로, 이러한 멘토링 리더십은 집단의 생존률을 높이고, 더 나은 먹이 찾기 전략을 개발하는 데 기여한다.

따라서 개미들 사이에서 이루어지는 이러한 협력과 정보 공유의 과정은 그들의 생존 전략에서 중요한 역할을 하며, 집단의 성공을 위한 근본적인 요소로 작용한다. 최근 들어, 많은 기업들이 인재 육성에 있어 멘토링 리더십의 중요성을 인식하고 이를 적극적으로 도입하고 있다.

이는 단순히 업무 지식을 전달하는 것을 넘어, 리더(멘토)가 자신의 풍부한 경험과 전문 지식을 바탕으로 조직 내의 구성원(멘티)에게 1대1로 맞춤형 지도와 코칭, 그리고 실질적인 조언을 제공하는 리더십 활동을 말한다. 이 과정에서 멘토는 멘티의 개인적인 성장뿐만 아니라, 전문적인 발전을 위해 필요한 지원을 아끼지 않는다.

멘토링 리더십을 통해, 멘티는 단순히 업무 수행 능력을 향상시키는 것을 넘어, 자신의 업무에 대한 깊은 이해와 문제 해결 능력을 개발할 수 있다. 또한, 멘토의 지도하에 다양한 상황에서의 대처방법을 배우며, 실제 업무환경에서 마주칠 수 있는 다양한 문제들에 대해 더 잘 대응할 수 있게 된다. 이러한 과정을 통해 멘티는 자신의 잠재력을 발견하고 이를 발전시켜 나가며, 결국에는 커리어 전반에 걸쳐 지속적인 성장을 이룰 수 있는 토대를 마련하게 된다.

이처럼 멘토링 리더십은 개인의 성장과 발전을 위한 강력한 도구로 작용하며, 이를 통해 조직 내에서도 긍정적인 변화를 이끌어낼 수 있다. 조직 구성원 간의 긴밀한 관계형성을 돕고, 지식과 경험의 공유를 촉진함으로써 전체적인 조직의 역량강화에도 기여한다.

따라서, 멘토링 리더십은 단순한 인재육성 프로그램을 넘어 조직의 지속 가능한 성장과 발전을 위한 핵심전략으로 자리 잡고 있다. 멘토링 리더십은 신입사원들이 조직에 **빨리** 적응하게 하고 교육비용을 줄이는 것을 넘어서서 개인의 성장과 가치를 높여 조직의 핵심인재를 유지하고 육성하는 데 매우 효과적이다.

실제로 신입사원은 멘토링을 통해 조직의 문화와 가치관을 빠르게 이해하고 자신의 역할을 더 잘 알게 되며 업무에 대한 자신감도 얻게 된다. 이런 과정은 결국 회사의 전반적인 성과를 끌어올린다.

결국 멘토링은 인재 경영의 큰 축으로, 현대경영의 리더십도 인간성을 회복하는 데 초점을 맞추고 있다. 많은 기업들이 멘토링 관계를 만들기 위해 경험이 풍부한 관리자나 리더 또는 전문가를 멘토로 양성하는 것을 보면 개인의 성장이 기업의 성장과 밀접한 관계가 있음을 알 수 있다.

인간의 조직 내에서도 상당한 텐덤 주행이 이루어지고 있다. 혁신적인 기업에서는 신입사원들에게 일방적인 업무지시나 가르침을 넘어 개개인의 성장을 돕기 위해 다양한 방법으로 멘토링을 한다는 점도 주목할 만하다. 예를 들어, 주기적인 1대1 미팅, 맞춤형 교육 프로그램, 그리고 피드백 세션 등을 통해 멘토와 멘티 간의 신뢰와 유대감을 강화시키고 있다.

이러한 노력은 조직의 사회적 자본을 증대시키며, 궁극적으로는 회사의 장기적인 경쟁력을 높이는 데 기여한다.

4. 리더십의 인지적 원형(GIVE-DIR모델)

진화론적 관점에서 인간을 이해하기 위해서는, 생명의 기원과 진화 과정을 세밀하게 살펴볼 필요가 있다. 생명의 진화는 수십 억 년에 걸쳐 이루어진 복잡하고 점진적인 과정이다. 이 과정의 첫 단계는 단순한 단세포 생물의 등장이었다. 이 단세포 생물들은 지구상의 초기 환경에서 생명의 다양한 형태로 진화하기 시작했다.

생명체의 진화 과정에서 중요한 전환점 중 하나는 약 20억 년 전에 발생했다. 이 시기에 특정 단세포 생물이 더 큰 아메바 유사 세포에 의해 포식되는 사건이 있었다. 그러나 이 포식된 세포는 소화되지 않고, 대신 숙주 세포 내에서 공생 관계를 형성하면서 진핵세포를 만들어냈다. 이 진핵세포는 핵막으로 둘러싸인 핵을 가지고 있으며, 염색체를 통해 유사분열을 할 수 있는 능력을 가졌다. 이러한 진핵세포의 등장은 생명체 진화에 있어 중대한 변화였으며, 다세포 생물로 진화할 수 있는 토대를 마련했다.[22]

다세포 생물의 등장은 생명체의 복잡성을 크게 증가시켰다. 세포들이 서로 협력하여 특정 기능을 수행할 수 있게 되면서, 생물학적 다양성이 폭발적으로 증가했다. 이 과정은 수억 년에 걸쳐 진행되었고, 점차 다양한 식물, 동물, 그리고 기타 생명체들이 등장하게 되었다. 그중 일부는 더욱 복잡한 생명 형태로 진화하여 최종적으로 포유류와 인간에 이르게 되었다.

결국 현대 생물학과 진화론은 우리가 현재 보고 있는 생명의 다양성과 복잡성을 이해할 수 있는 중요한 열쇠를 제공한다. 이러한 이해는 인간이 자신과 자신이 살고 있는 세계에 대해 더 깊이 이해하는 데 도움이 될 것이다. 인류의 조상이 직립인간으로 진화하기 시작한 것은 약 500만 년 전이다. 짧다면 짧고 길다면 긴 시간 동안 인류는 놀라운 변화를 겪어왔다.

초기에는 오스트랄로피테쿠스라는 종이 등장하였는데, 이들의 뇌 무게는 360g에서 450g 이다. 이 시기에는 생존과 번식을 위한 기본적인 능력이 중요했다. 그러나 시간이 지나면서 인류의 조상은 더욱 복잡한 도구를 사용하고, 사회적인 집단을 형성하는 등의 능력을 개발했다. 이러한 변화는 호모하빌리스로 알려진 종의 등장과 함께 두드러졌으며, 이들의 뇌 무게는 대략 530g에서 800g 이다.

진화의 과정에서 다음으로 중요한 이정표는 호모에렉투스의 출현이었다. 이들은 대략 20~160만 년 전에 존재했으며, 두뇌 무게는 900g에서 1,100g 사이였다. 이 시기에 인류는 더욱 복잡한 도구 사용법과 사회적 상호작용, 그리고 초기 형태의 언어 사용을 발전시켰다고 추정된다.

마지막으로, 현생인류의 조상인 호모사피엔스가 등장한다. 이들은 약 5만 년 전부터 20만 년 전 사이에 출현했으며, 두뇌 무게는 1,300g에서 1,600g 사이였다. 이 시기에 인류는 복잡한 언어 체계, 예술, 그리고 다양한 사회 구조를 발전시켜 나갔다. 특히, 약 5만 년 전에 등장한 호모사피엔스사피엔스는 오늘날 우리가 가진 평균적인 두뇌 무게인 1,350g을 지닌 조상이었다. 이 시기부터 인류는 문화, 예술, 과학, 기술 등 다양한 분야에서 급속도로 발전하기 시작했다. 우주 탄생 137억 년이라는 무한대의 긴 세월을 지내면서 유사인간 조상은 불과 500만 년 전에 출현하였고, 현생인류에 가장 가까운 조상은 아주 짧은 5만 년 전에 출현하여 진화한 것이다. 일부 신경과학자들은 두뇌의 크기와 그 기능 간에 직접적인 연관이 없다고 주장하는 반면, 다른 과학적 증거들은 이러한 주장에 일정 부분 의문을 제기한다. 약 500만 년 전, 오스트랄로피테쿠스라는 종의 두뇌 무게가 360에서 450그램 사이였다는 사실은 주목할 만하다. 이는 현생 인간의 신생아나 성년이 된 일부 원숭이 종의 두뇌 무게와 매우 유사하다. 현생 인간의 신생아의 두뇌 무게는 대략 400그램 정도이며, 성년 원숭이의 경우 약 400에서 500그램 사이다. 이러한 데이터는 두뇌의 크기와 무게가 진화 과정에서 일정한 역할을 했을 가능성을 시사한다.

또한, 공룡과 현대의 다른 동물들 사이의 두뇌 무게 비율을 비교해보면 흥미로운 사실을 발견할 수 있다. 공룡의 경우, 몸무게가 수천 킬로그램에 달할 정도로 거대했음에도 불구하고, 그들의 두뇌 무게는 겨우 70그램 정도였을 것으로 추정된다. 이는 몸무게 대비 뇌의 무게 비율이 약 2만 분의 1에 불과했다는 것을 의미한다. 반면, 고래나 코끼리 같은 대형 동물의 경우 이 비율은 몸무게의 2,000분의 1 정도이며, 유인원의 경우는 100분의 1, 인간의 경우는 약 40분의 1 정도로 훨씬 더 높다. 이러한 비교는 뇌의 크기가 생존과 번성에 중요한 역할을 할 수 있다는 가설을 뒷받침한다.

이 모든 것을 고려할 때, 공룡의 멸종과 인간의 번성 사이에는 뇌의 크기와 기능이 중요한 역할을 했을 가능성이 있다. 물론 뇌의 크기만이 생존과 번성의 유일한 요인은 아니겠지만, 이는 뇌의 발달이 종의 생존에 중요한 영향을 미칠 수 있음을 시사한다. 따라서 두뇌의 크기와 기능 사이의 관계에 대한 더 깊은 연구는 진화의 역사를 이해하는 데 중요한 열쇠가 될 수 있다.

신경과학자들은 인간의 뇌가 다른 동물들과 비교했을 때 어떻게 독특한지에 대한 연구에서, 특히 인간의 대뇌 피질의 발달된 상태에 주목한다. 이들은 대뇌 피질이 인간의 지능, 의사소통 능력, 복잡한 사고를 가능하게 하는 주요 요소라고 본다. 대뇌 피질은 인간 뇌의 약 80%를 차지하는데, 이는 다른 어떤 동물의 뇌보다도 큰 비율이다. 이로 인해 인간은 복잡한 언어를 사용하고, 추상적인 사고를 하며, 문제 해결 능력을 발휘할 수 있다.

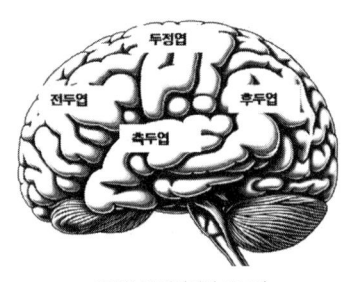

[그림16] 대뇌피질 AI그림

대뇌 피질은 뇌의 가장 바깥쪽 부분에 위치하며, 그 구조는 크게 네 가지 주요 부분, 즉 전두엽, 좌우 측두엽, 두정엽, 그리고 후두엽으로 나뉜다. 각 부분은 서로 다른 기능을 담당한다. 예를 들어, 전두엽은 의사결정, 문제 해결, 계획 및 사회적 행동 조절과 같은 고차원적인 인지 기능을 담당한다. 좌우 측두엽은 청각 정보 처리 및 언어 이해에 중요하며, 두정엽은 공간 인식과 운동 기능 조정에 관여한다. 마지막으로 후두엽은 시각 정보의 처리를 담당한다.

이렇게 대뇌 피질의 각 부분은 인간의 복잡한 정신 활동과 밀접하게 연결되어 있으며, 이는 인간이 다른 동물과 구별되는 주요 특징 중 하나다. 신경과학자들은 이러한 대뇌 피질의 구조와 기능을 연구함으로써, 인간의 사고, 감정, 행동의 기저를 이해하려고 한다. 이는 인간의 뇌가 어떻게 우리가 경험하는 복잡한 내적 세계를 생성하는지에 대한 깊은 통찰을 제공한다.

뇌의 이마엽은 우리 뇌에서 매우 중요한 역할을 한다. 복잡한 사고, 기억 저장, 결정을 내리는 데 필요하다. 인간의 이마엽은 다른 동물들, 특히 원숭이와 같은 영장류에 비해 훨씬 더 크고 발달되어 있다. 이 부위는 머리의 맨 앞부터 눈 위까지, 그리고 중앙까지 위치해 있다.

이마엽 내부에는 여러 개의 작은 부위들이 있는데, 그 중 세 가지는 특히 중요하다. 이 부위들은 복잡한 문제를 해결하고, 감정을 조절하며, 충동을 억제하는 데 필요한 기능을 담당한다. 예를 들어, 배외측전전두피질(DLPFC)은 실행 기능과 밀접하게 관련되어 있어 복잡한 사고, 계획, 문제 해결, 주의 집중, 충동 조절, 작업 기억 등의 기능을 포함한다. 이 영역은 목표 지향적 행동을 결정하는 데 중요한 역할을 한다. 복내측전전두피질(VMPFC)은 뇌의 전두엽에 위치한 중요한 부위로, 감정과 의사결정 과정에서 중요하게 작용한다. VMPFC는 보상과 처벌을 평가하고 이 정보를 바탕으로 의사결정을 내리는 데 관여하며, 감정 반응을 조절하고 개인의 사회적 행동과 감정적 상호작용을 조절하는 데 중요한 역할을 한다.

안와전두피질(OFC)은 보상 인식, 감정 조절, 충동성 및 사회적 상호작용 이해에 중요한 역할을 한다. 이 영역은 보상과 처벌을 평가하고 이 정보를 사용해 결정을 내리는 데 관여한다. 또한 OFC는 감정 정보를 처리하고 사회적 맥락에서의 의사소통과 행동을 조정하는 데 중요하다. 안와전두피질이 손상되면 충동 조절 장애, 사회적 부적응, 감정 불안정 등의 다양한 문제가 발생할 수 있다.

간단히 말하면, 이마엽은 우리가 인간답게 행동하고 생각하며 느낄 수 있게 해주는 뇌의 매우 중요한 부분이다. 복잡한 문제 해결과 다양한 사회적 상황 탐색이 가능한 것은 이마엽 덕분이다.

명상을 하면 두꺼워지는 것으로 알려진 배외측전전두피질은 작업 기억과 주의 집중에 중요한 역할을 하며, 목표 지향적 행동에도 관여한다. 관련 실험에서는 문제 해결 시 금전적 보상을 약속한 팀이 배외측전전두피질이 활성화되어 더 빠르게 답하는 것으로 나타났다.

다이어트 실험에서는 배외측전전두피질이 활성화된 사람들이 건강에 좋은 음식을 선택한 반면, 복내측전전두피질이 활성화된 사람들은 대부분 맛있는 음식을 선택했다. 배외측전전두피질은 정보에 의존해 논리적으로 판단하는 반면, 복내측전전두피질은 감정적 정보에 의존한다. 이는 복내측전전두피질이 변연계와 가깝게 연결되어 있기 때문이다.

안와전두피질은 전두엽 아래, 즉 눈 뒤에 위치한 부위로, 편도체를 비롯한 변연계와 직접 연결되어 욕구나 동기와 관련된 정보를 처리하는 데 관여한다. 또한 감정적, 정서적 정보를 상황에 맞게 조절하여 적절한 사회적 행동을 수행하게 한다. 안와전두피질은 처벌과 관련된 상황에서는 외측 영역이, 보상과 관련된 상황에서는 내측 영역이 활성화된다고 한다. 손상을 입으면 무책임해지고 사회적으로 부적절한 행동을 하며, 자신의 실수로부터 배우는 기능도 상실한다. 흡연자 연구에서는 흡연자가 비흡연자보다 내측안와전두피질이 얇은 것으로 나타났으며, 흡연량과 기간에 따라 더 얇아졌다.

이 설명은 뇌 기능을 이해하는 것이 아니라, 인간의 마음, 의지, 감정이 뇌 작용에 의해 발생한다는 사실을 밝히려는 것이다. 리더십 문제를 신경과학적으로 접근하는 뉴로리더십은 전두엽 기능에서 출발한다. 전두엽은 인지조절, 의지조절, 감정조절 등을 총괄하는 뇌의 CEO라고 할 수 있다.

인간의 두뇌는 매우 복잡한 구조를 가지고 있으며, 그 안에서 다양한 원형이 존재한다. 이 중에서도 특히 리더십과 관련된 원형은 인간사회의 복잡한 상호 작용과 밀접하게 연관되어 있다. 이러한 리더십 원형은 단순히 동물의 세계에서 발견되는 것과 비교할 때 훨씬 더 복잡하고 다양한 형태를 지니고 있다. 인간의 리더십 원형은 3S(Sex, Salary, Status)라는 본능적 원형에 기반을 두면서도, 인간만이 가지고 있는 독특한 인지적 원형을 포함하고 있다. 이러한 인지적 원형은 인간의 사회적 상호 작용, 의사소통 능력, 문제 해결 능력 등과 밀접하게 연관되어 있다. 뉴로리더십은 이런 인간의 리더십 원형을 신경과학적인 관점에서 탐구하는 새로운 분야다. 신경과학자들은 다양한 연구와 문헌을 통해 인간의 리더십 원형이 뇌의 특정 부위와 어떻게 연결되어 있는지를 밝혀내고 있다. 이러한 연구는 인간의 리더십 능력을 더 깊이 이해하는 데 중요한 역할을 한다.

이와 관련하여 펜실베니아 대학 와튼 스쿨에서 진행한 GLOBE(Global Leadership and Organization Behaviour Effectiveness: 글로벌 리더십 및 조직행동 효과) 연구는 매우 흥미로운 결과를 제시했다. 이 연구는 전 세계

62개 문화권에서 리더십에 대한 인식을 연구함으로써, 어떤 리더십이 바람직하고 어떤 리더십이 바람직하지 않은지를 탐구했다. 연구결과는 다양한 문화권에 걸쳐 리더가 갖춰야 할 자질에 대해 놀랍도록 일관성이 있음을 보여주었다. 이러한 일관된 자질은 인간의 리더십 원형을 이해하는 데 중요한 열쇠를 제공한다.

GLOBE 연구에서 밝혀진 7가지 리더십 자질은 뉴로리더십의 인지적 원형으로 선택하였다. 이 자질들은 인간의 리더십이 단순히 본능적인 요소에만 기반하는 것이 아니라, 복잡한 인지적 과정을 통해 형성되고 발전한다는 것을 보여준다. 이러한 인지적 원형은 리더십의 본질을 이해하고, 효과적인 리더십 전략을 개발하는 데 있어 매우 중요한 기초가 된다.

뉴로리더십은 현대 리더십 이론과 신경과학이 만나 탄생한 개념이다. 이는 인간의 본능과 인지능력에 기반한 리더십의 본질을 탐구한다. 이 개념은 크게 '3S'라는 본능적 원형과 'GIVE-DIR' 모델이라는 인지적 원형으로 나뉜다. 3S는 생존(Sex), 보상(Salary), 지위(Status)을 의미하며, 리더가 지니는 가장 본능적 요소들이다. 리더는 이 3S를 기반으로 그룹의 생존과 번영을 보장하고, 구성원 간의 강력한 사회적 유대를 촉진하며, 자신과 구성원들의 지속적인 성장과 발전을 추구한다.

한편, GIVE-DIR 모델은 관대함(Generosity), 청렴성(Integrity), 비전(Vision), 공정성(Equity), 외교력(Diplomacy), 지적능력(Intelligence), 결단력(Resolution)을 의미하며, 리더가 가져야 할 핵심인지능력이다. 이 모델은 원시 부족 사회에서 리더로 존경받았던 '빅맨'의 특성과 매우 유사하다. 빅맨은 부족 내에서 뛰어난 리더십과 영향력을 발휘하며, 사회적 합의와 질서 유지에 중심적 역할을 했고, 관대하고 공정하며 바른 행동으로 부족 구성원들의 신뢰를 얻었다. 또한 부족의 미래에 대한 비전을 제시하고 대외 관계에서 탁월한 외교 스킬을 보여주었다. 이처럼 뉴로리더십은 리더의 역할과 특성이 고대부터 현재까지 어떻게 발전해 왔는지를 검토하고, 현대 리더가 가져야 할 본능적 및 인지적 요소를 재해석함으로써 더 효과적인 리더십 모델을 제시하는 것을 목표로 한다.[23]

뒷부분에서 이어서 설명하겠지만 본능적 원형인 3S는 포유류에서 영장류 그리고 인간에게도 기본적으로 장착되어 있는 본능적인 부분이다. 본능적 원형이 지배하는 리더십을 발휘하면 동물의 특성에 가까운 인간성을 발휘하여 오직 내 가족, 내 형제, 내 권력에만 집착하면서 다양한 방법으로 부정축재를 하거나 폭력적으로 권력을 행사하여 수많은 팔로우들로부터 비난의 대상이 되기도 하고 때로는 권좌에서 쫓겨나기도 하고 살해를 당하는 일이 발생하기도 한다.

반면에 다른 동물과 다르게 인간에게 유일하게 발달한 인지적 원형이 리더십 능력에 포함될 때 인간은 더욱 인간다운 리더십을 발휘하고 대다수의 팔로우들로부터 인정받는 리더가 되는 것이다.

그러면 인간에게 유일하게 존재하는 리더십의 인지적 원형은 어떤 것이 있는지 그리고 리더십에 어떠한 영향을 미치는지를 살펴보자.

리더십의 인지적 원형은 인간이 혼자 존재하기보다 사회적 집단을 이루면서 함께 공생하는 것이 유리하다는 사실과 리더십의 진화과정에서 습득된 것으로 단순하게 리더십 학습을 통하여 형성된 것이 아니라 500만 년 동안 진화하는 과정에서 리더들이 습득한 특성들이 우리의 DNA를 통하여 대물림된 것이다.

1) 관대함(Generosity)

관대함에 대해 깊이 탐구해보자. '관대함'이란 단어는 단순히 사전적 의미

[그림17] 관대함 네이버 국어사전 참조

를 넘어서는 깊은 가치와 철학을 담고 있다. 마음이 너그러움을 기반으로 하는 이 덕목은, 인간관계에서의 실수나 잘못을 용서하고 받아들이는 넓은 마음을 의미한다. 이는 팔로우의 작은 실수나 부하 직원들의 잘못에 대해 깊은 이해와 공감을 바탕으로 그들을 포용하고 용서하는 것을 말한다. 이러한 관대함은 사회적 관계를 원활하게 하고, 개인 간의 긴장과 갈등을 줄이는 데 크게 기여한다.

인류학적 관점에서 볼 때, 관대함은 특정 문화나 사회에서의 가치관과 밀접한 관련이 있다. 윌리엄 미첼이 파푸아뉴기니의 웨스트 세픽 지역에 사는 와프족을 연구하면서 얻은 통찰은 이를 잘 보여준다. 와프족 사람들은 이기주의적 행동, 즉 자신보다 더 많이 보유하려는 이웃에 대한 용납을 거부한다. 이들은 공동체의 이익을 우선시하며, 다른 사람의 이익을 해치거나 물질적인 소유물, 권력을 추구하는 행위를 경계한다. 이러한 태도는 관대함이 단순히 개인적 차원을 넘어서 사회적, 문화적 가치와 얽혀 있음을 보여준다.

결국, 관대함은 인간이 서로에게 베푸는 가장 근본적인 덕목 중 하나로, 사회적 유대와 공동체 의식을 강화하는데 중요한 역할을 한다. 이는 개인이 자신의 이익만을 추구하는 것이 아니라, 타인의 필요와 감정에 귀 기울이고 이해

와 용서의 마음을 가짐으로써, 보다 평화롭고 조화로운 공동체를 만드는데 기여한다. 따라서 관대함은 단순한 미덕이 아니라, 인류가 지향해야 할 중요한 가치 중 덕목으로 여겨진다.

하이다족과 틀링깃족 같은 북아메리카 북서부 태평양 연안의 토착 문화에서는 프틀래치라는 행사를 통해 부의 나눔을 실천했다. 프틀래치는 부족의 중요 인물이나 '빅맨'이 자비심과 선의를 바탕으로 한 부족 또는 여러 부족으로 구성된 소규모 사회에 영향력을 행사할 때 사용되는 용어이다. 이러한 행사에서는 값비싼 선물이나 카누, 물품 등을 나눠주어 관대함을 보이며 자신의 정치적 입지를 강화했다. 때로는 자신의 부를 과시하기 위해 옷과 귀중품을 불태우는 행사도 있었다. 이는 현대의 포틀래치 실험과도 연결된다.

우리 역사에서 가장 위대한 영웅을 꼽으라고 하면 대부분의 사람들은 세종대왕과 이순신 장군을 선택할 것이다. 세종대왕의 관대함과 이순신 장군의 공정함은 인지적 리더십의 표상이라 할 수 있다.

세종대왕은 조선시대를 통틀어 가장 뛰어난 능력과 혁신적인 업적으로 기억되는 왕이다. 그의 지도 아래 조선은 문화, 경제, 군사 등 여러 분야에서 크게 발전했다. 그의 지혜와 혜안은 단순히 군주로서의 능력에만 국한되지 않았다. 세종의 위대함은 그가 백성들을 진심으로 사랑하고 그들의 삶의 질을 향상시키기 위해 노력했다는 데서 기인한다.

세종은 백성들의 경제적 부담을 덜어주기 위해 자주 은전을 나눠주었고, 불필요한 전쟁으로부터 군사들을 보호하기 위해 징발된 군사들을 계획보다 일찍 집으로 돌려보내는 등의 조치를 취했다. 이러한 행동은 당시로서는 상당히 이례적인 것이었다. 또한, 노비들의 인권 개선에도 큰 관심을 기울였다.

세종은 노비에 대한 주인의 혹형을 금지하고, 실수로 노비를 죽인 주인에게는 엄격한 처벌을 내렸다. 이는 당시 사회에서 노비들의 인권이 크게 개선되는 계기가 되었다.

세종은 여성의 출산과 관련된 정책에도 큰 변화를 주었다. 이전에는 겨우 일주일에 불과했던 관비의 출산 휴가를 100일로 대폭 늘렸을 뿐만 아니라, 남편에게도 휴가를 주어 출산을 앞둔 아내를 돌볼 수 있도록 했다. 이러한 정책은 당시 사회에서 여성과 가정에 대한 새로운 인식을 불러일으켰다. 일부 신하들은 세종의 이러한 관대함이 백성들을 나태하게 만들 수 있다고 우려했지만, 세종은 백성들의 삶의 질을 향상시키고 그들의 행복을 도모하는 것이 군주의 책무라고 믿었다. 그의 이러한 애민 정신은 훈민정음의 창제에서도 엿볼 수 있다. 세종은 백성들이 자신의 언어로 읽고 쓸 수 있는 문자체계가 필요하다고 생각했고, 이를 통해 백성들의 지식수준을 높이고자 했다. 훈민정음 창제는 세종의 애민정신과 백성을 향한 깊은 사랑의 결실이다.[24] 관대함은 인간의 정서적 성숙과 밀접한 관련이 있다. 이는 특히 우리의 판단과 의사결정을 담당하는 뇌의 전두엽 발달과 연관되어 있다. 전두엽은 주의 조절, 감정 관리, 복잡한 사회적 상황에서 적절한 행동 선택 등의 역할을 한다.

따라서 전두엽의 발달은 타인에 대한 관대함의 정도에 영향을 미칠 수 있다. 이를 통해 볼 때, 관대함은 단순한 성향이나 선택이 아니라, 뇌의 구조적·기능적 발달과정에서 비롯되는 복잡한 현상이라 할 수 있다.

인간의 뇌는 생존을 위한 도구로 발달했다. 우리는 뇌를 통해 환경을 인식하고, 위협으로부터 자신을 보호하며, 사회적 관계를 형성하고 유지한다. 이러한 필수적인 기능들은 뇌의 변연계를 중심으로 이루어진다. 변연계는 우리의 감정, 기억, 호르몬 조절과 밀접하게 관련된다.

안정된 상태에서 변연계가 균형을 유지하면, 우리는 편안함과 안정감을 느끼며 타인에 대한 관대함을 나타낼 수 있다.

반대로, 불안한 상태에서는 변연계의 편도체가 과잉 활성화되어 긴장과 불안이 증가한다. 이는 위험 상황을 피하거나 극복하기 위한 자연스러운 반응이지만, 지속되면 사회적 관계 형성과 유지에 부정적인 영향을 미칠 수 있다. 따라서 안정과 불안의 균형이 우리의 관계와 관대함에 중요한 역할을 한다.

인간의 뇌는 두려움과 공포에 강력하게 반응하는 메커니즘을 가지고 있다. 예를 들어, 숲에서 소리가 들리면 대부분의 사람들은 놀라서 심장이 빨리 뛰기 시작하고 뒤로 물러설 것이다. 이는 의식적 제어가 어려운 본능적 반응으로, 실제 위험이 없어도 발생한다. 이는 오랜 진화 과정을 통해 인간이 개발한 생존 메커니즘의 일부이다.

왜 우리는 가끔 작은 소리에도 민감하게 반응할까? 이 현상을 이해하려면 약 200만 년 전으로 돌아가야 한다. 그 당시 우리의 원시 조상들은 사바나 숲과 같은 위험한 환경에서 살고 있었다. 그런 환경에서는 뱀에 물리는 사고 같은 것이 쉽게 발생할 수 있었고, 이는 종종 생명을 위협하는 결과로 이어졌다.

주변 환경에 대한 높은 경계심은 생존에 필수적이었다. 특히, 풀숲에서 나는 아주 작은 소리 하나하나가 중요한 의미를 가질 수 있었다. 이 소리들은 포식자의 접근, 먹이의 존재 또는 다른 위험 신호를 나타낼 수 있었다. 그러므로, 이러한 소리에 빠르게 반응하고 정확하게 해석하는 능력은 생존과 직결된 중요한 요소였다.

그러한 환경에서 생존하기 위해 우리 조상들이 개발한 감각과 반응 능력은 우리의 유전자 속에 깊이 뿌리박혔다. 결과적으로, 오늘날에도 우리는 의식적으로 깨닫지 못하는 사이에 가끔 주변 환경에 민감하게 반응하기도 한다. 이는 우리 조상들이 그러한 능력 없이는 생존할 수 없었을 것이라는 사실에서 분명해진다. 따라서, 우리의 높은 경계심과 민감한 반응은 수백만 년의 진화 과정에서 생겨난 것이며, 생존을 위한 필수 요소였다는 것이다.

우리가 가진 이런 능력을 잘 보여주는 실험 중 하나는 신경과학자들이 진행한 "역행차단" 실험이다. 이 실험에서는 스캐너에 누워 있는 피실험자에게 두려움이나 불안, 공포를 느끼게 하는 이미지를 보여준다. 의식적인 뇌가 이미지를 감지할 수 있는 시간은 최소 30ms(밀리초, 1,000분의 1초) 이상이어야 한다고 알려져 있다. 하지만 실험에서 10~30ms 사이의 매우 짧은 순간에 감정이 담긴 이미지를 피험자에게 보여주었을 때, 놀라운 일이 발생했다. 이 실험을 통해 알 수 있었던 것은 의식이 작동하는 전두엽은 이미지를 인식하지 못했지만, 무의식적인 뇌, 즉 두려움과 공포에 반응하는 감정의 뇌가 활성화되어 편도체가 반응한다는 사실이었다. 이는 의식적인 뇌가 인식하지 못하더라도 무의식적인 뇌는 이미 반응하고 있다는 것을 의미한다.

사바나 숲 속에서 뱀이 사부작거리는 소리에 무의식적으로 반응하지 않는 종족은 우리의 조상이 될 수 없었다. 이것은 우리가 사소한 감정적 문제에도 무의식적으로 반응하는 이유를 설명한다. 200만 년 전 사바나에서 생존하던 당시의 뇌 메커니즘은 생존에 매우 유용했지만, 현대를 살아가는 우리에게 이는 스트레스 반응으로 작용하여 우리의 감정을 위기에 빠뜨릴 수 있다. 오늘날의 급변하는 사회 환경에서 스트레스는 일상적인 경험이 되었다.

만약 리더가 생존에 매달린다면, 역행차단 실험에서 살펴본 것처럼, 편도체가 과잉활성화된 상태에 빠지게 된다. 이는 리더의 판단력을 흐리게 하고, 감정 조절 능력을 저하시켜 결국 자신의 감정에 매몰된 상태가 된다. 이렇게 되면 리더는 더 이상 부하들을 효과적으로 관리할 수 없게 된다.

결과적으로, 리더는 옹졸한 지도자로 전락하게 된다. 옹졸함과 관대함은 극명하게 대비되는 성향이다. 리더의 성향은 그가 이끄는 그룹의 분위기와 성과에 큰 영향을 미친다. 리더가 옹졸함을 나타낼 때, 이는 그의 팔로워들 사이에 불안과 불신을 조성하며, 이는 팀워크를 약화시키고 그룹의 성과에 부정적인 영향을 미친다. 반면, 관대함은 리더가 그룹 내에서 긍정적인 분위기를 조성하고, 구성원들 사이의 신뢰와 협력을 촉진하는 데 중요한 역할을 한다.

우리 역사에서, 세종대왕과 같은 위대한 리더들은 그들의 관대함으로 높이 평가받는다. 세종대왕은 앞에서 살펴본 바와 같이 국민의 삶을 개선하기 위한 여러 정책을 시행했으며, 그의 많은 업적 중에서도 특히 그의 관대함은 크게 칭송받는다. 그의 지혜, 리더십, 그리고 무엇보다 관대함은 그를 우리 역사에서 가장 존경받는 리더 중 하나로 만들었다. 결국, 관대함은 리더가 긍정적인 영향을 미치고 그룹의 지지를 얻기 위한 핵심역량이 되었다.

2) 청렴성(Integrity)

국어사전의 정의에 따르면, 청렴성이란 "성품과 행실이 높고 맑으며, 탐욕이 없는 특성을 가진 사람"을 의미한다. 이러한 청렴성은 시대와 지역을 불문하고, 사회의 지도자나 리더에게 요구되는 가장 중요한 덕목 중 하나로 여겨진다. 이는 공정하고 투명한 결정을 내리며, 일체의 부정과 탐욕으로부터 자유로운 모습을 통해 집단의 신뢰와 존중을 받기 위함이다.

진화론적 관점에서 청렴성을 바라보면, 이는 인간이 사회적 동물로서 집단 내에서 생존하고 번식하기 위해 필요한 속성 중 하나로 자리 잡았다고 볼 수 있다. 인간은 신체적 힘이나 체력 면에서 다른 동물에 비해 열세할 수 있으나, 공동체를 이루고 협력하여 더 큰 문제를 해결하는 능력이 바로 인간을 다른 생물과 구분 짓는 주요한 특징이다. 이러한 공동체 안에서 청렴성은 개인이 집단 내에서 신뢰를 받고, 다른 구성원들과의 관계를 원활하게 유지할 수 있게 만드는 핵심요소로 작용한다.

실제로 역사적으로나 현대 사회에서도 청렴성을 갖춘 지도자는 집단의 결속력을 강화하고, 사회적 문제를 해결하는 데 있어 더 큰 성공을 거두는 것으로 보인다. 청렴한 지도자는 불필요한 분쟁을 줄이고, 사회적 자원을 보다 효율적으로 배분하여 집단의 생존과 번영에 기여하는 것으로 평가된다. 따라서 청렴성은 단순히 개인의 덕목을 넘어서, 집단의 생존과 발전에 필수적인 요소로 인식되어 왔다. 인간이 사회적 집단을 이루고 살 수밖에 없었던 이유를 살펴보면 다음과 같다

첫째, 신체적 조건이 불리하다.

인간은 직립 보행을 하며, 이는 두 다리를 사용하여 걷거나 뛰는 것을 의미한다. 이렇게 걷는 방식은 일상생활에서 많은 장점을 가지고 있지만, 야생에서의 생존 상황에서는 여러 가지 단점으로 작용한다. 예를 들어, 급속하게 도망치거나 공격해야 할 상황이 발생했을 때, 인간의 이동 속도는 네 다리로 빠르게 달릴 수 있는 다른 동물들에 비해 상대적으로 느리다. 또한, 만약 인간이 한쪽 다리에 부상을 입게 되면, 남은 한 다리만으로는 이동하기가 매우 어려워지며, 이는 생존에 큰 위협이 된다. 반면에, 네 다리를 가진 동물들은 한쪽 다리가 다쳐도 나머지 세 다리로 움직이며 생존할 수 있는 능력이 있다.

더 나아가, 인간은 자연에서 만나게 될 수 있는 포식자나 위험으로부터 자신을 방어할 때도 신체적으로 불리한 조건을 가진다. 예를 들면, 많은 동물들은 강력한 이빨, 날카로운 발톱, 뛰어난 근력 등을 이용하여 자신을 방어하거나 공격할 수 있다. 그러나 인간은 이러한 자연적 무기가 부족하고, 대부분의 물

리적 충돌에서 더 강력한 동물에게 밀리게 된다.

이는 인간이 야생에서 직면할 수 있는 다양한 위험에 대응하기 위해 도구나 무기, 전략적 사고 등 다른 방법을 개발해야 하는 이유가 된다. 결국, 이러한 신체적 불리함은 인간이 생존과 진화의 과정에서 지능과 협력, 도구 사용 등 다른 생존 전략을 발전시키는 원동력이 되었다고 볼 수 있다.

둘째, 양육 기간이 길다.

다른 동물들은 자연의 섭리에 따라 태어나자마자 걷거나 달릴 준비가 되어 있으며, 그들의 뇌 구조 역시 탄생과 동시에 거의 완전한 형태로 발달해 있다. 이는 자연 환경에서 살아남기 위한 필수적인 조건으로, 먹이를 찾고, 포식자로부터 도망치며, 복잡하지 않은 사회적 상호작용을 수행하는 데 필요한 기본적인 능력들을 빠르게 습득하게 한다. 반면, 인간의 경우는 상당히 다르다. 인간은 대략 10개월에 달하는 비교적 긴 임신 기간을 거친 후 세상에 나오며, 태어난 직후의 인간아기는 다른 동물들에 비해 훨씬 더 취약한 상태에 있다. 인간아기는 독립적으로 움직이기 시작하는 데 몇 달이 걸리며, 완전히 독립하여 자립할 수 있는 능력을 갖추기까지는 수년이 소요된다.

더욱이, 인간은 다른 동물들과는 달리 미성숙한 상태의 뇌로 태어나며, 이는 인간이 복잡한 언어를 습득하고, 다양한 문화적 배경을 이해하며, 복잡한 사회적 관계를 구축하는 데 필수적인 역할을 한다. 이러한 특성은 인간에게 매우 긴 성장 기간 동안 지속적으로 학습하고, 새로운 기술을 습득하며, 창의적인 해결책을 모색할 수 있는 유연성을 제공한다. 결과적으로, 이러한 인간의 특성들은 인간을 다른 종들과 비교할 때 불리해 보일 수 있으나, 실제로는 인간이 지구상에서 가장 지능적이고 창의적인 종으로 발전할 수 있는 기반이 된다.

인간의 장기적인 성장 과정과 미성숙한 뇌 상태는 복잡한 사회적 구조를 형성하고, 다양한 문화적 가치를 창조하며, 기술적 발전을 가능하게 하는 중요한 요소로 작용한다. 이는 결국 인간이 지구상에서 독특한 위치를 차지하게 만드는 원동력이 되며, 인간의 능력과 잠재력을 발전시키는 근본적인 원리가 된다.

셋째, 혼자 존립하기에는 너무 유약하다.

앞서 언급한 두 가지 이유로 인해 인간은 혼자서 독립적으로 살아가기에는 상당히 약한 동물이다. 첫 번째 이유는 인간의 신체적 능력이 다른 동물들에 비해 상대적으로 약하다. 인간은 뛰어난 체력이나 속도를 갖추고 있지 않으며, 날카로운 이빨이나 발톱과 같은 방어 수단도 없기 때문에 자연 속에서 홀로 생존하기 어렵다. 두 번째 이유는 인간이 혼자서 생존에 필요한 모든 자원을 확보하기 힘들다. 인간은 음식, 물, 주거지 등 생존에 필요한 자원을 효율적으로 관리하고 분배하기 위해 협력이 필요하다.

이러한 인간의 약점을 극복하기 위해 선택한 방법은 두뇌를 발달시키고 사회적 집단을 형성하여 상호 의사소통을 통해 이 약점을 강점으로, 단점을 장점으로 전환하는 것이다. 인간의 두뇌 발달은 복잡한 문제 해결 능력과 창의적 사고를 가능하게 하며, 이를 통해 인간은 도구를 만들고, 농사를 짓고, 건축물을 세우는 등 다양한 생존 기술을 개발할 수 있었다. 또한, 인간은 언어를 통해 복잡한 의사소통을 할 수 있게 되었고, 이를 바탕으로 사회적 규범과 법을 정립하여 집단 내에서 평화와 질서를 유지할 수 있었다. 사회적 집단 내에서의 협력과 분업은 개인이 혼자서는 할 수 없는 일을 가능하게 하여 인간의 생존 가능성을 크게 높였다. 이러한 과정을 통해 인간은 약한 동물이지만, 집단의 힘을 통해 강력한 존재로 거듭나게 되었다.

리더십의 탄생은 생존과 번식이라는 자연선택의 필수적 조건으로 진화되었음을 단적으로 보여주는 설명이다. 혼자 존립하기에 불리한 여건을 가진 인간은 다른 사람과 집단을 이루어 살아가야 하며, 또한 집단을 이루면 반드시 그 집단의 의사결정에 결정적인 역할을 하는 리더가 필요하다. 심리학자들은 인간이 무리를 이루면 어떤 일이 벌어지는가를 관찰하였다. 피섹(Fisek)과 오프셰(Ofshe)가 1970년에 수행한 연구에 따르면, 사람들을 무작위로 3명씩 짝을 지어 59개 집단으로 묶어 관찰한 결과, 흥미롭게도 50%는 1분 안에, 나머지 50%는 5분 안에 서열이 나타났다. 더욱 놀라운 결과는 칼마(Kalma)가 1991년에 수행한 연구에서, 집단 구성원이 다른 구성원들을 그저 바라보기만 하고 한 마디의 말도 하지 않았음에도 불구하고 장래 지위를 정확하게 평가할 수 있었다는 것이다.[25]

이렇게 집단 속에 자연발생적으로 리더가 나타났고 자동적으로 그를 따르는 팔로우십을 발휘했다. 아마 이 책을 읽는 독자들도 경험한 적이 있을 것이다. 등산모임이나 낚시모임 같은 친목단체들이 만들어 질 때, 최초에는 서로 모르는 사람들이 모였더라도 얼마 지나지 않아서 그 집단의 리더가 정해지고 그 후에는 그 집단의 리더를 보완하는 참모가 생긴다는 것을 말이다.

빅맨의 저자들은 "팔로우란? 다른 개인, 즉 리더에게 맞춰 자신의 행동을 설정하고 조정하는 것이다. 이는 자신의 목표는 제쳐놓고 리더의 목표를 따르는 것을 의미한다."고 설명하였다. 자신의 목표를 제쳐놓고 리더를 따르는 것은 투자 또는 비용이라 할 수 있다. 왜냐하면 생존과 번식의 유리한 보상을 얻기 위해 지불하는 것이기 때문이다. 여기서 투자가 자신의 욕망이나 이득을 접어두는 것이라면, 비용은 자신도 예측하지 못하는 또 다른 곤란한 지경에 처하게 될 수도 있음을 의미한다.

간단히 생각해보자. 당신이 사바나 밀림 속에서 살고 있다고 가정해보자. 우거진 수풀 속에는 날카로운 이빨을 감추고 목숨을 노리는 맹수들이 우글거리고, 한 순간만 방심하면 독거미와 코브라, 맹수가 목숨을 빼앗아 갈 것이다. 이런 상황에서 혼자 있는 것이 유리할까?

밀림 속에서 혼자 지내는 것은 매우 위험하다. 맹수들은 항상 사냥감을 찾고 있으며, 작은 소리조차도 그들의 주의를 끌 수 있다. 혼자 있을 경우, 당신이 위험에 처했을 때 도움을 받을 사람도 없고, 자신을 방어해야 할 책임이 전적으로 당신에게 있다. 독거미나 코브라와 같은 독을 가진 생물들은 더욱 큰 위협이 된다. 그들은 눈에 잘 띄지 않기 때문에 쉽게 발견하지 못할 수 있으며, 한 번 물리면 생명이 위태로울 수 있다.

반면에, 여러 사람과 함께 있다면 상황은 달라진다. 서로를 보호하고 감시할 수 있기 때문에 맹수나 독거미의 공격을 미리 감지하고 대처할 수 있는 가능성이 높아진다. 또한, 여러 명이 협력하면 위험한 상황에서 벗어날 전략을 마련하기도 수월해진다. 예를 들어, 한 사람이 맹수를 유인하는 동안 다른 사람이 도망갈 시간을 벌어줄 수 있다. 그리고 누군가가 부상을 입었을 때, 나머지 사람들은 그를 도와줄 수 있다.

따라서, 사바나 밀림과 같은 위험한 환경에서는 혼자 있는 것보다 여러 사람과 함께 있는 것이 훨씬 안전하고 유리하다. 함께 있을 때 생존 확률이 더 높아지며, 서로의 약점을 보완하고 강점을 극대화할 수 있기 때문이다.

찰스 다윈은 일찍이 [인간의 유래]에서 "무리지어 살아감으로써 이득을 얻는 동물들과 마찬가지로 사회를 이뤄 살아가는 것을 좋아하는 개인들은 여러 가지 위협을 효과적으로 피할 수 있다. 반면에 동료를 돌보지 않고 혼자 살아가는 사람들은 대부분 죽음을 맞이하게 될 것이다."라 하였다.[26]

마찬가지로 현대를 살아가는 우리에게도 언제나 위기는 존재하며, 우리가 혼자 살아가지 않고 무리지어 살아가는 것이 유리하다는 사실을 이미 잘 알고 있으며 그 이유는 간단하다. 자연선택은 무리 속에 적응하지 못하는 사람은 우리의 조상이 되기를 용납하지 않았기 때문이다.

안전한 생존과 번식을 위해 리더를 따르며 투자했던 많은 팔로워들은 잘못된 리더 선택으로 인해 추가적인 비용을 지불해야 했을 것이다. 리더가 자신의 가족과 종족만을 위해 먹이를 독점하거나, 동물의 왕국에서 흔히 보듯이 우두머리가 암컷들을 독점하는 것처럼, 자신의 DNA를 퍼뜨리기에 유리한 조건을 만들려고 모든 여성을 차지하려고 한다면, 또는 당신의 존재가 리더의 권력과 지위 유지에 불리하다고 판단해 당신의 목숨을 위협하는 등의 행동을 취한다면 어떤 일이 벌어질까? 예를 들어, 대한민국 전 국민을 심리적 공포 상태로 몰아넣은 세월호 사건과 관련하여 안타까운 상황이 전개되고 있는 시기에 이 글을 쓰고 있다. 앞으로 뉴로리더십 관점에서 이 부분을 다시 조명해 볼 것이다.

이럴 때 원시 조상들의 뇌는 어떤 선택을 하였을까?

우리 뇌에서 생존을 위한 위험으로부터 생명을 보호하려는 본능적 능력을 가진 편도체는 진화의 과정에서 생존에 불리한 두려움과 공포에 반응하는 능력을 유전자 속에 숨겨 놓고 최후의 순간에 대비한다. 그래서 우리가 생존에 위협을 느끼는 상황이 되면 본능적으로 발화하면서 대응하는 잠재적 능력을 가진 것이다.

당신(팔로우)이 여러 번 주식 투자에서 실패를 하였다면 다시는 주식 투자를 하지 않거나 아니면 투자 방법을 바꿔서 할 것이다. 그리고 지금까지 자신이 따르던 펀드매니저(리더)를 더 이상 따르지 않을 것이고 그의 전략을 신뢰하지 않을 것이다.

　펀드매니저(리더)의 입장에서는 어떨까? 자신이 생존하고 후손들의 번성을 위해서는 펀딩 방법(리더십)을 바꾸거나, 직업을 바꿀(리더이기를 포기하는) 수 밖에 없을 것이다. 그러나 만약 투자자들을 계속해서 속이거나 반복적인 실수를 한다면 그는 그 시장(조직)에서 퇴출될 것이다.

　우리가 선출직 지도자를 뽑을 때마다 그 사람이 재산을 어떻게 형성했는가에 초미의 관심을 갖는 이유도 재산 형성 과정이 "청렴성"을 평가할 수 있는 기준이 되기 때문이다. 우리가 흔히 그 지도자를 또는 그 리더를 신뢰할 때 무엇으로 그 사실을 확인할 수 있을까? "많은 부를 형성했기 때문에," "아주 탁월한 지적 능력을 가졌기 때문에," 또는 "최고의 국가 권력 기관에 소속되었기 때문"에 그를 지지할까? 선택은 주관적이다. 그러나 선택의 결과는 모든 팔로우에게 영향을 미친다. 그래서 리더를 평가하는 수단으로 그가 재산을 축적하는 과정이 얼마나 투명했는가? 그리고 권력을 형성하는 과정에서 지위나 권한을 남용하지 않았는가? 등을 따져 보는 것이다. 국민 검사로 추앙받던 총리 후보가 6일 만에 총리 후보직에서 사퇴하고 말았다. 그 이유는 5개월 만에 16억 원을 벌었다는 것이 문제가 되었기 때문이다. 비록 국민들로부터 존경받던 사람이었지만, 전관예우라는 치명적인 약점이 드러나면서 총리 후보뿐만 아니라 나라의 미래에 대한 모든 꿈을 접어야했다. 그 이유는 너무나 명백하다. 청렴성에서 심각한 흠결이 발견된 것이다.

　고사성어에 중취독성(衆醉獨醒)이라는 사자성어가 있다. 이 고사는 세상 모든 사람이 불의와 부정을 저질러도 홀로 자신의 덕성을 지키는 고결한 사람을 뜻하는데, 전국시대 초나라 시인 굴원이 무고를 당해 관직에서 쫓겨나 쓴 '어부사'에 이런 구절이 나온다.

"세상 사람들이 모두 혼탁한데 나만 오직 맑고, 뭇사람이 술에 취해 있는데 나만 홀로 깨어 있어 그들이 나를 추방했다(擧世皆濁 我獨淸 衆人皆醉 我獨醒 是以見放)"[27]라는 말에서 볼 수 있듯이 리더가 청렴성을 유지하기란 쉽지 않지만, 진화의 과정에서 팔로우들은 본능적으로 청렴한 리더를 요구한다. 앞에서 살펴보았듯이 내 이웃이 부정한 방법으로 또는 욕심에 근거하여 많은 부를 축적하는 것을 용납하지 않는 이유와 일맥상통한다.

기업이 생산하는 제품이 고객으로부터 신뢰를 얻지 못하면 그 사업은 성공할 수 없다. 그 집단이 구성원으로부터 신뢰를 얻으려면 리더의 덕목 중의 하나인 청렴성을 어느 정도 지니고 있는지를 따져 볼 것이다.

하버드 비즈니스 리뷰지의 최근호에 실린 "미국인의 80%는 기업체의 경영진을 신뢰하지 않았고, 설상가상으로 기업체 중간 관리자의 절반 정도는 자신의 상사를 믿지 않는다고 하였다. 기업은 인수합병, 구조조정, 세계화에 따른 조직의 변화가 가속화되었지만, 오늘날에는 그 전 세대에 존재하지 않았던 신뢰의 위기가 발생하고 있다."[28]라는 논문의 내용을 통해서도 이러한 사실을 알 수 있다.

앞 장에서 설명하였듯이 뇌는 생존과 번식을 위하여 진화된 도구라 했다. 사실 뇌가 인지하는 생존과 번식을 위한 메커니즘은 아주 간단하다. 유기체인 생명체가 "존재하느냐, 도태되느냐"라는 결정적인 순간에 자연선택은 생존을 위한 두 가지 메커니즘을 가지게 되었다. "위협"인가 "안전"인가이다. 위협을 느낄 때, 이미 뇌에서는 잠재적으로 그 위협에 반응하게 세팅되어 있다. 설명한 바와 같이 팔로우가 집단 속에 자신을 투자할 때는 다양한 비용을 감수하고 투자하였기 때문에 "생존"이라는 보상을 얻지 못하면 "위협 반응"으로 자동 인식하는 것이다. 팔로우는 리더에게 요구하는 조건이 지켜질 것이라고 믿고 협력하지만, 그 믿음이 위협 요인으로 작용하게 되면 뇌에서는 편도체가 과잉 활성화(위협탐지)되고, 상대로부터 혐오감을 느낄 때 발화하는 뇌 섬엽과 오류 탐지기인 전대 상회(ACC; 예견, 동기유발, 정서적인 반응을 조율하는 역할)가 과잉 활성화 된다. 쉽게 설명해서 상대방에 대한 신뢰가 깨어지면 그 사실을 위협 요인으로 인식하여 편도체가 과잉 활성화되고 뇌 섬엽[29]에서는 혐오스러운 대상으로 인식하면서 잘못되었다는 오류를 탐지하며, 전두엽에서는 위협에서 벗어날 언어와 행동을 요구한다고 볼 수 있다.

반면, 상대방으로부터 신뢰를 얻게 되면, 우리의 뇌는 어떠한 반응을 보일까? 이는 상대방의 의도와 그 진정성을 판단할 때 중요한 역할을 하는 엽대상피질(Paracingulate cortex)이 활성화되면서 시작된다. 이 부위는 상대방이 표현하는 말과 행동 속에서 진정으로 리더로서의 신뢰할 수 있는 청렴성이 있는지를 탐지하는 데 중심적인 역할을 한다. 신뢰가 형성되면, 이는 우리의 보상 시스템에 긍정적인 영향을 미치게 된다. 이때 보상센터라 할 수 있는 복측피개영역(VTA; Ventral Tegmental Area)과 중격핵(Septal Area)이 활성화되어, 우리의 뇌는 긍정적인 감정과 반응을 경험하게 된다. 또한, 이 과정은 배외측전전두엽(DLPFC; Dorsolateral prefrontal cortex)에도 영향을 미쳐, 신뢰에 따른 긍정적인 반응과 행동을 유도하게 된다. 실제로, 이러한 뇌의 활동은 대부분 자동적으로 일어나며, 우리가 의식적으로 노력하지 않아도 자연스럽게 발생한다.

이러한 뇌 과학의 이해는 사회적 상호작용, 특히 정부와 그 구성원 간의 관계에서도 중요한 통찰을 제공한다. 예를 들어, 정부에서 관료를 뽑을 때나 그 관료가 부정과 부패로 인해 신뢰를 잃게 될 때, 유권자나 일반 대중이 분개하고 실망하는 이유는 단순히 도덕적 분노에 기반한 것만이 아니다. 이는 우리의 뇌가 생존 메커니즘의 일환으로 인식하는 위협 반응의 결과이기도 하다.

즉, 우리의 뇌는 신뢰를 바탕으로 한 안정적인 사회적 환경이 생존과 직결된다고 인식하므로, 이러한 환경이 위협받을 때 강한 반응을 보이는 것이다. 따라서, 신뢰의 형성과 유지는 단순히 개인적인 차원을 넘어 사회적 안정성과 직결되는 중대한 요소임을 알 수 있다.

3) 비전(Vision)

비전 즉, 희망 이야기는 '판도라의 상자' 이야기로 시작해보자. 헤시오도스는 B.C. 8세기 말 호메로스와 함께 그리스 대표 서사 시인으로, 실존 인물이었다. 판도라 이야기는 프로메테우스와 제우스 간의 싸움에서 나온다. 프로메테우스는 인간을 위해 제우스에 맞서 불과 기술을 전달했고, 이로 인해 제우스의 분노를 샀다. 제우스는 인류에게 불을 준 대가로 판도라라는 아름다운 처녀를 만들어 재앙을 가져왔다. 판도라는 에피메테우스에게 보내졌고, 호기심에 항아리를 열어 재앙을 퍼뜨렸지만 희망만 남겼다. 이러한 배경을 가진 판도라 이야기는 인간의 재앙과 희망에 대한 고대 그리스의 탐구를 담고 있다. 판도라의 상자 이야기는 단순한 신화를 넘어 신경과학적으로 매우 중요한 의미를 가진다. 이 이야기에서 다양한 불행과 고통이 상자에서 풀려나오지만, 결국에는 희망만 남겨진다. 이 설정은 인간의 심리적, 정서적 안녕에 대한 깊은 통찰을 제공한다. 상자 속에 생존 수단으로서 희망을 남겨 둔 것은, 수많은 고통과 어려움에 직면해도 인간이 계속해서 버티고 살아갈 수 있는 힘을 상징적으로 표현한 것이다. 이는 인간이 인간답게 살아갈 수 있는 필수적인 도구를 제공한 것이다. 이것은 신경과학적 관점에서도 매우 중요하다. 왜냐하면,

희망이라는 감정이 우리의 뇌에 긍정적인 변화를 가져와 어려움을 극복하고 더 나은 미래를 향해 나아갈 수 있게 하는 기반이 되기 때문이다.

희망은 단지 긍정적인 생각 이상이다. 희망은 어려움을 극복하기 위한 내적 동기를 제공하고, 우리의 심리적 탄력성을 강화한다. 신경과학 연구에 따르면, 희망을 가짐으로써 우리는 스트레스를 더 잘 관리하고, 감정적 안정성을 유지하며, 심지어 우리의 뇌 기능을 향상시킬 수 있다. 따라서, 판도라의 상자 이야기는 오랜 시간 동안 인류에게 전해져 내려오며, 우리에게 희망의 중요성과 근본적인 진리를 가르친다.

인간의 뇌는 희망이라는 감정에 대해 어떤 특별한 반응을 보일까? 고대 그리스 신화 속에서 판도라가 호기심에 못 이겨 상자를 열었을 때, 그 안에서 불어닥친 두려움, 공포, 불안, 질병, 질투, 증오와 같은 수많은 재앙들이 인간의 뇌에서 어떤 반응을 일으키는지 설명해 줄 수 있다. 이러한 부정적인 감정들은 주로 뇌의 편도체에서 발생하는 생존을 위한 반응과 연결되어 있다. 편도체는 우리가 위험을 감지했을 때, 신속하게 반응하도록 만드는 무의식적인 영역이다. 반면, 판도라의 상자 속에서 마지막으로 남아 있던 희망은 우리에게 쾌락, 기쁨, 만족, 충족감, 행복과 같은 긍정적인 감정을 선사한다. 이런 긍정적인 감정들은 뇌의 보상 시스템, 즉 대뇌 기저부에 깊숙이 위치한 부분과 밀접한 관련이 있다. 이 보상 시스템은 편도체보다 훨씬 오래전부터 인간의 뇌에 존재해 왔으며, 우리가 긍정적인 경험을 할 때 활성화되어 쾌감을 느끼게 한다. 따라서, 희망과 같은 긍정적인 감정은 우리를 지배하는 두려움과 공포와 같은 부정적인 감정들보다 훨씬 더 근본적이고 기본적인 반응이라고 볼 수 있다. 이는 인간이 본질적으로 추구하는 긍정성과 행복을 향한 내재된 경향성을 반영한다고 할 수 있다. 결국, 희망은 우리의 뇌가 자연스럽게 추구하는 긍정적

인 상태로, 인간이 직면한 어려움과 고난을 극복할 수 있는 힘을 제공한다.[30]

뇌의 입장에서 긍정과 부정은 생존을 위한 도구로 존재한다. 인간의 뇌는 본능적으로 생존을 최우선으로 하기 때문에, 부정적인 감정은 이미 판도라의 상자에서 튀어나온 상태라서 특별히 노력하지 않아도 자동적으로 반응하게 된다. 이러한 부정적인 감정은 위험을 피하고 위협에 대응하는 데 중요한 역할을 한다. 반면, 판도라의 상자에 남아 있는 희망은 자동반응이긴 하지만, 상당한 노력을 통해서만 얻을 수 있는 결과물이다. 이는 긍정적인 감정이 뇌의 보상시스템을 자극하여 더 나은 미래를 위해 현재의 어려움을 극복하도록 돕는 역할을 한다.

리더가 비전을 제시하는 것은 희망을 통해 뇌의 보상시스템을 자극하는 것이다. 이는 조직 구성원들이 어려운 상황에서도 동기부여를 받고, 더 나은 미래를 위해 현재의 어려움을 극복하려는 의지를 갖도록 돕는다. 반면, 리더가 위협적인 언행을 하는 것은 편도체의 공포와 도피 반응을 자극하는 것이다. 이는 구성원들이 불안과 두려움을 느끼게 하여, 단기적으로는 즉각적인 행동 변화를 유도할 수 있지만 장기적으로는 스트레스와 불안감을 증가시켜 조직의 생산성을 떨어뜨릴 수 있다.

예를 들어, 반쯤 물이 들어있는 컵을 보았을 때, 희망을 가진 낙관적인 리더는 "물이 반이나 남아 있네!"라고 할 것이다. 리더의 긍정적인 시각은 구성원들에게 희망과 동기부여를 제공하여 더 나은 성과를 이끌어낼 수 있다. 긍정적인 리더는 "물이 아직 반이나 남았어!"라며 희망적인 메시지를 전달할 것이다. 반면, 비관적인 리더는 "물이 반밖에 없잖아!"라고 불평할 것이다. 이러한 부정적인 시각은 구성원들에게 불안과 스트레스를 유발하여 조직의 분위기를 악화시킬 수 있다. 비관적인 리더의 부정적인 언행은 조직 내에서 사기 저하를 일으키며, 구성원들의 창의성과 생산성을 떨어뜨릴 가능성이 크다. 따라서 리더는 긍정적인 비전을 제시하여 구성원들의 뇌의 보상시스템을 자극하고, 부정적인 언행을 자제하여 편도체의 공포 반응을 최소화하는 것이 중요하다. 긍정적인 비전은 구성원들에게 미래에 대한 희망을 심어주고, 그들이 더 열심히 일할 수 있는 동기를 부여한다. 과학자들의 연구에 따르면 정서적 감정의 70%는 부정적 감정이고 긍정적 정서적 반응은 단지 20%에 불과하며 10%는 중립적인 감정이라고 한다. 즉, 대부분의 경우 부정적 정서적 반응이 지배적이라는 것이다. 이는 리더가 긍정적인 시각을 유지하는 것이 얼마나 중요한지를 잘 보여준다.

따라서 리더는 긍정적인 마인드셋을 갖추고, 구성원들에게 희망과 동기를 제공하는 것이 중요하다. 이를 통해 조직 전체의 분위기와 성과를 향상시킬 수 있을 것이다. 긍정적인 마인드셋은 단순히 좋은 기분을 유지하는 것을 넘어서, 구성원들의 창의성과 협력 정신을 고취시키는 데 중요한 역할을 한다. 리더의 긍정적인 태도는 구성원들이 어려운 상황에서도 포기하지 않고, 문제를 해결하려는 의지를 가지게 만들 수 있다. 이러한 환경에서는 구성원들이 더욱 자발적으로 참여하고, 자신의 역량을 최대한 발휘할 수 있게 된다. 결과적으로, 긍정적인 리더는 조직의 성공을 이끄는 중요한 요소가 될 수 있다.

심리학의 깊은 연구와 이론을 통해 우리는 사람의 행동과 마음을 변화시키려는 다양한 전략이 실제로는 그리 효과적이지 않다는 것을 알 수 있다. 특히, 설교나 설득, 지시와 명령을 통한 방법, 심지어 강압이나 강박, 그리고 회유나 협박 같은 전술들이 사람들의 심리에 깊이 영향을 미치기보다는 오히려 거부감을 불러일으킬 수 있다는 점이 강조된다. 이러한 방법들은 잠시 동안은 효과를 보일 수도 있으나, 장기적인 변화를 이끌어내기에는 부족하다는 것이 중론이다. 반면에, 심리학은 인간이 자신의 감정을 이해하고, 그 감정에 대해 공감 받으며, 이를 받아들이는 과정을 통해 진정한 동기부여가 발생하고, 이로 인해 실질적인 변화가 가능하다고 본다. 자기자신의 내면을 깊이 들여다보고, 이해하는 것이 변화의 첫걸음이 되는 것이다. 이 과정은 개인이 스스로 자신의 감정과 생각에 대해 성찰하고, 이를 바탕으로 변화를 추구하게 만든다.

이러한 이론은 제가 30년간 기업 교육 현장에서 목격하고 경험한 바와도 일치한다. 조직 내에서 불안 요소가 증가하면, 노사 간의 갈등이 증가하는 경향이 있다. 이는 불확실성과 불안정이 사람들의 심리에 부정적인 영향을 미치기 때문이다. 하지만, 기업이 분명한 비전과 희망을 제시할 때, 직원들은 긍정적인 변화의 동기를 발견하게 되고, 이는 노사 간의 갈등 해결에도 긍정적인 영향을 미친다. 분명한 목표와 비전은 사람들에게 방향성을 제시하고, 동기부여를 촉진시키며, 결국 조직 전체의 긍정적인 변화를 이끌어낸다는 것을 실제로 확인할 수 있었다.

"희망과 낙관주의는 성공을 향한 항해를 계속할 수 있도록 도와주는 필수적인 뇌의 조정 장치이다."[31] 희망과 낙관주의는 우리가 목표를 달성하고 성공을 이루기 위해 필수적인 역할을 한다. 희망은 어려운 상황에서도 포기하지 않게 해주며, 낙관주의는 긍정적인 마음가짐을 유지하게 한다. 이 두 가지 요소는 우리의 정신적 건강을 지탱해주고, 어려운 상황에서도 계속 나아가게 하는 힘을 준다. 희망과 낙관주의는 단순히 긍정적인 생각을 하는 것 이상이다.

그것은 우리가 더 나은 미래를 상상하고, 그 미래를 현실로 만들기 위해 필요한 행동을 취하게 하는 동기부여의 원천이다. 예를 들어, 희망은 실패를 경험했을 때도 다시 일어설 수 있는 용기를 준다. 한편, 낙관주의는 매 순간을 긍정적으로 바라볼 수 있는 능력을 길러준다.

사람들이 희망을 가지면, 그들은 더 큰 문제를 해결할 수 있는 능력을 갖게 된다. 낙관주의는 스트레스와 불안을 줄여주어, 우리가 더 창의적이고 효과적으로 문제를 해결할 수 있게 도와준다. 이러한 조정 장치는 우리의 뇌가 어려움 속에서도 기능을 최적화할 수 있도록 해준다. 따라서, 희망과 낙관주의는 우리의 성공을 향한 여정에서 필수적인 도구로 작용한다. 이는 단순한 감정이 아니라, 우리가 더 나은 삶을 살아가기 위해 반드시 필요한 정신적 자원이다. 리더가 불안하고 비관적이면 팔로우에 대응할 때 고통에 초점을 맞추기 때문에 편도체를 과잉 활성화시켜서 결과적으로 생산성이 급격히 떨어지고 두려움과 공포에 반응하여 스트레스에 노출시켜 조직의 갈등을 심각하게 만든다.

CW대학교 차세대 리더십 교육(2013.10 ~ 2013.12, 2014.8 ~ 2014.11, 2015.4 ~ 2015.6)에서 실시한 사전 검사에서는 "활성지수가 부정적이고 정서지수가 우울한 상태"가 전체 통계에서 지배적이었는데, 사후 검사에서는 "활성지수가 긍정적이고 정서지수가 명랑"으로 나타났다. 이는 교육 결과의 전체적인 분위기를 반영하는 것이다.

심리학은 지금까지 부정적인 정서에 초점을 맞추어 연구와 임상실험을 진행하면서 발전해 왔다. 그러나 미국심리학회 회장을 역임하고 긍정심리학을 창시한 마틴 셀리그만(Martin E. P. Seligman)은 21세기에는 긍정심리학이 인간의 마음을 변화시킬 것이라고 장담하고 있다. 이는 무관하지 않은 현상일 것이다.

과학적 리더십의 저자인 스리니바산(Srinivasan S. Pillay)의 말을 빌려보자. "긍정적인 기분일 때 사람들은 통찰력과 창의성을 필요로 하는 문제를 더잘 푼다. 최근 한 연구에 따르면, 긍정적 기분은 문제를 풀기 전 단계에서 분석력과 통찰력을 증진하는 쪽으로 뇌를 자극한다. 특히 긍정적 기분은 준비

단계에서 전대상회를 자극했고, 그 결과 주의력, 통찰력, 문제 해결 능력이 향상되었다."

이처럼 긍정적인 기분과 정서가 우리의 문제 해결 능력과 창의성에 미치는 영향은 매우 크다. CW대학교 차세대 리더십 교육의 결과도 이러한 긍정심리학의 원리를 잘 반영하고 있다.

필자는 "칭찬은 뇌를 춤추게 한다"라는 주제로 세미나에서 많은 강의를 한다. 한 가지 사례로 EBS 방송에서 실험한 흥미로운 동영상을 소개한다. 실험자들은 몰래카메라를 설치하고 엄마와 아이 7쌍을 대상으로 실험을 진행했다. 엄마가 아이에게 긍정적인 말을 할 때와 부정적인 말을 할 때 아이들이 어떻게 행동하는지를 관찰했다. 실험 내용은 이렇다. 아이는 눈을 가린 상태에서 엄마의 지시에 따라 바구니에 공을 넣으면 된다. 실험 결과, 엄마의 지시 내용은 두 가지로 나뉘었다. 5개 팀의 엄마들은 "잘했어!", "그래, 잘하는군!", "음, 맞아! 그렇게 하면 돼!", "오! 잘했어!" 등의 긍정적인 말을 했고, 2개 팀의 엄마들은 "아니야!", "그렇게 하면 안 돼!", "아니야! 아니! 아니! 아니라니까?" 등의 부정적인 말을 반복했다. 결과는 어땠을까? 긍정적인 말을 들은 아이들은 평균 12개의 공을 넣었고, 부정적인 말을 들은 아이들은 평균 7개의 공을 넣었다. 어떻게 이런 결과가 나왔을까? [32]

2005년 미국 하버드 대학 스트라우스(Strauss)박사의 연구에 의하면 화내는 얼굴을 볼 때 실험 참가자들의 뇌에서는 역겨움의 중추인 뇌 섬엽과 상호작용 중추인 안쪽 전두엽, 기억 중추인 해마, 그리고 다른 여러 변연계 구조 등에서 다양한 활성이 일어났다. 만약 일상에서 화내는 얼굴 모습과 야단치는 소리를 자주 듣는다면 갈등조정의 아래쪽 전두엽과 역겨움의 뇌 섬엽, 상호작용의 안쪽 전두엽과 기타의 정서 및 기억중추 등이 총동원되어 뇌를 더욱 부정적이고 복잡하게 만든다.[33] 조직 내에서 상사로부터 꾸지람을 듣게 되는 순간, 많은 사람들이 머리가 복잡해지고 호흡이 가빠지며 얼굴이 붉어지는 현상을 경험한다. 이는 뇌의 특정 반응에서 기인하는 것으로, 상황에 대한 스트레스가 뇌에 미치는 영향 때문이다. 이러한 현상은 아이들에게도 마찬가지로 나타난다. 예를 들어, 평균적으로 12개의 공을 넣은 아이들이 엄마로부터 "잘했어!"라는 긍정적인 반응을 받을 때, 뇌의 배외측전전두엽이 활성화되어 아이들의 주의집중력이 향상되고 전두엽의 운동중추가 자극받아 더욱 안정적이고 정확한 행동을 보일 수 있게 된다. 이는 긍정적인 피드백이 아이들의 뇌에 미치는 긍정적인 영향을 보여준다.

반면, 부정적인 말을 자주 듣는 아이들은 감정적으로 복잡해지고, 이는 스트라우스 박사의 연구에서도 확인된다. 기업 환경에서도 비슷한 현상이 관찰되는데, 리더인 부서장이나 CEO가 직원들의 능력을 과소평가하고 부정적인 메시지를 반복해서 전달하면, 처음에는 직원들의 뇌에서 편도체가 과잉 활성화되어 강한 스트레스 반응을 보인다.

그러나 이러한 부정적인 상황이 지속되면, 뇌의 다양한 부분에서 부정적인 정서가 반영되어 결과적으로 조직 전체가 위기 상황으로 몰릴 수 있다. 이에 반하여, 리더가 긍정적인 비전을 제시하며 희망의 메시지를 전달할 때, 직원들의 뇌에서는 긍정센터인 보상회로가 자극을 받게 되고, 이는 조직의 활성화로 이어져 긍정적인 변화를 가져올 수 있다. 따라서, 리더의 긍정적인 피드백과 비전 제시는 개인뿐만 아니라 조직 전체의 성과에도 큰 영향을 미친다.

4) 공정성(Equitable)

　세월호 사건과 칠레 광부 구출 사건은 극명한 대조를 이루는 사건들이다. 2014년 발생한 세월호 참사는 한국 사회에 큰 슬픔과 분노를 불러일으켰다. 당시 선장은 침몰하는 배에서 자신만 구하려 달아났고, 이로 인해 304명의 무고한 생명이 희생되었다. 반면, 2010년 칠레에서 발생한 광부 구출 사건은 인간의 끈기와 희망을 보여주었다. 지하 700미터 깊이에 갇힌 광부 33명이 69일 동안 생존해야 했지만, 구조 작업 끝에 모두 무사히 구출되었다.

　이처럼 두 사건은 인간이 처한 상황에 따라 극단적인 결과를 낳을 수 있음을 보여준다. 칠레 광부 구출 사건의 주인공인 루이스 우르수아는 영웅적인 리더십을 발휘했다. 그는 30년 경력의 베테랑 광부이자 작업반장으로, 어둠 속에 고립된 상황에서도 광부들을 안정적으로 이끌며 죽음의 공포를 극복했다. 우르수아는 구출될 때까지 마지막 생존자로서, 자신의 안위보다 동료들의 생명을 우선시하는 모습을 보여주었다.

　우르수아의 리더십은 단순히 분열을 막는 것에 그치지 않았다. 그는 식량 배분에서도 공정성을 지켰고, 이는 광부들에게 희망과 단결력을 불러일으켰다. 또한 그는 유머를 잃지 않고 동료들을 격려하며, 어려운 상황 속에서도 광부들에게 큰 힘이 되었다.

　이처럼 두 사건은 리더십, 단결력, 그리고 포기하지 않는 의지가 얼마나 중요한지를 보여준다. 세월호 참사는 깊은 슬픔을 남겼지만, 칠레 광부 구출 사건은 희망과 용기, 인간의 놀라운 생명력을 일깨워주었다. 이 두 사건은 우리에게 큰 교훈을 남기며, 인간의 끈기와 희망에 대한 믿음을 다시 한번 확인시켜 준다.

　최근 신경과학자들의 연구에 따르면, 같은 액수를 받더라도 불공정하게 받는 사람보다 공정하게 받는 사람의 행복감 척도가 더 높았다. 다른 연구에서는 일정한 돈을 나누어 줄 때, 다른 사람이 자신에게 지불할 돈을 결정하는 경우 불공정하게 분배되면 오히려 참가자가 거절한다는 사실도 밝혀졌다. 공정한 보상이 이루어질 때는 뇌의 보상센터가 활성화되지만, 불공평한 대우를 받을 때는 뇌섬엽(혐오중추)이 활성화된다는 연구 결과가 있다. 불공정한 처우를 받으면 뇌는 그것을 고통으로 느끼고 그 당사자를 혐오의 대상으로 인식한다.

기업 오너가 가족이나 친인척에게 더 많은 혜택을 주고 다른 직원들에게는 상대적으로 불공정한 대우를 할 때, 이는 직원들의 뇌에서 특정한 반응을 일으킨다. 구체적으로 뇌의 편도체가 활성화되면서 오너에 대한 혐오감이 촉발되고, 이는 뇌섬엽에서 처리되어 직원들 사이에 불만과 불신을 조성한다. 이런 혐오감은 단순한 기분의 문제를 넘어, 조직 내 협력 저하와 생산성 저하로 이어진다.

반대로, 리더가 모든 직원들에게 공정하고 균등하게 대우하며, 그들의 노고를 인정할 때, 이는 뇌의 보상 센터인 중뇌를 자극한다. 이로 인해 직원들은 긍정적인 감정을 경험하고, 이는 다시 동기 부여로 이어져 업무에 더욱 몰입하게 만든다. 공정한 대우는 직원들 사이에서 신뢰와 협력을 증진시키며, 이는 전체 조직의 생산성과 창의성을 높이는 주요 요소로 작용한다.

리더가 조직 구성원들 사이에서 신뢰를 잃고 교묘하게 속이는 행위를 할 수는 있지만, 이러한 행위가 장기적으로 지속되는 것은 불가능하다. 이는 인간의 뇌 구조 중 특히 거울뉴런이라 불리는 부분이 불공정하거나 비윤리적인 행위를 본능적으로 감지하고 그에 반응하는 능력을 가지고 있기 때문이다. 이러한 불공정한 상황에 직면했을 때, 구성원들은 내적으로 불편함을 느끼며, 이는 결국 조직에 대한 충성심과 생산성의 저하로 이어진다.

5) 외교력(Diplomacy)

하워드 가드너는 전통적인 지능의 정의를 넘어서는 새로운 시각을 제시했다. 그는 인간의 지능이 단일 차원의 것이 아니라, 다양한 유형으로 나눌 수 있다고 주장했다. 이에 따라 그는 다중지능이론을 창시하며, 인간의 지능을 8가지 유형으로 구분했다. 이 이론은 교육학, 심리학, 인간발달 분야에 큰 영향을 미쳤으며, 개인의 잠재력을 이해하고 발전시키는 데 중요한 기여를 했다.

가드너가 제시한 8가지 지능 유형에는 언어지능, 논리-수학지능, 공간지능, 음악지능, 신체-운동지능, 대인관계지능, 자기성찰지능, 그리고 자연탐구지능이 포함된다. 이러한 구분은 개인이 각자 고유의 방식으로 세상을 이해하고, 문제를 해결하며, 창조적으로 생각하고 표현한다는 가드너의 신념을 반영한다. 또한, 이 이론은 모든 사람이 갖고 있는 다양한 재능과 지능을 인정하며, 전통적인 IQ 테스트가 측정하지 못하는 다양한 능력의 가치를 강조한다.

가드너의 다중지능이론은 교육 현장에도 큰 변화를 가져왔다. 이 이론을 바탕으로 한 교육 접근법은 학생들이 자신의 강점을 발견하고, 다양한 방식으로 학습할 수 있도록 격려한다. 이는 학생들이 개인의 흥미와 재능을 탐색하며, 자신감을 키우고, 더욱 효과적으로 학습할 수 있는 환경을 제공한다. 결국, 하워드 가드너의 다중지능이론은 인간의 복잡하고 다양한 지능을 이해하는 새로운 창을 열었으며, 개인의 다양한 능력을 발전시키고 존중하는 교육과 사회를 만드는 데 기여하고 있다

인간의 존재는 고립된 상태에서 상상하기 어렵다. 우리는 수천 년 동안 다양한 사회 구조와 문화 속에서 함께 살아오고 발전해왔으며, 그룹 간의 경쟁은 인간진화의 핵심동력 중 하나가 되었다. 이러한 경쟁 속에서도 일부 리더들은 극단적인 수단인 전쟁을 피하면서 긍정적인 상호 작용을 촉진하고 상호 유익

한 관계를 형성하는 능력을 보여주었다.

 이 리더들은 그룹을 통합하고 이끄는 데 있어서 탁월한 사회적 지능을 발휘했다. 사회적 지능은 개인이 사회적 상황에서 효과적으로 기능하는 능력을 말한다. 하워드 가드너는 이를 '대인 관계 지능'이라고 부르며, 공감, 조율, 영향, 타인에 대한 관심이 그 핵심요소다. 에드워드 손다이크는 사회적 지능을 "인간관계에서 현명하게 행동하는 능력"이라고 구체적으로 정의했다. 또한, 칼 알브레히트는 사회적 지능을 타인과 협력하고 함께 살아가는 능력으로 해석하며, 상황 인식, 침착성, 진솔성, 명료성, 공감이 그 핵심구성 요소라고 보았다. 이 개념들은 "과학적 리더십"이라는 책의 76페이지에서도 자세히 다루어지며, 사회적 지능이 리더십과 밀접하게 관련되어 있음을 설명한다.

 앞으로 이 주제에 대한 논의는 더욱 심화될 것으로 예상된다. 개인의 성공뿐만 아니라 집단의 조화롭고 지속 가능한 발전을 위해서도 사회적 지능의 중요성이 점점 더 인식되고 있다. 이를 통해 우리는 인간관계를 풍요롭게 하고, 갈등을 해결하며, 더 나은 사회를 구축하는 데 필요한 지혜와 기술을 개발할 수 있다.

 반면에, 자기관리 능력, 추리력, 지능 등이 뛰어나지만 기본적인 사회적 기술이 부족한 C급 관리자들은 결국 해고되는 경우가 많았다. 이는 개인의 전문적인 능력이 뛰어나더라도 사회적 상호작용 능력이 부족하면 팀과 조직 내에서 원활하게 기능할 수 없다는 것을 의미한다. 골먼의 연구는 사회적 지능의 중요성을 강조하며, 이것이 개인의 성공뿐만 아니라 조직의 성공에도 핵심적인 역할을 한다는 것을 보여준다.[34]

 빅맨의 저자들은 사람들이 타인과의 관계에서 자신과 더 밀접한 관계를 맺고 있는 사람을 선호하는지를 탐구하기 위해 흥미로운 실험을 기획했다. 이 실험의 설계는 간단했지만, 그 결과는 인간의 사회적 선호와 행동에 대해 많은 것을 밝혀냈다. 실험은 네 명의 학생들을 대상으로 진행되었다. 각 학생은 독립된 부스에 앉혀졌고, 시작과 동시에 각자에게 5파운드씩이 주어졌다.

연구진은 학생들에게 이 돈을 자유롭게 사용하거나, 원한다면 일부를 그룹의 공동 자금으로 기부할 수 있다고 설명했다. 그룹 자금이 12파운드에 도달하면, 주최 측에서 그 금액을 두 배로 증액해 참가자 전원에게 공평하게 분배할 계획이었다.

이메일을 통한 소통이 가능하도록 함으로써 학생들은 서로 협력하여 누가 얼마나 기부할지 계획할 수 있었다. 그러나 한 학생이 자신이 기부한 금액을 과장 보고하면서 다른 학생들을 속여 더 많은 기부를 유도하면서 문제가 발생했다. 이로 인해 그룹은 목표 금액인 12파운드를 모으는 데 실패했다. 학생들 사이에서는 서로의 기부 액수에 대한 거짓말이 시작되었고, 결국 이러한 불신의 분위기 속에서 아무도 목표 금액을 달성하지 못했다.

이어진 실험에서 연구자들은 참가자들에게 그룹에 새로운 멤버를 추가할 수 있는 기회를 제공했다. 선택 가능한 인물은 두 명이었는데, 하나는 과거에 그룹 목표 달성에 성공한 경험이 있는 A였고, 다른 하나는 참가자들과 같은 대학 출신인 B였다. 논리적으로는 A를 선택하는 것이 그룹에 더 큰 이득이 되었겠지만, 참가자들은 대부분 B를 선택했다. 이유는 B가 자신들과 동일한 대학 출신이라는 점에서 더 친근감을 느꼈기 때문이다. 이러한 선택은 사람들이 실용적인 이득보다는 자신과 더 깊은 유대감을 느낄 수 있는 인간관계를 선호한다는 것을 보여준다. 이 실험은 인간의 사회적 선호가 어떻게 작용하는지에 대한 흥미로운 통찰을 제공하며, 우리가 타인과의 관계를 형성할 때 어떤 요소를 중시하는지에 대해 깊이 있는 이해를 가능하게 한다.

독일 율리히 연구센터에서 활동하는 쉴 바흐 박사(Shall Bach)와 그의 연구팀은 2006년에 신경심리학 분야에서 중요한 연구를 수행했다. 이들은 가상 환경 속에서 아바타와의 대화가 뇌의 어느 부분을 활성화시키는지 깊이 있게 조사했다. 그 과정에서 매우 흥미로운 발견을 했는데, 바로 사회적 상호작용의 중심지로 안쪽 전두엽이 작용한다는 사실이었다. 이 부위는 사람들 사이의 상호작용을 인식하고 이에 따라 반응할 가능성이 높아 사회적 상호작용에 매우 중요한 역할을 한다. 안쪽 전두엽은 또한 인간의 고급 주의력 조절 능력과 밀접하게 연관되어 있다. 사람들이 서로 소통할 때 뇌의 여러 부분이 활성화되는데, 청각중추는 상대방의 말을 듣고, 시각중추는 상대의 표정이나 몸짓 등을 관찰하며, 기억중추는 대화의 내용을 처리하고, 추정중추는 상대방의 가능한 반응을 예측하는 데 관여한다. 이러한 다양한 중추들이 효과적으로 작동하려면 이들을 통합하고 조절하는 안쪽 전두엽의 역할이 필수적이다.

  특히 안쪽 전두엽은 대인관계에서 매우 중요한 기능을 수행하는데, 이는 사람들 사이의 관계 형성 및 유지에 필수적이다. 연구에 따르면 우리가 친밀하게 느끼는 사람들과 상호작용할 때 안쪽 전두엽이 더 활성화된다. 이는 뇌가 사람과 사물을 구분하여 반응하며, 사람들 사이의 상호작용에 더 큰 가치를 두고 있음을 시사한다. 이러한 연구 결과는 인간의 사회적 상호작용이 얼마나 복잡한지, 뇌가 이를 어떻게 처리하는지에 대한 이해를 심화시키는 데 기여했다. 타인이나 다른 집단과의 관계를 형성하고 유지하는 과정에서 필수적인 외교적 능력은 사람들 사이의 상호작용에 깊이 영향을 미친다. 이를 이해하고 발전시키기 위해서는 인간의 뇌에서 중요한 역할을 하는 거울뉴런 시스템에 대한 이해가 필요하다. 거울뉴런의 발견은 과학계에 있어서 코페르니쿠스가 지동설을 발견한 것과 마찬가지로 혁명적인 사건으로 평가되며, 인간의 모방,

학습, 그리고 공감 능력을 이해하는 데 큰 도움을 준다.

이탈리아의 신경생리학자 지아코모 리졸라티 교수와 그의 연구팀은 1990년대에 마카크 원숭이의 전두엽에서 이 놀라운 거울뉴런을 처음 발견했다. 연구 과정에서 리졸라티 팀은 원숭이의 뇌에 섬세한 전기 장치를 설치하여 동물의 운동 신경 반응을 면밀히 관찰하고 있었다. 그들의 연구는 예상치 못한 방향으로 전개되었다. 원숭이가 땅콩을 집어 올릴 때 활성화되는 뇌의 특정 부분이, 그 원숭이가 단지 다른 연구원이 땅콩을 집는 모습을 지켜볼 때에도 동일하게 활성화되는 것을 발견한 것이다.

이러한 발견은 단순히 원숭이에만 국한된 것이 아니라 인간에게도 적용되는 현상으로, 우리가 타인의 행동을 보고 이해하며, 그들의 감정을 공감하는 과정에 거울뉴런이 크게 기여한다는 것을 시사한다.

이처럼 거울뉴런은 개인 간의 상호작용과 의사소통, 공감 능력의 발달에 핵심적인 역할을 하며, 사회적 관계 형성에서 중요한 요소로 작용한다. 타인의 감정과 의도를 이해하고, 그에 따라 적절히 반응하는 능력은 거울뉴런의 활성화와 밀접하게 관련이 있다고 볼 수 있다. 따라서 거울뉴런에 대한 깊은 이해는 인간의 사회적 상호작용과 관계 형성에 있어 매우 중요하며, 이를 통해 더 나은 의사소통과 공감 능력을 발달시킬 수 있는 길을 모색할 수 있을 것이다.

인간이 타인의 어려움이나 고통을 볼 때, 우리가 마치 그 상황을 직접 겪는 것처럼 공감하는 능력은 인간의 뇌 구조에 내재된 거울뉴런의 존재로 설명할 수 있다. 이 거울뉴런은 사람뿐만 아니라 동물에게도 존재하지만, 인간의 거울뉴런은 특히 원숭이와 비교할 때 매우 발달되어 있으며, 이로 인해 인간은 타인의 행동을 보거나 그 행동에 대한 이야기를 들을 때, 그것을 자신이 실제로 실행하는 것처럼 뇌가 반응하게 된다. 특히 이러한 거울뉴런은 단순한 행동

모방에 그치지 않고, 타인의 감정이나 의도까지도 이해하는 데 중요한 역할을 한다.

거울뉴런의 활성화는 관찰자가 타인의 행동을 보거나 그에 대해 듣는 순간, 자동적으로 이루어지며, 이는 관찰자의 의식적인 노력과는 독립적으로 발생한다. 이러한 자동적인 공감 능력 덕분에 인간은 사회적 상호작용에서 더욱 풍부한 감정적 교류를 할 수 있게 된다. 예를 들어 세월호 사건과 같은 대규모의 비극 앞에서, 거의 200만 명에 이르는 사람들이 조문하고 고통을 함께 나누었던 것은, 단지 사건의 슬픔 때문만이 아니라, 인간의 뇌에 내재된 거울뉴런이 그들로 하여금 타인의 고통을 마치 자신의 것처럼 느끼게 만들었기 때문이다. 이러한 깊은 공감은 개인의 일상적인 소비 행태에까지 영향을 미쳐, 경제적 차원에서도 그 파급력을 확인할 수 있었다. 결국, 거울뉴런은 인간이 사회적 존재로서 함께 아픔을 나누고, 서로를 이해하며 공감하는 데 결정적인 역할을 하는 것으로 볼 수 있다. 이는 인간의 뇌가 얼마나 사회적 관계를 중시하는지를 보여주는 강력한 증거이며, 우리가 타인과의 연결을 통해 얻는 정서적 만족이 과학적으로도 뒷받침됨을 시사한다.

외교력을 발휘하여 상대 국가와의 신뢰 수준을 높이는 것은 국가 수반의 인간관계에서 매우 중요한 덕목이다. 이 과정은 단순한 공식 회담이나 약속을 넘어서, 서로의 문화와 가치를 이해하고 존중하는 데에서 시작된다. 이는 상호 이익을 추구하고 국제협력을 강화하는 기반을 마련한다.

국가수반의 외교력은 개인적 관계에서 특히 중요하다. 국가 수반은 자국의 이익을 대변하면서도 다른 국가들과 긍정적인 관계를 유지해야 한다. 이를 위해 상대방의 입장을 이해하고, 때로는 타협하며, 공동의 목표를 향해 나아가야 한다. 이 과정에서 신뢰는 매우 중요한 요소이다. 신뢰를 바탕으로 한 관계는 지속 가능하며, 어려움이 발생했을 때 함께 해결책을 모색할 수 있는 단단한 기반을 제공한다.

따라서 국가수반은 외교력을 발휘하여 다른 국가들과의 신뢰를 구축함으로써 국제 안정성과 평화를 촉진해야 한다. 이러한 노력은 국가의 이미지를 긍정적으로 높일 뿐만 아니라, 장기적으로 국제 사회에서의 영향력을 확대하는 데 크게 기여한다. 외교력과 신뢰 구축은 국가 수반의 역할 중 매우 중요한 덕목으로, 국가 간의 관계를 더욱 발전시키고 글로벌 이슈 해결을 위한 협력의 범위를 넓힐 수 있다.

또한 인간의 거울뉴런 시스템은 리더십과 외교에서 핵심적인 역할을 한다. 공적 인물의 비언어적 커뮤니케이션과 외모는 그들이 전달하는 메시지에 중요한 영향을 미치므로, 이를 이해하고 적절히 활용하는 것이 성공적인 리더십과 효과적인 외교를 위해 필수적이다.

다니엘 골먼의 연구에 따르면, 리더의 정서적 상태와 행동이 부하직원들에게 강력한 영향을 미치는 것은 조직 내에서 거울뉴런의 활성화 때문이라고 한다. 거울뉴런이란 다른 사람의 행동이나 감정을 보고 자신도 그와 유사한 행동이나 감정을 경험하게 되는 뇌의 기능을 말한다.

이러한 원리는 일상생활에서도 적용될 수 있다. 예를 들어, 세미나 강연에서 나는 고의적으로 긍정적인 몸짓인 고개 끄덕임을 사용하여 참가자들의 반응을 유도한다. 이러한 행동은 참가자들의 거울뉴런을 활성화시켜, 그들이 더 긍정적이고 적극적으로 내용에 참여하게 만든다. 실제로, SBS '행복플러스' 특강에서 가족 구성원 간의 고개 끄덕임이 서로의 말을 경청하고 이해하는 데 중요한 역할을 하며, 자살예방과 우울증 예방에도 긍정적인 영향을 줄 수 있다고 설명했을 때, 참가자들은 이러한 소통 방식의 중요성에 대해 크게 공감

했다. 이는 간단한 몸짓 하나가 사람들 사이의 긍정적인 상호작용을 촉진하고, 심리적 안정감을 제공하는 데 큰 역할을 할 수 있음을 보여준다. 한 가지 실험을 해보자. 필자가 진행하는 뉴로리더십 세미나에서 참여자 한 사람을 요청해 실험 무대에서 서로 마주보고 앉는다. 그런 다음 상대방과 이야기를 하면서 고개를 끄덕이며 듣던 중에 갑자기 엉뚱한 짓을 하면 어떤 일이 벌어질까? 실험으로 보여주는 장면이다. 그 순간 피험자는 몹시 당황해하고 더 이상 이야기를 연결하는데 어려움을 겪는 모습을 보인다. 리더의 공감행동이 얼마나 중요한가를 증명하는 실험이다. 상대방의 이야기에 공감하고 상대방의 행동에 관심을 보이는 것은 상대방을 설득하는 중요한 행동이다.

심리학자 로버트 레버슨(Robert W. Levenson)과 안나 루어프(Anna M. Ruef)는 인간 간의 상호작용에서 관찰되는 두 가지 중요한 현상인 생리적 동시성과 정서적 동시성에 대해 깊이 연구했다. 이들은 각각의 현상이 어떻게 다른 하나를 촉발할 수 있는지에 대한 흥미로운 발견을 공유했다. 정서적 동시성, 즉 같은 감정을 공유하는 현상이 생리적 동시성, 즉 심박수나 호흡 같은 생리적 반응이 일치하는 현상을 일으킬 수 있다고 주장했다. 반대로, 생리적 동시성이 먼저 발생하면, 정서적 동시성을 유발할 수 있다고도 설명했다.

이러한 상호작용은 특히 여성들 사이에서 더욱 두드러지게 나타나는데, 예를 들어 같은 생활환경을 공유하는 여성 룸메이트들 사이에서 생리 주기가 동일해지는 현상을 연구한 결과가 있다. 이는 생리적 동시성의 한 예로, 같은 환경에서 생활하며 서로의 생활 습관이나 스트레스 수준이 유사해질 때 발생한다고 볼 수 있다. 또한, 이러한 현상을 이해하는 데 있어서 뇌의 신경가소성 이론이 중요한 역할을 한다. 신경가소성이란 뇌의 신경세포들이 경험에 따라 자신의 연결성을 변경할 수 있는 능력을 말한다. 이 이론에 따르면, 사람들이 함께 시간을 보내며 대화를 나눌 때, 뇌 내에서 비슷한 신경회로가 활성화되어 서로 간의 신경 연결이 강화된다.

이는 공감능력이나 감정 이입의 기초가 되며, 정서적 동시성의 발생을 설명해 준다. 반대로, 사람들이 각자 다른 활동을 하며 소통하지 않을 때는 각자의 뇌신경 회로가 독립적으로 활성화되어, 서로 다른 경험과 감정을 가지게 된다. 이러한 심리학적 및 신경과학적 연구는 인간 간의 복잡한 상호작용과 정서적 유대를 이해하는 데 중요한 통찰을 제공한다.

리더의 외교력이란 단순히 상대방을 설득하는 것을 넘어서, 공감할 수 있는 이슈를 통해 상대방과의 관계를 깊게 하며, 그들을 함께 움직이게 하는 능력에 있다. 이는 마치 인간의 뇌에서 일어나는 일과 유사하다. 뇌 속의 신경세포들은 서로 연결되어 정보를 주고받으며, 이 과정에서 외교력을 발휘한다고 볼 수 있다. 만약 신경세포들이 제대로 연결되지 못하고 소통의 실패로 이어진다면, 그들은 고립되어 결국 대식세포에 의해 제거되는 운명을 맞이하게 된다. 이는 그 신경세포들이 더 이상 뇌에 기여할 수 없게 되어, 단지 세포에 영양소를 제공하는 수준에 머무르게 됨을 의미한다.

이러한 비유를 통해 우리는 리더십에서의 외교력이 얼마나 중요한지 이해할 수 있다. 리더는 자신의 목표를 달성하기 위해 다른 이들과의 관계를 잘 구축하고 유지해야 한다. 이 과정에서 리더는 상대방이 공감할 수 있는 이슈를 찾아내고, 이를 기반으로 상대방과의 신뢰를 구축해야 한다.

그렇게 함으로써, 리더는 상대방을 자신의 목표나 비전에 동참시켜 함께 나아갈 수 있는 동반자로 만들 수 있다. 결국, 리더의 외교력은 개인이나 조직의 성공에 있어서 결정적인 역할을 하며, 이는 끊임없는 관계 구축과 소통을 통해서만 달성될 수 있다.

6) 지적 능력(Intelligence)

"아는 것이 힘이다"라는 말은 많은 사람들이 공감하는 명제이다. 그러나 이 간단한 말 속에는 깊은 의미가 담겨 있다. '알다'라는 것은 단순히 정보를 인지하는 것을 넘어서, 그 정보를 어떻게 활용하고, 적용하며, 실제 생활 속에서 어떻게 변화를 만들어 내는지에 대한 과정을 포함한다.

우리가 배우는 지식이 과연 단순히 이론적인 개념들을 이해하는 것에 그쳐야 할까? 아니면 그 지식을 통해 우리의 삶을 어떻게 개선하고, 발전시킬 수 있는지에 대한 구체적인 변화의 과정을 포함해야 할까?

이러한 고민을 바탕으로, 나는 지식경영이라는 새로운 패러다임이 떠오르기 시작했을 때, 그 중심에 서보기로 결심했다. 지식경영이 주는 신선함과 가능성에 매료되어, 나는 세계지식포럼에 적극적으로 참여하기 시작했다. 그곳에서 다양한 분야의 전문가들을 만나며, 지식이 개인의 성장뿐만 아니라 사회 전체의 발전에도 중요한 역할을 한다는 것을 깨달았다.

이러한 경험을 바탕으로, 나는 매일경제와 협력하여 지식창조전문가 과정을 개발하고 운영하게 되었다. 이 과정을 통해 얻은 지식과 경험은 KD-Winners라는 지식인적자원개발 소프트웨어 개발과 "지식으로 부자가 되라!" 책 출간의 계기가 되었다.

결국, '알다'는 것의 진정한 의미는 정보를 습득하는 것을 넘어서, 그 정보를 우리의 삶 속에서 어떻게 활용하고, 변화를 만들어낼 수 있는지에 대한 깊은 이해와 실천을 포함한다는 것을 깨달았다. 지식은 단순히 아는 것을 넘어서, 그것을 통해 우리의 삶을 어떻게 변화시킬 수 있는지에 대한 끊임없는 탐구와 실천의 과정이라 할 수 있다.

포럼에서 나는 한 부스를 맡아 지식과 지식인적자원개발의 중요성에 대해 다양한 자료와 연구 결과를 전시했다. 또한, 현장에서 방문객들에게 직접 설명하는 시간을 가지며, 지식이 단순히 정보의 축적이 아니라, 그것을 어떻게 활용하고 관리하는지에 대한 전략이 필요함을 강조했다. 이와 관련하여, 나는 지식경영학회에 제출한 두 편의 논문에서도 같은 주제를 다루며 이론적 근거를 제시했다.

당시 포럼을 방문한 많은 인사들 중에서도 김종필 총리의 방문은 특별했다. 총리는 내가 운영하는 부스를 직접 방문해 주시며, 전시된 자료들을 유심히 살펴보셨다. 그러던 중 '지식'이라는 단어에 대해 멈추어 서시며, 지식경영이 단순한 지식의 축적을 넘어서 '지혜'로 발전해야 한다고 강조하셨다. 이는 지식을 효과적으로 활용하여 가치를 창출하는 과정에서 발휘되는 지혜의 중요성을 강조한 것이었다.

총리의 말씀이 언론에 전해지자, 많은 기자들이 내 부스로 몰려와 '지혜'라는 개념에 대해 더 자세한 설명을 요구했다. 이에 나는 지식경영의 궁극적 목표가 단순한 정보의 축적이나 전달이 아니라, 그 지식을 바탕으로 더 나은 결정을 내리고, 창의적인 해결책을 찾아내는 '지혜'의 실현에 있다고 설명했다. 이러한 대화는 포럼 참가자들 사이에서도 큰 관심을 불러일으켰고, 지식과 지혜의 관계에 대한 더 깊은 논의로 이어졌다. 필자는 그제야 깜짝 놀라 전시 내용을 확인하니 지식(知識)이 아니라 지식(智識)으로 되어 있는 것이 아닌가? 나는 당황하여 "아! 그 말은 인쇄

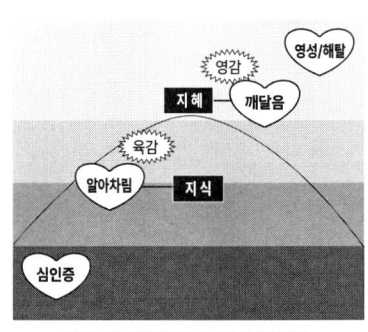

[그림18] 알아차림과 깨달음(이종훈)

과정에서 잘못된 것입니다. 하하!" 내가 조금만 눈치가 있었으면 뉴스메이커

가 될 수 있었을 텐데 너무 순진해서 있는 그대로를 솔직하게 말했던 기억이 있다. 당시 김종필 총리는 지식(智識)은 단순한 앎을 나타내는 지식(知識,Knowledge)이 아니라 복합적이고 함축적인 의미를 지닌 지식(智識,Intelligence)이라고 설명했다.

그림18)에서 보는 바와 같이 리더의 지적능력은 단순하게 무엇을 잘 아는 능력이 아니다. "안다는 사실"을 시각, 촉각, 청각, 감각, 미각 등 육감을 통하여 "알아차리는 것"을 지식(智識)이라고 하며, "알아차렸다"는 사실을 "알아차리는 것"은 깨달음의 경지를 포함하는 것이다. 바꿔 말하면 지적능력을 갖춘 리더는 아는 것인 형식지(形式知)와 아는 것이 내제화된 암묵지(暗默知) 그리고 체질화된 지식(智識)으로 발현되는 지혜(智慧)를 모두 아우르는 사람이라고 정의할 수 있다.

생존과 번식을 위하여 집단을 이루던 진화의 초기에는 사회적 동물이 기본적으로 갖춘 본능적 리더십인 3S(Sex, Salary, Status)에 의존하였으며 이 때, 원시 조상들이 갖추어야 할 지적 능력은 먹이를 잘 찾고 위험한 포식자로부터 안정적으로 소수의 집단(1가족 또는 2, 3가족)을 이끌어가는 능력이었을 것이다.

그러나 생존경쟁이 치열해지면서 집단과 집단이 통합되고 부족과 부족이 연합되며 새로운 모델이 만들어지는 과정을 거치면서 던바(Robin Dunbar)의 수인 150명 침팬지의 무리는 50마리 정도의 개체로 이루어지지만 초창기 인간은 150명으로 구성된 사회집단을 이루었다는 영국의 진화심리학자 로빈 던바는 뇌의 크기에 따른다는 주장이다. 그의 이름을 따서 이른바 던바의 수라는 용어가 생겼다.

이런바 던바의 수인 150명 정도의 집단이 형성되면서 리더의 역할이 변화하였다. 리더는 단순한 생명 보존과 번식을 넘어서, 집단 내에서 일어나는 경쟁, 분배, 갈등 극복, 화합, 그리고 타 집단과의 전쟁과 연합 등 다양한 문제를 해결할 수 있는 지적 능력이 필요하게 된다. 지적 능력이 커지는 과정에서 인간의 뇌도 팽창하기 시작하였다. 그 팽창하는 크기만큼 집단의 크기도 커진다. 뇌의 발달은 인류 역사상 가장 획기적인 변화 중 하나로 손꼽히며, 이 과정에서 언어와 기록이라는 두 가지 중요한 발명품이 탄생한다. 이 두 요소는 단순히 의사소통의 수단을 넘어서, 인간의 사고방식과 지식의 구조를 근본적으로 변화시킨다. 언어는 복잡한 개념을 표현하고 공유할 수 있는 능력을 부여하며, 기록은 지식을 시간과 공간을 초월하여 전달할 수 있는 기반을 마련한다. 따라서 이 두 발명은 인간이 지식을 축적하고, 그 지식을 바탕으로 새로운 문화와 기술을 개발하는 데 필수적인 역할을 하였다.

언어와 지식의 축적이라는 전달과정은 인류가 진화하는 과정에서 중요한 동력이 되었다. 새로운 아이디어와 발명품이 등장하면서, 인간사회는 더욱 복잡하고 세련된 문화와 기술 체계를 구축할 수 있었다. 예를 들어, 농업의 발명은 정착생활을 가능하게 했고, 이는 곧 문명의 탄생으로 이어졌다. 이처럼 지식은 인간의 생활방식을 혁신적으로 변화시켜왔다.

이 글은 진화의 창작물을 소개하는 것이 아니라, 신경과학 분야의 축적된 지식을 바탕으로 필자의 해석과 견해를 담은 뉴로리더십에 대한 내용을 전달하고자 한다. 지식의 전달과 발전은 개인의 창의성과 학문적 연구가 결합되어 이루어지며, 이 과정에서 새로운 아이디어가 탄생하고 사회가 발전한다.

리더의 지적 능력은 복잡하고 다양한 요소로 구성된다. 이를 세 가지 주요 범주로 나누어 살펴볼 수 있다. 첫째, 사실과 정보를 인지하고 습득하는 능력, 즉 지식에 관한 이해력이다. 이는 단순히 정보를 암기하는 것을 넘어 의미를 파악하고 자신의 지식체계에 통합하는 과정을 포함한다. 리더는 다양한 분야의 지식을 갖추고 팀이나 조직이 직면한 문제를 정확히 이해할 수 있어야 한다. 둘째, 보유한 지식을 실제 상황에 적용하는 능력이다. 이는 단순히 아는 것을 넘어 지식을 활용하여 문제를 해결하고 목표를 달성하는 전략을 수립할 수 있는 능력을 의미한다. 리더는 이러한 지식을 효과적으로 사용하여 팀이나 조직의 성과를 극대화할 수 있어야 한다.

마지막으로, 리더의 지적 능력 중 가장 중요한 부분은 지혜일 것이다. 지혜는 단순한 지식이나 정보의 적용을 넘어선다. 복잡한 상황이나 위기에 직면했을 때, 현재 정보를 넘어 미래를 예측하고 통찰력 있게 해석하여 최선의 결정을 내릴 수 있는 능력을 말한다. 리더는 이러한 지혜를 바탕으로 불확실한 미래에 대비하고 변화하는 환경 속에서 조직을 안내해야 한다.

이처럼 리더의 지적 능력은 정보를 알고 있는 수준을 넘어, 그 정보를 효과적으로 활용하여 불확실한 미래에 대비할 수 있는 능력을 포함한다. 리더는 이러한 능력을 통해 조직을 성공으로 이끌고 위기 상황에서도 현명한 결정을 내릴 수 있어야 한다.

세월호 사건은 대한민국의 현대사에서 가장 아픈 기억 중 하나로 기록되어 있다. 이 사건은 단순히 한 척의 배가 침몰한 사건을 넘어서, 우리 사회 전반에 걸친 문제점들을 드러내는 계기가 되었다. 이 사건의 직접적인 원인 중 하나로 지목된 선장의 무책임한 행동은, 그가 사고 당시 승객들을 버리고 혼자 탈출하는 선택을 했다는 사실에서 분명하게 드러난다. 이러한 행동은 단순히 개인의 도덕적 실패를 넘어서, 긴급 상황에 대처하는 시스템의 부재와 관련된 문제를 시사한다.

더욱이, 세월호의 선주인 청해진해운사와 그 실소유의 잘못된 경영과 리더십 방식은 사고의 근본적인 원인 중 하나로 지목된다. 이들의 탐욕과 무책임이 결국 수많은 생명을 앗아가는 끔찍한 결과를 초래했다. 사고 발생 후에는 정부의 부족한 위기 대응 체계와 늦은 구조 작업이 더 많은 비판을 받았다.

 이는 잘못된 시스템과 정부의 대응 메커니즘이 얼마나 중요한지를 여실히 보여준다. 이처럼 세월호 사건은 정치적 입지를 강화하기 위해 이용될 수 있으며, 외부 세력, 예를 들어 북한과 같은 국가에 의해 남한 내부를 혼란시키려는 전략으로 활용될 위험성을 내포하고 있다. 이러한 상황에서 지도자의 역할은 매우 중요하다. 지식이란 단순히 사실을 알고 있는 것을 넘어서, 그 사실을 바탕으로 현명한 판단을 내리고, 문제를 해결해 나가는 데 필요한 암묵적 능력을 의미한다.

 지도자는 문제의 본질을 정확히 파악하고, 인간문제나 시스템 문제, 피해자가 겪는 고통, 사회전반에 미칠 영향 등을 종합적으로 고려해 적절한 해결책을 제시해야 한다. 이를 통해 세월호 사건 같은 비극이 다시 일어나지 않게 하고, 우리 사회가 더 성숙하고 안전한 방향으로 나아가는 것이 지도자의 중요한 역할이다. 지혜로운 해결책은 이 사건으로 인한 사회적 갈등의 본질을 이해하고, 전 국민이 받게 될 상처의 정도를 파악하며, 국가 경제와 외교적 해결 방안, 국민의 정서적 감정을 다루는 방법, 사회전반에 걸친 안전시스템의 효율성 제고와 문화적 측면에서의 문제해결, 반대 세력에 대한 이해와 해결 방안 등에 대한 지식과 통찰을 바탕으로 해답을 찾아내고 문제를 해결하는 능력이다.

 신경과학적 측면에서는 지식은 단순히 추상적인 가설이 아니라 실제로 존재하는 구체적인 물질이라고 주장한다. 제임스 E. 줄에 따르면, 우리의 뇌는 물리적으로 변화하면서 사전 지식을 쌓는다. 이 과정에서 형성된 물리적인 연결이 지식을 유지하고, 이를 통해 우리는 배운 것을 기억하고 활용할 수 있다. 따라서, 사전지식은 우리가 사회적 경험과 학습을 통해 습득한 것들로, 신경과학자들은 이를 물질로 간주한다. 이제 제임스 E. 줄의 설명을 조금 더 자세히 살펴보자.

"주의 깊고 예민한 신경세포는 외부에서 오는 신호를 붙잡아 이를 다른 신경세포로 전달한다. 이러한 신호는 시각적 자극인 빛이나 청각적 자극인 소리의 형태로 외부 세계에서 올 수 있으며, 때로는 이미 존재하는 다른 신경세포가 보내는 신호일 수도 있다. 일반적으로, 가지돌기(수상돌기)는 외부에서 잡아낸 신호를 세포의 중심인 세포체로 전달하는 역할을 한다. 한편, 축색돌기는 가지돌기에서 세포체로 전달된 신호를 모아 다시 세포체에서 멀리 떨어진 다른 신경세포로 한꺼번에 보낸다." 이러한 과정에서 신경세포들 간의 연결이 강화되며, 이 연결망이 모듈을 형성하면서 우리가 지식이라고 부르는 정보가 뇌에 저장되고 기억되는 것이다. 이처럼 구체화된 신경망은 우리의 학습과 기억 형성에 중요한 역할을 하며, 이는 지식이 단순한 개념이 아닌 실제 물질로서 존재함을 시사한다.

신경과학자 마이클 가자니가 박사는 "뇌는 수백만 개의 국소 처리 장치인 모듈로 이루어져 있으며, 이러한 모듈이 구성하는 수백만 개의 신경망을 통해 지식을 형성한다"고 설명했다. 뇌는 약 1,350g의 무게로, 고도로 전문화된 신경망으로 구축되어 있으며, 이 신경망들은 중요한 결정을 내리는 데 사용된다. 이 신경망들은 신경가소성에 의해 영향을 받는다. 즉, 사용하면 할수록 신경망이 강해지고, 사용하지 않으면 점점 약해진다. 이러한 과정을 통해 뇌는 지속적으로 학습하고 발전하면서, 우리가 알고 있는 지식을 저장하고 관리한다.

신경가소성은 뇌가 새로운 정보를 받아들이고 기존의 정보를 수정하는 능력을 말한다. 예를 들어, 새로운 언어를 배우거나 악기를 연주하는 경우, 뇌의 특정 영역이 활성화되고 강화된다. 반대로, 특정 기술이나 지식을 사용하지 않으면 해당 신경망은 점차 약화된다.

또한, 뇌의 이러한 특성은 인간의 적응 능력을 극대화한다. 환경 변화에 따라 뇌는 새로운 상황에 적응하기 위해 구조적으로 변형된다. 예를 들어, 시각을 상실한 사람들은 청각이나 촉각과 같은 다른 감각이 더 발달하게 된다. 이는 뇌의 신경망이 재구성되어 새로운 기능을 수행하기 때문이다. 이처럼 뇌는 끊임없이 변화하고 발전하는 동적 시스템으로, 우리의 학습과 기억, 적응 능력 등 다양한 인지 기능을 가능하게 한다.

지식이 형성되는 메커니즘은 기존에 형성된 신경망인 사전 지식을 기반으로 새로운 지식이 만들어지는 과정이다. 이 과정은 가지치기와 새로운 연결망의 연결을 통해 진행된다. 가지치기는 신경망에서 불필요한 가지들을 제거하는 과정으로, 이를 통해 효율적인 신경망이 유지된다. 동시에, 새로운 경험이나 학습을 통해 새로운 연결망이 형성된다. 이 과정에서 기존의 신경망은 새롭게 변화하며, 이는 새로운 지식 망으로 분화되는 결과를 가져온다.

제임스는 이 과정을 "경험이 만들어 내는 신경세포의 변화를 뇌의 유연성이라고 부른다."라고 설명했다. 뇌의 유연성은 신경세포와 시냅스의 재형성 가능성을 의미하며, 이는 뇌가 새로운 정보를 학습하고 적응하는 데 중요한 역할을 한다. 예를 들어, 신경세포가 자주자극을 받으면 시냅스가 더 강해진다. 이런 강화된 시냅스는 신경신호를 더 효과적으로 전달할 수 있게 되며, 이는 학습 능력의 향상으로 이어진다.

또한, 신경세포가 충분히 활동적이면 기존에 침묵하던 시냅스들도 활성화되어 신호를 분출하기 시작한다. 이는 뇌가 새로운 정보를 받아들이고 처리하는 능력을 더욱 향상시키는 역할을 한다. 가장 극적인 변화는 완전히 새로운 가지돌기의 가지들이 나타나면서 완전히 새로운 시냅스가 형성되는 것이다. 새로운 시냅스는 새로운 정보와 경험을 처리하는 데 중요한 역할을 한다. 이는 뇌가 끊임없이 변화하고 적응하는 능력을 보여주는 증거이다.

따라서, 지식의 형성은 뇌의 유연성과 밀접한 관련이 있다. 이는 학습과 경험을 통해 끊임없이 변화하고 발전하는 뇌의 역동적인 특성을 반영한다.

새로운 시냅스는 어떻게 만들어지는가? 그 실험을 아주 잘 표현한 것이 신경세포의 가지돌기가 분화되는 것을 보여주는 그림19)이다.

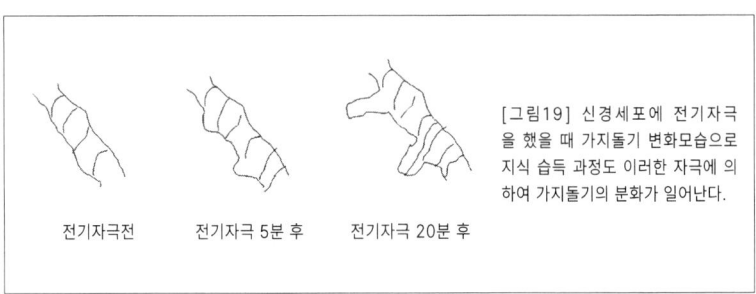

[그림19] 신경세포에 전기자극을 했을 때 가지돌기 변화모습으로 지식 습득 과정도 이러한 자극에 의하여 가지돌기의 분화가 일어난다.

전기자극전   전기자극 5분 후   전기자극 20분 후

필자가 경험한 사례를 통해 지식이 어떻게 신경망이 분화되는지 구체적으로 알아보자. 나는 30년 동안 기업 교육이라는 하나의 분야에 몸담았다. 그동안 수없이 많은 학습을 통해 사람의 마음 문제를 다루는 지식을 습득했다. 즉 나름대로의 지식의 틀(신경망)을 가졌음은 분명하다. 그렇지만 항상 교육을 하면서 마음속에 구멍이 난 것 같은 허전함을 느꼈다. 그 이유는 교육생들이 교육을 받았음에도 불구하고 지속적인 성장이 이루어지지 않았기 때문이다.

많은 교육 담당자나 전문 강사들과 이야기를 나누어 봐도 교육을 받은 이후에 성과가 지속되지 않는다는 점과 특히 인성 변화에 결정적인 역할을 하지 못한다는 점에 동의하는 사람들도 많았다.

2008년 나는 '마음도 근력처럼 시간이 지나면 더 강화되고 성장할 수 없을까?'라는 생각을 하게 되었다. 또한 '그 변화하는 마음의 모습을 눈으로 볼 수

는 없을까?'라는 궁금증도 함께 떠올랐다. 이 두 가지 의문은 나에게 깊은 인상을 남겼고, 결국 뉴로리더십이라는 글을 쓰는 동기가 되었다. 나는 신경과학자가 아니며 신경생물학을 전공하지도 않았다. 그럼에도 불구하고 나는 30년간 쌓아온 인적자원개발에 대한 지식과 신경과학이라는 새로운 지식을 접목시켜보고자 하는 열망이 있었다.

내가 그동안 쌓아온 인적자원개발에 대한 지식은 사람들의 역량을 강화하고 조직의 성과를 높이는 데 주로 초점을 맞추고 있었다. 이러한 지식과 경험은 나에게 큰 자산이 되었지만, 나는 더 나아가 새로운 차원의 접근법을 탐구하고자 했다. 신경과학이라는 분야는 뇌의 구조와 기능, 그리고 그 변화 과정을 탐구하는 학문으로, 이는 내가 가진 지식과 자연스럽게 연결되었다. 신경과학에서 말하는 뉴런의 가지돌기 성장은 새로운 지식을 받아들일 때 뇌의 연결망이 강화되는 과정을 설명한다. 이 개념을 접하면서 나는 사람들의 마음과 정신도 근육처럼 훈련과 자극을 통해 성장할 수 있겠다는 확신을 가지게 되었다.

이러한 배경에서 나는 새로운 시도를 하게 되었다. 뉴로리더십이라는 주제를 통해, 나는 마음의 변화와 성장 과정을 시각적으로 이해하고, 이를 통해 사람들에게 더 효과적인 리더십과 자기개발 방법을 제시하고자 했다. 이 과정은 나에게도 큰 도전이었지만, 동시에 큰 보람을 느낄 수 있는 여정이었다.

30년 동안 기업 교육 현장에서 쌓은 구체적인 경험을 되돌아보며 '사람의 마음도 근력처럼 키울 수 없을까?' 이 질문은 단순한 호기심에서 출발한 것이 아니라, 실제로 교육과 훈련을 통해 인간의 심리적, 정서적 능력을 향상시킬 수 있는 방법을 고민하게 만들었다. 신경가소성 이론가들이 품었던 '뇌는 변하지 않는 것일까?', '뇌에서 가소적인 변화는 어떻게 일어나는 것일까?'라는 의문은, 한때 널리 받아들여졌던 견해에서 비롯되었다. 과거에는 뇌의 구조가 성인이 된 후에는 거의 변하지 않는다는 견해가 지배적이었다. 이러한 견해는 캐나다의 신경외과 의사인 윌더 펜필드(Wilder Penfield)의 연구에서 많은 영향을 받았다. 펜필드는 뇌의 특정 부위가 특정 기능을 담당한다는 것을 밝혀냈고, 이 구조가 지정학적으로 설명할 수 있다는 입장을 가지고 있었다. 또한 이를 바탕으로 국제적으로도 뇌는 고정되어 있다는 견해가 널리 받아들여지게 되었다.

그러나 이러한 뇌가 고정되어 있다는 견해에 도전하며, 많은 신경과학자들이 신경가소성(neuroplasticity) 이론을 실험하고 연구하였다. 그들은 뇌가 성인이 된 후에도 변화할 수 있다는 사실을 밝혀냈다. 예를 들어, 손상된 뇌의 기능을 회복하기 위한 재활 치료나 새로운 기술을 학습하는 과정에서 뇌의 뉴런이 재구성되고 새로운 연결을 형성한다는 사실이 확인되었다. 이는 마리아나 다이아몬드(Marian Diamond)와 같은 연구자들이 실험을 통해 입증한 바 있는데, 다이아몬드의 연구는 풍부한 환경에서 자란 쥐의 뇌가 더 많은 시냅스를 형성한다는 것을 보여주었다

이러한 연구 결과들로 인해 우리는 뇌의 가소성에 대해 새롭게 이해하게 되었고, 이를 통해 사람의 마음도 훈련과 자극을 통해 성장할 수 있다는 가능성을 발견하게 되었다. 특히, 정기적인 명상이나 심리치료, 교육 프로그램 등을 통해 개인의 감정 조절 능력, 스트레스 관리 능력, 심리적 회복 탄력성 등이 향상될 수 있다는 연구 결과들이 계속해서 나오고 있다.

이러한 발견들은 사람의 마음도 근력처럼 훈련과 지속적인 노력으로 성장할 수 있다는 희망을 주고 있다. 그러나 기업에서 임직원들에게 다양한 마음의 문제를 다루는 교육을 진행했음에도 불구하고, 마음이 변하지 않는 이유는 마음이라는 추상적인 문제를 단순하게 변화시킬 수 있을 것이라고 판단했기 때

문이다. 긴 시간의 종교 활동이나 명상 또는 수양을 통해서는 마음의 변화가 일어나지만, 짧은 시간의 기업 연수에서는 사람의 정신과 행동의 변화를 이끌어내기가 쉽지 않았던 것이다.

신경과학은 살아있는 사람의 뇌를 들여다보면서 마음의 메커니즘을 일부분이나마 알아냈다. 그리고 신경가소성이론이 직접적인 증거들을 제시하면서 새로운 답을 찾아갈 수 있게 되었다.

필자는 새로운 지식을 습득하면서, 구체적 경험에 의해 쌓아온 다양한 사전 지식과 연결되어 "아, 마음의 근력을 만들 수 있겠구나!"라는 깨달음을 얻기 시작했다. 그러면서 마음의 근력을 가장 빠르게 만드는 방법이나, 이를 눈으로 볼 수 있는지, 기업의 경영자와 부서장, 이사회의 리더들이 올바른 리더십을 발휘하는 방법, 그리고 리더십이 가르쳐질 수 있는 것인지 아니면 본능적으로 내재된 것이 발현되는 것인지에 대한 질문들이 필자를 흥미롭게 했다.

이런 고민 끝에 필자는 "아, 그렇구나! 이렇게 하면 되는 것이지!"라고 생각하며 SNS를 통해 지식을 공유하고 관심 있는 사람들을 설득하여 뉴로리더십 교육으로 이어졌다. 신경과학은 살아있는 뇌를 연구하며 마음의 메커니즘을 밝혀내고, 인간의 감정, 사고, 행동이 어떻게 연결되어 있는지를 탐구한다. 특히 신경가소성이론은 뇌가 경험을 통해 어떻게 변화하고 적응하는지를 설명하는 중요한 개념으로 자리 잡았다. 이 이론은 뇌가 새로운 정보를 습득할 때 구조가 변할 수 있다는 직접적인 증거를 제공하며, 뇌의 연결망이 강화되거나 변화하는 과정을 설명한다. 이러한 발견은 필자에게 깊은 인상을 주었고, 새로운 지식을 습득하는 과정에서 쌓아온 경험과 지식이 연결되면서 다시금 "아, 마음의 근력을 만들 수 있겠구나!"라는 생각이 떠올랐다.

그렇다면 마음의 근력을 가장 빠르게 만드는 방법은 무엇일까? 이는 이론에 그치지 않고, 우리의 일상생활에서 적용할 수 있는 구체적인 방법으로 발전할 수 있다. 이를 통해 더 나은 결정을 내리고, 스트레스를 효과적으로 관리하며, 대인관계에서 원활하게 소통할 수 있다. 또한, 마음의 근력을 눈으로 볼 수 있는 방법은 없을까? 이를 측정할 수 있는 다양한 도구와 방법이 필요하다. 예를 들어, 심리적 웰빙 지수나 스트레스 지수를 통해 마음의 상태를 정량적으로 평가할 수 있다.

기업의 경영자와 이사회의 리더들이 올바른 리더십을 발휘하기 위한 방법은 무엇일까? 효과적인 리더십은 직위나 권한에 따라 결정되지 않고, 리더의 인격적 특성과 팀원들과의 소통 방식에 따라 달라진다. 리더십이 가르쳐질 수 있는 것인지, 아니면 본능적으로 내재된 것이 발현되는 것인지에 대한 질문은 리더십의 본질을 이해하는 데 중요한 요소로 작용한다. 뇌, 마음, 행동 간의 연관성과 변화 과정에 대한 다양한 가설은 필자를 흥분하게 만들었다. 이러한 이론들은 리더십의 발전 가능성을 엿볼 수 있게 하며, 개인적 성장뿐만 아니라 조직의 성과에도 긍정적인 영향을 미칠 것이다.

이런 고민을 통해 필자는 "아, 그렇구나! 이렇게 하면 되는 것이구나!"라고 깨닫고, SNS를 통해 지식을 공유하며 관심 있는 사람들을 설득하여 뉴로리더십 교육으로 나아갔다. 뉴로리더십 교육은 신경과학의 원리를 바탕으로 사람들이 자신과 타인의 마음을 이해하고, 이를 통해 더 나은 리더가 될 수 있도록 돕는 프로그램이다. 이러한 교육 과정은 단순히 이론적인 지식 전달을 넘어, 실질적인 경험을 통해 개인의 마음의 근력을 키울 수 있도록 설계되었다. 필자는 이러한 노력을 통해 많은 사람들이 자신의 잠재력을 발견하고, 더욱 효과적인 리더십을 발휘하기를 희망한다.

신경과학적 지적 능력을 활용하여 재난 상황에서 리더십을 발휘하는 방법을 깊이 고민하는 것은 매우 중요하다. 특히 세월호 사건과 같은 국가적 재난이 발생했을 때, 이를 어떻게 효과적으로 대처할 수 있을지를 이해하는 것이 필수적이다.

신경과학적 지적 능력을 활용하여 재난상황에서 리더십을 발휘하는 방법을 깊이 고민하는 것은 매우 중요하다. 특히 세월호 사건과 같은 국가적 재난이 발생했을 때, 이를 어떻게 효과적으로 대처할 수 있을지 이해하는 것이 필수적이다.

우리는 과거에 발생한 삼풍백화점 붕괴사고, 대구지하철 폭발사고, 성수대교 붕괴사고 등을 면밀히 살펴보면서, 이들 사건이 발생한 원인을 분석하고 당시 방식의 효율성을 검토해야 한다. 이를 통해 문제해결 과정에서 무엇이 잘못되었는지, 같은 실수가 반복되는 이유, 그리고 해결책을 찾는 데 어려움은 무엇인지에 대한 깊은 이해를 얻을 수 있다.

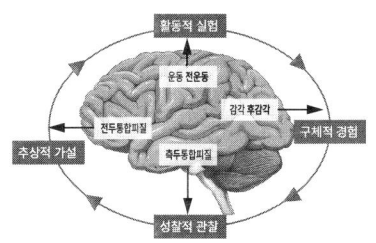

[그림20] 재암수 E 줄의 뇌의 학습모델

이렇게 축적된 지식과 성찰을 바탕으로, 우리는 재난대응 시스템의 개선방안을 모색해야 한다.

이는 단순히 기술적, 제도적 문제를 넘어서 정치, 종교, 국가 리더십의 변화까지 포함해야 한다. 다양한 리더가 국민의 안전을 위해 함께 협력할 수 있는 방안을 모색하고, 이를 위한 구체적인 법적, 제도적 개선안을 제시해야 한다. 또한 재난상황에 대비하여 실제와 같은 훈련을 통해 리더와 국민모두가 필요한 지적능력을 갖출 수 있도록 해야 한다.

이러한 훈련은 마음가짐의 변화, 습관화된 행동의 개선, 그리고 신속하고 효과적인 시스템적 사고를 포함해야 하며, 이 과정을 통해 진정한 리더십이 요구하는 지적 능력을 개발할 수 있다. 결국, 이러한 전략적 고민과 훈련을 통해 우리는 재난 상황에 대처하는 데 필요한 심층적 이해와 대응 능력을 갖추게 될 것이다. 이는 재난 상황에서 신속하고 효과적인 리더십을 발휘할 수 있는 기반을 마련해 줄 것이며, 더 많은 생명을 구하고, 재난으로 인한 피해를 최소화하는 데 큰 도움이 될 것이다.

그림20)에서 볼 수 있듯이, 뇌는 학습 과정에서 구체적인 경험을 통해 지식을 습득한다. 이러한 경험은 뇌가 성찰적인 관찰과 분석을 통해 새로운 정보를 이해하고, 추상적인 가설을 세우는 데에 도움을 준다. 예를 들어, 어린이가 뜨거운 물에 손가락을 대면 그 경험을 통해 뜨거운 것은 다칠 수 있다는 것을 배우게 된다. 이러한 구체적인 경험을 바탕으로 뇌는 추상적인 개념을 형성하고, 이를 기반으로 문제 해결과 의사결정을 하는 능력을 갖추게 된다.

뇌는 새로운 정보를 받아들이고, 기존의 지식과 연결시키면서 새로운 가설을 정립하고 실험적인 활동을 통해 이를 검증하는 학습 모델을 따른다. 이것이 바로 뇌가 학습하는 과정이다.

7) 결단력(Resolution)

철도 운반 차량이 선로에서 작업하던 5명의 근로자들을 향해 돌진하고 있다. 만약 차량이 그대로 달려나가면 5명의 근로자들이 사망할 것이다. 하지만 선로의 방향을 전환하면 5명의 근로자들은 살릴 수 있지만, 다른 선로에서 작업

하던 1명의 근로자가 사망하게 될 것이다. 이 상황에서 어떤 선택을 해야 할까? 도덕적 딜레마에 대해 대부분의 사람들은 5명의 생명을 구하기 위해 스위치를 돌려 선로를 전환하는 것이 옳다고 답변한다(Foot, 1967). 그러나 만약 선로를 전환할 수 있는 스위치가 없고, 대신 다리 옆에 서있는 술에 취한 뚱뚱한 남성을 밀어 철로에 떨어뜨려 5명의 생명을 구할 수 있다면, 대부분의 사람들은 그렇게 하지 않을 것이라고 응답한다(Thomson, 1976).

이는 결과가 동일함에도 불구하고 행동의 방식에 따라 도덕적 판단이 달라짐을 보여준다. 이러한 현상은 행위주의적 윤리관에 기반한 것으로, 결과보다는 행위 자체의 도덕성에 더 큰 비중을 두는 것으로 해석된다(Kamm, 2007). 이를 통해 우리는 도덕적 딜레마 상황에서 단순히 결과만을 고려할 것이 아니라, 행위의 방식과 동기에 대한 종합적인 고려가 필요함을 알 수 있다. 그 답은 뇌에 있다. 전자의 경우에는 인지적 판단에 의하여 결정되는 것이지만, 후자처럼 한 사람을 직접 밀어서 죽게 한다는 것은 도덕적 판단에 의하여 결정되는 것이기 때문이다.

인지적 판단과 도덕적 판단의 신경학적 기반이 되는 두 뇌 영역, 배외측전전두엽(DLPFC)과 복내측전전두엽(VMPFC)에 대한 연구는 심리학과 신경과학의 교차점에서 매우 중요한 주제다. DLPFC는 복잡한 인지 과정과 문제 해결, 집중력 및 계획과 같은 고차원적인 인지 기능을 담당하는 반면, VMPFC는 개인의 감정과 관련된 결정을 내리는 데 중요한 역할을 한다. 이 두 영역의 기능적 차이는 프린스턴 대학의 조슈아 그린(Joshua Greene) 박사에 의해 더욱 명확히 조명되었다.

그린(Greene) 박사의 연구에 따르면, 사람들은 난해한 도덕적 딜레마에 직면했을 때, DLPFC(인지중추)의 인지적 통제에 기초해 공리적인 선택을 하거나, VMPFC(정서조절 중추)의 도덕적, 정서적 통제에 기초해 비공리적인 선택을 한다. 이는 사람들의 도덕적 판단이 단순한 논리적 사고에 의한 것이 아니라, 감정과 도덕적 가치가 깊이 관여된 복잡한 과정임을 시사한다.

한편, 정서 조절 중추인 VMPFC가 손상된 환자들은 도덕적인 딜레마에 대한 판단을 내리는 과제에서 비정상적으로 공리적인 선택을 하는 경향이 있다. 이는 VMPFC가 손상된 환자들이 감정적 고려 없이 순수하게 논리적인 기준에 따라 판단을 내리는 경향이 있음을 보여준다. 이러한 연구 결과는 뇌의 특정 영역이 도덕적 판단과 감정적 반응에 얼마나 중요한 역할을 하는지를 명확히 보여준다.

한 가지 실험은 필자가 연구하여 개발한 것으로, 세미나에서 자주 사용하는 방법이다. 당신은 가족과 친지 등 7명을 태우고 달리는 열차를 운전하고 있다. 그런데 마주 달려오는 열차에는 청소년 300명이 타고 있다. 마주 달리는 이 선로에는 자동조절변환장치가 있어, 일정한 간격이 되면 당신의 열차는 직진으로 가고 달려오는 열차는 자동으로 옆 선로로 변경된다. 문제는 옆 선로에 먼저 달리던 화물열차가 고장 나서 멈춰 있다. 달려오는 열차는 이 사실을 모르고 있다. 선로를 변경하여 달리면 대형사고로 인해 300명의 목숨을 잃을 수 있다.

당신은 이 사실을 알고 있다. 달려오는 열차를 옆 선로로 보내면 사고를 막을 수 있지만, 당신이 운전하는 열차는 바다로 빠져 가족과 친척들이 목숨을 잃을 수도 있다. 당신이라면 어떻게 하시겠는가? 이 상황의 선택권은 전적으로 당신에게 달려 있다.

① 청소년 300명의 목숨을 살리겠다. (　　)

② 가족 7명의 목숨을 살리겠다. (　　)

③ 결정하지 못하겠다. (　　)

이 게임은 마주 달리는 열차 딜레마 게임이다. 저자는 이 실험을 통해 리더십의 본능적 원형과 인지적 원형을 밝히고자 했다.

진화의 관점에서 보면, 우두머리는 생존과 번식이라는 극적인 상황에서 선택적 결단력을 가져야 한다. 잘못된 선택은 종의 도태라는 최악의 결과를 초래할 수 있기 때문이다. 우리 조상들은 이러한 선택의 중요성을 많은 경험을 통해 알았을 것이며, 그들의 탁월한 선택과 결단력이 우리 호모사피엔스가 존재할 수 있게 했을 것이다.

앞서 살펴본 기러기와 늑대의 리더십 원형 이야기를 다시 떠올려보자. 기러기 종은 생존과 번식을 위해 우두머리가 선두에 나서서 많은 비용을 지불하며 서번트 리더십을 발휘했다. 늑대 우두머리도 가족과 집단의 생존을 위해 자신을 기꺼이 희생했다. 모든 사람에게는 결단을 위한 선택의 순간이 있다. 어떤 선택을 할 것인가? 선택과 결단의 변화는 새로운 이정표를 제시한다.

대부분의 동물은 환경 변화에 적응할지 반적응할지가 이미 정해져 있다. 철새는 변화에 반적응해 둥지를 떠나지만, 곰 같은 겨울잠 동물은 그 환경에 적응한다. 이들의 경우 적응 여부가 이미 진화의 DNA에 새겨져 있다. 그러나 인간은 적응과 반적응에 대한 결정권이 유보되어 있다. 인지적 결정과 본능적 결정이라는 두 가지 선택이 남아 있기 때문이다.

인지적 결정은 환경에 반적응하여 변화를 추구하는 것이고, 본능적 결정은 환경에 적응하여 현실에 안주하는 것이다. 앞선 실험에서 ①번을 선택한다면 당신은 서번트 리더십을 발휘하는 인지적 원형의 리더가 될 것이다. ②번을 선택한다면 가족 중심적 리더십을 보일 것이고, ③번을 선택한다면 무능한 리더가 될 것이다.

변화는 불편하다. 뇌는 두려움과 불안, 공포가 존재한다는 것을 알고 있기 때문이다. 대부분의 조직은 변화를 수용하지 않고 현재 상황에 머무르려고 한다. 그래서 리더에게는 어떻게 변화할지에 대한 결단력이 필요하다.

기업의 최고 경영자가 내리는 결정은 그 기업의 성장과 발전에 중대한 영향을 미친다. 이는 세계적인 기업인 소니와 삼성의 역사를 통해 확인할 수 있다. 소니에서 워크맨의 탄생은 기술과 혁신 측면뿐만 아니라 경영진의 결단력과 비전에서도 중요한 의미를 가진다. 당시 많은 직원들이 워크맨의 시장성을 낮게 보고 반대했지만, 모리타 아키오 회장은 자신의 직감과 비전을 믿고 워크맨 개발을 밀어붙였고, 결국 이는 세계적인 베스트셀러 전자 제품으로 이어졌다. 반면, 소니 경영진의 변화와 혁신 부족은 스마트폰 사업에 위기를 초래했다. 이는 시장 변화와 기술 발전에 민첩하게 대응하지 못한 잘못된 판단의 결과였다.

삼성그룹 이건희 회장의 환경 위기에 대한 결단력은 업계에서 유례를 찾기 어려울 정도로 유명하다. 그의 역사적인 프랑크푸르트 선언은 삼성의 품질에 대한 새로운 기준을 세우는 계기가 되었고, 이는 삼성이 세계적인 명품 기업으로 거듭나는데 결정적인 역할을 했다.

기업 리더의 결단력은 단순히 중요한 덕목을 넘어서 조직의 성공이나 실패를 결정한다. 결단력 있는 리더는 빠르게 변화하는 시장 환경에서 조직을 올바른 방향으로 이끌어 나간다. 당시 필자는 삼성전자 전 직원을 대상으로 한 신경영조직개발 교육을 진행하면서 이건희 회장의 고충을 이해하게 되었다. 이건희 회장은 회사의 성장과 발전을 위해 끊임없이 혁신을 추구했으며, 이는 조직의 문화와 운영 방식에 깊은 영향을 미쳤다.

특히 변화를 주도하고 직원과 고객을 설득하는 데 있어 리더의 강력한 영향력을 확인할 수 있었다. 그는 조직 내에서 신뢰를 쌓고, 투명한 소통을 통해 직원들의 지지를 얻는 데 주력했다. 또한, 고객의 니즈를 정확히 파악하고 이를 충족시키기 위해 과감한 결정을 내렸다. 이건희 회장의 리더십은 삼성전자가 글로벌 시장에서 선두를 유지할 수 있는 원동력이 되었다. 이처럼 리더의 결단력은 조직의 방향성을 결정하고, 지속 가능한 성장을 이루는 데 필수적인 요소로 작용한다.

결론적으로, 기업 리더의 결단력은 조직의 성공을 좌우하는 핵심요소로, 이를 통해 조직은 변화와 도전에 대응하며 지속 가능한 성장을 이루어 나간다.

대한상공회의소의 박용성 회장이 진행한 '국내 CEO들의 특성'에 관한 조사는 매우 의미 있는 결과를 제시한다. 이 조사는 청소년들에게 직업 교육 자료로 활용될 목적으로 실시되었으며, 국내에서 활동하는 CEO 200명을 대상으로 진행되었다.

조사 결과, CEO들이 생각하는 가장 중요한 덕목으로 결단력이 43.3%라는 압도적인 비율로 1위를 차지했다. 이는 성실성(22.5%), 도전정신(17.5%), 친화력(10.8%), 카리스마(1.7%) 등 다른 덕목들을 크게 앞선다. 이를 통해 CEO들이 결단력을 얼마나 중시하는지를 알 수 있다. 이러한 데이터는 결단력이 리더의 성공을 위해 얼마나 중요한지, 그리고 그것이 조직 전체의 성패와 어떻게 직결되는지를 명확하게 보여준다.

리더십을 탐구할 때, 우리는 종종 본능적 리더십과 인지적 리더십 사이의 선택을 직면하게 된다. 본능적 리더십은 본능생존, 직면한 감정, 독선적 직관을 바탕으로 한 의사결정을 의미하며, 인지적 리더십은 논리적 분석, 합리적 이성, 풍부한 지식을 기반으로 한다. 뉴로리더십을 깊이 이해하기 위해서는 이 두 원형의 기원과 특성을 면밀히 살펴볼 필요가 있다. 이는 리더십의 본질을 더 잘 이해하고 미래의 방향을 설정하는 데 도움이 될 것이다.

뉴로리더십 연구의 목표는 이러한 본능적 및 인지적 원형이 어떻게 상호작용하며 현대 리더십에 어떤 영향을 미치는지를 밝혀내는 것이다. 본능적 원형과 인지적 원형 사이에 발생할 수 있는 충돌은 리더와 그들이 이끄는 조직에 중대한 도전이 될 수 있다. 리더가 이러한 충돌을 효과적으로 관리하고 조화로운 균형을 찾을 수 있다면, 강력한 리더십이 나타날 것이다. 반대로, 이러한 충돌이 해결되지 않는다면, 의사결정 과정에서 판단력 저하나 혼란이 발생할 수 있다.

뉴로리더십 연구 분야가 발전함에 따라 우리는 인간의 뇌가 리더십 행동과 관련된 결정을 어떻게 내리는지, 그리고 그 결정이 개인과 조직에 어떤 영향을 미치는지에 대해 더 깊이 이해하게 된다. 이는 다양한 상황에서 최적의 결정을 내리고 리더십 스타일을 조정하는 데 중요한 정보를 제공한다. 또한 이 연구는 특정 뇌 영역이 리더십 관련 행동에 어떤 영향을 미치는지 밝혀내어, 리더들이 자신의 능력을 더 효과적으로 개발할 수 있는 방법을 제시한다.

향후 뉴로리더십 연구는 리더십 이론에 혁신적인 변화를 가져와, 리더와 조직에 매우 긍정적인 영향을 미칠 것이다. 이를 통해 리더들은 더 나은 결정을 내리고 조직의 효율성과 생산성을 향상시킬 수 있는 지식과 도구를 얻게 될 것이다. 리더십의 변화는 조직의 성공뿐만 아니라 구성원들의 직무 만족도와 웰빙에도 긍정적인 효과를 가져올 것으로 예상된다. 결국 뉴로리더십 연구는 리더와 조직에 더 밝은 미래를 제공하는 열쇠가 될 것이다.

리더십의 본질을 깊이 파고들면, 두 가지 근본적인 접근 방식이 눈에 띈다.

하나는 본능적 원형에 기반을 둔 포스(Force)리더십으로, 이는 리더가 갖추어야 할 힘과 지배력을 강화한다. 다른 하나는 인지적 원형에 충실한 파워(Power)리더십으로, 권력보다는 지식과 정보의 공유, 팀워크와 같은 협력 요소를 중심으로 한다. 이 두 리더십 스타일이 조직 내에서 어떻게 다른 결과를 초래하는지 비교 분석해볼 필요가 있다.

신경전달 물질은 리더의 행동 패턴, 의사결정 과정, 스트레스 대응 능력에 직접적인 영향을 미친다. 따라서 이러한 신경전달 물질들이 리더의 유형과 뇌의 활동성에 어떤 방식으로 영향을 주는지 분석할 필요가 있다.

신경과학적 관점에서 리더십의 다양한 유형을 분석하면, 각 리더십 스타일의 강점과 약점을 파악할 수 있다. 예를 들어, 어떤 리더십 유형은 변화와 혁신에 강점을 보이지만, 다른 유형은 위기 상황에서의 냉정함과 결단력에 강점을 보인다. 이러한 리더십 유형의 실패 원인을 분석하고, 그 원인을 극복하기 위한 방안을 모색할 수 있다.

리더의 창의력과 문제 해결 능력은 단순한 경험이나 지식의 축적뿐만 아니라, 뇌의 특정 영역 활성화와 뇌 사이의 연결망 강화 과정과도 관련이 있다. 따라서 리더의 뇌를 어떻게 활성화시킬 수 있고, 이를 통해 조직 내 문제를 효과적으로 해결할 수 있는 전략을 탐구하고자 한다.

이러한 복잡한 문제를 뉴로리더십 이론의 관점에서 접근하여, 리더십에 대한 새로운 이해와 접근 방법을 제시하고자 한다. 이를 통해 리더십 연구 분야에 새로운 지평을 열고, 독자들에게 진심으로 다가가고자 한다.

당신의 뇌를
리더십의 무기로 만들기

MODULE
03

뉴로리더십 스타일

1. 당신의 리더십스타일은?	**189**
2. 5대 성격의 탄생	**197**
3. 뇌 체질	**210**
1) 외향성과 도파민체질	213
2) 친화성의 아세틸콜린체질	215
3) 성실성과 가바	217
4) 개방성과 세로토닌	219
5) 신경성과 결핍체질	222
6) 파생적 성질 신경성	227
7) 한 가지 성격특성이 모든 것을 좌우하지 않는다	229
4. 뇌 체질과 리더십 스타일	**231**
1) 부족체질이 부르는 화	237
2) 리더십 누구도 완벽할 수 없다	240
3) 부족한 사람이 기회다	241
4) 뇌의 기본 네트워크는 생존을 위한 진화의 산물	242
5) 리더십은 사회적 뇌의 발달에서	246
6) 강점특성과 단점특성	255
7) 신경전달 물질의 최적화	258
5. 뉴로리더십 4대 스타일	**259**
1) 외향성 리더십 스타일	259
2) 친화성 리더십 스타일	269
3) 안정성 리더십 스타일	283
4) 개방성 리더십 스타일	294
5) 균형잡힌 리더십 스타일	304
6) 독수리오형제	307
7) 인간의 지혜 집단지성의 발견	310

MODULE 03

뉴로리더십 스타일

1. 당신의 리더십 스타일은?

술 한잔합시다. 세미나가 끝나고 조용히 내게 다가와 인사하는 K선생의 첫 마디다. 머리는 하얗게 서리가 내려 있지만 단단한 얼굴표정에 굳건한 신념과 주장이 꽉 차있는 그의 모습은 금방이라도 불길 속에 뛰어들 것 같은 열정적인 모습이다. 나는 수십 년 동안 처음 만나는 사람을 보면 고약한 버릇이 한 가지 있다. 저 사람의 성격은 어떨까? 저 사람의 강점은 뭐고 약점은 뭘까? 어떤 성격의 소유자일까? 저 사람과 함께 사는 배우자는 어떤 성격일까? 두 사람 사이 자녀들의 성격은 어떨까? 그 자녀들은 어떤 배우자를 만날까? 저 아가씨와 저 총각은 어울리는 배우자일까? 라고 생각하는 버릇이다.

그런데 한 가지 믿어도 좋다. 자신에 대한 성격 설명을 듣고 나면 대부분 사람들은 어떻게 그렇게 잘 아느냐고 반문을 한다. 내가 교육과정에서 개인에게 성격특성을 분석하여 설명하면 많은 사람들이 서울역에 멍석 깔아 놓으면 돈 좀 벌겠다고 한다. 그렇게 한번 해볼까? 농담이다.

아마 이것도 직업병이라면 직업병일 것이다. 30년 이상을 교류분석이론(transactional analysis, 交流分析)을 기반으로 성격특성을 진단하고 피드백하는 강의를 하였으니 말이다. 심지어 성격특성진단 및 지식인유형분석 그리고 핵심역량을 분석하는 KD-Winners라는 소프트웨어도 개발하기도 하였다.

이야기를 다시 돌아 가보자. K선생이 열정적이라는 말은 두 말할 것 없이 집단 활동에서 앞장서는 역할을 하면서 리더십을 발휘한다. 대화에서는 항상 주도적이 되려 할 뿐만 아니라, 다른 사람의 이야기에 별로 관심을 두지 않으면서 자신의 주장을 끝까지 관철시키려는 노력은 남 다른 면을 가졌다. 뿐만 아니다. 그와 몇 차례 술을 먹을 때가 있었다. 초반에는 상당히 예의바르고 타인을 배려하는 모습을 보이지만 몇 잔 잔술을 마시면 그의 본성은 상대방을 지배하려는 주도적 특징을 나타낸다. "내 말 잘 들어! 당신은 내 말을 듣지 않는 게 문제야! 알았어!" 이것이 그의 단골 메뉴의 말이다. 아마 많은 사람들로부터 오해를 받을 수 있는 성격적 단점이기도하다. 넘치는 정력과 기분을 감당하지 못하는 것 보니 도파민이 넘치는 것이 아닐까? 라는 생각을 하여본다.

놀랍게도 그는 함께 숙소에 자고 나면 새벽녘이면 이미 그는 자리를 떠나고 없다. 그리고 아침 일찍 다른 일 때문에 바쁘게 돌아다닌다. 아마 그의 직업은 몇 가지가 되는 모양이다. 한 마디로 동에 번쩍 서에 번쩍인다. 열정에 넘치는 그는 모임 활동도 한두 가지가 아니다. 다양한 모임에 참여한다. 그리고 얼마 있지 않으면 주도적인 역할을 하면서 주목을 받는다.

L지사는 내 오랜 친구다. 우리는 많은 시간을 함께 보내왔지만, 그가 지닌 성격 특성은 전혀 변하지 않았다. 그는 현재 높은 공직에 있음에도 불구하고, 여전히 긍정적이고 온화한 성품을 지니고 있다. 이런 성격 덕분에 주변 사람들로부터 두터운 신뢰와 존경을 받고 있는 것이다. 그의 성격이 변함없는 이유

는 아마도 타고난 성격 덕분일 것이다. 오래전의 일이다. 내가 개인적인 문제로 힘들어하고 있을 때, 그는 나에게 다가와 "종훈아, 요즘 많이 힘들어 보이네. 괜찮겠니?"라고 물었다. 나는 그의 섬세한 공감 능력에 깜짝 놀랐다. 그가 나의 감정을 먼저 알아차리고 다가와 준 것이 정말 감동적이었다. 이런 세심한 배려와 공감능력이 그의 훌륭한 인품을 보여준다. 그가 국회의원과 지사를 역임하며 많은 사람들로부터 존경받는 이유를 이 일을 통해 더 확실히 알게 되었다.

나는 1년에 한두 번씩 그의 사무실을 방문한다. 그는 항상 나를 따뜻하게 맞아주며, 친밀하게 대화를 나눈다. 그의 배려심과 합리적인 태도는 한결같다. 이런 모습을 볼 때마다 그가 아마도 아세틸콜린 체질에 가까운 사람일 것이라는 생각이 든다. 또한, 최근 뇌파 검사 그림21) 결과를 통해 그의 뇌 활동이 안정적이고 차분하며, 합리적인 특성을 지닌 것으로 확인되

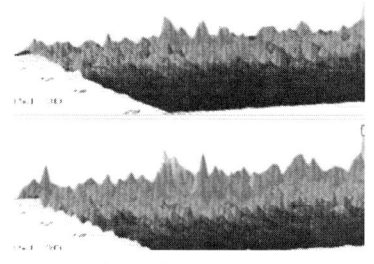

[그림21] 안정적인 L지사 뇌파상태

었다. 이는 그의 일관된 성격과 행동을 잘 설명해준다. L 지사는 정말로 내게 큰 영감을 주는 존재다. 그는 정치인으로서 탁월한 파워리더십 역량을 유감없이 보여주는 리더이다.

B사장은 매우 사교적인 인물이다. 그의 성격은 상냥하고 타인을 배려하는 특성을 지니고 있으며, 언제나 다른 사람을 도우려는 활동을 적극적으로 펼치고 있다. 이에 따라 그는 국제 로터리 클럽 활동을 통해 어려운 환경에 놓인 이웃들을 찾아다니며 봉사활동을 하고 있으며, 사교적인 모임에서도 주목받는 존재이다.

그는 일단 알게 된 사람들과의 관계를 잘 유지하는 편이다. 상대방의 성격이나 성별, 지위고하를 막론하고 그들과 원만한 관계를 형성하고 있는데, 이는 로터리 클럽 회장직을 수행하면서 다양한 사람들과 교류해야 하는 그의 역할과 관련이 있어 보인다.

한편, B 사장은 중년을 넘긴 나이에도 불구하고 젊은이들과도 잘 어울리며, 그들을 인격적으로 존중하는 태도를 보인다. 이러한 특성은 그가 아세틸콜린 체질일 가능성을 시사한다.

또한 B 사장은 자신과 타인의 건강을 위해 꾸준히 책을 읽고 그 내용을 실생활에 적용하는 등 학습하는 모습을 보인다. 그의 이러한 열정적인 자기계발 모습은 마치 젊은이가 학교에서 공부하는 것과 유사해 보인다. 이를 통해 그의 뇌 활동이 활발하고 기억력이 탁월한 것으로 추정된다.

종합해보면, B 사장은 타인에 대한 배려심과 사교성이 돋보이는 인물이다. 이는 그가 아세틸콜린 체질과 관련이 깊은 것으로 보인다. 또한 그의 지속적인 학습 자세와 건강관리 노력은 주목할 만하다.

L사장은 1년에 수백억의 이익을 남기는 중소기업의 사장이다. 그 기업이 어려움에 빠졌을 때, 창업주는 그를 모셔다 회사를 반석에 올려놓게 한 것이다. 그가 처음 그 회사에 출근 했을 때는 회사의 전 직원들은 열정은 사라지고 불신과 불만에 차 있었으며, 게으르기 그지 없는 집단이었다. 한 마디로 회사를 정상으로 만들어 놓기에는 힘 버거운 상태였으니 말이다. 회사 전체적으로 일처리하는 모습은 비합리적이고 불안정한 상태에서 벌어지는 일이라곤 내일일까? 모레일까?라는 무너지는 기업정서를 맞닥뜨려야 했던 L사장은 별로 선택할 여지가 없었다. 한마디로 조직 전체의 시스템을 바꾸는 일에서부터 열정이 사라지고 매너리즘에 빠져 있는 사원들의 의식전환이 일어나게 하는 것이었

다. L사장을 처음 만나면 그가 차분하고 안정적이며 신중한 사람이라는 것을 알 수 있다. 실제로 L사장은 차분하고 논리적이며 실수를 잘 하지 않고 타인을 배려하는 성격이다. 그는 자신이나 타인에게 피해가 가는 일을 하지 않으면서도 상대방의 감정을 헤아리며, 차분하게 상대방을 설득할 수 있는 능력도 지니고 있다.

L사장은 회사의 어려움을 해결하기 위해 조직을 활성화시키는 방법을 선택했다. 그의 첫 번째 선택은 직원들의 신뢰를 얻는 것이었다. 이를 위해 전 직원과 함께 산행하는 팀워크 활동을 진행했다. 중년의 나이임에도 불구하고 가장 먼저 힘든 산을 오르며 직원들과 함께 어울리는 모습을 보였다. 또한 대중목욕탕에서 등을 밀어주며 친밀감을 나누고, 회식 자리에서도 술을 권하며 직원들과 함께 어울렸다.

L사장의 이러한 노력은 적중했고, 직원들은 회사 회생을 위해 앞장서기 시작했다. L사장은 솔선수범하여 직접 작업현장에서 일하며 문제점을 파악하고 순차적으로 해결했다. 이를 공개적으로 알리며 직원들과 함께 공유하는 신뢰 경영을 실천했다.

그 결과 1년 만에 회사는 정상 궤도에 오르며 강소기업으로 성장했고, 매출 대비 영업이익도 30%에 육박하게 되었다. L사장의 차분하고 안정적인 성격, 논리적이고 합리적인 사고, 타인을 배려하는 태도 등이 이러한 성과를 이루어낼 수 있었던 요인이 되었다.

H원장은 노인 효 병원을 운영하는 전문경영인이다. 그를 만나는 사람들은 그를 특별하고 흥미로운 사람이라고 느낀다. 그는 인생을 즐기는 사람이며, 행복이 넘치는 사람으로 보인다. 처음 만났을 때는 자유롭고 신선한 느낌을 준다. 아내가 "H원장은 정말 행복한 사람 같아요?"라고 말할 정도로 그렇게 보인다.

그는 술과 고기를 전혀 먹지 않지만, 다른 사람들과 잘 어울리며 마지막까지 즐겁게 흥을 돋운다. 대화에는 유머와 위트가 넘치며, 자유분방한 모습이다. 골프와 할리 오토바이를 즐기는 등 다양한 취미를 가지고 있다.

H원장은 자유로운 사람이다. 아이디어가 풍부하고 상대방에게 즐거움을 선사하며, 행복이 넘치는 사람이다. 답답하게 따지고 고민하는 것과는 거리가 멀어 보인다. 또한 타인을 배려하고 인정하면서 자신만의 삶의 방향을 가지고 있다. 그래서 그 주변에는 함께 인생을 즐기는 사람들이 많다. 그는 모험을 즐기고 세로토닌 성향의 성격을 가진 것으로 보인다.

H원장의 하루 일과는 매우 다채롭다. 그는 아침 일찍 일어나 명상과 요가로 하루를 시작한다. 건강을 중시하기 때문에 식단 관리도 철저히 한다. 채식과 생식을 주로 하며, 식사 시간에는 항상 천천히 음미하면서 먹는다. 그의 식사 습관은 병원 직원들에게도 큰 영향을 미쳐, 많은 직원들이 그의 식단을 따라 건강한 생활을 실천하고 있다.

그는 병원에 출근하면 환자들과 시간을 보내며, 그들의 이야기를 경청하고 문제를 해결해준다. 환자들은 그의 따뜻한 마음과 배려에 감동하며, 그의 존재만으로도 큰 위로를 받는다. 또한 그는 직원들에게도 항상 긍정적인 에너지를 전파하며, 팀워크를 중시한다. 직원들과의 소통을 중요시하며, 그들의 의견을 적극적으로 수렴한다.

퇴근 후에는 다양한 취미를 즐기며, 새로운 경험을 쌓는다. 그는 골프를 통해 스트레스를 해소하고, 할리 오토바이를 타며 자유를 만끽한다. 주말에는 가족과 함께 시간을 보내며, 가까운 곳으로 여행을 떠나기도 한다. 이러한 일상 속에서 그는 항상 새로운 아이디어를 얻고, 이를 병원 경영에 반영한다.

H원장은 사람들과의 관계를 중요시하며, 항상 주변 사람들에게 긍정적인 영

향을 미치려고 노력한다. 그의 따뜻한 성품과 유머러스한 대화는 사람들에게 큰 즐거움을 준다. 그래서 그의 주변에는 항상 사람들이 모여들고, 함께 인생을 즐기는 분위기가 형성된다. 그는 자신의 삶을 주체적으로 살며, 다른 사람들에게도 긍정적인 변화를 가져다주는 사람이다.

앞서 살펴본 다섯 분은 필자가 아주 잘 아는 사람들이다. 이 분들에게 감사한 마음을 갖고 있는데 필자가 뇌 체질에 따라 살펴볼 수 있는 좋은 모델이기 때문이다. 물론 이들에게 이 글을 쓰겠다고 말하지는 않았다. 만약 이 글을 본인이나 주변 사람들이 읽는다면 "당신 이야기를 하고 있군!"이라고 말할 것이다. 가까운 사람들의 이야기를 이렇게 자세히 다루는 이유가 궁금할 수 있다. 하지만 이 분들의 이야기에는 뚜렷한 차별점이 있다. 바로 이들이 자신의 주변에서 나름의 리더십을 발휘하며 살아가고 있다는 점이다.

이들은 비슷한 나이의 남성이지만, 성격특성이 분명히 다르다. 필자는 30년간의 교육경험과 수만 명의 성격분석을 통해 사람마다 고유한 성격특성을 가지고 있다는 것을 알고 있다. 이러한 특성은 평생을 살아오면서도 크게 변하지 않으며, 자녀와 조부모, 배우자 등 가족 간에서도 의미 있는 성격들이 만난다는 사실을 관찰할 수 있었다.

부부가 흔히 이혼하게 되는 가장 큰 이유는 '성격이 다르기 때문'이라고 말한다. 이 글을 읽는 독자들도 마찬가지 일 것이다. 그런데 놀라운 사실은 성격이 다른 사람은 이혼하지 않는다. 성격이 같거나 비슷한 사람은 이혼할 확률이 더 높다. 왜! 그럴까? 생각을 정리해보자. 만약 당신의 성격이 급하고 말이 많은 사람이라고 가정하자.

그렇다면 당신의 배우자는 여유가 있고 수용적인 성격 스타일일 것이다. 만약 당신이 말이 많다면 배우자는 말이 적고 신중한 사람일 가능성이 높다. 그렇게 만나는 것이 흔히 '궁합이 맞는 사람이다'라고 말한다. 흥미로는 사실은 당사자의 성격을 알면 조부모나 배우자의 부모 그리고 자녀들의 성격은 물론 배우자의 성격도 예측할 수 있다. 왜 그런 것이 가능할까? 성격특성의 기본은 유전적 기질에 의해서 바탕을 이루고 그 유전적 기질위에 양육적환경과 성장과정에서 다양한 변화가 일어난다. 여기서 다양한 변화라는 것은 말이 많은 사람이 전혀 말이 없는 사람이 되기는 어렵다. 하지만 말을 조리 있게 한다든지, 신중해 진다든지 아니면, 산만하다든지, 의미 없는 말을 마구 쏟아 낸다든지 다양한 변화는 일어날 수 있다.

  자녀의 성격은 누구를 닮을까? 재미있는 일은 다자녀일 경우에는 맏이의 성격은 양친 중에 그 집에서 권한을 많이 행사하는 사람을 닮았다는 사실은 주목할 만한 일이다. 물론 아직 과학적인 증거는 없다. 다만 진화의 입장에서 본다면 뇌는 생존에 더 유리한 권력자를 선택하지 않았을까? 반면에 둘째는 맏이와 다르게 양친 중에 다른 사람을 닮았다. 어쩌면 2등은 싫다 1등이 좋다는 의미일까? 아니면 유전적으로 그렇게 선택하는 것이 유리하기 때문에 다르게 성격이 형성되었을까? 누군가 밝혀내리라는 생각한다.

  자녀가 여러 사람이면 한번 분석해 보자 자녀들의 성격이 각각 다르면서 양친 중에 누군가를 더 닮았다. 여기서 설명하는 성격이야기는 성격이론을 증명하기 위하여 논의 하는 것이 아니라, 성격특성이 뇌와는 어떤 관계가 있으며, 신경시스템과 연관성이 얼마나 있는가를 분석하고 그 특질을 기반으로 뉴로리더십 스타일을 분석하고자 한다. 그 이유는 성격특성이 행동특성 또는 문제해결 방식, 그리고 대인관계 방식 등 다양하게 구분되기 때문에 '성격=리더십'과 관련이 있다는 의미다.

2. 5대 성격의 탄생

"그 사람의 성격이 왜 저런지 이해할 수 없다."
"저 친구는 자신만 똑똑하고 잘난 척하면서 자신이 한 말에 대해 책임지지 않아서 믿을 수 없다."
"우리 사장님은 한 번 고집이 생기면 밤낮으로 파고드는 성격이라 누구도 그 열정을 따라갈 수 없다."
"우리 부장님은 한 번 걸리면 끝까지 물고 늘어지는 성격이니 평소에 조심해야 한다."

타인의 성격을 이해하는 것은 매우 관심 있는 부분이다. 내가 처음 만난 사람의 성격을 정확히 예측한다면 깜짝 놀라면서도 감탄할 만한 능력이다. 손자병법에 "지피지기면 백전백승"이라는 말이 있듯이, 대인관계에서 상대방의 성격을 파악하는 것은 중요한 핵심포인트가 된다. 그래서 많은 사람들이 상대의 성격 특성을 이해하려는 다양한 시도를 하며 살아간다.

심리학자들도 예외는 아니다. 성격심리학자들은 다양한 방법으로 성격을 규명하려 노력해왔고, 나름대로 성격을 해석하는 데 기여해왔다. 필자도 교육에서 성격을 많이 활용했다. 이 글을 읽는 분들 중에는 에고그램, 에니어그램, MBTI, DISC 등 다양한 성격 진단 도구를 사용하는 분들이 있을 것이다. 만약 인간의 성격이 도구마다 다르게 나온다면 상당한 혼란이 생길 것이다. 인간은 개인차에 따라 다양한 성격 특성을 보유하고 있는 것이 사실이다. 1958년 고든 울포트는 성격 연구자들이 각자 좋아하는 도구만 사용해 왔고, 그 결과 수십 년 동안 상황이 악화되기만 했다고 실토했다.[35] 어떤 의미에서 성격의 춘

추전국시대가 펼쳐져 왔다는 의미로 해석할 수 있다. 그 이유는 추상적인 마음을 해석하는 도구로 성격특성을 해석하려는 시도에서 비롯된 것이 아닐까? 그러나 이제 신경과학적 측면에서 성격특성이론이 성격을 해설하고 입증하는 핵심적인 도구로 발전하면서 르네상스를 맞고 있다.'성격의 탄생'의 저자인 다니얼 네틀(Daniel Nettle)은 "성격의 반복적 특성도 그 사람의 신경시스템이 가진 물리적 특성 때문에 발현되는 것으로 보인다."라고 설명하였다. 이 말이 필자를 가장 흥분되게 하는 설명이다. 즉, 신경시스템이 개인의 성격특성을 구성하는데 핵심적인 역할을 한다는 사실이다. 뿐만 아니라 이러한 신경시스템을 이루고 있는 뉴런의 발화(發火) 신경세포는 시냅스 간격을 가지고 있으며, 수상돌기와 축색돌기가 서로 정보를 주고받으며 활성화되는 시냅스 작용을 발화라 한다.

신경시스템이 발화하면서 방출되는 신경전달 물질(neurotransmitter)이 성격을 이루는데 결정적인 작용을 한다는 의미다. 그는 또한 "다시 말해 사람의 성격을 말하는 것은 그 사람 고유의 신경시스템 구조와 기능을 압축해서 말하는 것이다."라고 설명했다. 성격은 평생을 두고 사용되는 그 사람의 특징을 설명하는 것이다. "사람은 항구적인 성격을 가지고 있고, 그 성격을 보고 사람들의 행동을 부분적으로 예측할 수 있으며, 이 같은 성격은 사람마다 고유한 신경시스템 연결방식에 의해 결정되는 것이다."[36] 우리 주변에 잠깐만 눈을 돌려보면 아하! 성격은 그런 것이 구나!라는 감탄사를 자아내게 하는 증명이다. 지금 까지 대부분 사람들은 자신이 만나는 사람들의 성격을 이해하려는 시도를 하였고 때로는 그 성격 때문에 그와 관계마저 단절시키는 결과를 만들기도 하였다. 그렇다면 왜! 우리는 이렇게 인간의 성격을 이해하려는 것일까? 어쩌면 상대방의 성격을 정확하게 이해한다면 그를 설득하고 그에게 자신의 상품을 판매할 수 있을 것이고, 기업은 고객의 성격특성을 정확하게 파악한다면 고객의 구매 욕구를 충족시켜 구매하는데 결정적 역할을 할 것이다.

대인 관계에서 상대방의 성격을 잘 이해하면 관계를 더 돈독하게 할 수 있을 뿐만 아니라 거래 관계도 원활하게 할 수 있다. 인간이 서로를 이해하려는 노력은 오래전부터 있어 왔으며, 이는 생존을 위한 수단으로 우리의 DNA에 내재되어 왔다고 볼 수 있다.

리더의 성격 특성이 집단에 미치는 영향은 다양할 수 있다. 외향적이고 창의적인 리더는 집단을 역동적으로 이끌며 카리스마 있는 설득력과 풍부한 아이디어를 발휘할 것이다. 반면 안정성과 친화성을 가진 리더는 조직 구성원들과의 친밀한 관계를 유지하며 인간중심적 리더십을 발휘할 것이다. 개방성과 친화성을 가진 리더는 자유로운 소통과 참여를 중시하며 상생하는 조직 문화를 중요하게 여길 것이다. 성격에 대한 새로운 접근은 신경과학자들의 연구를 통해 이루어졌다. 뇌의 신경 시스템을 연구하면서 감정과 이성의 기반인 성격을 이해할 수 있게 되었다. 이를 통해 성격에 대한 다양한 논의들을 해결할 수 있게 되었다. 5대 성격모델(five-factor model of personality)은 신뢰할 만한 유용한 분석으로 증명하고 있다, 외향성(extraversion), 친화성(agreeableness), 성실성(conscientiousness), 개방성(openness), 신경성(neuroticism)이라는 5가지 특성에 대하여 다니얼 네틀(Daniel Nettle)의 성격의 탄생을 통하여 명쾌하게 설명하였다.

아마도 그 책을 읽어본 사람들은 저자의 의도와는 상관없이 성격에 대한 순서가 바뀌었다는 의문을 가질 수 있겠다. 하지만 이는 이 책을 읽어가면서 리더십 스타일을 설명할 때 이해하기 편리하도록 하기 위함이다. 성격을 과학적으로 입증하는 이유 중 하나는 인간의 유전자를 빼놓을 수 없다. 유전자는 인간이 당시 환경에 가장 잘 적응하는 방법으로 진화하였고, 끊임없는 진화의 과정 속에서 자연선택의 결과라고 할 수 있다. 앞서 설명했던 갈라파고스 군도의 핀치새 이야기를 다시 살펴보자.

핀치새는 모두 같은 종인데, 왜 주변 환경과 먹이에 따라 부리 모양이 다르게 만들어졌을까? 그 이유는 생존에 유리한 자연선택의 결과로 유전자 차이가 핀치새의 부리 크기를 다르게 만든 것이다. 이처럼 인간의 성격도 유전적인 특성을 가지고 있다. 유전적이라는 것은 유전자의 차이와 연관되어 있음을 의미한다. 인간의 경우 약 25,000-30,000개의 유전자로 구성된 유전체를 가지고 있다.

이러한 유전자의 특성은 신경시스템의 특성 구축에 영향을 미쳤을 것이고, 그 영향이 핀치새의 부리처럼 각자의 생존 모델을 가지고 살아가는 성격적 특성을 만들어낸 것이다. 이는 창발성(emergent property)의 개념으로 설명할 수 있는데, 개별 요소에서는 특성이 없던 것이 집단을 이루면서 특정한 현상을 발생시키는 것을 말한다. 예를 들어 개미나 꿀벌 무리에서 개체 수준에서는 보이지 않던 역동성이 전체로 확장되면서 특정한 패턴을 보이는 전체성(collectivity)으로 생겨나는 것이 창발성이다.

뇌를 들여다보는 기술의 발전은 우리에게 더 많은 기회를 제공했고, 그 중 하나가 성격을 신경과학적으로 입증하는 결과를 만든 것이다. PET, fMRI 등의 뇌 촬영 기기와 EEG(뇌파검사) 기술을 통해 우리는 깨어있는 사람의 신경시스템을 분석할 수 있게 되었다. 이를 통해 우리는 성격이 눈으로 볼 수 있는 뇌 활동에서 비롯된다는 증거들을 찾아낼 수 있었다. 오랫동안 감정과 관련된 것으로 여겨졌던 뇌 영역의 조직과 조절작용은 그 크기와 구조, 기초활동 대사, 그리고 특정한 과제를 수행할 때 활성화 정도에 있어서 사람마다 서로 다르다는 것을 알 수 있다. 누구나 쉽게 알 수 있는 성격 특성이 바로 외향성이다. 외향적인 사람은 처음 만나는 사람에게도 자신의 주장과 생각을 잘 표현할 뿐만 아니라, 분명한 주장과 소신을 보인다. 이러한 성격을 가진 사람들은 새로운 사람과의 만남을 두려워하지 않으며, 오히려 그 만남을 통해 자신의 에너지를 얻는다. K 선생의 성격 특질에서도 잘 드러나듯이, 외향성을 지닌 사람은 숨길 수 없는 야망과 권력에 대한 욕구가 있다. 이들은 높은 사회성을 가지고 있어 타인과의 상호작용을 즐기며, 그 속에서 자신을 더욱 빛내고자 하는 욕구를 가진다. 또한, 외향적인 사람은 타인을 지배하려는 속성을 함께 가지고 있다. 이들은 주도적인 역할을 선호하며, 자신이 중심에 서서 상황을 이끌어가는 것을 좋아한다.

또한, 외향적인 사람은 긍정적인 영화를 볼 때 나타나는 뇌의 신진대사 증가량과 외향성 수치 사이에 상당한 상관관계가 있다는 연구 결과가 있다.

제임스 E. 줄의 설명에 따르면, 뇌의 긍정성을 나타내는 복측피개영역과 측좌핵이 포함된 대뇌기저부분이 뇌의 보상 시스템으로, 긍정적 동기에 반응하여 도파민이 분출되는 곳이라고 한다. 이 보상 시스템은 외향적인 사람들에게 더욱 활발하게 작용하며, 이들은 긍정적인 경험을 통해 더욱 큰 만족감을 느낀다. 예를 들어, 외향적인 사람은 친구들과 함께 어울리며 즐거운 시간을 보낼 때, 그 순간의 행복감이 더욱 크게 느껴진다. 이는 뇌의 보상 시스템이 활성화되면서 도파민이 더욱 많이 분출되기 때문이다. 이와 같은 이유로 외향적인 사람들은 긍정적인 환경과 경험을 찾고, 그 속에서 자신을 더욱 발전시키고자 하는 경향이 있다.

친화성이 높은 사람은 타인을 배려하고 타인의 입장에서 공감하며 수용하는 경향이 있다. 이런 사람들은 창의력이 높은 편이다. 반면, 친화성이 낮은 사람은 냉정하고 쌀쌀맞으며 타인에 대한 공감 능력이 부족하다. 이런 경우가 지나칠 경우 사이코패스라고 불린다.

친화성이 높은 사람들은 친사회적이고 따뜻하며 사람을 잘 믿는 행동을 보인다. 이들은 다른 사람을 더 많이 도와주고 조화로운 인간관계를 유지하며 선행을 즐긴다. 또한 다른 사람들과 싸우거나 부딪히는 일이 상대적으로 적다. 이들은 쉽게 용서하며 실제 비난받아 마땅한 사람에게도 화를 잘 내지 않는다.

이러한 특성을 보이는 사람이라면 아마도 친화성이 높은 편일 것이다. 친화성이 높은 사람들은 아세틸콜린 체질이라고 한다.

친화성이 높은 사람들은 갈등 상황에서도 상대방의 입장을 이해하고 협력적인 해결책을 찾으려는 경향이 있다. 이들은 대화를 통해 문제를 해결하며, 타인의 의견을 존중하고 수용하는 태도를 보인다. 이러한 사람들은 팀워크가 필요한 환경에서 특히 빛을 발하며, 집단 내에서 조화를 이루는 데 큰 기여를 한다.

반면, 친화성이 낮은 사람들은 갈등 상황에서 자신의 입장을 고수하며 타인의 의견을 무시하는 경향이 있다. 이들은 타인과의 관계에서 불필요한 마찰을 자주 일으키며, 협력보다는 경쟁을 중시하는 태도를 보인다. 이러한 성향은 직장이나 사회생활에서 부정적인 영향을 미칠 수 있다.

결론적으로, 친화성이 높은 사람들은 인간관계에서 긍정적인 영향을 미치며, 사회적 유대감을 강화하는 데 중요한 역할을 한다. 이들은 타인과의 상호작용에서 따뜻함과 신뢰를 바탕으로 건강한 관계를 유지하며, 공동체의 발전에 기여하는 모습을 보인다.

성실성을 증명하기 위하여 재미있는 게임 한 가지를 소개한다. 이 게임은 A, B, C, D 4종류의 카드로 진행되는 것이다. 도박에서 A와 B 카드를 뽑을 때마다 100달러의 보상이 지급되지만, C와 D 카드를 뽑으면 50달러만 지급된다.

처음에는 A와 B 카드가 더 매력적인 것 같다. 그러나 자세히 살펴보면, A 카드는 10번에 한 번씩 1,250달러의 벌금이 부과되고, B 카드는 500달러의 벌금이 4번에 1번씩 부과된다. 반면 C 카드는 250달러의 벌금이 10번에 1번씩, D 카드는 100달러의 벌금이 4번에 1번씩 부과된다.

이를 계산하면, A와 B 카드는 각각 250달러씩 손해를 보지만, C와 D 카드는 각각 250달러씩 이익을 얻게 된다. 따라서 C와 D 카드를 선택하는 것이 더 현명한 선택이 될 것이다.

이 게임에는 흥미로운 이유가 숨겨져 있다. A와 B 카드는 보상이 100달러로 더 많지만, 벌금이 크기 때문에 장기적으로는 손실이 발생한다. 반면 C와 D 카드는 보상이 50달러로 적지만, 벌금이 상대적으로 작아 이익을 얻을 수 있다. 즉, 당장의 유혹보다는 장기적인 관점에서 현명한 선택을 해야 한다.

이 오아이오 게임의 숨은 뜻은 뇌에 그 답이 있다. 즉각적인 보상에 반응하는가 아니면 보상을 억제하면서 신중한 선택을 할 것인가. 이와 유사한 게임은 심리학자 월트 미셸(Walter Mischel)의 1972년대 600명의 4살난 아이들을 대상으로 한 마시멜로우 실험에서 찾아볼 수 있다. 아이들에게 좋아하는 마시멜로우라는 맛있는 과자 1개를 주면서 15분 후에 다시 올 때까지 기다리면 1개를 더 주겠다는 약속을 하였다. 그러나 즉시 먹어도 되지만 추가로 1개를 더 받을 수는 없다는 설명도 하였다.

그 결과 즉시 먹은 아이들, 기다리다 먹은 아이들, 15분간 기다렸다 과자를 한 개 더 먹은 아이들이 있었다. 연구자들이 이들을 성인이 되었을 때 추적한 결과, 기다리지 않고 먹어버린 아이들은 성취도가 낮았지만, 끝까지 참고 기다린 아이들은 성취도가 높았다. 침팬지도 이런 실험에서 기다리는 모습을 보이는 개체도 있었고 기다리지 않고 먹어버리는 개체도 있었다. 침팬지 역시 맛

있는 것을 먹지 않고 기다릴 때는 아이들처럼 다른 곳에 주의를 돌리거나 다른 행동을 하면서 참는다는 연구 결과도 있다. 이후 이들이 45세 성인이 되었을 때 토론토대학교 마크 버만(Marc Berman)교수가 자기공명영상(fMRI)으로 연구한 바에 따르면, 마시멜로우를 먹지 않고 기다려 자기절제를 잘한 사람들의 뇌가 그렇지 않은 사람들에 비해 더 효율적인 것으로 나타났다. 또한 알코올이나 도박 중독자의 경우 오아이오 게임에서 A와 B를 더 많이 선택했고, 뇌의 전두엽과 안와전전두엽의 손상을 입은 환자들도 A와 B를 선택했다는 연구 결과가 있다.

충동을 억제하고 자신의 감정을 통제하는 능력은 전전두피질과 안와전전두피질과 연관이 있다. 신경조절물질인 도파민은 충동을 활성화시키는 반면, 신경전달물질인 가바(GABA)는 충동을 억제하는 역할을 한다. 뇌체질에서 가바체질은 충동을 억제하면서 안정성과 신중함을 잘 유지하는 성격특성에 영향을 미치는 신경전달물질이다..

지금 이 글을 커피숍에서 쓰고 있다. 주변에 사람들이 많아 시끄러운데, 주변에 신경 쓰지 않고 글 쓰는 데 집중하고 있다. 술 마시고 싶은 충동도 억제하면서 성실하게 자신을 통제하고 있다. 성실성은 자신을 억제하고 통제하는 능력과 밀접한 관련이 있다. 이 억제 시스템이 무너지면 중독에 빠지게 되어 충동조절장애라는 혼란스러운 결과를 초래할 수 있다.

세로토닌의 개방성은 자유로운 영혼을 가진 사람, 새장을 벗어나 마음대로 날아다니는 마음을 가지고 다양한 사람들과 흥미롭게 살아가는 사람을 나타낸다. 이런 사람들은 제약과 한계를 두지 않고 자신의 생각과 감정을 자유롭게 표현한다. 때로는 부러워 보이기도 하지만, 이들은 언제나 자유롭게 살아간다. 이들은 자신의 삶에서 매 순간을 즐기며, 새로운 경험과 도전을 두려워하지 않는다. 개방성이 높은 사람들은 어떤 형식에 얽매이는 것을 싫어하고, 자유분방한 사고방식을 가진다. 이들은 예술가적 기질과 기발한 아이디어가 돋보이는 사람들이다. 예술, 문학, 음악 등 창의적인 분야에서 두각을 나타내며, 새로운 아이디어를 제시하고 독창적인 작품을 만들어내는데 능하다. 개방적 성격을 가진 사람은 규범에 얽매이거나 누구의 간섭을 받기 싫어하며, 일을 할 때도 즐기면서 한다. 이들은 성실성의 성격과는 반대편에 있는 세로토닌 성격의 소유자들이다. 성실성이 높은 사람들은 규칙과 질서를 중요시하며, 계획적이고 신중하게 행동한다. 반면, 세로토닌이 높은 사람들은 즉흥적이고, 창의적인 방법으로 문제를 해결하려 한다.

세로토닌은 개방성과 자유로움을 나타내며, 인간이 행복함을 느낄 때 많이 활성화되는 신경전달물질이다. 이 신경전달물질은 우리의 기분을 좋게 만들어주며, 스트레스를 줄이고 긍정적인 감정을 느끼게 해준다. 세로토닌이 충분히 분비되면 우리는 더 행복하고 만족스러운 삶을 살 수 있다. 또한, 세로토닌은 우리의 사회적 관계를 개선하고, 타인과의 유대감을 강화하는 데도 중요한 역할을 한다. 이러한 이유로 세로토닌은 우리의 정신적, 감정적 건강에 큰 영향을 미치는 중요한 요소이다.

신경성(神經性)이 독립적인 성격 변수인지에 대해서는 신경과학적 관점에서 더 많은 연구가 필요해 보인다. 성격의 창시자인 다니엘 네틀은 신경성을 부정적 감정에 기반한 것으로 설명했다. 그에 따르면 "공포, 걱정, 모욕감, 죄책감, 혐오, 슬픔 등의 부정적 감정은 불쾌하며, 이러한 불쾌감이 부정적 감정의 본질"이라고 했다. 부정적 감정은 생존을 위한 수단으로, 위기 상황에서 공격할지 도피할지를 결정하는데 중요한 역할을 한다. 네틀은 또한 신경성이 높은 사람은 화재경보기와 같이 감정조절 능력이 매우 예민하다고 설명했다. 부정적 감정은 편도체의 과잉 활성화로 인한 반응이며, 신경성이 높은 사람의 편도체가 더 민감하게 반응한다고 하였다.

신경성의 역할을 더 깊이 이해하기 위해서는 신경과학적 연구뿐만 아니라 심리학적, 생물학적 접근도 필요하다. 예를 들어, 신경성이 높은 개인은 스트레스 상황에서도 더 강한 생리적 반응을 보이며, 이는 심박수 증가, 호흡 가속화, 땀 분비 증가 등으로 나타날 수 있다. 또한, 이들은 일상적인 상황에서도 위협을 더 잘 감지하고, 잠재적인 위험에 대한 경계심이 높다. 이러한 특성은 원시시대에는 생존에 유리했을 수 있지만, 현대 사회에서는 과도한 스트레스와 불안으로 이어질 수 있다. 따라서, 신경성이 단순히 부정적 감정의 집합이 아니라, 생존 전략의 일환으로 이해될 필요가 있다. 이를 통해 신경성이 높은 사람들이 어떻게 일상생활에서 스트레스를 관리하고, 긍정적인 감정을 경험할 수 있는지에 대한 실질적인 방법도 모색될 수 있을 것이다. 나아가 이러한 연구는 정신건강 관리를 위한 새로운 접근법을 제시하는데 기여할 수 있을 것이다.

5대 성격특성 중 신경성은 아드레날린 호르몬에 의하여 예민하게 반응한다. 다니얼 네틀은 신경성은 세로토닌 결핍과 관련성이 많다고 하였으며, 사람의 특성에 따라 신경성은 신경증과 우울증에 관련하여 설명하였다. 뇌 체질 특성에서 살펴보겠지만, 5대 성격 중 신경성은 외향성, 친화성 그리고 성실성과 개방성이 결핍될 때 파생적[38] 성격특성이라 볼 수 있다. 즉 앞의 4가지 성격적 성향이 주 특질인 사람이 신경전달물질이 결핍되면 신경성과 우울증으로 전환될 수 있기 때문이다. 뿐만 아니라 4가지 기본성격특성과 파생성격특성으로 구분하는 것이 신경전달 물질과 관련하여 설명할 수 있다. 뇌 체질에 대한 설명에서 4가지 신경전달물질의 과부족에 따라 데니얼 네틀이 주장하는 신경성에 포함되는 신경증과 우울증이 발생한다고 설명할 수 있다. 저자는 뉴로리더십 스타일 연구에서는 다니얼 네틀의 5대 성격을 외향성, 친화성, 성실성, 개방성을 기본성격으로 구분하고, 신경성을 파생성격으로 구분하였다.

또한 브레이브맨 박사가 구분한 뇌체질인 도파민, 아세틸콜린, 가바, 세로토닌을 기본 체질로 보았으며, 이들이 부족할 때 나타나는 아드레날린을 파생적 뇌 체질로 구분하였다.[39] 이러한 결과를 입증하는 연구를 살펴보면 인간의 감정을 뇌 과학적으로 연구한 학자는 미국 뉴욕대학의 신경과학센터에서 정서 메커니즘을 연구하고 있는 조셉 루드(Joseph Ledoux)이다.

그가 연구한 발견에서 캡(Kapp, B)이 편도체의 한 영역인 중심핵(Central nucleus)의 심장박동을 비롯하여 기타 자율신경계(autonomic nervous system, 自律神經系)[40] 반응들을 통제하는 뇌간 영역과 연결을 맺고 있다는 사실에 기반을 두고 연구한 결과, 그는 이 영역이 조건 자극과 자율신경계 반응이 연결되는 고리를 제공한다고 제안했다. 그는 이를 증명하고자 '토끼의 편도체 중심핵을 손상시킨 후 실험을 했을 때 전기충격과 짝 지워진 소리자극을 하였음에도 불구하고 심장박동 조건화반응이 일어나지 않았다'[41]는 사실을 입증하였고, 후속 연구에서 중심핵의 손상이 거의 모든 종류의 조건화된 공포반응-동결반응, 자율신경계 반응, 통각억제, 스트레스 호르몬, 반사반응의 증가 등-에 아무런 반응을 일으키지 않는다는 것이다.[42] 즉, 편도체의 중심핵을 손상시키면 공포반응은 물론 아드레날린을 분출하는 교감신경계 반응이 줄어들고 스트레스 호르몬인 코르티솔의 방출이 일어나지 않는다는 연구를 설명한 것이다. 또 다른 연구자들의 연구에서는 쥐의 편도체를 손상시켰을 경우 천적인 고양이를 전혀 무서워하지 않는다는 사실에서도 잘 나타난다.

즉 편도체는 생명을 위협으로부터 보존하는 최후의 신경 메커니즘이다. 이 신경 메커니즘으로부터 방출되는 신경호르몬인 아드레날린은 신경성(신경질=공격과 우울질=도피)에 영향을 미치는 신경전달 물질이다.

성격의 정상적 특질을 4가지로 구분할 수 있고, 이들의 성격적 특성에 문제가 발생했을 때(공포조건반응 등) 파생적으로 생성되는 성격특성이 바로 신경성이다. 다시 말하면 보편적인 정상상태의 성격특성은 외향성, 친화성, 성실성, 개방성이고 이 들의 성격특성이 무너져 비 정상적상태의 신경시스템 연결이 파생적 성격특성인 신경성을 유발하게 된다.

지금까지 신경과학 기반 5대 성격특성에 대하여 살펴보았다. 독자들께서도 더 많은 관심이 있다면 [성격의 탄생]과 [뇌 체질 사용설명서]라는 책을 읽어보기 바란다. 이 책들의 저자인 다른 두 사람은 전혀 다른 방법으로 인간의 특성을 나타내는 뇌를 바라보았지만, 결과는 거의 동일하다는 점은 놀라운 사실이다.

필자는 두 저자의 특성을 기반으로 뉴로리더십 스타일을 구분하려고 한다. 여기에 우리나라의 사상체질도 함께 고려해보고자 한다. 사상체질은 신체의 내부 장기를 기반으로 이제마 선생이 개발하였지만, 신경과학자 브레이브 맨은 뇌의 신경전달 물질을 기반으로 뇌의 사상체질을 구분하였고, 다니얼 네틀은 뇌의 신경시스템을 기반으로 5대 성격을 구분하였다는 점이 흥미롭다.

뇌 체질과 사상체질, 그리고 5대 성격이 인간문제 해결에 결정적인 역할을 한다면 매우 좋을 것이다. 사상체질 전문가가 뇌 체질과 5대 성격에 관심을 가지고, 뇌 과학자가 사상체질에 관심을 가진다면 인간의 신체 중 내장기능과 뇌의 신경시스템, 그리고 신경전달물질을 통해 융합적인 인간의 특성을 체계적으로 분석할 수 있을 것이다.

뉴로리더십 스타일을 구분하는 과정에서, 두 저자의 연구는 매우 중요한 역할을 한다. 먼저, 이제마 선생의 사상체질 이론은 인간의 체질을 네 가지로 구분하여 각각의 특성을 설명하고 있다. 이 이론은 인간의 신체적, 정신적 특성을 이해하는데 큰 도움을 준다. 예를 들어, 태양인은 적극적이고 외향적인 성격을 가지며, 태음인은 내성적이고 신중한 성격을 가진다. 이러한 체질적 특성은 리더십 스타일에도 영향을 미칠 수 있다.

 브레이브 맨의 연구는 뇌의 신경전달 물질을 기반으로 뇌의 사상체질을 구분하였다. 이는 뇌의 화학적 특성이 인간의 행동과 성격에 어떻게 영향을 미치는지를 설명하는데 중점을 둔다. 다니얼 네틀의 5대 성격 이론은 외향성, 개방성, 성실성, 친화성, 신경성이라는 다섯 가지 성격 특성을 기반으로 인간의 성격을 분석한다. 이 세 가지 접근법을 융합하면, 보다 포괄적이고 다각적인 인간 이해가 가능해진다. 따라서, 사상체질 전문가와 신경과학자가 서로의 연구에 관심을 가지면, 인간의 신체적, 정신적, 신경학적 특성을 통합적으로 분석할 수 있는 새로운 길이 열릴 것이다. 이를 통해 보다 효과적인 문제해결 방법을 제시할 수 있을 것이다.

3. 뇌 체질

요즈음 나는 사상체질 전문가들과 함께 어울려 학습활동을 하면서 상호관심을 가지고 체질에 대한 이야기를 나누는 세미나를 진행하고 있다. 물론 나는 사상체질 전문가도 뇌 체질 전문가도 아니다. 다만 브레이브 맨 박사의 뇌 체질과 이재마 선생의 사상체질에 관심을 가지고 뉴로리더십을 연구하면서부터 리더의 성격을 신경 시스템적으로 이해하고 이를 바탕으로 리더십 스타일을 구분하고자 한다.

브레이브 맨 박사는 신경과학자이면서 젊은 시절 동양에서 연구한 경험에 영향을 받아서 뇌 체질이라는 특별한 연구를 한 것으로 보인다. 우리나라에서 사상체질에 대하여 다양한 연구를 하면서 활동하는 임동구 박사의 이야기를 들어보면 서양 사람들은 기본적으로 사람을 구분하지 않는 것이 특징이라고 한다. 뇌 체질의 경우는 분명히 신경전달 물질에 따라 사람을 다르게 구분하고 있으며, 그것을 기반으로 10,000여명의 임상치료를 하면서 연구한 내용이므로 매우 흥미로운 뇌의 체질 구분이다.

뇌에서 발견된 신경전달 물질은 100여 가지 정도로 많은 종류가 있음이 발견되었지만, 수많은 신경전달 물질 중 가장 도미넌트(dominant)한 4종류인 도파민, 아세틸콜린, 가바, 세로토닌 4가지를 기반으로 뇌의 체질을 구분하였다는 점과 이재마 선생께서 일찍이 인간의 신체구조에 따라 태음인, 소음인, 태양인, 소양인 등 4가지 체질로 구분한 점은 의미가 있다. 앞으로 뇌 체질과 사상체질에 대한 상관성에 더 많은 연구를 통하여 증명해야할 일이라고 본다. 다만 신체의 장기와 뇌의 신경시스템을 완전히 다르게 생각할 수 없는 것이 모든 신체 장기는 뇌의 중추신경와 연결되어 있기 때문이다. 이 연결을 다른 말로 표현하면 뇌 체질과 사상체질은 분명이 연관성을 가졌다고 보는 것이 타당할 것이다.

뇌는 약 1,000억 개의 신경세포와 1,000조 개의 시냅스로 이루어진 매우 복잡한 신경 시스템이며, 신체의 다양한 기능을 조절하는 중요한 기관이다. 뇌의 크기는 신체 전체의 2%에 불과하지만, 신체가 사용하는 산소와 에너지의 20%를, 그리고 포도당의 50%를 소비하는 고에너지 소모 기관이다. 이는 뇌가 얼마나 많은 에너지를 필요로 하는지를 보여준다. 이렇게 복잡한 뇌 시스템의 기본 단위는 신경세포와 신경세포 간의 연결인 시냅스이다. 시냅스를 통해 전기 신호를 주고받으며 신경전달 물질이 교환되는 과정에서 몸과 마음의 움직임이 조절되고 통제된다.

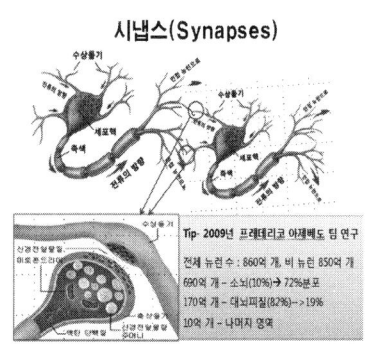

신경세포는 정보를 받아들이는 수상돌기와 정보를 전달하는 축색돌기로 구성되어 있다. 수상돌기는 다른 신경세포로부터 정보를 받아들이는 역할을 하며, 이러한 정보는 화학적 또는 전기적 신호로 전달된다. 축색돌기는 이 정보를 다음 신경세포로 전달하는 중요한 역할을 한다. 축색돌기를 통해 전달된 신호는 연속적인 신경 네트워크를 형성하며, 이 과정에서 발생하는 전기신호는 뇌파로 측정될 수 있다. 뇌파는 주파수에 따라 여러 종류로 나뉘며, 각 주파수 대역은 특정한 뇌 상태를 나타낸다.

첫째로, 델타파는 0-3Hz의 주파수 대역으로, 깊은 수면 상태에서 주로 나타난다. 델타파는 신체의 회복과 재생을 돕는 중요한 역할을 하며, 수면 중 가장 깊은 단계에서 관찰된다. 둘째로, 세타파는 4-7Hz로, 잠들기 전 졸음이 오는 상태를 나타낸다. 세타파는 창의력과 직관력 향상에 도움을 주며, 명상이나 깊은 휴식 상태에서도 나타난다. 셋째로, 알파파는 8-12Hz의 주파수 대역으로, 심리적으로 안정된 상태에서 주로 나타난다. 눈을 감고 이완된 상태에서 많이 생성되며, 스트레스를 줄이고 집중력을 높이는 데 도움을 준다. 넷째로, SMR파는 12-15Hz로, 깨어있는 상태에서 나타나며, 고양이의 각성상태 훈련과정에서도 관찰된 바 있다. SMR파는 주로 운동 능력과 관련된 뇌 영역에서 활성화되며, 주의력과 집중력을 향상시키는 데 중요한 역할을 한다. 다섯째, 저베타는 13-20Hz의 흐름으로 작업상태를 나타내는 것이고 눈을 감았을 때 저베타가 나오는 것은 뇌가 안정상태인 알파파로 조절하지 못하거나 경추를 중심으로 어깨부위에 신체적 이상이 있을 때 나타나기도 한다.

여섯째, 고 베타는 21-24Hz로 작업 상태이지만 스트레스 상태가 유지될 때 나타나는 뇌파이다. 일곱째 감마파는 25Hz이상의 뇌파로 높은 스트레스 상태이거나 흥분상태일 때 나타나는 뇌파이며, 명상의 대가가 명상을 하여 황홀경에 빠졌을 때 나타난다 해서 많은 뇌 과학자들이 관심을 가진 뇌파이기도 하다. 앞에 소개한 뇌파 상태는 개인의 의식 상태와 신체 상태를 구분할 수 있는 뇌에서 일어나는 파장이라 할 수 있다.

브레이브 맨박사는 "뇌파 사이의 균형이 깨지면 우리는 뭔가 조화가 깨어진 듯한 느낌과 함께 숙면을 이루지 못하거나, 마음이 산란해지거나 감정을 조절하기가 힘들어진다"라고 하였다. 어떤 면에서 뇌파 상태는 마음 상태를 눈으로 볼 수 있는 중요한 수단이라는 점과 뇌파를 조절하는 훈련을 통하여 마음 상태를 조절하는 능력을 기르는 수단으로 사용할 수 있다.

이처럼 다양한 뇌의 전기흐름이 일어나는 현상은 신경세포들 사이의 1000조

개에 이르는 시냅스활동에 의하여 일어나며 각 신경세포는 특정 신경전달물질을 생성하여 서로 주고받도록 정확하게 설계되어 있다. 이 신경전달물질의 자연스러운 흐름이 건강의 열쇠이다. 흐름이 과도한 경우, 시냅스가 넘쳐 신경세포의 신호가 다음 신경세포로 이동하지 못하게 된다. 반대로 흐름이 부족한 경우, 그 신호는 어느 곳으로도 이동하지 못할 수 있다. 우리 몸은 이 신경전달물질의 과다나 결핍에 반응하여 지치거나 아예 작동을 멈추어 정신적 불안정이나 육체적 질병이 발생한다.[43]

사람의 뇌 체질은 어느 한 신경전달물질에 의해 결정되는 반면, 성격은 네 가지 신경전달물질의 개별적인 조합에 의해 결정된다.[44] 앞의 설명에서 볼 수 있는 바와 같이 개인의 성격특성에 영향을 미치는 신경전달물질들 중 무엇이 우세하고 주도적인가에 따라 성격과 행동특성에 영향을 미칠 뿐만 아니라, 특정 신경전달의 과다상태에 따라 성격특성에도 영향을 미친다.

예를 들면 뇌의 신경시스템에서 분출되는 신경전달 물질 중 주도적인 신경전달물질이 도파민이면 외향성이고 외향성의 주도적인 사람은 적극적이고 활동적인 에너지를 가진 사람이다 반면에 도파민이 결핍한 사람은 에너지가 부족하고 내성적인 사람으로 바뀔 수 있다.

1) 외향성과 도파민체질

도파민 체질은 주로 외향적인 사람에게서 두드러지게 나타난다. 이러한 사람들은 에너지를 외부로 발산하는 경향이 강하며, 활동적이고 적극적인 성향을 보인다. 이들은 다른 사람과 어울리는 것을 즐기며, 사교적인 성격을 가지고 있다. 예를 들어, 앞서 살펴본 K선생의 사례처럼, 이들은 사람들과의 상호작용을 통해 에너지를 얻고, 자신의 의견을 명확히 표현하는 데 능숙하다. 또한, 대중 앞에서 자신의 이론과 논리를 적극적으로 표현하는 카리스마가 있어 청중들로부터 큰 인기를 얻을 수 있다. 이러한 특성은 그들이 다양한 사회적 상황에서 두각을 나타내게 한다.

도파민은 카테콜아민 계열의 신경전달물질로, 아미노산인 티로신에서 합성되어 노르에피네프린과 에피네프린으로 전환된다. 이 신경전달물질은 혈압조절, 운동조절 등의 중요한 기능을 담당하며, 가장 잘 알려진 역할은 쾌감과 행복감 등의 감정 신호를 전달하는 것이다. 도파민의 분비는 우리의 기분에 큰 영향을 미치며, 이로 인해 우리의 행동과 감정 상태가 조절된다.

도파민 분비의 비정상적인 증가나 감소는 각각 조현증(정신분열증)과 파킨슨병 등의 질환과 관련이 있다. 예를 들어, 파킨슨병의 경우 도파민 전구체인 L-dopa를 투여함으로써 도파민 수치를 보충하여 어느 정도 증상을 완화시킬 수 있다. 이는 도파민이 얼마나 중요한 역할을 하는지를 보여주는 사례이다. 도파민의 균형이 깨지면 다양한 신경계 질환이 발생할 수 있기 때문에, 이를 적절히 관리하는 것이 중요하다.[45]

도파민 체질의 K교수는 자신의 일에 대한 강한 자부심을 가지고 있으며, 남다른 집중력을 보이며 일을 능숙하게 처리한다. 그는 뛰어난 성과 달성 능력을 보이고, 전략적 사고력을 바탕으로 어떤 상황에서도 주도적인 역할을 한다. 또한 혁신적이고 차별화된 아이디어를 가지고 있으며, 문제해결 능력도 뛰어나다. 그는 조직구성원들에게 명확한 비전을 제시하면서 실용주의적 관점에서 일을 처리하며, 타인에게 활기를 불어넣고 스트레스에 적극적으로 대처하여 잘 극복한다.

K교수는 평소에도 항상 업무에 대한 열정을 가지고 있으며, 이는 동료들과

학생들 사이에서 그의 명성을 더욱 높여준다. 그는 복잡한 문제를 체계적으로 분석하고 해결하는 능력이 뛰어나며, 이를 통해 프로젝트를 성공적으로 완수한다. 교수는 종종 새로운 연구 분야를 개척하고, 최신 기술과 방법론을 도입하여 학문적 발전을 이끈다. 그의 혁신적인 접근 방식은 많은 이들에게 영감을 주며, 학문적 경계를 넓히는 데 큰 기여를 한다.

또한, K교수는 조직 내에서 리더십을 발휘하여 팀원들이 각자의 역량을 최대한 발휘할 수 있도록 돕는다. 그는 개개인의 강점을 파악하고 이를 바탕으로 팀을 효율적으로 운영한다. 팀원들은 그의 명확한 비전과 목표 설정 덕분에 자신감을 가지고 업무에 임할 수 있다. 더불어, 그는 스트레스 관리에도 능숙하여, 스트레스 상황에서도 침착하게 대처하고 팀원들을 독려하며 긍정적인 분위기를 유지한다. K교수의 이러한 능력들은 그가 속한 조직의 성과와 발전에 큰 기여를 하고 있다.

도파민 체질은 외향성을 바탕으로 주도적이면서 합리적인 판단력을 가지고 있다. 다만 감수성이 약간 떨어지므로 감성적 접근보다는 이성적 접근이 그와의 관계 형성에 도움이 될 수 있다.

도파민이 과다하게 분출되는 사람은 흥분을 잘하고 공격적일 수 있으며, 어릴 때는 분출하는 에너지를 감당하지 못해 문제 행동을 할 수 있다. 반면에 도파민이 부족한 체질은 의욕이 떨어지고 대인관계에서 용기가 없어지며, 육체적 피로감을 많이 느끼고 나태해질 수 있다.

2) 친화성의 아세틸콜린체질

아세틸콜린 체질을 가진 사람을 한마디로 표현하면 친절한 창조자라 할 수 있다. 이 들은 생각이 빠르고 머리 회전이 잘되면서 아이디어가 풍부하면서 상냥하여 타인과 잘 어울리는 강점을 지닌 체질이다. 아세틸콜린은 신경의 말단에서 분비되며, 신경자극을 근육에 전달하는 화학물질이다. 신경말단으로부터 분비되는 전달물질로 운동신경과 부교감신경에서는 아세틸콜린이, 교감신경에서는 에피네프린(아드레날린)이 알려져 있다. 아세틸콜린이 분비되면 혈압강하, 심장박동 억제, 장관(腸管) 수축, 골격근 수축 등의 생리작용을 나타낸다. 신경말단에서 분비된 아세틸콜린은 자극의 전달이 끝나면 콜린에스테라아제에 의해 콜린과 아세트산으로 분해된다. 콜린은 콜린아세티라아제의 작용에 따라 효소적으로 합성되어 다시 아세틸콜린이 된다. 아세틸콜린은 전달물질 작용 외에도 교감신경절 등의 인지질로의 인산 조합을 촉진하는 작용, 크롬친화성 세포나 비만세포에서 아민류의 방출을 높이는 작용 등을 한다.[46]

아세틸콜린 체질인 K교장은 기업에서 연수원장으로 재직하면서 많은 사람들로부터 존경을 받으며 직장생활을 해왔다. 그는 회사에서 정년퇴직을 하고, 공개 채용되는 학교에 늦은 나이에 시험에 합격하여 학교장으로 취임하였다. 필자와는 수십 년 동안 변함없는 일관된 관계를 유지해왔다.

그의 생활 특성을 살펴보면 전형적인 아세틸콜린 체질이다. 그는 직관적이고 혁신적인 아이디어가 넘치며, 대화와 생각에서 타인을 배려하는 마음을 가진 사람이다. 그는 모든 관계에서 즐거움을 가지고, 자신의 열정적인 인간관계 방식을 타인과 함께 공유하는 특성을 보인다.

K교장은 사람을 만나면 항상 먼저 인사하고, 새로운 사람을 사귈 때도 스스럼없이 자신의 마음을 전달한다. 그의 수줍음은 타인을 배려하는 마음에서 비롯된 능력이다. 특히 그는 타인에게 상처를 주는 태도와는 거리가 멀며, 항상 타인을 배려하는 이타주의적인 삶을 살아간다.

또한 K교장은 학문적으로도 뛰어난 성과를 보였다. 그는 학교에서 다양한 교육 프로그램을 도입하며 학생들의 학습 동기를 높이는 데 큰 기여를 했다. 그의 교육 철학은 학생 개개인의 능력을 최대한 발휘하게 하는 것이었다. 이로 인해 학교는 학업 성적뿐만 아니라 학생들의 인성 발달에서도 큰 성과를 이루었다. 그는 또한 교직원들과의 소통을 중시하여, 항상 열린 마음으로 그들의 의견을 경청하고 반영하였다. 이러한 리더십 스타일은 학교의 전반적인 분위기를 긍정적으로 변화시키는데 중요한 역할을 했다.

그는 가족과의 관계에서도 모범적인 모습을 보였다. 항상 가족의 의견을 존중하고, 가족 구성원들이 서로를 이해하고 지지할 수 있는 환경을 조성하였다. 그의 자녀들은 그런 아버지를 보며 성장하여, 현재 각자의 분야에서 성공적으로 자리매김하고 있다. 이러한 가정 내의 조화로운 관계는 그의 인간관계 방식을 잘 나타내준다.

K교장은 또한 지역 사회에서도 활발히 활동하며, 다양한 봉사활동에 참여하였다. 그는 자신의 지식과 경험을 지역 사회와 나누며, 많은 사람들에게 긍정적인 영향을 미쳤다. 그의 삶은 단순히 개인적인 성공에 그치지 않고, 주변 사람들과 사회 전체에 선한 영향을 미치는데 초점을 맞추었다. 이러한 그의 성품과 행동은 많은 사람들에게 귀감이 되고 있으며, 그의 존재는 그 자체로 큰 의미를 지닌다.

3) 성실성과 가바

HM사 현장사원 및 영업사원을 대상으로 전 사원 교육을 하면서 1,400명을 대상으로 뇌 체질을 분석하였을 때 깜짝 놀라게 하는 것은 그 집단의 뇌체질이 가바 체질 71.25%, 도파민체질 15.57% 아세틸콜린 체질 9.5% 세로토닌체질 3.75%이라는 것이다. 사실 더 놀라운 사실은 63.75%가 가바 부족체질이었다. 브레이브 맨 박사에 의하면 도파민, 아세틸콜린, 세로토닌은 각각 17%인 반면에 가바체질은 50%를 차지한다는 설명이다. 한 가지 더 분석사례를 보면 강의를 하는 강사 집단을 분석하였을 때는 가바체질은 단 한명도 없었지만 도파민과 아세틸콜린 체질이 100%를 차지하였다.

　가바체질은 안정성과 일관성을 가졌으며 조직 내에서 조용하고 침착하게 자신의 일을 처리하는 사람으로 사회성을 가졌기 때문에 타인을 배려하면서 자신이 먼저 나서서 설치거나 주도적으로 타인을 지배하려는 경향을 가지지 않는 사람이다. 이들은 주도면밀한 성격으로 주변에서 일어나는 다양한 환경에 동요하지 않으면서 안정적인 생활을 하면서 삶의 목표가 분명하고 어떤 프로젝트를 수행할 때 계획적이고 치밀하게 준비를 하는 편이다. 시간을 잘 지키면서 실용성과 객관성을 바탕으로 냉철하게 판단하는 능력을 가졌다. 이 들은 안정성이 흔들리지 않게 살아가는 것이 특성이라 할 수 있는 것처럼 앞에 소개한 HM사의 경우 71.25%가 가바 체질이라는 의미는 생산현장에서 근무하는 사람들은 안정성과 실용성을 기반으로 타인과 함께 어울려 살아가는 사람이라는 특성을 잘 보여 준다. 즉 가바 체질이 최적화된 상태라면 조직구성원들이 안정성을 바탕으로 주변의 유혹에 잘 움직이지 않고 상호배려하면서 생산성을 높이는 결과를 만들어 낼 것이고 산업안전에 강한 특성을 가질 것이다. 반면에 63.75%의 가바 결핍체질은 조직의 생산성이 떨어질 수 있고, 안전성이 무너질 수 있으며 불평불만이 높아질 것이고, 개인적으로는 피로가 누적되어 업무수행능력이 떨어져 생산성이 낮아 질 수 있다.

　집단 가바 결핍은 노사 간의 갈등이 발생할 가능성이 높고 조급증이나 분노로 인하여 정서적 불안정에 노출될 수 있다.

　공직자 Y과장은 주변 사람들을 깜짝 놀라게 할 정도로 뛰어난 사람이다. 그의 치밀함과 안정감 있는 모습은 누구나 따라하기 어려울 정도이다. 그는 하루의 일과부터 인생 전체를 면밀하게 설계하고, 정확한 목표를 세워 프로젝트를 수행한다. 그의 스케줄 관리 능력은 타인의 추종을 불허할 정도로 세밀하고 균형 잡힌 생활을 한다.

　그는 타인과의 관계에서도 감정의 기복이 적고 차분하여 안정된 느낌을 준다. 서두르지 않고 침착하며 면밀하게 일을 처리하기 때문에, 최고 관리자들도 그의 일을 완전히 신뢰한다. 대민관계에서도 1:1로 원만하게 일을 처리하여 많은 이들로부터 청렴한 공무원으로 칭찬받는다. 사람들을 편안하게 해주는 그의 모습은 상대방에게 안정감을 심어준다.

4) 개방성과 세로토닌

　세로토닌 체질의 사람들은 자유로운 영혼을 지니고 있다. 그들은 자신과 주변 환경에 대해 개방적이고 유연한 태도로 살아간다. 이러한 사람들은 새로운 경험과 변화를 두려워하지 않으며, 오히려 그것을 즐기고 받아들이는 경향이 있다. 브레이브 맨 박사는 이들을 "현실주의자이며, 감각적인 것에 민감하게 반응한다. 천성이 즐겁게 노는 것을 좋아하여 직장에서나 여가활동 중에도 목적을 위해서보다는 즐거움을 위해서 활동에 참여한다. 이들은 일을 신속하게 처리함으로써 성취감을 느끼며 변화를 추구하여 일하는 방식을 바꿔서 한다."고 설명한다. 이들은 일상에서 지루함을 느끼지 않기 위해 항상 새로운 도전을 찾는다. 예를 들어, 새로운 취미를 시작하거나 새로운 사람들과의 만남을 통해 자신의 경험을 확장한다. 직장에서도 이들은 단순히 일을 끝내는 것에 만족하지 않고, 항상 더 나은 방법을 찾아내려 노력한다. 그들은 팀 프로젝트에서도 창의적인 아이디어를 제시하며, 일을 더 효율적으로 처리할 수 있는 방안을 모색한다.

또한, 세로토닌 체질의 사람들은 사회적인 관계에서도 유연하다. 그들은 다양한 사람들과 잘 어울리며, 다른 사람들의 의견을 존중하고 받아들인다. 이러한 성향 덕분에 그들은 대인관계에서 갈등이 생기더라도 이를 원만하게 해결할 수 있는 능력을 지니고 있다. 이들은 자신이 속한 환경에 긍정적인 영향을 미치며, 주변 사람들에게도 좋은 에너지를 전달하는 역할을 한다.[47]

세로토닌은 아미노산인 트립토판에서 유도된 화학물질로서, 혈액이 응고할 때 혈소판으로부터 혈청 속으로 방출되는 혈관 수축작용을 하는 물질이다. 뇌・내장조직・혈소판(血小板)・비만세포에 들어 있으며, 5-하이드록시트립타민이라고도 한다. 인간과 동물의 위장과 혈소판, 중추신경계에 주로 존재하며 행복한 감정을 느끼게 해주는 분자로, 호르몬이 아님에도 해피니스 호르몬(happiness hormone)이라 불리기도 한다. 인체에서 전체 세로토닌의 약 80% 이상은 소화관 내의 장크롬친화세포에 존재한다. 이 장크롬친화세포는 소화 과정에서 매우 중요한 역할을 한다. 세로토닌은 기분을 조절할 뿐만 아니라, 식욕, 수면, 그리고 근 수축과 관련한 많은 기능에 관여한다. 기분을 조절함으로써 사람의 전반적인 정신 건강에 큰 영향을 미치며, 세로토닌이 부족하면 우울증, 불안증 등의 정신 질환이 발생할 수 있다.

또한, 세로토닌은 사고 기능과 관련되어 기억력과 학습 능력에도 영향을 미친다. 이로 인해 세로토닌 수치가 낮아지면 학습 능률이 떨어지고 기억력이 감퇴할 수 있다. 뿐만 아니라, 세로토닌은 혈소판에 저장되어 지혈과 혈액응고 반응에 관여해 상처가 났을 때 빠르게 지혈을 돕는다. 세로토닌은 L-트립토판으로부터 짧은 경로를 통하여 합성된다.

이 과정에는 트립토판 하이드록실라제와 아미노산 탈카복실화 효소가 필수적인 역할을 한다. 이 효소들이 제대로 작동하지 않으면 세로토닌 합성에 문제가 생기고, 이는 다양한 건강 문제로 이어질 수 있다. 세로토닌은 식욕 및 음식물 선택에서도 중요한 조절자로 작용한다.

특히 탄수화물 섭취와 가장 관련이 있는 것으로 알려져 있다. 국소적으로 세로토닌이 증가하면 식욕이 떨어지게 되고, 감소할 경우에는 반대 현상이 나타난다. 이는 다이어트나 체중 관리를 할 때 세로토닌 수치를 조절하는 것이 중요한 이유 중 하나이다. 세로토닌의 조절을 통해 식욕을 관리하면 건강한 식습관을 유지하는 데 큰 도움이 된다.[48] 세로토닌은 행복물질이라 할 정도로 인생을 즐겁게 살아가면서 편안한 마음을 느끼게 하는 신경전달물질이다.

세로토닌 체질의 사람들은 영혼이 자유로운 사람이며 자유로움에 하늘을 훨훨 날라 다닐 만큼 인생의 멋을 아는 사람으로 주변에 사람들이 많이 모여 든다. 그 이유는 간단하다. 그들은 긍정적이며 행복하며 상대방에게 기분 좋은 느낌을 주는 사람으로 즐거움을 제공하는 사람으로 가족에게 충실하며 여가를 즐겁게 활용하면서 실용적으로 살아가는 사람이다.

'세로토닌 하라!' 저자인 이시형 박사는 본인이 그야 말로 세로토닌하게 살아가는 사람이 아닌가 생각한다. 세로토닌 체질의 사람들은 자유롭고 타인에게 구속되기를 싫어하며 자유롭게 어울리며 인생을 즐겁게 살아가기를 기대하며 고민에 빠지거나 갈등 속에서 일하기를 몹시 싫어한다.

B사장은 인생을 여유롭고 즐겁게 살아가야 한다고 생각한다. 그는 고민한다고 해서 문제가 해결되지 않는다고 믿으므로, 즐기면서 문제를 해결하는 스타

일이다. 어려운 상황에서도 긍정적인 태도를 유지하며, 스트레스를 받기보다는 오히려 새로운 도전으로 여긴다. 그는 일상에서 작은 행복을 찾고, 그 순간들을 소중히 여긴다. 따라서, 그의 삶의 철학은 '오늘을 즐기자'이다.

주말에는 누구에게도 구속되기를 싫어하며, 등산이나 낚시를 즐기거나 오토바이를 타면서 머플러를 휘날리는 멋을 즐긴다. 그는 자연 속에서 시간을 보내는 것을 매우 좋아하며, 등산을 하면서 느끼는 신선한 공기와 자연의 아름다움에 큰 만족감을 느낀다. 낚시는 그의 마음을 차분하게 만들어주며, 오토바이를 타는 순간의 자유로움은 그에게 큰 활력을 준다. 때때로 행글라이더를 타면서 하늘 높이 날아보는 즐거움이 인생의 멋이라고 자랑스럽게 생각한다. 그는 하늘을 나는 순간의 짜릿함과 자유로움을 통해 삶의 또 다른 면모를 경험한다.

B사장은 매사에 긍정적이고 낙천적이다. 항상 사람들과 즐겁게 어울리며, 때로는 그들을 위해 흥미로운 일들을 벌이기도 한다. 그는 파티를 열거나 특별한 이벤트를 기획하여 주위 사람들에게 기쁨을 선사한다. 쾌활하고 명랑한 성격 때문에 주변 사람들이 많이 찾아오며, 답답한 이야기를 들으면 유머로 즐겁게 살아가는 에너지를 심어준다. 그의 유머 감각은 사람들을 웃게 만들고, 그로 인해 주위 사람들은 자연스럽게 그의 곁에 모인다. B사장의 이러한 성격 덕분에 그는 많은 사람들에게 사랑받고 존경받는 인물로 자리 잡고 있다.

5) 신경성과 결핍체질

"누구나 인생의 절정기에는 하루하루가 행복하고, 쉽게 즐거움을 느끼며, 강인하고 건강함을 느낀다."[49] 그렇다 누구에게나 인생은 활기차고 정력이 넘치고 살아가는 생의 의미를 강하게 느끼며 살아간다. 때로는 인생을 즐기면서, 때로는 밤을 지새워 가면서, 때로는 힘에 겨워 쓰러질 것 같은 힘든 일도 견뎌내면서도 내부에서는 무언가 모르게 끓어오르는 힘을 느끼며 살 때가 있다. 그런데 문제는 이러한 시기는 나이와 상관없이 영원하지 않다는데 있다.

이렇게 활기찬 모습을 보일 때는 도파민, 아세틸코린, 가바, 세로토닌 이 4가지의 신경전달물질이 적당하게 공급되면서 신진대사가 원활하게 일어날때 생기는 것이다. 브레이브맨 박사는 뇌 속도가 빠르며, 뇌 리듬이 일정하면서 뇌파가 균형을 이루는 뇌 균형효과(the Edge Effect)라 설명하였다.

나는 지금 아무런 문제가 없다. 물론 약간의 우울함도 때로는 짜증스러운 일들, 때로는 답답한 상황들도 발생하지만 무난히 인생이 즐겁고 행복하면서 독서를 즐기고 틈이 나면 산행을 하고 때로는 자전거를 타면서 여유로움 마음을 가져본다. 아마 이때는 최소한의 뇌에서는 균형효과를 얻고 있는 상태이므로 네 가지 신경전달물질이 원활하게 흐르는 상태일 것이다. 필자는 이러한 상태에서 우울증 실험을 해 보기로 했다. 그 날은 아내로부터 실망스러운 말을 듣기는 했어도 그것이 내게 심각한 우울증을 촉발할 내용은 아니었다. 살아오면서 우울증을 앓아보지도 우울한 증상조차 경험해 본 적이 없다. 다만 문헌을 통해서 다른 사람들로부터 학습한 내용을 바탕으로 내가 그렇게 행동을 해보기로 했다. 먼저 고개를 축 늘어뜨리고 한숨을 내쉬면서 '오늘은 내가 죽어야지'라는 생각을 하면서 과거의 사소한 사건들 그리고 주변에서 일어나는 다양한 사건들을 끌어드리면서 밤 10시부터 새벽3시까지 대구에 있는 강창보 다리 위를 서성거리며 저기에 뛰어 내려 볼까? 라는 생각을 하는 중에 진짜 나에게 섬뜩한 생각이 들기 시작했다. 이러다 정말 '내가 저 다리위에서 뛰어내리지 않을까' 하는 생각이다. 그렇게 시간이 흘러가는 중에 나는 나 자신도 모르는 사이에 완전히 우울증에 빠져든 것이다. 더 이상은 너무 힘들어 강정보 위에 있는 벤치에 드러누워 잠이 들었다. 몸에 한기를 느껴 눈을 떠보니 벌써 새벽3시가 넘어가고 있는 시간이었다.

절대세기	좌뇌	10.768	상대세기		좌뇌	9.807
	우뇌	12.754			우뇌	8.036
로그비교		-0.199	산술비교			-0.099
활성지수		74.184		77.774	성향	부정적
정서지수			79.911		성향	우울

절대세기	좌뇌	3.818	상대세기	좌뇌	3.493
	우뇌	3.429		우뇌	3.664
로그비교		0.048	산술비교		0.024
활성지수		80.779	80.035	성향	부정적
정서지수			86.154	성향	명랑

절대세기	좌뇌	3.065	상대세기	좌뇌	3.717
	우뇌	3.239		우뇌	4.020
로그비교		0.078	산술비교		0.039
활성지수		84.899	77.126	성향	긍정적
정서지수			91.448	성향	명랑

[그림22] 이 자료는 필자가 3개월간 BQ(Brain Quotient)검사를 하면서 뇌의 정서상태가 어떻게 변하였는가를 분석한 자료이다. 1차 검사에서 활성지수는 좌뇌 74.184, 우뇌77.774로 부정적이고 정서 상태는 우울증으로 나타났으며, 2차에서는 활성지수 좌뇌 84.899, 우뇌77.126으로 긍정적이고 정서상태는 명랑으로 바뀌었다. 3차에서는 좌뇌80.779, 우뇌80.035로 신중한 상태로 변하였고 정서상태는 명랑으로 변화하였다. 이 BQ검사는 3개월간 뉴로피드백 훈련을 하면서 어떠한 변화가 일어났는가를 분석하기 위하여 검사하였다.

1개월이 지난 (2013년 9월 3일)BQ검사를 하였다. 물론 내가 우울증 연습을 했으니 검사를 해야겠다는 생각에서 시도한 것은 아니다. 1개월쯤 지난 10월 3일 박병운 박사를 만나 BQ검사한 자료를 보던 중 깜짝 놀랄 일이 생긴 것이다. 나의 뇌파가 중증 우울증을 앓고 있는 상태에 있었다는 사실이었다.

그래서 깜짝 놀라 다시 뉴로피드백 훈련을 시작하였고 1개월 후 다시 BQ검사를 했을 때는 다행이 우울증이 아니라 정상상태의 뇌파를 볼 수 있었던 것이다. 다급해진 나는 3개월간 꾸준히 연습을 하였고 2013년 10월 28일 검사에서는 333클럽(휴식력31, 주의력30, 집중력31)에 가입된[50] 뇌파를 볼 수 있었던 것이다. 이 실험에서 놀라운 사실은 1개월 전에 우울증 연습을 했는데 1개월 후 검사에서 우울증 상태로 나왔다는 사실이 최소한도 1개월 동안은 우울증에 시달렸다는 이야기가 아닌가?

우울증 연습 당시의 상황을 다시 시계를 돌려보자! 아내의 잔소리(감정이 받아들이기에는)를 듣고 나는 차라리 운동을 가는 것이 좋겠다는 생각을 하면서 여름철 시원한 강정보를 산책하기로 하였다. 그 때 나는 이것이 우울한 것인가? 많은 사람들의 우울증을 상담하면 운동과 뉴로피드백 훈련을 시키면서 그들에게 도움을 주어 왔는데 정작 나는 우울증을 구체적으로 경험해 보지 못했는데 오늘은 경험해 보는 것도 좋겠다는 생각에 나는 최대한 그렇게 해 보기로 했다.

어깨를 늘어뜨리고 한숨을 내어 쉬면서 과거의 다양한 화나는 일들을 떠올리면서 그 감정에 푹빠져 우울증에 진입한 것이다. 과연 이때 나의 뇌에서는 무슨 일이 일어났을까? 어깨를 늘어뜨리고 한숨을 내어 쉬는 나의 뇌에서는 도파민이 줄어들고 에피네프린과 노르에피네프린이 분출되었을 것이고 과거를 떠올리면 답답한 가슴을 쓸면서 생각을 떠올리는 순간에는 긴장의 도를 넘겨 코르티솔이 최소한의 각성을 유지하기 위하여 생존차원에 지원을 하였지만 너무 많은 시간 동안 새벽 3시까지 우울하게 돌아다니는 상황에 생존에 위협을 느낀 뇌는 코르티솔을 지속적으로 분비하면서 심각한 우울증 상태로 빠져 들게 만든 것이 아닐까? 나의 뇌 속의 신경전달물질들 중 도파민과 아세틸콜린은 줄어들면서 행동하려는 의욕이 떨어졌고, 장시간 동안 빠져들고 있는 우울한 정서적 감정을 제어할 수 있는 가바(억제호르몬)가 제 기능을 발휘하지 못하면서 지속되는 우울한 행동은 세로토닌의 고갈을 가져왔다.

그 결과 나는 연습임에도 불구하고 뇌는 심한 우울증에 빠져든 것이다. 사실 뇌는 가상을 현실로 받아들인다. 즉 '뇌는 연습이니 영향을 미치지 않는다'는 생각은 잘못된 생각이다. 우울한 생각과 행동을 연습이라 했지만 뇌의 입장에서는 연습이 아니라 사실이다.

필자의 실험과 비슷한 신경과학 실험 한 가지를 소개하자. 널리 알려진 신경과학적 증거 중에 한 가지가 부하 침팬지에게서는 코르티솔이 많이 분비되고 우두머리 침팬지에게서는 남성호르몬이라 칭하는 테스토스테론이 많이 분비된다는 사실이다. 즉 부하로 있을 때는 코르티솔이 많이 분비되면서 스트레스를 받고 있는 부하 침팬지가 우두머리로 등극하는 순간에 테스토스테론(지배적인 남성 호르몬)과 세로토닌(행복감을 느끼는 호르몬)이 많이 분비되면서 권위와 행복을 느낀다는 사실이다.

하버드대학 에이미 커디(Amy Cuddy) 교수의 연구를 살펴보면, 필자의 실험 결과가 사실이라는 것을 확인할 수 있다. 커디 연구진은 남녀 피험자의 타액을 채취하여 테스토스테론과 코르티솔 수치를 측정하였다. 테스토스테론은 자신감과 관련된 호르몬이며, 코르티솔은 스트레스와 관련이 깊다. 이후 일부 집단에게는 "강력한 자세"를, 나머지 참가자들에게는 "무력한 자세"를 2분간 취하게 하였다.

강력한 자세는 어깨를 펴고 가슴을 내밀며, 손을 허리에 올리거나 높은 곳을 올려다 보는 등 자신감 넘치는 모습을 나타내는 자세를 의미한다. 반면, 무력한 자세는 어깨를 움츠리고 몸을 작게 만드는 등 자신감이 부족한 모습을 보이는 자세를 말한다.

그 결과, 강력한 자세를 취한 남녀의 경우 테스토스테론 수치가 평균적으로 19% 증가하고 코르티솔 수치는 약 25% 감소하였다. 이는 강력한 자세가 스트레스를 감소시키고, 자신감을 높이는 효과가 있음을 보여준다. 반면, 무력한 자세를 취한 남녀의 경우 테스토스테론 수치는 감소하고 코르티솔 수치는 증가하였다. 이러한 결과는 무력한 자세가 스트레스를 증가시키고, 자신감을 저하시킬 수 있음을 시사한다.

커디 교수의 연구는 일상 생활에서 우리의 자세가 심리적, 생리적 상태에 큰 영향을 미칠 수 있음을 강조하며, 자신감을 높이기 위해 더 강력한 자세를 취하는 것이 중요하다는 메시지를 전달한다.[51] 이 실험은 단 2분간 하였고 필자는 5시간을 실험하였으니 한 달 후에도 그 영향을 미친다는 사실은 설명이 될 것이다. 앞에서 소개한 바와 같이 뇌의 불균형은 실험이던 현실이던 심각한 영향을 미친다는 사실은 인정할 것이다.

6) 파생적 성질 신경성

필자가 이 문제를 집요하게 이야기 하는 이유는 신경성을 성격의 중심특성으로 볼 것인가? 아니면 파생적 특성으로 볼 것인가? 고민이다. 브레이브 맨 박사가 소개하는 도파민, 아세틸콜린, 가바, 세로토닌은 외향성, 친화성, 성실성, 개방성이라는 설명을 하였다, 그러나 그는 신경성을 유발하는 아드레날린에 대하여는 언급한 바가 없다. 그러나 부족체질을 설명할 때 신체적으로 다양한 질병이 발생한다는 사실을 입증하면서 정신적으로는 4가지 신경전달물질이 결핍되면 신경증적인 증상과 우울증적인 증상이 발생한다는 설명을 하였다. 신경성(신경증과 우울증 포함)은 신경전달물질 결핍에서 오는 인간의 파생적 성격특성으로 5대 성격에 포함 할 수 있다.

'성격의 탄생' 저자인 데니얼 네틀은 "신경증이 바로 우울증으로 연결되는 것은 아니지만 신경증과 우울증은 매우 밀접한 관련이 있기 때문에 별개로 보기 어렵다."라고 하였으며 신경증은 항구적인 특성인 반면 우울증은 일시적이고 반복적이라는 점을 강조하고 있다. 그러나 우울증을 앓는 사람이 약물치료를 하듯이 신경증을 앓는 사람도 약물 치료를 한다. 그 이유는 신경증도 치료되기 때문이다. 다만 이 둘의 특성은 부정적 정서반응이라는 점에는 누구도 부정하지 않는다. 다시 다네얼 네틀의 이야기를 들어보자. "아드레날린은 불안감과 관련된 호르몬이다. 베타수용체 차단제를 사용해 아드레날린의 작용을 막으면 공황발작에 효과적이다. 또 오랫동안 부정적인 감정상태에 있으면, 스트레스 호르몬인 코르티솔의 분비가 잘 조절되지 않는다."

그는 또한 세로토닌은 부정적 감정을 조절하는데 필수적이다. 즉 부정적 감정은 세로토닌이 부족할 때 발생하는 것이고 이 부족의 정서적 반응이 바로 우울증이다. 신경성은 뇌에서 일어나는 신경전달 물질의 균형이 깨어지거나 특정한 신경전달 물질이 결핍될 때 발생하는 파생적 성격특성이다. 물론 데니얼 네틀의 입장은 다르다. 신경성은 항구적인 성격특성이라는 점이다. 앞의 실험에서 설명한 바와 같이 누구나 부정적 상황에 빠질 수 있다는 사실과 누구에게나 신경성적인 유전자가 존재한다.

그러나 유전적 특성에 따라 신경성이 더 예민한 사람은 있을 수 있지만 그것이 그 사람의 항구적인 성격특성일 수는 없다. 생존의 측면에서는 긍정성과 부정성이 함께 존재하지만 긍정성만 존재하고 부정성은 없다거나 부정성만 있고 긍정성은 없다는 것은 설명하지 못한다.

즉 후생진화론의 입장에서 보더라도 다양한 부부는 각기 다른 유전자를 가진 사람들이 만나 각각 X. Y유전자를 제공하면서 다음 세대를 생성한다는 사실은 부정성이 없다는 사실도 긍정성이 없다는 사실도 존재할 수 없다. 다만 기본 DNA와 환경과 양육에 의하여 성격성향에 영향을 미치는 것은 사실이다.

4대 신경전달물질 중 어느 한 가지가 부족하면 아드레날린이나 스트레스 호르몬이 생성되고 정신적으로는 신경증이나 우울증적 성향의 반응이 일어난다.

도파민이 부족하면 우울증, 공격성, 분노, 죄책감 아세틸콜린이 결핍되면 조울증, 신경질, 감정조절부족, 무법행위 가바가 결핍되면 불안증, 우울증, 분노, 공포감 세로토닌이 결핍되면 우울증, 충동적, 분노, 강박, 편집증에 시달린다는 주장이 브레이브 맨 박사가 입증한 사실들이다. 뇌 체질의 결핍으로 오는 증상을 단 한마디의 성격특성으로 표현한다면 "신경성"이다.

7) 한 가지 성격특성이 모든 것을 좌우하지 않는다

성격은 변하는가? 한 마디로 변한다. 조급한 사람이 침착하게 변할 수 있고 외향적인 사람이 안정적인 사람이 될 수 있다. 우울한 사람이 명랑해 질 수 있고, 신경질적인 사람이 신중한 사람으로도 변할 수 있다. 그러나 지금까지 성격이론에서는 변화가 어렵다고 보았다면 신경과학의 입장에서 성격은 변할 수 있다. 우리의 뇌에서 분출되는 신경전달물질에 의해서 변화가 일어난다.

간단한 실험을 해 보자! 당신이 말이 없고 조용한 사람이라면 지금 당장 맥주 한 병을 쭉 마셔 보자. 아마 갑자기 자신의 속내를 털어놓거나 억울한 감정을 토로하면서 외로움을 호소할지 모를 일이다. 왜! 그럴까? 술이 그렇게 만든 것일까? 알코올을 섭취하면 뇌에서는 도파민이라는 흥분성신경전달 물질을 자극하고 그 자극이 당신을 흥분하게 만드는 것이다.

4대 신경전달물질이 균형을 이루고 활성화되어 있다면 성격특성이 긍정적이면서 다양한 유연성을 가지고 적응하는 특성을 발휘할 것이다. 그러나 신경전달 물질 중 어느 한 가지가 결핍되면 그 정도에 따라 신경성적인 성격특성을 나타 낼 것이다. 뿐만 아니라, 유전적으로 더 예민한 기질을 가졌을 수도 있지만 신경전달물질의 균형과 뇌의 신경세포가 가진 신경가소성은 인간에게 변화라는 새로운 가능성을 열어놓았다.

UCLA의과대학 정신과 교수인 제프리 M. 슈와츠 박사는 "자기주도적 신경가소성"이라는 용어를 사용했다. 이는 우리가 스스로 뇌의 변화를 통해 최적화시킬 수 있다는 사실을 말하고 있다.

필자는 종종 저녁 9시에서 10시 사이에 2시간 정도 산책을 나가곤 한다. 그런데 1주일 전부터 이상한 일이 일어났다. 걸으면서 잠이 솟구치는 것이었다. 이런 일이 반복되다 보니 이제는 낮 시간에도 평소에는 절대 졸지 않던 필자가 견딜 수 없을 정도로 졸음이 밀려왔다. 더욱이 손녀와 함께 있을 때도 마찬가지여서 참으로 답답했다.

고민 끝에 필자는 산책할 때의 자세에 문제가 있었음을 깨달았다. 사색에 젖어 터벅터벅 걸었던 모습에서 문제의 원인을 찾아낸 것이다. 그래서 어깨를 펴고 빠른 걸음으로 당당하게 걸으니 잠에서 깨어날 수 있었다.

어깨를 펴고 당당하게 걸을 때 뇌에서는 도파민이 분비되어 기분이 좋아지고, 세로토닌도 많이 생성되었을 것이다. 또한 평소 산책 중 듣는 뇌 과학 관련 오디오북이 아세틸콜린을 활성화시켜 도움이 되었을 것으로 보인다.

필자는 상담 중 많은 사람들에게 맨발걷기 운동의 중요성을 강조한다. 많은 사람들이 일상생활에서 운동을 소홀히 하거나 단순히 걷기만으로 충분한 운동이 된다고 생각하는 경우가 많다. 그러나 필자는 단순한 걷기만으로는 충분한 운동이 되지 않는다는 사실을 깨달았다. 단순히 걷는 것만으로는 신체의 여러 부분을 충분히 자극할 수 없기 때문이다. 맨발걷기는 뇌를 자극하는 훌륭한 방법이다. 맨발로 걷는 동안 발바닥의 다양한 신경이 자극을 받아 뇌로 전달되며, 이로 인해 뇌도 활성화되기 때문이다.

이는 단순히 신체적인 건강을 증진시키는 것뿐만 아니라 정신적인 건강에도 긍정적인 영향을 미친다. 맨발로 걷는 동안 자연과 더 가까워지고, 스트레스가 줄어들며, 마음이 안정되는 효과를 경험할 수 있다. 이처럼 맨발걷기는 단순한 운동 이상의 의미를 지닌다.

4. 뇌 체질과 리더십 스타일

약 500만 년에 걸쳐 진화해 온 인류 역사 동안 리더십과 팔로우십의 심리적 원형이 출현하여 발전해왔다고 한다. 리더십은 집단을 이루어 생존하는 모든 동물에게서 찾아볼 수 있는 특성이다. 집단 생활을 통해 동물들은 포식자로부터의 보호와 먹이 구하기의 이점을 얻을 수 있었지만, 동시에 집단 내 자원 소모와 치열한 생존 경쟁이라는 불리한 측면도 존재한다.

이러한 상황에서 우두머리는 집단의 생존을 위해 헌신적인 행동, 예를 들어 먹이 찾기, 공평한 분배, 번식 기회 제공 등을 통해 영향력을 발휘했다. 이처럼 인간 역시 다양한 방식의 리더십을 발휘하며 진화해왔는데, 이는 핀치새의 부리 진화와 유사한 양상을 보인다.

리더십은 단순히 권력을 가진 자가 명령을 내리는 것이 아니라, 집단의 안전과 번영을 위해 중요한 결정을 내리고 행동으로 보여주는 것을 의미한다. 예를 들어, 고대의 사냥에서 우두머리는 먹이를 추적하고 사냥 전략을 세우며, 사냥 후에는 공평하게 먹이를 나누는 역할을 맡았다. 이러한 리더의 행동은 집단 내 신뢰를 쌓고, 구성원들이 협력할 수 있도록 유도했다.

팔로우십 역시 리더십만큼 중요한 역할을 한다. 팔로워들은 리더의 결정을 따르고, 집단의 목표를 달성하기 위해 협력하며, 때로는 리더에게 피드백을 제공하여 더 나은 결정을 내리도록 돕는다. 이러한 상호작용은 집단의 생존과 번영에 필수적이다.

궁극적으로, 리더십과 팔로우십의 조화로운 발전은 인류가 다양한 환경에서 성공적으로 적응하고 번영할 수 있도록 도왔다. 이 과정에서 리더는 집단의 방향을 제시하고, 팔로워들은 그 방향을 따라가며 힘을 합치는 방식으로 진화해왔다.

진화과정에서 그 특성에 맞는 방식을 일관성있게 활용하는 방안으로 뇌는 학습하는 과정에서 신경전달물질이 다양한 형태로 분비되면서 리더의 특성에 따라 생존에 유리하게 선택되었을 것이다.

우리는 200만년 전 아프리카 사바나로 여행을 떠나보자. 당시 원시 밀림은 우기가 많아 거대한 숲을 이루고 있었고, 수풀 속에는 위험한 포식자들이 우글거리며 목숨을 노리고 있었다. 우리가 배고픔을 참으며, 막 태어난 아기와 출산으로 힘든 아내, 그리고 우리를 기다리는 무리를 위해 할 수 있는 일은 포식자로부터 안전하게 보호하고, 먹이를 구해 출산으로 소모된 에너지를 보충하여 아기에게 더 많고 질 좋은 젖을 먹이며, 집단 구성원들이 배불리 먹을 수 있게 하는 것뿐이다. 아마도 우리를 따르는 이들은 생존에 유리한 선택을 위해 모여든 사람들일 것이다.

아프리카 사바나는 인간이 생존하기에 녹록하지 않은 곳이다. 호시탐탐 노리는 포식자와 끊임없는 위협, 그리고 먹이 경쟁은 우리에게 큰 도전이 된다. 그렇다면 팔로워들은 어떻게 생존 전략을 선택했을까? 팔로우십 인지능력을 가진 이들은 그렇지 않은 이들보다 더 번성했다. 이는 필요할 때 누구를 따라야 하는지를 신속하고 자동적으로 결정할 수 있는 '내장된 규칙' 덕분이다. 결국 리더십과 팔로우십의 탄생은 생존을 위한 중요한 수단이었다.

　이야기를 다시 돌아 가보자. 그리 멀지 않는 숲속에서 비명소리가 들려온다. 남자가 자지러지면서 쓰러지는 비명소리와 여성의 두려움과 위기 찬 목소리, 그리고 아기의 울음소리, 아이를 보호하려는 모성본능에서 발악하는 소리이다. 우리는 손도끼와 나무창으로 만들어진 무기들을 들고 전투 태세를 갖추고 다가간다. 위기의 순간에 여자들과 아이들은 구출 했지만, 그러나 이미 때는 늦었다. 남자는 벌써 포식자 호랑이의 먹이가 되어 피를 흘리며 어디론가 끌려갔고 여자와 아이는 두려움에 떨고 있는 모습은 참으로 처절하게 보인다.

　나와 당신은 아이와 여자를 우리가 기거하는 커다란 바위가 듬성듬성 놓여 있는 거주지로 돌아왔다. 거주지라 해야 할 만큼의 대단한 마을을 이루는 곳이 아니라, 바위 아래 나뭇가지와 바나나 잎으로 비를 피할 수 있게 만들어진 움막으로 그야 말로 요즘 텐트촌과도 비교할 수 없을 만큼 허술한 작은 마을이다. 그 이유는 간단하다. 며칠간 비를 피하고 기거하면 다른 곳으로 이동해야 하기 때문에 그렇게 화려하게 만들 필요가 없었다.

　그냥 임시 거처인 셈 이다. 조금 뒤 갑자기 비가 억수 같이 솟아진다. 밀림에 폭우가 쏟아지면 기온이 내려가 체온을 따뜻하게 보온해야 에너지 소모가 적으므로 우리는 동물들을 잡아먹고 남은 말린 털가죽을 걸치고 추위를 피한다. 그날 따라 초가을 날씨라 제법 쌀쌀하다. 조금 전에 데려온 여자와 아이는 포식자에게 잡혀간 남자가 만들어준 털가죽을 덥고 있었으나 아이를 포식자로부터 보호하려는 본능 때문에 싸움을 하다 찢겨진 호랑이 가죽 사이로 피가 흐르는 모습을 보니 상처가 많이 난 모양이다.

　그 모습을 보다 못한 아내가 여분으로 만들어 준 털가죽 껍데기로 그녀와 아이를 감쌀 수 있게 도와주었다. 아내는 평상시에 부족들의 상처를 치료하기 위하여 준비한 약초로 그녀의 아픈 부위에 발라주어 고통에서 벗어나게 도움을 주었다. 사실 그녀는 우리에게는 중요한 또 다른 재산이다. 아직 그녀는 번식능력이 높은 젊은 여자이므로 우리 무리의 DNA를 물려줄 좋은 배우자임은 틀림이 없었다.

남자들은 본능적으로 번식력이 높은 여자에게 더 많은 관심을 가지면서 내심 자신의 배우자가 되기를 기대한다. 그러나 우리 집단에서는 내가 우두머리임으로 모두들 내가 차지할 것이라는 생각에 아예 포기하고 있는 눈치이다. 그래서 아내는 더 관심을 가지고 그들을 보살피는지 모를 일이지만, 나는 그렇게 하지 않았다. 그날 포식자인 호랑이와의 싸움에서 가장 용감하게 싸움을 벌이며 승리를 만들어낸 당신에게 그 여자를 보살펴 주라고 나는 결정을 하였다.

그는 이런 사람이다. 싸움에서는 항상 앞장서면서 두려움 때문에 망설이지 않는 전사이다. 항상 싸움에 앞장서는 모습은 우리 무리에서 크게 인정받고 있는 사람이다. 그러나 그도 아픈 상처가 있다. 아마 일 년 전으로 기억한다. 그도 한 집단을 이끌어가는 우두머리였지만, 다른 부족과의 싸움에서 많은 구성원들을 잃어버렸고 더구나 아내와 자식마저 잃어버리고 몇 남지 않은 부족을 이끌고 평소에 협력하고 지내는 우리 무리에 합류하여 들어온 사람이다.

그는 싸움에 용감하지만 한 가지 흠이 있다면 너무 무모할 정도로 공격적이어서 싸움에 나가면 위험을 자초하는 경향이 있으므로 위험에 항상 노출된 사람이다. 그도 그럴 것이 1년 전 싸움에서도 무리가 더 많은 집단과의 싸움에서 무모하게 도전하여 패배한 원인이 그의 성격 탓이라는 소문이다. 그래도 그는 용감하면서 의리가 있는 남자다. 자신의 목숨과 부족을 거두어 준 고마움에 충성을 다한다. 나는 이런 사람을 잘 다루는 능력을 가졌다. 그가 싸움터에 나가서 그가 희망하면 선봉장에 세운다. 그는 열정적인 도파민 체질의 전사이기 때문이다. 그리고 도전적이고 모험적이므로 그를 잘 활용하는 것이 이 집단에 도움이 된다는 사실을 나는 잘 아는 사람이다. 그래서 나는 그녀를 그에게 보상하기로 결정했다.

모두들 그 결정에 이의가 없는 모양이다. 아마 내가 공정하고 청렴하다는 사실을 알고 있었으며 내가 한번 결정한 것에 대하여는 변경하지 않는다는 사실도 그들은 잘 알기 때문에 나의 결단력을 신뢰하는 모양이다.

나는 몇 달에 한 번씩 내가 쌓아온 다양한 생필품과 싸움에서 얻은 귀중한 물건들을 모아 놓았다가 집단구성원들에게 공평하게 나누어준다. 그래서 그들은 나를 자신과 자신의 가족만을 위하여 착복하지 않고 집단구성원들을 위하여 함께 사용한다는 사실을 신뢰하고 있다. 어떤 면에서 우리 집단은 다른 집단과 다르게 서로 상보적 관계를 형성하면서 신뢰와 믿음으로 살아가기 때문에 강력한 집단으로 부각되고 있다. 이러한 행위들은 인류가 진화하는 과정에서 널리 실행되는 행사로 전래되어 왔다.

얼마 전의 일이다. 몇 년 전에 우리와 동맹을 깨트린 집단에서 내분이 일어나 서로 싸우고 죽이고 죽임을 당하는 일이 일어났다. 요즘 말로 내전(內戰)이 일어난 것이다. 그 때 집단 싸움에서 우두머리는 사망하고 일부 남은 부족들이 우리에게 합류하였다. 그 무리를 이끌고 온 사람은 그 집단 내에서 정평이 나 있는 외교가였다.

신경과학적으로 말하면 아세틸콜린 체질이다. 그는 여성이고 사교성이 있고 상냥하였으며, 생각이 빠르고 아이디어가 뛰어나고 창의력이 탁월해서 그녀를 두고 우리는 제갈공명이라 부른다. 그녀가 우리 부족에 합류한 것은 행운이다.

그녀는 가까운 곳에서 열매 등의 먹이를 구하고 요리하는 방법, 집단 내에서 갈등이 일어나면 멋진 소통으로 문제를 해결하는 방법, 나아가 창의적으로 문제를 해결하는 방법, 새로운 먹잇감을 구하는데 필요한 도구를 만드는 방법 등은 다른 사람들로부터 부러움을 한 몸에 받고 사는 아세틸콜린 체질여성이다. 그녀는 이제 우리 집단에서 없어서 안될 만큼 중요한 자리에서 리더십을 발휘하고 있다. 그녀가 내게 소개한 또 다른 한 사람의 리더는 매사에 안정적이고 집단이나 내가 무리수를 두기 전에 침착하게 설명하면서 우리에게 다가오는 안전의 문제를 사전에 해결하면서 우리 집단을 포식자로부터 보호하는데 결정적인 역할을 하는 사람이다.

그는 신경과학적 관점에서는 가바체질이다. 그가 남다른 면은 우리가 사용하는 지식들을 활용하는 능력과 그것을 기록하면서 준비하는 습관이다. 그러므로 실패나 실수를 미연에 예방할 수 있기 때문에 나는 그에게 사실상 살림살이를 맡겨놓아도 빈틈없이 수행하는 모습을 보고 다른 무리들도 그를 존중하고 잘 따르는 편이다. 나는 우리 집단이 어떻게 해야 생존할 수 있고 더 많이 번식할 수 있을 지를 잘 알고 있다. 그 중에서도 집단 구성원의 안전과 질병으로부터 보호 하면서 위기를 스스로 극복할 수 있는 능력을 발휘하는 사람이 우리에게는 소중한 사람이다.

내가 또 다른 한 사람의 리더를 소개하려함은 그는 우리를 행복하게 하는 행복바이러스를 소지한 사람이다. 그는 유머러스하고 활동적이며 자유로우면서 언제나 재치 있는 언행으로 우리 집단에서 없어서 안 될 행복전도사로 자리 잡은 사람이다.

그는 뇌 체질에 따르면 세로토닌체질이다. 그가 우리 집단에 합류하게 된 것은 우연한 기회에서 일어난 일이다. 몇 년 전 우리는 가뭄으로 인해 가까운 지역에서는 먹을거리를 구하기 어려워 좀 먼 길을 떠나기로 하였으며, 며칠이

지난 어느 날 불타는 한 마을에 십여 명의 사람들이 모여 슬프게 울고 있는 모습을 볼 수 있었다. 그들은 가뭄에 시달리는데 부족집단에 역병이 돌면서 대부분 사망하게 되었고 몇 명 남은 사람을 전염병이 더 이상 번지지 않게 자신들이 살고 있는 거주지를 불사르고 있었던 것이다. 오갈 데 없는 그들은 우리 집단에 합류하면서 구성원이 드디어 150명에 이르는 집단으로 성장하였다.

앞에서 설명한 진화심리학자 로빈 던바(Robin Dunbar)에 따르면 침팬지 무리는 대게 약 50마리의 개체로 이뤄지지만 초창기 인간은 약 150명으로 구성된 사회집단을 갖고 있었던 것으로 추정된다는 사실을 입증한 사람으로 그의 이름을 따서 150명을 던바의 수(Dunbar Number)라 부른다. 우리가 SNS활동을 하면서 다양한 사람들과 교류를 하지만 사실상 자주 만나고 소통하는 사람의 수는 최대 150명을 넘지 못한다는 말이다.

1) 부족체질이 부르는 화

나는 한때 기업교육계에서 이름을 날리며 전국적으로 상당한 인정을 받았다. 대지 3,000평에 건평 880평의 아담한 연수원을 경영하면서 잘나가던 사업을 하고 있었다. 그러나 경영이 어려워지면서 부도가 나고 말았다.

사업 실패 후 15년이라는 긴 세월이 지났다. 이제 나의 솔직한 심정을 밝히면서 리더십의 소중함을 털어놓고자 한다. 잘못된 나의 리더십이 결국 '사업 실패의 결정적인 요인이 되었다'고 생각하니 참으로 답답하고 참담하다. 때때로 지난날의 경험이 마치 꿈처럼 지나가면서, 나를 정말 심각하게 반성하게 하는 부분도 많다. 이제 나는 과거를 돌아보면서, 내가 왜 망했는지를 변명하려는 것이 아니라, 내가 망할 수밖에 없었던 내 자신을 들여다보면서 리더십 문제를 살펴보고자 한다. 먼저 나 자신을 객관적으로 설명하기는 쉽지 않다. 하지만 내가 검사한 리더십 스타일 측면에서 살펴보겠다. 나는 ADSG(Acetylcholine, Dopamine, Serotonin, GABA) 뇌체질이다. 브레이브맨 박사의 뇌체질 사용설명서 진단도구를 활용한 결과, 나를 지배하는 뇌 체질은 아세틸콜린 체질이다.

아세틸콜린 체질의 대표적인 성격적 특성은 친화성과 창조적 소질이다. 나는 원래 친화적이어서 다른 사람과 잘 사귀는 체질이며, 새로운 아이디어를 잘 내고 기획을 잘하는 편이다. 그래서 다른 사람들로부터 몹시 창의성이 뛰어나고 표현력이 좋다는 평가를 받기도 했다. 다음으로 도파민의 성격적 특성은 외향적이고 추진력이 있는 스타일이다. 나는 처음 보는 사람들과 대화를 잘 나누며, 마음속의 생각을 비교적 쉽게 표현하는 편이다. 또한, 나는 생각하는 바를 적극적으로 추진하는 편이다.

하지만 문제는 내가 세로토닌이 부족하고 가바가 결핍된 뇌 체질이라는 사실을 지금에서야 알게 되었다. 세로토닌의 특성은 개방적이고 자율적이며 인생을 즐기는 스타일인데, 나는 그렇지 못했다. 다양한 사람과 많이 사귀면서 무엇이든 잘하면 된다는 생각을 가지고 모험적인 투자를 잘하였고, 도파민에 만끽하여 365일 중 300일은 술을 마시며 지냈으니 참으로 어리석은 젊은 시절을 낭비한 셈이다. 뿐만 아니라, 감정을 억제하지 못해 기분 나쁜 일이 있으면 폭발하고 말다툼을 잘 하였으며, 자신의 감정을 통제하고 관리하는 능력은 부족하였다. 그래서 나는 항상 자신의 주장과 고집에 빠져 "나는 옳다"는 생각을 하면서 위험성에 대비하는 안정적인 조치는 하지 않았다.

지금 생각해보면 몹시 어리석은 행동이었다. 그 당시 나를 지배하는 뇌의 신경전달 물질과 나에게 부족한 부분이 나를 불행하게 만든 원인이었다. 즉, 나의 뇌에 이미 예정된 실패의 길이 열려 있었던 것이다.

사람을 좋아하는 아세틸콜린과 쾌락에 빠지는 도파민이 흥분과 향락에 빠지게 하면서 지속적인 음주와 쾌락에 빠진 뇌는 가바 결핍이라는 제어할 수 없는 상태를 만들었다. 이로 인해 다양한 신호(피로감, 잘 내는 화, 이명 등)를 보내왔지만, 뇌는 향락에서 벗어나지 못했고 따라서 미래를 준비하는 안정된 삶은 안중에도 없었다. 결과적으로 미래를 위해 안정적인(가바) 삶에 대한 대비는 전무한 상태였었고, 반복되는 가바 결핍은 당뇨병과 고혈압이라는 심각한 성인병까지 얻게되고 말았다. 결국 나는 지금까지 당뇨병에 시달리며 살아가는 사람이 되고 말았다.

그러나 내게도 분명 장점과 강점이 있었다. 한때 교육 영업에서 90%를 수주할 만큼 대인관계를 잘하였고, 아이디어가 풍부하여 새로운 프로그램을 개발하고 활용하는 능력이 뛰어났다. 나는 다른 사람 앞에서 자신의 생각과 감정을 잘 표현하여 남다르게 강의를 잘하였고, 이 덕분에 인기 강사로 활동할 수 있었다. 교육사업의 오너인 나는 강사 초빙 결정권은 물론 다른 직원을 채용하는 문제에서도 주도적인 역할을 하였다. 그러나 교육 영업뿐만 아니라 대인관계에서도 자만에 빠져 아집이 많아지고 독선적인 행동을 하였다.

함께 근무하는 직원에게는 카리스마적이라는 명분으로 독선적 행동을 일삼았고, 조언하는 사람보다는 아부하는 사람의 말에 더 현혹되는 참담한 결과를 초래하였다. 결국 내가 갖고있는 많은 장점에도 불구하고 자신을 제어하지 못하고 비합리적인 판단으로 인해 리더십이 무너지는 결과를 초래했다. 이때 뇌에서는 아세틸콜린의 친화성과 창조성, 도파민의 외향성과 적극성이 강점으로 작용했지만, 세로토닌의 부족과 가바의 결핍으로 인해 향락과 독선에 빠지는 행동 특성이 드러났다.

2) 리더십 누구도 완벽할 수 없다

열정적이고 진취적이며 적극적인 이의원이 총리로 발탁되자, 그는 국민들 앞에 자신이 누구보다 적극적이고 성실하면서 어려운 일도 해결할 수 있는 사람이라는 점을 보여주고자 했다. 청문회에서 모든 의혹을 철저히 준비하여 기자들 앞에서 증거 서류를 제출하는 등 적극적으로 대응했다.

누구나 그가 청문회를 무난히 통과하고 탁월한 국무총리의 모습을 보여줄 것이라고 생각했다. 그의 리더십 스타일은 DASG형일 가능성이 높았다. 적극적이고 외향적인 성향으로 인해 협상력도 뛰어났고, 야당과의 협상에서도 주도적인 역할을 하며 원만하게 문제를 해결했다. 또한 자신의 문제에 열정적으로 대응하는 모습은 시원하고 통쾌해 보였다.

하지만 그의 열정과 적극성이 제어되지 않아 문제를 더 악화시켰고, 결국 국민들로부터 신뢰를 잃으면서 가장 짧은 기간에 국무총리직에서 물러나는 모습을 보였다.

무엇이 문제였는가? 가바 결핍이 가장 결정적인 문제가 아니었을까? 자신의 감정을 제어하고 타인의 감정을 이해하는 측면에서 약점을 보였다. 이의원은 사건이 발생하자 그는 누구보다 당황했고, 자신의 이야기가 오가고 있다는 정보를 입수하면서 불안함과 두려움에 자신을 제어하지 못했다. 그 결과 국무총리로서 있을 수 없는 언행을 하게 되어 결국 낙마하게 되었다.

미국 클린턴 대통령이 가나를 방문했을 때, 클린턴을 보기 위해 수많은 군중이 몰려들었다. 연설을 하기 위해 단상 앞으로 나가는 그는 몰려드는 군중들로부터 두려움을 느꼈고, 자신의 감정을 제어하지 못해 전 세계 언론 앞에서 큰소리로 흥분하여 "저리 비켜! 저리 비키란 말이야!"라고 소리쳤다. 이로 인해 전 세계 사람들에게 조롱거리가 되었다. 또한 르완스키라는 백악관 여직원과의 염문은 제어하지 못하는 도파민의 분출이 대통령 직무 수행에 부적절한 일을 하게 만든 것이 아닐까?

도파민 체질에 가바가 결핍되면 브레이크가 잘 듣지 않는 자동차와 같다. 본능적인 원시뇌가 이성적인 전두엽의 제어장치가 제대로 작동하지 못하게 만들어버린다. 우리 주변을 돌아보면, 수많은 정치적·사회적 지도자들이 스스로를 제어하지 못해 성희롱, 성추행, 부정 등의 참담한 결과를 초래하는 사실들이 이를 뒷받침한다.

3) 부족한 사람이 기회다

이 세상에 완벽한 뇌를 가진 사람은 없다. 다만 신경전달 물질의 균형 정도와 분출 수준이 성격, 행동, 삶의 태도에 영향을 미칠 뿐이다. 누구나 부족함이나 결핍을 경험하며, 주된 특질인 신경전달물질이 지배하는 행동성향으로 살아갈 것이다.

그렇다면 훌륭한 리더십을 발휘하는 방법은 없을까? 우리나라 현대사에서 민주화의 기틀을 마련하고 대권을 쟁취한 지도자로 김대중 대통령과 김영삼 대통령을 꼽을 수 있다. 이들이 민주화를 위해 오랜 시간 노력하는 과정에서 특징적인 점은 이들을 위해 헌신적으로 역할을 하고 희생을 감수하는 측근들이 존재했다는 사실이다.

김대중 전 대통령의 뇌 체질에 따른 리더십 유형은 ADGS형으로 추정된다. 이는 친화적이면서도 아이디어와 지식이 풍부하고, 추진력과 적극성을 기반으로 하는 카리스마 있는 리더십을 발휘한다는 의미이다. 반면 김영삼 대통령은 DAGS형으로 볼 수 있다.

이러한 지도자들을 보좌하기 위해서는 적절한 측근들이 필요했다. 좌청룡은 GADS형, 즉 합리적이고 안정적인 아이디어를 가지고 헌신적인 자세로 보좌하는 스타일이 적합했다. 그리고 우백호는 AGSD형, 즉 헌신적이고 합리적인 참모 형태로 자신을 희생하면서 지도자를 주군으로 모시는 스타일이 필요했다. 이들 중 대표적인 인물로는 권노갑, 박지원 등 '가신 그룹'으로 알려진 이들이 있었다.

반면에 김영삼 전 대통령의 뇌 체질에 따른 리더십 스타일은 DAGS형으로 강력한 추진력과 적극적인 행동을 기반으로 하는 리더십 스타일로 자기주도적 카리스마를 가진 지도자인 반면, DAGS형은 추진력과 적극성 그리고 사람들을 따르게 하는 인간친화적인 리더십이 강점이지만 합리적이고 안정적이면서 개방성이 약점인 리더십 스타일이다. 김영삼 전 대통령에게 필요한 좌청룡은 GADS형으로 안정적이고 합리적인 친화성을 기반으로 자신을 희생하는 참모와 우백호는 AGSD사교적이고 안정적인 특성을 기반으로 자기희생적인 팔로우십을 발휘하는 참모가 필요했다.

김영삼을 전 대통령을 만들기 위해 자신을 희생한 대표적인 두 사람은 '좌동영, 우형우'라는 라는 사람으로 김동영은 김영삼이 전 대통령이 당선될 무렵 자신의 목숨을 희생하였고, 우백호인 최형우는 뇌졸중으로 참담한 삶을 살았다. 그들은 주군을 위하여 자신을 희생하였다.

4) 뇌의 기본 네트워크는 생존을 위한 진화의 산물

뇌는 죽는 그날까지 쉬지 않고 작동하는 자동장치라고 할 수 있다. 즉, 내가 깊은 잠에 빠져 있어도 뇌는 쉬지 않는다. 깊은 잠에 빠졌을 때 바스락거리는 소리에 반사적으로 일어나는 반응은, 다른 모든 신체기관이 쉬고 있는 동안에도 뇌가 깨어 생명을 위협으로부터 보호하려는 진화의 산물이다.

우리의 원시조상들이 아프리카 사바나 밀림 속에서 쉬고 있을때 어떻게 생명을 보장했을지 생각해볼 수 있다. 만약 그 당시 밀림 속에서 늘 잠에 빠졌다면, 우리의 조상들은 생존하지 못했을 것이고 오늘날 우리의 존재도 없었을 것이다.

뇌는 생존을 위한 선택으로 죽는 그날까지 생존을 위해 작동하면서 쉬지 않고 일하는 기관이다.

세미나에서 "여러분, 뇌는 무엇을 위한 장기(臟器)입니까?"라는 질문을 받을 수 있다. 이 질문은 다소 엉뚱하고 황당해 보일 수 있지만, 쉽게 답변하는 사람은 많지 않다. 그 답은 "뇌는 생존과 번식을 위한 장기입니다."이다.

모든 생명체의 뇌는 생존과 번식을 위한 장기이며, 그 뇌가 어떻게 발달했느냐에 따라 생존하는 방법과 번식을 위한 행위가 다르게 표현된다. 앞서 설명한 리더십의 원형에서, 각 동물 종이 생존을 위해 환경에 적응하느냐 반적응하느냐에 따라 생존 방식이 다르게 작동함을 알 수 있다.

예를 들어 곰은 주어진 환경에 적응하여 몸에 지방을 축적하고 겨울잠을 자면서 에너지를 최소한으로 사용하지만, 기러기는 환경에 반적응하여 따뜻한 곳으로 장거리 이동하며 생존을 위한 종 특유의 리더십 유형을 발휘한다. 그렇다면 인간은 어떨까? 인간은 적응과 반적응을 모두 활용하는 동물로, 적응은 모방을, 반적응은 창조적 발상을 한다고 할 수 있다.

리더십 또한 이러한 측면으로 설명할 수 있다. 앞서 설명한 실패한 리더십을 다시 살펴보면, 친화성과 창조성, 그리고 적극성은 리더로서 분명 중요한 가치임에도 불구하고 실패할 수밖에 없었던 이유는 충동제어능력의 부족, 즉 가바

체질의 약점 때문이었다. 강점인 친화성(아세틸콜린)과 외향성(도파민)은 리더십 발휘에 중요한 요소였지만, 약점인 타인 수용성(세로토닌)과 합리적 판단력, 안정성(가바) 추구 부족이 문제였다.

이러한 현상은 집단을 이루는 동물 세계에서도 발견할 수 있다. 동물학자들의 연구에 따르면 침팬지의 집단생활을 관찰하는 과정에서 놀라운 사실을 발견했다. 팔로우로 살아가던 침팬지들은 스트레스 호르몬인 코르티솔이 많이 분출되면서 강력한 스트레스에 노출되었지만, 우두머리가 되는 순간 강력한 힘의 근원인 테스토스테론이 콜레스테롤에서 디히드로에피안드로스테론을 거쳐 합성된다. 이 테스토스테론은 웅성 생식기를 발육시키고 그 기능을 유지시키며, 웅성의 성징을 발현시킨다. 또한 웅성 호르몬으로서 최초로 발견된 안드로스테론은 이 호르몬의 대사산물이며, 뇌하수체의 간세포자극 호르몬의 작용에 의해 분비가 촉진된다.

침팬지세계의 우두머리권력자인 알파는 자신의 DNA를 퍼트리기 위하여 무리 속의 암컷을 무려 75%이상 차지하는 무리수를 두었다. 알파를 제외한 나머지 수컷들은 25%의 암컷을 두고 호시탐탐 경쟁하면서 우두머리 경쟁은 시작된다. 드디어 알파는 지위를 잃고 우두머리 자리에서 쫓겨나 암컷을 지배하는 비율은 0%까지 떨어지는 참담한 결과가 발생한다. 우두머리 자리가 영원히 있을 것이라는 인지부조화가 만들어 낸 결과이다.

우두머리 자리에서 밀려난 그는 구석에 처박혀 외로운 나날을 보내면서 무료한 생활을 하는 어느 날 우두머리 자리를 두고 경쟁하는 집단의 젊은 카알이 우두머리 경험이 있는 알파에게 손을 내어 밀었고 두 침팬지는 동맹을 맺고 암컷들을 공격(침팬지는 암컷을 공격할 때 방어하는 능력이 우두머리에게 있어야 권력을 유지한다 함)하면서 우두머리 칸트에게 도전장을 내어 민 것이다. 협력자는 드디어 우두머리 칸트를 자리에서 물러나게 하고 반역을 주도한 카알이 권력을 잡았다. 비교적 공정했던 카알은 알파에게 7%의 암컷을 지배할 수 있는 권한을 주었고, 우두머리인 카알은 55%의 암컷을 차지하였다. 그야말로 집권에 대한 보상으로 노후를 맞은 알파는 그나마 위로가 되는 지위를 차지한 것이다.

집단을 형성하는 동물들에게는 언제나 강력한 경쟁자가 도사리고 있다는 사실과 동물마다 생존을 위한 집단의 모습이 동물들의 인지능력에 따라 다르다는 사실도 흥미롭다.

1990년대 진화인류학자 로빈 던바(Robin Dunbar)가 주장하는 연구에 의하면, 신피질의 크기가 사회적 집단의 크기와 연관이 있다는 주장을 하였다. 던바의 주장에 따르면 뇌의 확대원인을 개인의 혁신, 사회적 학습, 집단 크기의 상대적 차이와 신피질의 크기 사이의 상관관계 조사한 결과, 집단의 크기가 신피질의 크기를 예측할 수 있다 하였다.[52] 던바의 연구에 따르면 침팬지는 뇌의 크기에 따라 약50마리 정도가 집단을 이루는데 반하여 인간은 150명이라 주장하였고 이런바 던바의 수라 부르는 집단의 수를 설명하였다.

기원전 6,000년부터 기원 후 1,700년대 까지 존재했던 마을 크기를 추산해 보면 대략 150명 수준이었다는 사실과 현대를 살아가는 우리가 수천 명이 친구를 이루어 SNS활동을 하지만 실재로는 150명 정도가 친밀한 관계를 유지하는 정도이고, 현대사회의 군부대도 약150명 단위로 조직된다.[53]

5) 리더십은 사회적 뇌의 발달에서

집단은 왜 만들어진 것일까? 사회적 뇌는 집단 관계를 형성하면 생존과 번식에 유리한 고지를 점령할 수 있다는 생물학적 의미로 해석할 수 있다. 만약 내가 아프리카 사바나 밀림에서 산다면, 다양한 포식자에게 언제든지 노출될 수 있다는 사실을 나의 뇌는 잘 알고 있다. 따라서 어떻게 해서든 집단을 형성하여 생존에 유리한 지위를 얻으려 노력할 것이다. 앞서 살펴본 바와 같이, 집단을 형성하면 유리한 장점과 불리한 단점이 존재한다. 유리한 장점은 포식자들로부터 생명을 보존할 확률이 높다는 사실이다. 반면 불리한 단점은 집단 속에서 경쟁을 통해 자신의 DNA를 퍼뜨려야 한다는 점이다. 그렇다면 뇌는 어떻게 사회적 관계를 유지하는데 사용할까?

UCLA 대학의 메튜 리버만(Matthew D. Liberman) 박사는 자신의 저서 "사회적 뇌"에서 사회적 사고와 비사회적 사고는 뇌에서 서로 비슷한 곳에서 발화할 것이라고 가정하였다. 그리고 크리스 프리스(Chris Frith)와 우타 프리스(Uta Frith)의 뇌 영상 연구 논문에서 그 답을 찾을 수 있다고 한다.

자기공명 영상 촬영기에 누워 있는 피험자에게 다음과 같은 두 종류의 문장을 제시하였다. 경찰관 옆을 뛰어가던 도둑이 장갑을 떨어뜨렸다. 경찰관은 장갑을 주어서 '거기 잠깐만 봐요!'라며 도둑에게 돌려주려 했다. 그런데 '도둑은 경찰관에게 들켰다는 잘못된 판단으로 자수를 했다'와 같은 사회적 관계를 설명하는 문장, 그리고 '그 공항 이름이 바뀌었다' 또는 '루이스는 작은 기름병을 열었다'와 같은 비사회적인 단순한 문장을 제시했을 때, 자기공명 스캐너 영상에서 촬영된 뇌의 부위가 전혀 다른 부위에서 반응을 보였다.

즉, 사회적 관계의 문장을 제시했을 때는 배내측 전전두 피질(Dorsomedial prefrontal cortex), 측두두정 접합(Temporoparietal junction), 후대상

(Posterior cingulate), 측두극(temporal Poles)을 포함한 여러 부위가 활성화된 반면, 비사회적 문장을 제시했을 때는 외측 전전두피질(lateral prefrontal cortex)이 활성화되었다. 사회적 관계를 형성하는 문장에서는 이 부분이 전혀 활성화되지 않았다는 것이다.

1997년 워싱턴대학교의 고든 슐만(Gordon Shulman)과 그의 동료들이 인지신경과학저널지에 발표한 연구에 따르면, 과제 수행시와 과제를 수행하지 않을 때 뇌는 서로 다른 부위에서 활성화된다고 한다. 작업을 수행할 때는 관련된 뇌 부위가 활성화되는 것이 당연하지만, 작업을 하지 않을 때, 즉 쉬고 있을 때도 뇌의 다양한 부분에서 발화가 일어나고 있음이 밝혀졌다. 이 부분을 기본신경망(default network)이라고 부르는데, 이 기본신경망은 사회신경과학자들이 밝힌 사회적 인지 뇌 부위와 일치한다고 한다.[54]

사회적 관계를 형성하는 사회적 동물인 인간은 어떤 면에서 사회적 성공을 위하여 진화적 자연선택에 수 백 만년을 투자하여 온 셈이다. 신생아 연구에 따르면 아기가 세상에 태어나자마자 바로 작동하는 부분이 사회적 신경망으로 어른 경우와 동일하게 작동한다.[55]는 연구에서 볼 수 있듯이 뇌는 진화의 산물임은 틀림없다. 메튜 리버먼교수의 설명을 들어보자.

한 연구에 따르면 우리가 일상적으로 나누는 대화 내용의 70%는 사회적 성격을 띤다고 한다. 우리가 다른 사람들과 또는 그들과의 연결된 우리 자신에 대하여 생각하는 시간이 깨어 있는 시간의 20%라 해도, 우리 뇌의 '기본 신경망=사회적신경망'은 하루에 최소한 3시간 이상을 이런 일에 관여하는 셈이다. 다른 말로 표현하면 작업을 하다 멈추는 시간이나 글을 쓰다 잠시 쉬는 시간에도 나는 아내와의 관계, 손녀가 뛰어놀면서 다른 아이에게 말을 먼저 건네는 모습, 뉴로리더십 원고교정을 부탁했는데 잘하고 있을까? 또는 대통령은 국회의원들은 다양한 생각들이 왔다 갔다 한다는 것이다.

우리는 사회적 관계를 맺는 전문적인 뇌 시스템을 가지고 태어났을 뿐만 아니라, 생존 과정에서 가장 많은 시간을 사회적 관계 형성에 소모한다. 그렇기 때문에 우리는 완벽한 사회적 관계를 구사하는 것이 정상이다. 정상적인 사람일 경우 일상적인 대부분의 사회적 관계를 무난하게 형성해 갈 수 있는 이유도 여기에 있다.

인간이 사회적 관계를 맺는 진화적 관점은 생존을 위한 관계 형성의 수단이며, 그 수단의 긍정적 메커니즘인 긍정 센터와 부정적 메커니즘인 부정 센터가 각각 다르게 작동한다. 우리가 원고를 쓰거나 일을 할 때는 작업 기억과 관련된 뇌 영역과 손발을 움직이는 운동 중추가 함께 작동한다. 그러나 우리가 휴식을 취할 때, 뇌는 아무것도 하지 않는 것이 아니라 사회적 뇌 시스템이 분주하게 움직이면서 우리는 아름다운 여자와 데이트하는 생각을 하거나 친구와 즐거운 여름 휴가를 보내는 것을 생각하며 미소를 짓게 된다.

이와 같이 우리의 사회적 뇌는 다양한 방식으로 작동한다. 긍정적인 감정이 지배하는 사람은 좌측 전전두엽이 활성화되고, 부정적인 감정이 주도적인 사람은 우측 전전두엽이 활성화된다는 연구 결과도 있다. 또한 자비 명상을 하는 순간 좌측 전전두엽 파장이 지배한다는 사실도 확인되었다.

매튜 리버만 박사는 중격부는 공포심을 진정시키고[56] 어려움에 처한 상대를 도우려는 동기를 증가시키는 역할과 정서적 반응을 이타적 동기로 전환시키는 핵심고리의 역할을 한다고 했다. 중격부는 다수의 옥시토신 수용체(oxytocin receptor)가 존재하며, 뇌에서 옥시토신 수용체가 가장 높은 부분도 중격부이다. 한 가지 흥미로운 사실은 설치류 연구에서 어미로부터 따뜻한 보살핌을 받은 새끼들은 보살핌을 받지 못한 새끼들에 비하여 중격부 옥시토신이 상대적으로 밀집도 높았고, 보살핌을 받지 못한 새끼들은 옥시토신이 분비가 적었다. 설치류인 쥐 연구에서 더 나아가 인간에 대한 연구를 살펴보자.

하버드대학 존스 홉킨스 연구에 따르면, 1950년 학부대학생 125명을 대상으로 부모에 대한 느낌에 관한 설문을 실시했다. 그 결과는 놀라웠다. 어머니와 아버지 모두에 대해 긴장되고 냉정한 느낌을 받았다고 답변한 사람들은 35년 후 100%가 질병에 걸렸다. 이는 부모와의 관계가 얼마나 중요한지를 시사하는 결과였다. 반면에 어머니는 긴장되고 냉정하지만 아버지는 따뜻하고 친근하다고 답변한 사람들은 83%가 질병에 걸렸다. 이는 어머니의 영향력이 더 크다는 것을 보여준다. 어머니는 따뜻하지만 아버지는 냉정하다고 답변한 사람들은 75%가 질병에 걸렸다.

어머니와 아버지 모두 따뜻하다고 느낀 사람들은 오직 45%만이 질병에 걸려 상대적으로 매우 낮은 비율을 보였다. 이 연구는 인간의 뇌가 관계에서 느끼는 정서적 감정에 어떻게 심각한 영향을 받는지 보여준다. 사회적 뇌는 혼자서는 생존할 수 없다는 자연선택의 결과다. 수백만 년 동안 자연학습을 통해 우리의 DNA에 깊이 새겨진 것이다. 인간은 본질적으로 사회적 동물이며, 이는 우리의 건강과 행복에 직결된다. 부모와의 긍정적 관계는 스트레스를 줄이고 면역 체계를 강화하는 데 중요한 역할을 한다.

이 연구 결과는 우리가 가족 관계를 어떻게 관리해야 하는지에 대한 중요한 통찰을 제공한다. 부모의 따뜻하고 친근한 태도는 자녀의 평생 건강에 큰 영향을 미칠 수 있다. 이는 우리가 가족 내에서 긍정적인 관계를 유지하는 것이 얼마나 중요한지를 다시 한 번 상기시켜준다.

자! 잠시 글을 읽다 멈추고 좀 쉬어보자! 그러면 순간적으로 당신과 나의 뇌는 사회적인 뇌가 작동하기 시작한다. 긍정적 작동이던, 부정적 작동이던, 반드시 결과는 신체적. 정신적으로 영향을 미친다는 사실에 주목하라! 나와 당신이 작업 기억을 활용하면서 '기분 나쁘다, 불안하다, 초조하다, 화난다' 등의 사회적 관계를 생각하지 않고 일에만 집중할 것이다. 나는 지금 글을 쓰고 있다. 글을 쓰면서 '누구와 누구의 관계가 좋으냐, 나쁘냐'에 관심이 없다. 그러나 만약에 내가 글을 쓰면서 사회적 관계에 대한 생각을 한다면 나는 올바르게 글을 쓸 수 없을 것이다. 앞에서 설명한 것처럼 배외측전전두엽이 작동하게 되고 집중력이 높아지면서 작업 기억을 활용하여 문장을 써내려 가는 것이다. 그러나 컴퓨터에서 손을 떼는 순간 대통령과 유승민, 여당과 야당, 이번 주 강의에 대한 다양한 사회적 뇌가 작동을 시작한다. 그런데 다행스러운 것은 나의 뇌는 비교적 긍정적인 좌측전전두엽이 작동하므로 기본신경망(default network)이 작동할 때, 긍정적인 생각이 주도적이므로 뇌에서 분출되는 신경전달 물질도 옥시토신과 세로토닌 등 긍정성에 관련된 호르몬이 많이 분출되면서 자율신경계의 부교감신경계가 작동하므로 잠시 쉴 때 좀 더 편안하게 쉴 수 있다.

항공회사 K과장은 새로운 인사시스템을 구축하면서 조직 내 인사관리를 합리적으로 할 수 있는 방안을 만들었다. 인사관리 시스템을 만들 때 밤과 낮을 가리지 않고 일에 집중하면서 자신이 컨실팅회사에서 축적한 모든 지식을 집중하여 드디어 항공회사에 적합한 인사시스템 만들고 그것이 조직 내에서 원활하게 작동하도록 안정화 작업도 마쳤다. 그의 능력은 최고경영자도 인정하는 관리자로 승진하면서 사람들로부터 부러움을 사기도 했다.

그는 열정적인 직장생활에 피로함도 모르고 신바람 나는 삶을 누리며, 인사담당 실무책임자에서도 능력을 인정받으며 다른 부서의 업무를 함께 보게 되는 영광을 얻었지만 얼마 있지 않아, 그의 직속상관이 그를 대리 할 수 있는 사람을 뽑으면서 인사시스템을 완전히 바꾸겠다는 야심찬? 계획을 세우면서 K과장은 심각한 도전을 맞게 된다. 그는 심하게 스트레스를 받기 시작했고 자신과 평상시 그렇게 밀접하지 못하던 부서장이 자신이 만든 인사시스템을 전면적으로 변경하려고 하니 K과장 입장에서는 심각한 위기의식을 느끼게 되었고, 따라서 부서장의 모든 언행은 자신을 향해 쏘는 화살처럼 생각하게 되어 마침내 전직을 하기로 결심하였다.

이런 사례는 기업 내에서 일어나는 일반적인 갈등 사례이다. 그러나 대부분 문제는 업무상 일어나는 갈등이므로 서로 양보하면서 해결하면 된다는 생각을 할 것이고 당사자 입장에서는 '회사를 그만 두면 될 것이 아니냐!' 라는 결심을 하게 된다. 사실 K과장도 나와 우연한 미팅 기회에 그 문제를 해결하는 답을 찾을 수가 있었다. 그 후 노총각으로 나이가 들어가는 K과장에게 다행이도 행운이 한꺼번에 몰려오고 있다. 어여쁜 여성을 만나 결혼을 준비하고 있으니 말이다.

이 문제를 신경과학적 입장에서 들여다보자! 그가 조직 내에서 인정받기 위하여 새로운 인사시스템을 제안하였고 창의적인 아이디어와 자신이 습득한 지식을 항공회사의 시스템에 맞게 재구축한다는 사명감을 느낄 때, 그의 뇌에서는 배외측전전두엽의 작업 기억이 작동되면서 자신의 직무에 주의 집중력이 높아져 직무몰입도가 향상되었을 것이다. 뇌에서는 도파민이 분출되면서 밤낮을 가리지 않고 일에 몰두할 수 있게 되었으며, 잠시 쉬는 동안에는 그의 기본 신경망(default network)은 긍정적인 좌측전전두엽을 작동시키면서 즐겁고 행복함을 느끼게 하는 옥시토신이 분출되면서 스트레스 호르몬이 끼어들 여지가 없을 정도로 일을 통한 행복감을 느꼈을 뿐 아니라, 자신이 중심이 되어 개발한 인사시스템으로 전 직원을 관리한다고 생각하니 세로토닌 호르몬이 행복을 느끼게 하였을 뿐만 아니라, 왠지 모르게 어깨에 힘이 들어가고 뿌듯한 생각이 들면서 무슨 일이든지 다 할 수 있다는 자신만만한 테스토스테론이 당당한 지위감을 느끼게 하였다. 이렇게 가면 얼마 있지 않아 승진할 것이고 승진이 되면 나이는 어리지만 조직내에서 미래가 보장되는 셈이다.

그런 그에게 복병이 나타났다. 뇌의 입장에서는 사바나 숲속에서 맛있는 먹이를 발견하여 맛과 향을 무리들과 함께 즐기고 있는데, 갑자기 목숨을 위협하는 포식자가 출현한 것이다. 목숨 건 싸움을 할 것인가? 아니면 포식자를 피하여 죽을 각오로 도망칠 것인가? 생존과 번식에 심각한 타격일 받을 뿐만 아니라, 아예 생명을 내어 놓아야 할 결정적인 순간임은 틀림없다. 만약 나와 당신이 아프리카 사바나에서 이른 상황을 맞으면 선택의 여지없이 공격과 도피라는 결정적인 문제를 본능적으로 선택하게 된다. 그러나 우리는 아프리카 사바나에 사는 것이 아니라, 지금 여기에 살고 있는데, 원시 뇌인 편도체는 사소한 문제도 사바나 밀림 속에서 수백만 년을 진화하면서 축적한 경험을 바탕으로 비교적 최근에 형성된 전두엽의 상의 없이 지금 여기의 문제를 해결하려 한다. 어떤 일이 일어나겠는가? 편도체의 입장에서는 목숨을 위협하는 공격이므로 사소한 문제에 목숨 거는 공격이나 도피를 선택할 것이다.

K과장과 부서장의 편도체가 서로를 생명을 위협하는 포식자로 인식하면서 한바탕 싸움을 벌이는 순간 뇌는 어떤 상태일까? 공격과 도피라는 막다른 골목에 다다르면서 아드레날린이 분출되고 시간이 지날수록 스트레스 호르몬인 코르티솔이 점점 증가하여 서로가 서로를 만나면 감정은 격화되면서 원시 뇌인 편도체는 이성의 뇌를 마비시켜 편도체 납치사건이 일어난다. 결국 치킨게임을 향하여 치닫고 있는 것이다. 부서장은 탁월한 인사담당 관리자 한사람을 잃고 새로운 인사시스템을 구축하지도 못하면서 조직에 막대한 누를 끼치는

결과를 가져오고, K과장은 다른 회사로 전직을 하지만 또 다른 포식자의 뇌와 목숨 걸고 피 터지는 싸움을 해야 할 것이다. 이러한 것들이 바로 조직 내에서 일어나는 갈등관계로 수백만 년 동안 인간의 뇌에 자리 잡아 생존에 유리한 고지를 점령하려 한다.

 심리학을 전공한 K과장은 새로운 지식에 관심이 많을 뿐만 아니라, 신경과학기반 뉴로리더십에도 평상시 관심이 많았던 그는 자신이 교육비를 들여 뉴로리더십과정에 참여하였고 나에게 자신의 고민을 털어놓으면서 그 문제를 신경과학적으로 접근하여 해결의 답을 찾을 수 있었다.

 K과장의 뉴로리더십 스타일은 DASG형이다. 그의 뇌에서 분출되는 신경전달물질의 주된 특질인 도파민은 적극적이고 활동적이며 추진력이과 합리적 소신이 있는 사람이며, 보조 특질인 아세틸콜린은 친화성과 사교성이 있으므로 다른 사람과 잘 어울리는 편이다. 다만 그는 자신에게 자유로움과 인생을 즐기며 살아가는 여유로움(세로토닌 부족체질)이 부족하다. 그래서 항상 자신을 희생하면서 일과 생활에 바쁘게 살아온 것이다. 그에게 결정적인 단점이 한 가지 있다면 자신의 감정이 폭발 때 그 감정을 제어하는 능력(가바 결핍체질)이 부족한 것이다. 아마 앞에 소개한 사건 중 자신의 감정을 제어하지 못하는 이유도 가바 결핍 때문에 일어났지만 그는 지혜롭고 창의적이며 결단력이 있는 사람이라 스스로 문제를 해결할 수 있었을 것이다.

 K과장이 자신의 문제를 스스로 해결하고 전직(轉職)이라는 바람직하지 않은 선택을 하지 않고 답을 찾을 수 있었던 것은 이렇다. 그는 뉴로리더십과정에 참여하면서 자신에게 일어나는 문제는 단순한 감정의 문제가 아니라 신경과학적 입장에서 보면 생존이라는 문제이고 현대를 살아가는 우리들에게는 부조화의 가설(아프리카 사바나에서는 심각한 문제이지만 지금 여기에서는 아

무런 문제가 아닌데 심각하게 받아들이는 현상, 즉 뱀을 보고는 놀라지만 자동차를 보고는 놀라지 않는 현상)에서 비롯된 문제라는 사실을 이해하면서 편도체 납치사건에서 벗어날 수 있었다. 즉 지금 여기에 일어나는 문제는 전직이라는 현실도피로 해결될 문제가 아니라는 점을 전두엽이 인식을 하면서 시작되었다.

편도체 납치 사건은 편도체의 원시적 감정이 이성의 뇌인 전두엽의 합리적 판단에 의존하지 않고 공격과 도피라는 극단적 선택을 하게 되는 현상이다. 이는 화가 났을 때 눈앞에 일어나는 현상을 이성적으로 바라보지 못하는 상황과 유사하다.

위급한 상황이 발생하면, 편도체는 0.12초 만에 정보를 처리하여 신체적 반응을 일으킨다. 이에 비해 '시상-전두엽-편도체'를 거치면 0.24초 정도의 시간이 소요된다. 이처럼 편도체가 전두엽보다 먼저 반응하면서 냄비에 물이 끓듯이 순식간에 끓어 넘치는 상황이 발생하게 된다.

편도체가 한 번 발화하면 쉽게 벗어나지 못하는 상황이 벌어진다. 이때 본인의 인지적 사고와는 다르게 지속적 또는 반복적으로 일어나는 것이 편도체 납치사건이다. 즉, 상대방에 대한 나쁜 감정이 일어나면 그 감정에서 벗어나지 못하는 상태를 편도체 납치사건이라고 설명할 수 있다. 예를 들어, 부서장이 나쁜 사람이라는 판단이 지속적으로 영향을 미치면서, 그의 사소한 말과 행동에도 심각하게 반응하며 편도체 납치 상태가 유지된다.

편도체 납치가 일어나면, 상대방에 대한 싫어하는 마음이 생기면 과거의 긍정적 경험보다는 부정적 경험을 더 많이 떠올리게 된다. 이는 편도체가 과거의 부정적 경험을 기억하여 상대방의 공격으로부터 자신을 보호하려 하기 때문이다. 이를 브레인커뮤니케이션에서는 감정의 하향적 교류라고 칭하였다.

6) 강점특성과 단점특성

 세미나 장에서 청중들 앞에만 서면 자신의 강점과 장점을 유감없이 발휘하는 L박사는 인기 명강사이면서 다른 사람에 비교하여 예민한 반응을 가지고 있어 자신의 재능인 강점을 유감없이 발휘하는 사람이다. 특히 그가 한번 다녀간 곳에서는 그의 실력을 유감없이 발휘하는 그런 스타일이다. 그는 사상체질로는 소양1체질이란다. 소양1체질은 아이디어가 있고 자신의 표현을 잘하면서 감각적으로 첨예한 육감적 판단력을 가졌기 때문에 다른 사람의 사상체질을 정확하게 분석하는 탁월한 능력을 가진 사람이다. 나와 L박사의 만남은 새로운 차원에서 사상체질과 뇌체질을 접목시켜 연구하는 목적을 가졌고 그 당시 서로 관심을 가지고 연구하고 있다.

 앞으로도 지속적인 연구를 통하여 이재마 선생의 사상체질과 브레이버 맨 박사의 뇌 체질을 연계한 연구가 좋은 결과를 맺으리라 생각한다.

 사상체질은 인체의 특성에 따라 구분한 것이라면 뇌체질은 뇌에서 분출되는 신경전달 물질에 의하여 결정되는 것이기 때문에 연관성이 있을 것이다. 바꿔 말하면, 사상체질은 집의 골격이라면 뇌 체질은 집에 흐르는 전기에너지이고 신체와 정신을 조절하는 제어장치가 뇌인 것이다. 물론 지금 여기서 그 답을 제시하려는 것은 아니다. 나는 지금 여기에서 L박사의 대표적인 강점특성과 단점특성이 어떻게 작용하는가에 대한 설명을 하려 한다.

 L박사를 처음 만났을 때 유감없이 발휘하던 실력은 자신의 생각과 감정을 표현하는 능력이었다. 대부분 이야기를 주도하면서 자신의 실력과 경험을 잘 표현하는 것을 보니 태음체질(추진력과 합리적 판단력을 가졌다 함)인 나와는 많은 차이가 있는 듯 했다. 상대방에 대한 친밀감과 사교성 그리고 추진력과 적극성의 측면에서는 나와 비슷한데 왜! 그럴까? 그의 사상체질은 소양체질이

고 나는 태음체질이니 근본적인 골격이 다르다. 그는 잘 생기고 키가 크고 살이 찌지 않은 사람이고 뭐든지 잘 먹고 소화도 잘 시키는 그런 스타일인데 나는 그렇지 못하다. 나는 키가 작고 비교적 단단하다는 평가를 듣는데 잘 생기지는 못했다.

그런데 두 사람에게서 비슷한 점이 있다면, 속내를 잘 털어 놓고 다른 사람에게 친밀감 있게 대응하는 것이다. 그와 나에게서 흐르는 신경전달 물질에 의한 뇌 체질은 그는 DASG형이고 나는 ADSG형이다.

 DASG형 뇌체질을 살펴보자. L박사에게서 D(Dopamine;외향성)와 A(Acetylcholine;친화성)는 강점특성이다. 즉 L박사의 강점특성은 외향적이고 적극적이며 사교성과 친화성이다. 아마 L박사를 만나는 대부분 사람들은 그를 외향성이 강하고 친화성이 있으며, 인생을 적극적으로 살아가는 스타일이라는 강점에 동의할 것이다. 다만 L박사의 약점특성은 S(세로토닌, 개방성)와 G(가바, 안정성)이다.

 본인은 인생을 즐긴다는 표현을 하지만 강력한 D와 A는 그를 가만 두지 못하므로 자신에게 할 일이 없어지거나 무료해지는 것을 견딜 수 없어 한다. 주말과 쉬는 날도 늘 바쁘게 살아가려는 자동반응이 일어나 뇌의 신경전달물질은 그를 가만히 두지 않는다는 표현이 옳을 것이다.

 L박사의 단점체질은 안정성과 침착성 그리고 감정제어 능력과 관련이 깊은 신경억제물질인 가바(GABA)가 결핍된 체질이다. 도파민 체질이면서 가바가 부족하다는 말은 한마디로 표현하면 열정적이고 적극적이지만 그것을 제어하지 못하고 흥분하기 때문에 실수를 자주하거나 자신의 감정을 상대방에게 노

출하여 이용당하거나 손해를 볼 수 있는 특성을 지니고 있다.

나는 ADSG형이다. 이런 형을 두고 뇌체질에서는 아세틸콜린체질이라 한다. 그래서 나는 글을 쓰거나 새로운 생각을 문서로 만들거나 새로운 프로젝트를 기획하고 활용하는면이 남다르다. 어쩌면 내가 지금 이글을 쓰고 뉴로리더십이라는 새로운 분야를 연구하고 실증적으로 증명하는 능력도 나의 뇌 체질과 무관하지 않을 듯하다. 나는 생각하고 추진하는 편이라면 L박사는 추진하고 생각하는 편이다. 왜 그럴까? 그것은 바로 DA와 AD의 차이다.

즉 D(도파민)체질과 A(아세틸콜린)체질의 차이다. 즉 도파민 체질은 외향적이고 적극적이고 열정적 행동중심이라면 아세틸콜린 체질은 사교적이고 친화성과 창의적 아이디어를 가진 학습중심사고를 하는 사람이다.

예를 들어 기업에서 강의를 요구하면 D체질은 먼저 찾아가서 결정하는 편이고, A체질은 자료를 충분히 준비하고 어떻게 할 것인가 아이디어를 먼저 제시하는 편이다. 그래서 D와A차이는 유사하지만 결과는 크게 난다. 그래서 신경전달 물질의 차이와 사상체질의 차이는 무관하지 않을 듯하다.

나와 L박사가 가장 많이 닮은 점이 있다면 결정을 서두르고 감정이 나빠지면 제어하는 능력이 부족하다는 점이다. 그 이유는 S(세로토닌)와G(가바)라는 약점체질이 동일하기 때문이다. 여기서 부족수준이 어떠냐에 따라 약간의 차이는 있지만 공통적인 결점이라 할 수 있는 부분이 감정이 흥분할 때 제어하는 능력 면에서는 비슷하다.

D체질에 G결핍은 즉시 반응하지만 A체질에 G결핍은 약간은 망설이는 면이 있다. 그러나 D와 A체질이 G가 부족하면 감정이 폭발하기는 매한가지라는 점에서는 동일하다.

7) 신경전달 물질의 최적화

인간의 뇌에 존재하는 다양한 신경전달 물질에 의하여 각 개인별 특징적인 성격이나 행동성향을 갖는다'는 연구는 다양하게 밝혀졌다. 옥시토신은 '따뜻하고 온정적인 보살핌을 제공하는 물질'이라면, 아드레날린이나 노르아드레날인은 긴장과 주의 집중에 영향을 미치면서 과도한 분비는 오히려 스트레스를 받게 하여 코르티솔이라는 호르몬을 분출하게 한다. 코르티솔 역시 우리가 생각하는 만큼 나쁜 물질이 아니라, 생명을 유지하고 각성하는데 필수적인 물질이다. 문제는 뇌와 연관하여 생성되는 다양한 신경전달 물질이 다소(多少)에 따라 신체와 정신에 다양한 문제를 일으킨다.

여기서는 신경화학작용에 대하여 밝히고자 하는 것이 아니라, 다양한 신경전달 물질 중 이 책에서 가장 중요하게 다루는 도파민 아세틸콜린, 가바, 세로토닌 그리고 아드레날린이 어떻게 얼마나 분비되느냐에 따라 개인의 성격과 행동성향에 영향을 미치는지 개인별 리더십 스타일을 설명하고자 한다.

리더십 스타일은 네 가지 신경전달물질이 어떻게 지배하느냐에 따라 스타일이 달라지고 그 사람이 지닌 강점체질과 약점체질이 개인의 리더십 스타일에 영향을 미친다. 앞에 예를 든 L박사의 사례에서처럼 강점체질이 그 당사자의 강력한 장점과 강점을 설명하는 것이다. 여기서 설명하는 스타일은 필자가 지금 까지 분석한 사람들을 대상으로 실재사례를 중심으로 설명할 것이다. 물론 개인적인 사생활이 있기 때문에 개인의 본명은 사용하지 않을 것이다.

5. 뉴로리더십 4대 스타일

1) 외향성 리더십 스타일

① DAGS

DAGS형 리더십 스타일의 강점은 매우 명확하다. 이들은 적극적이고 주도적이며, 업무 추진력이 뛰어나고 부하들과의 관계도 원만하다. 이런 사람들은 일과 생활에 열정적으로 살아가며, 항상 새로운 도전과 목표를 추구한다. 그들의 열정은 주위 사람들에게도 긍정적인 영향을 미치며, 팀의 사기를 높이는데 기여한다.

또한, 이들은 문제 해결 능력이 뛰어나며, 빠르게 결정을 내리는 능력을 가지고 있어 위기 상황에서도 침착하게 대처할 수 있다.

그러나 DAGS형 리더십의 약점도 존재한다. 때때로 감정 조절이 부족해 일 중독 증상을 보이기도 한다. 목표를 달성하지 못하면 실의에 빠지고 우울한 기분을 느끼는 등 성격의 기복이 심하다. 이러한 성향은 팀원들에게 부담을 줄 수 있으며, 팀의 분위기를 저해할 가능성이 있다. DAGS형 리더는 주도적이지만 때로는 현실을 무시하고 자신의 주장만을 고집하는 경향이 있어 부하들이 힘들어할 수 있다. 이로 인해 팀의 창의성과 자율성이 저해될 수 있으며, 장기적으로는 팀의 성과에 부정적인 영향을 미칠 수 있다.

세로토닌 부족 시에는 트립토판이 풍부한 식재료를 섭취하는 것이 도움이 될 수 있다. 예를 들어, 닭고기, 생선, 두부, 견과류 등이 트립토판이 풍부한 식재료에 해당한다. 또한, 근력운동, 빠른 걸음의 걷기운동, 태양 노출 등이 세로토닌 분비를 촉진하는데 도움이 된다. 세로토닌이 심각하게 부족하면 우울증이 의심되므로 방치하지 않도록 주의해야 한다. 우울증은 조기에 발견하고 치료하는 것이 중요하며, 전문가의 도움을 받는 것이 필요하다.

L소장은 대표적인 DAGS형 리더십 스타일을 가진 인물이다. 그는 하루 3시간 밖에 자지 않고 주말도 없이 365일 내내 일하는 열정적인 사람이다. 4주간 진행되는 세미나 기간에도 수업을 마치면 곧바로 다른 일과 약속으로 달려간다. 이러한 열정과 헌신은 그의 팀원들에게 큰 영감을 주지만, 동시에 그들에게 큰 부담이 될 수도 있다.

L소장은 소양2체질로, 에너지가 끊임없이 분출하는 스타일이다. 그는 줄기차게 일과 목적을 향해 달려가는 준마와 같은 스타일이다. 그의 뇌체질 특성을 보면, 도파민의 외향성과 적극성, 아세틸콜린의 친화성과 창의성이 강점으로 작용한다. 그러나 가바의 안정성과 억제성, 세로토닌의 여유로움과 개방성이 약점으로 작용한다. 그래서 가만히 있거나 일을 하지 않으면 불안과 두려움을 느낄 수 있다. 이는 그가 지속적으로 일을 하게 만드는 원동력이 되기도 하지만, 동시에 심리적 부담을 증가시키는 요인이 되기도 한다.

따라서 L소장은 자신의 강점을 최대한 활용하면서도, 약점을 보완하기 위한 노력이 필요하다. 예를 들어, 팀원들과의 소통을 강화하고, 현실적인 목표 설정을 통해 팀의 사기를 높이는 방안을 모색할 수 있다. 또한, 자신의 감정을 조절하고 스트레스를 관리하기 위한 방법을 찾는 것도 중요하다. 이를 통해 L소장은 더욱 효과적인 리더로 성장할 수 있을 것이다.

② DASG

DASG형 리더십 스타일의 강점은 외향성과 창의성이 있으며, 자신의 일과

생활을 열정적으로 즐기는 특성이다. 이러한 성격 덕분에 DASG형 리더는 주위 사람들과 쉽게 친해지고, 다양한 아이디어를 제시하며, 팀의 분위기를 밝게 만드는 데 큰 역할을 한다. 예를 들어, 새로운 프로젝트를 시작할 때 DASG형 리더는 창의적인 접근 방식을 통해 팀원들에게 영감을 주고, 모두가 적극적으로 참여하도록 독려할 수 있다. 이들은 대체로 긍정적인 에너지를 발산하며, 팀원들 사이의 의사소통을 원활하게 하고, 갈등 상황에서도 중재자의 역할을 잘 수행한다.

그러나 약점도 존재한다. 자기조절 능력이 부족하여 감정 기복이 심하고 부하들을 자신의 마음대로 조정하려는 성향이 있다. 이는 팀원들에게 스트레스를 주고, 팀의 전반적인 협업 분위기를 저해할 수 있다. 예를 들어, 중요한 회의 중에 자신의 의견이 받아들여지지 않으면 쉽게 짜증을 내거나 신경질을 부릴 수 있다. 이러한 모습은 리더로서의 신뢰도를 떨어뜨릴 수 있다. 또한, 감정적일 때는 부정적인 분위기를 조성할 수 있으며, 이는 팀의 사기 저하로 이어질 수 있다. 따라서 DASG형 리더는 감정 조절 훈련과 스트레스 관리 방법을 배워야만 팀의 생산성을 유지할 수 있다.

이러한 DASG형 리더는 탁월한 설득력과 추진력을 가져 조직 생산성을 높일 수 있지만, 감정조절 능력이 부족하여 짜증이나 신경질을 보일 수 있다. 가바 부족 시 자기조절 능력이 떨어지고 불안해하는 증상이 나타날 수 있으므로 주의가 필요하다. 가바 활성화를 위해 글루타민이 풍부한 식재료 섭취, 규칙적인 운동 등이 도움이 될 수 있다. 예를 들어, 견과류나 시금치와 같은 식재료를 꾸준히 섭취하고, 요가나 명상과 같은 운동을 통해 스트레스를 관리하는 것도 좋은 방법이다. 이를 통해 DASG형 리더는 더 안정적인 감정 상태를 유지할 수 있으며, 팀원들에게 더 긍정적인 영향을 미칠 수 있다.

K본부장은 DASG 유형으로, 외향성과 창의성, 친화성, 안정성 등 뇌체질이 균형을 이루고 있다. 이러한 균형 덕분에 K 본부장은 탁월한 인맥 관리 및 직무 수행 능력을 발휘하고 있는 스타일이다. 예를 들어, 다양한 사람들과의 네트워크를 통해 중요한 정보를 빠르게 수집하고, 이를 바탕으로 효율적인 의사 결정을 내릴 수 있다. 또한, 그는 팀원들의 다양한 의견을 존중하고, 이를 기반으로 창의적인 해결책을 모색하는 데 능숙하다. 다만 감정조절 능력이 부족해질 경우 분노 조절 실패, 일중독 등의 문제가 발생할 수 있으므로 주의가 필요하다. 이를 예방하기 위해서는 정기적인 스트레스 관리와 감정 조절 훈련이 필요하다. 예를 들어, 일과 후에는 충분한 휴식을 취하고, 취미 생활을 통해 스트레스를 해소하는 것이 좋다. 이는 단순한 휴식 이상의 효과를 가져올 수 있으며, 장기적으로는 개인의 정신적, 신체적 건강을 증진시킬 수 있다.

③ DSAG

DSAG형 리더십 스타일의 강점은 외향적이고 개방적이라는 점이다. 이들은 거침없이 살아가며 일과 생활을 동일하게 즐기는 사람들이다. 이러한 리더들은 빠른 생각과 행동을 특징으로 하며, 결정을 내릴 때도 신속하게 처리한다. 이들의 이러한 특성은 조직 내에서 빠른 문제 해결과 결단력을 요구하는 상황에서 큰 장점이 된다. 그러나 이들이 가지고 있는 약점도 존재한다. DSAG형 리더는 자기중심적으로 살아가기 때문에 다른 사람과 어울리는 친화성이 부족할 수 있다.

이로 인해 팀원들과의 원활한 소통이 어려울 수 있으며, 갈등 상황이 발

생할 가능성도 높다. 또한, 자신의 감정을 조절하고 억제하는 능력이 부족하면 천방지축으로 행동할 수 있다. 이는 조직 전체에 부정적인 영향을 미칠 수 있다. DSAG형 리더가 최적화되면 조직 분위기는 부하들과 잘 어울리며 자율적인 분위기를 존중하는 분위기로 변한다. 직원들에게 일과 생활을 즐기면서 일하도록 독려하고, 창의적인 아이디어를 바탕으로 사업을 활성화시키는 능력을 발휘한다. 새로운 사업과 투자에 신중함을 기하면 큰 성과를 이끌어낼 수도 있다. 그러나 이러한 리더가 자신의 감정을 제어하고 통제하면서 안정성을 염두에 두지 않으면, 조직 내에서 큰 실수를 범할 가능성도 있다. 따라서 DSAG형 리더는 자신의 감정을 잘 제어하고 안정성을 유지하는 것이 중요하다.

 DSAG형 스타일에서 가바(GABA) 부족이 발생하면, 억제성 신경전달 물질의 정상적인 작동이 저해되어 리더십에 치명적인 영향을 줄 수 있다. 가바 부족 시에는 당뇨병 발생에 주의해야 하며, 글루타민이 풍부한 식단으로 가바를 보충하는 것이 도움이 된다. 가바는 중추신경계의 주요 억제성 신경전달물질로, 신경 활동을 조절하여 불안, 스트레스, 공격성 등을 완화시키는 역할을 한다. 가바가 풍부한 식품으로는 녹황색 채소, 견과류, 전곡류 등이 있다.
 A과장은 위생도기 제조 회사의 인사 노무 담당 부서장이다. 그는 자신의 성격이 털털하고 솔직해서 실수를 하더라도 우스갯소리로 잘 넘기는 편이다. 명예를 중요하게 여기고 즐겁게 생활하는 편이라 다른 사람들과 어울려 노는 것을 즐기는 스타일이다. A과장의 강점은 외향성과 개방성이 강해 문제를 시원

시원하게 해결하고 사랑에도 잘 빠지는 편이다. 하지만 친화성과 창의성이 부족하고 가바 억제성이 낮아 감정 조절에 어려움을 겪을 수 있다. 한번 화가 나면 감당하기 어려운 성격으로 돌변할 수 있는 특성이 있다. 따라서 A과장의 경우 가바 보충을 통해 감정 조절력을 높일 필요가 있다.

④ DSGA

DSGA형 리더십 스타일의 강점은 외향적이고 적극적이며 합리적이고 개방적인 성향이다. 이들은 자신의 감정을 잘 표현하고 일을 즐겁게 생각하는 편이다. 또한 스스럼없이 부하들에게 접근하여 편안한 분위기를 조성할 능력이 있다. 그러나 이들의 약점은 타인과의 친밀함과 창의적인 아이디어가 부족하다. 이로 인해 조직 분위기를 자기중심적으로 이끌어가며, 타인의 감정을 충분히 고려하지 않고 자기중심적으로 행동할 가능성이 높다. 만약 안정성까지 낮다면, 조직 구성원들이 리더의 행동을 예측하기 어려워 갈피를 잡지 못하는 리더십 스타일을 보일 수 있다. 따라서 DSGA형 리더는 타인에 대한 배려와 창의성 향상을 위해 노력해야 한다. DSGA형 리더십 스타일은 도파민(D), 세로토닌(S), 가바(G), 아세틸콜린(A)의 조합으로 이루어진다. 이 중 도파민과 세로토닌이 강하게 발현되어 외향성과 개방성이 두드러지는 특징을 보인다.

하지만 아세틸콜린이 상대적으로 약해 친화성이 부족하고, 가바 억제성이 낮아 감정 조절에 어려움을 겪을 수 있다. 이를 보완하기 위해서는 타인에 대한 공감 능력을 기르고, 명상이나 운동 등을 통해 스트레스를 관리하는 것이 도

움이 될 수 있다 리더십을 최적화시키기 위해서는 활기찬 조직 분위기를 조성하면서 타인의 아이디어나 생각을 적극적으로 수용하므로 조직 활성화는 물론 조직이 자유분방하면서도 창의적인 아이디어를 개방적으로 수용하는 능력이 있으므로 조직을 오픈 이노베이션 리더십을 발휘해야 한다. 이런 조직은 열린 경영을 통하여 개방적 시스템을 구축하면서 출퇴근 자율성을 실행하는 등 변형근로형태를 활용하여 전통조직의 경직성을 벗어나 유연한 조직분위기를 조성하는 노력이 필요하다.

이런 체질이 아세틸콜린이 부족하면 기억력이 떨어지고 평상시 창조적인 사고와 다른 사람과 친밀한 관계를 유지하기가 힘들어지게 된다. 아세틸콜린 부족체질은 콜린성분이 많이 포함된 음식이 도움이 된다. 콜린이 많이 들어 있는 대표적인 식품이 계란이다. Y사장님은 주말이면 낚시 도구와 소주, 간단한 안주를 챙겨 낚시를 즐긴다. 아침 일찍 친구들과 약속 장소로 나가는 것이 그분의 주말 생활의 큰 기쁨이다. 낚시로 잡은 고기는 집에 돌아와 이웃들과 나누는 재미도 있다고 한다.

낚시를 즐기는 Y사장님의 모습은 내향적이면서도 친화적인 성향을 보여준다. 혼자서도 조용히 시간을 보내며 자연과 교감하는 것을 좋아하지만, 동료들과 함께 어울리며 즐거움을 나누는 것도 중요하게 여긴다. 그의 부인의 말은 "이 사람은 이해가 안가요. 왜! 낚시를 하러 가는지, 잡아오면 주변 사람들에게 다 나누어 주면서 말이죠?"라는 하소연을 한다. 나는 가끔 Y사장님의 집 근처에 가는데, 그분과 만나면 여주인의 집에서 소주와 삼겹살을 함께 즐기며 새벽까지 이야기를 나눈다. 건축업과 기업교육이라는 서로 다른 분야에 종사하지만, 술자리에서는 그냥 편하게 지내는 편이다. Y사장님은 가장 생각이 많이 나는 친구 중 한 분이다. 서로 다른 배경과 관심사를 가진 두 사람이 술자리에서 편하게 지내며 우정을 나누는 모습은 인상 깊다. 이처럼 서로의 가치관과 결정을 존중하며, 자신의 생각을 강요하지 않는 태도가 오랫동안 친구로 지낼 수 있는 비결이다.

그는 자유롭게 활기차고 자신의 일에는 적극적이며, 한때 사업이 부도나서 어려움을 겪었지만 지금은 재기하여 제법 잘 나가는 일을 하고 있다. "야! 요즘 돈 좀 되나?" 내가 그에게 묻는 말이다. "그래 매출은 많은데, 수익은 별로야!" 이것이 젊을 때부터 한결같은 답변이다. 왜 그럴까? Y사장이 강점특성은 D(도파민)의 남자다운 외향성과 일을 추진하는 추진력과 적극성 그리고 S(세로토닌)의 개방성과 자유로움이 그의 타고난 강점이다. 때때로 그를 만나면 안타까운 문제가 발행하는데 항상 겉으로는 남는데 따지고 보면 이익이 별로 남지 않는다. 그런데 Y사장은 그 이유도 잘 알고 있다. 그런데 그는 평생 그렇게 살아가고 있다.

⑤ DGAS

DGAS형의 강점은 그들의 적극적이고 추진력 있는 성향에서 비롯된다. 이들

은 매우 외향적이며 자신감 넘치는 스타일을 지니고 있다. 사람들과의 소통을 즐기며, 팀워크를 중시하는 이들은 조직의 활기를 불어넣는다. 또한, 안정성을 중요하게 여겨 신중한 판단을 내리는 경향이 있다.

이는 조직이 큰 손실을 피하는 데 중요한 역할을 한다. 예를 들어, 중요한 결정이나 프로젝트를 진행할 때 세심하게 계획을 세우고, 리스크를 최소화하려는 노력을 기울인다. 이러한 특성 덕분에 DGAS

형 리더가 이끄는 조직에서는 큰 손실이 발생할 가능성이 낮다. DGAS형의 약점도 분명히 존재한다. 이들은 창의적인 아이디어가 부족한 편이며, 타인이나 타 부서와의 개방적 시스템을 구축하지 않는 경향이 있다. 이로 인해 부서 간 갈등이 발생할 수 있으며, 조직이 보수적인 형태로 고착될 가능성이 높다. 예를 들어, 새로운 아이디어나 혁신적인 접근 방식을 받아들이지 않음으로 인해 변화에 둔감해질 수 있다. 또한, 타 부서와의 협력이 원활하지 않아 효율성이 떨어질 수 있다.

DGAS형 리더가 최적화되었을 때, 그들은 안정성을 기반으로 적극적인 사업이나 업무를 수행한다. 예를 들어, 새로운 시장에 진출할 때 신중하게 분석하고 계획을 세운 후 실행에 옮긴다. 동시에 타인의 창의적인 아이디어를 수용하고 자신의 부족한 점을 보완하는 참모를 두어 조직 문화를 개방적이고 창의적으로 이끌어야 한다.

이는 조직이 변화에 유연하게 대응할 수 있도록 도와준다. 그러나 이러한 DGAS형 리더의 강점인 신중함과 열정적인 추진력은 세로토닌 수준이 낮아질 경우 저하될 수 있다. 이는 그들이 스트레스를 받을 때 특히 두드러진다. 세로토닌 부족으로 인해 우울증에 빠질 가능성도 있으므로 주의가 필요하다. 이를 예방하기 위해서는 세로토닌 균형을 유지하는 것이 중요하다. 트립토판이 풍부한 음식 섭취와 유산소 운동 등이 도움이 된다. 예를 들어, 닭고기, 콩, 치즈 등의 음식을 섭취하고, 매일 조깅이나 자전거 타기와 같은 유산소 운동을 하면 세로토닌 수치를 유지하는 데 큰 도움이 된다.

매년 연봉 12억 원을 벌어들이는 Y회장은 나와 15년 이상의 인연을 맺고 지내는 선배이다. 그의 모습은 어떤 일에도 흥분하지 않고 적극적이면서도 안정적으로 살아가는 사람이다. 대학 교수에서 마케팅 사업으로 변신하여 탁월한 능력을 발휘하며 자신만의 인생 영역을 개척했다. 그는 국제적으로 불우한 아동 돕기 등에 헌신적으로 살아가는 부러운 삶을 살고 있다. 그의 강점 특성은 외향성과 적극적 열정이 넘치는 D(도파민) 유형이며, 안정성과 계획적인 치밀함을 가진 G(가바) 유형이다.

　이러한 특성들이 마케팅 사업에 참여하면서 조직을 성공적으로 키우는 데 결정적인 역할을 했다. 특히 주변 사람들에게 신뢰를 심어줌으로써 안정적인 삶을 살아가는 데 기여했다. 그의 약점 특성은 인생을 즐기기보다는 일과 생활에 바쁘게 살아가는 경향이 있으며, 인생을 자유롭게 낭비하는 것에 대한 종교적 신념이 강하다. 예를 들어, 그는 여가 시간을 충분히 가지지 못하고, 종교적 신념에 따라 자신의 삶을 철저히 관리한다. 이로 인해 때때로 스트레스를 받을 수 있지만, 그는 이를 극복하기 위해 노력한다.

⑥ DGSA

　P사장은 부동산 투자에 능통한 인물이다. 그의 의사결정 기준은 매우 단순하면서도 명확하다. 수익성이 보장되는지 여부가 가장 핵심적인 요소이다. 그는 자신의 판단에 따라 과감하게 투자를 결정하며, 수익성이 보장되지 않는다고 판단되면 주저 없이 투자를 포기한다. 이와 같은 명쾌한 기준 덕분에 P사장은 많은 성공적인 투자 경험을 쌓아왔다. P사장은 공매나 경매를 통해 저렴한 가격에 부동산을 구입하여 큰 부를 축적한 인물이다. 그의 철학은 사람이나 사물을 대할 때 오직 수익성만을 고려한다. 그래서 겉으로는 냉혹하고 인정 많지 않은 사람으로 보일 수 있다. 그러나 그의

냉철한 판단력과 신속한 결정력은 그를 성공적인 투자자로 만들어 주었다. 그는 시장의 변동성을 잘 이해하고, 그에 맞춰 빠르게 대응하는 능력을 갖추고 있다.

  그러나 P사장은 자신의 잘못으로 인한 손실에 대해서는 책임을 지는 신사적인 면모도 있다. 타인의 권유로 투자했다가 실패하더라도 다른 사람에게 책임을 전가하지 않고 자신의 잘못을 인정한다. 그는 실패에서 교훈을 얻고, 이를 바탕으로 더욱 신중하게 다음 투자를 준비한다. 이러한 책임감과 자기반성의 자세는 그의 투자 철학의 중요한 부분이다.

  또한, P사장은 지속적인 자기계발을 통해 최신 부동산 시장 동향을 파악하고 있다. 그는 다양한 세미나와 강연에 참석하며, 전문가들과의 네트워킹을 통해 정보를 공유하고 있다. 이를 통해 그는 항상 최신 정보를 바탕으로 최적의 투자 결정을 내릴 수 있다. P사장은 또한 지역사회의 발전에도 기여하고자 한다. 그는 지역 내 소외된 이웃을 돕기 위한 기부 활동에도 적극 참여하고 있으며, 이러한 사회적 책임감을 통해 진정한 리더로서의 면모를 보여주고 있다.

  이와 같이 P사장은 단순히 수익을 추구하는 투자자가 아니라, 책임감과 사회적 책임을 동시에 갖춘 진정한 리더라고 할 수 있다. 그의 투자 철학과 행동은 많은 사람들에게 영감을 주고 있으며, 앞으로도 그의 성공적인 행보는 계속될 것이다.

2) 친화성 리더십 스타일

① ADSG

  ADSG형 리더십 스타일의 강점은 인간 친화적이며 아이디어가 풍부한 스타

일이다. 이들은 부하들과 잘 어울리면서 부하들의 의견을 적극적으로 수용한다. 또한 자신의 아이디어와 생각을 적극적으로 추진하며, 직접 실천하는 모습을 보인다. 이를 통해 조직 내 인간 중심적이고 활기찬 분위기를 조성할 수 있다.

그러나 이러한 리더십 스타일의 약점은 합리적 판단력이 부족하여 자기중심적 아이디어에 빠질 수 있다. 또한 다른 사람의 의견을 수용하거나 받아들이지 않고 자신의 아이디어에만 의존하는 경향이 강하다. 특히 이들은 안정성과 신중함이 부족하여 자신의 감정을 타인에게 노출하는 경향이 있다. 이로 인해 위험성을 간과하고 자신의 판단대로 투자하는 경향이 있다.

ADSG형 리더십 스타일이 최적화되면, 창의적이고 인간 중심적인 조직 문화를 이끌어갈 수 있다. 이들은 개방적이고 합리적인 판단을 하므로, 무리한 투자 결정을 피할 수 있다.

이러한 리더들은 가바(GABA) 보충제를 섭취하거나, 자전거 타기, 걷기, 수영 등의 운동을 통해 도움을 받을 수 있다. 가바는 신경안정제와 유사한 작용을 하지만, 이 유형의 리더들에게는 자신의 넘치는 욕구와 감정을 억제하는 역할도 한다.

선생님, 제가 뉴로리더십을 발전시켜 우리나라에서 성과를 내겠습니다. 뇌과학 기반의 리더십 교육이 확산되면 기업 교육에서 큰 변화를 일으킬 것입니다. 이를 통해 우리나라 젊은이들이 건강하게 성장할 수 있도록 도움을 줄 수 있을 것입니다.

또한 군부대 관심사병 문제에 대한 제안을 드리겠습니다. 뇌 과학적 접근을 통해 이 문제를 해결한다면 우리나라 젊은이들의 정신 건강 증진에 큰 도움이 될 것입니다. 선생님께서 도움을 주시면 감사하겠습니다.

뉴로리더십과 관심사병 문제 해결은 우리나라 미래를 위해 매우 중요한 과제이다. 이를 통해 우리나라가 건강한 사회로 발전할 수 있기를 기대한다.

K대표는 깔끔하고 친절한 모습이었으며, 남다른 의지와 생각을 돋보이게 하는 인물이었다. 처음 세미나장에 찾아왔을 때는 단순히 청강하러 온 것으로 생각했지만, 마지막 시간까지 참석한 그녀는 "오늘 세미나를 들어보니 제가 잘 찾아왔나 봅니다.

군부대 관심사병 교육프로그램으로 선생님의 제안서를 넣고 싶습니다."라고 말했다. 며칠 후, 그녀는 선생님께 "제가 뇌 과학을 통한 리더십을 모르니 우리 회사에서 하루 동안 설명 좀 해주시겠습니까?"라고 요청했다. 대부분의 사람들은 한 번 듣고 대충 이해하거나 자신의 생각을 억지로 꿰맞춰 제안서를 만드는 것이 일반적이지만, 그녀의 남다른 점은 자신이 먼저 알아야 누구에게 정확하게 설명할 수 있고 확실한 신뢰를 심을 수 있다는 것이었다.

K대표의 태도와 자세는 매우 인상적이었다. 그녀는 자신의 부족한 부분을 인정하고 이를 보완하고자 하는 모습을 보였다. 이는 리더로서 갖추어야 할 중요한 자질 중 하나라고 볼 수 있다.

K대표의 요구는 그녀의 특성을 잘 보여주는 것이었다. 모르는 것은 알아야 자신감이 있고 상대방에게 신뢰할 수 있는 제안을 할 수 있다는 생각은 바로 그녀의 강점 특성인 AD(Acetylcholine Dopamine)의 영향력이다. AD는 창조적인 사고와 새로운 지식을 학습하는 능력, 타인에게 긍정적인 접근으로 신뢰성을 보이는 능력, 그리고 자신이 옳다는 판단이 생기면 적극적이고 열정적으로 목표를 향해 추진하는 추진력을 의미한다.

대부분의 리더들이 빠지기 쉬운 함정인 "나는 옳고, 너는 그르다"는 태도가 아니라, "나도 옳고, 너도 옳다"라는 좌측 전전두엽의 긍정적인 감정이 그녀의 활기찬 에너지의 원천이 아닐까? 이러한 K대표의 자세는 리더로서 매우 바람직한 모습이다.

② ADGS

ADGS형의 리더십 스타일은 다음과 같은 강점 특성을 가지고 있다. 첫째, 창조적이고 인간 친화적이며 성격이 상냥하여 타인과 잘 어울린다. 따라서 집단에서 발생하는 문제를 해결하려는 경향이 강하다. 둘째, 적극적이고 과감한 면이 있지만 나름의 안정성을 지니고 있어 위험 노출에 잘 적응한다. 그러나 이런 스타일의 약점 특성은 얼마나 안정

성을 추구하고 개방적으로 타인의 의견을 수용하느냐에 따라 달라질 수 있다. 가장 결정적인 약점은 자기중심적 판단과 결정으로 타인의 의견을 무시하는 리더십 태도이며, 이는 조직을 위험에 빠트릴 수 있다.

리더십을 최적화하기 위해서는 다음과 같은 노력이 필요하다. 첫째, 개방적이고 자율적인 조직 분위기를 만들어야 한다. 둘째, 리더 스스로가 일과 생활을 즐기며 안정적인 미래를 준비해야 한다. 셋째, 세로토닌 부족으로 인한 우울증 발생에 주의를 기울이고, 가벼운 운동이나 여유로운 생활 태도가 필요하다.

H소장은 단아하면서도 열정이 넘치는 여성 전문가이다. 웃음치료 분야에서 탁월한 능력을 발휘하고 있으며, 방송 강연에서도 인기를 누리고 있다. 그녀는 창의력이 뛰어나고 학구열과 지적 욕구가 강하다. H소장의 강점은 빠른 생각

과 배움에 대한 열정, 그리고 창의적이고 적극적인 도전정신이다. 그러나 약점은 신중한 판단과 결정력 부족, 그리고 여유와 자유로움의 부족이다. 항상 바쁜 일과와 생활로 인해 스트레스를 감당하지 못하여 어려움을 겪기도 한다.

H소장의 강점을 극대화하고 약점을 보완하기 위해서는 다음과 같은 노력이 필요하다. 첫째, 개방적이고 자율적인 조직 분위기를 만들어 구성원의 아이디어와 의견을 적극 수용해야 한다. 둘째, 일과 생활의 균형을 이루고 여유로운 생활 태도를 가져야 한다. 셋째, 세로토닌 부족으로 인한 우울증 발생에 주의를 기울이며, 가벼운 운동 등으로 스트레스를 관리해야 한다. 이와 같은 노력을 통해 H소장의 강점을 극대화하고 약점을 보완한다면, 그녀는 조직에 긍정적인 영향을 미칠 수 있을 것으로 기대된다.

③ ASDG

ASDG형 리더십 스타일의 강점 특성은 친화성과 개방성이 높기 때문에 창의적인

아이디어를 통해 새로운 것을 추진하면서 타인이나 다른 대상으로부터 지식을 수용하는 능력이 뛰어나다. 이러한 리더가 CEO라면 오픈 이노베이션 시스템을 도입하여 조직 내 분위기를 쇄신할 수 있다. 또한 이들은 사람들과 많이 교류하며 인생을 즐겁게 살아가려 노력한다. 그러나 ASDG형 리더의 약점 특성은 추진력과 적극성이 부족하다. 아이디어는 많이 발현하지만 실행력이 부족하여 실현 가능성이 낮은 편이다. 특히 자신의 생각이나 감정을 억제하는 능력이 부족하므로 신중하지 못한 결정이나 행동으로 손해를 볼 수 있다. 따라서 이들은 신중하고 합리적인 결정을 내리는 데 더 많은 관심을 가져야 할 것이다.

이와 같은 ASDG형 리더의 강점과 약점을 고려할 때, 이들은 조직에 긍정적인 영향을 미칠 수 있을 것으로 기대된다. 오픈 이노베이션 시스템을 도입하고 구성원들과의 원활한 소통을 통해 창의성을 발휘할 수 있다. 다만 약점인 추진력과 결정력 부족을 보완하기 위해 노력해야 할 것이다.

이런 사람이 최적화 되었을 때는 넘치는 아이디어와 친밀한 인간관계를 바탕으로 조직을 활성화시키며 적극적으로 조직과 집단의 혁신적 사고를 만드는데 큰 역할을 할 수 있다. 가바가 부족할 경우에는 결핍상태에 따라 다양한 신체적 문제가 발행할 수 있고 특히 당뇨병에 노출되지 않게 노력해야 한다. 결핍체질에서 가바가 부족할 경우에는 가바 물질을 활성화시키는 글루타민이 포함된 식재료를 활용한 음식을 즐겨드는 노력이 필요하다.

2015년 신년모임에 초청을 받은 것은 내게 특별한 행운의 날이었다. 평소 관심 있어 하던 사상체질 전문가들이 모여서 신년교류의 밤을 보내는 자리에 초대받았기 때문이다. 이 모임에는 배우기를 좋아하는 사람들이 많이 참여하였고, 이는 내가 진행하는 브레인심리상담사 과정에 다수의 참여자를 확보할 수 있는 계기가 되었다. 또한 사상체질과 뇌체질에 관한 연구 기회를 얻을 수 있었다.

그러나 이 모임에서 가장 특별했던 것은 L박사와 그의 동료들을 만날 수 있었다는 점이다. 그들과의 만남을 통해 사상체질에 대한 관심을 더욱 높일 수 있었다. 이처럼 이 신년모임은 내게 다양한 기회를 제공해 주었으며, 특히 사상체질 전문가들과의 교류는 매우 의미 있는 경험이었다.

이원장님! 좋은 분을 소개해 드리겠습니다. L박사가 소개한 분은 하워드 가드너의 다중지능이론을 기반으로 기업과 학교에서 리더십 및 진로 지도를 하는 전문가입니다.

그 분은 K선생님이라는 분이다. K선생은 깨끗하고 깔끔한 인상을 주며, 정이 많아 보였다. 첫 만남에서 K선생님은 "저는 선생님을 몇 년 전부터 지켜보고 있습니다. 선생님이 운영하는 세리포럼과 밴드(필자가 운영하는 SNS 공개그룹)에 참여하고 있어서 선생님을 잘 알고 있습니다."라고 말씀하셨다.

이처럼 K선생님은 이미 오래전부터 관심을 가지고 계셨던 것 같아 참으로 멋진 인연이다. K선생님의 적극적이고 열정적인 모습은 인상 깊었습니다. 자신이 관심 있는 분야에 대해 적극적으로 배워서 학생들에게 더 좋은 지식을 전달하고자 하는 자세가 돋보였다. 이러한 K선생님의 모습은 누가 봐도 평범한 사람이 아니라는 것을 보여주었다.

그동안 필자는 유치원 아이들에게서부터 기업체 임직원과 노인에 이르기 까지 수천 명의 BQ검사를 하였고 대학생을 대상으로 3개월간 뉴로피드백 훈련을 하면서 교육을 하였지만 K선생만큼 빠른 시간 내에 333클럽에 가입된 사람은 처음이다. 여기서 333클럽이라 함은 뇌기능분석의 자기조절지수(Self Regulation Quotient)에서 최초검사 1차 4월18일 검사에서 휴식26, 주의력 26, 집중력33으로 평균수준 이었으나 1개월 후 5월18일 검사에서 333클럽인 휴식조절지수 31, 주의력31, 집중력31로 놀라운 변화를 이룩하였고, 3개월 후 35, 28, 35라는 실로 놀라운 변화를 가져왔다. 사실 이러한 변화는 중년의 여성으로써 일어나기는 사실상 어려운 변화를 가져왔다는 점은 K선생은 최초 검사에서 뇌가 발달되어 있었고 그 상태가 얼굴을 통하여 보여 주었다.

필자가 아무리 설명을 잘 해도 실제 눈으로 봐야 믿을 수 있는 일이기 때문에 그림23, 그림24, 그림25)에서 그 사실을 보여 주려 한다.

이런 변화가 무슨 특별한 일이냐고 호들갑을 뜬다는 말을 할지 모르지만 이 설명을 들어보면 충분히 이해할 것이다. 첫 번째 뇌에서 일어나는 마음

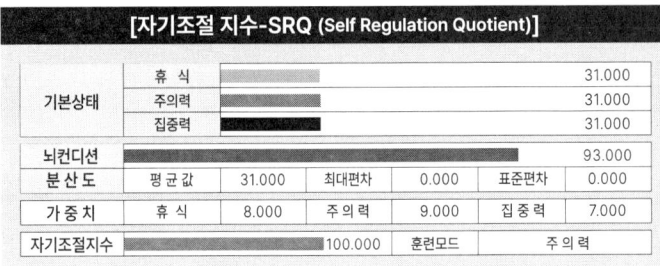

[그림23] 2015년 4월 18일 EEG(BQ Test 26, 26, 33)

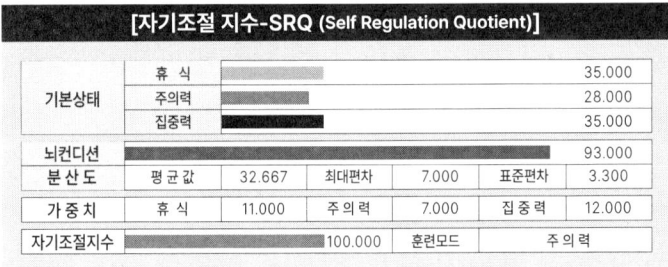

[그림24] 2015년 5월 18일 EEG(BQ Test 31, 31, 31)

[그림25] 2015년 7월 10일 EEG(BQ Test 35, 28, 35)

의 지도가 변하였다는 의미이고, 두 번째 변화는 신경가소성에 의해서 뉴런망이 튼튼하게 구성되었고, 세 번째 정신과 신체의 변화가 일어났다는 설명이 된다. 앞에서 보여주는 그림은 자기조절지수의 변화를 나타내는 것으로 뇌건강과 활동력의 기본을 보여주는 것이고, 기본상태는 개인의 성격, 심리

상태, 생활태도, 학습능력, 업무수행능력과 밀접한 관계가 있으며, 333클럽에 들어 갔다는 말은 뇌가 최적화되었다는 설명이 된다. 좀 더 구체적으로 설명하면 외부환경과 내부에서 일어나는 마음의 변화가 일어나 안정성, 침착성 지구력, 끈기, 휴식능력 그리고 사회성, 사교성, 주의력, 관찰력, 발표력, 추진력, 정확성, 적극성, 집중력 등의 변화에 대한 자기조절 능력이 향상되었다는 설명이 된다.

뇌가 최적화된다는 말은 환경에 적응하는 능력이 향상되었음을 의미하고 스스로 셀프리더십을 발휘하여 자신의 정신적 육체적인 조절 능력이 향상되는 상태를 말한다. K선생의 뚜렷한 특징은 어떤 사람과도 조화를 잘 이루며, 자신에게 유익한 것을 혼자만 챙기려는 것이 아니라 다른 사람과 공유하기를 바라며, 교육현장에서는 헌신적인 사명감으로 살아가는 모습을 볼 수 있다.

우리 인간은 살아가면서 다양한 문제에 노출될 수 있지만 그 문제를 해결하는 능력도 다양하다. K선생이야 말로 거리낌 없이 인간관계를 형성해가면서 타인을 배려하고 미래지향적으로 자신의 능력을 발휘하는 모습은 흡사 초인적인 능력을 발휘하는 듯하다.

그녀는 D(도파민)의 추진력과 열정 그리고 타인에 대한 긍정적인 자세와 A(아세틸콜린)의 친화성과 탁월한 학습능력, 그리고 G(가바)의 안정성과 계획성 등을 뚜렷이 잘 보여주고 있으며, S(세로토닌)의 지금 여기 분위기에 잘 적응하여 즐겁게 어울리는 모습은 사회적뇌가 최적화되어 있음을 잘 보여주고 있다. 이 야기는 사회적 뇌의 저자인 매튜 리버만 교수의 이야기로 마무리 짓고자한다.

1세기 전 플로이드 올포트(Floyd Allport)가 쓴 역사상 최초의 사회심리학 교과서에 올포트는 이렇게 주장했다. "그러므로 사회화된 행동은 대뇌피질이 달성한 최고의 업적이다. 이것은 원시적이고 이기적인 반사를 억제하고 반사를 사회적 환경뿐 아니라, 비사회적 환경에도 어울리는 개인의 활동으로 변모시켰으므로 사회적 목적뿐 아니라 개인의 목적에도 부합하는 개인의 반응을 습관적으로 확립한다." 라고 소개 하였다.

 이 말은 뉴로리더십 이야기를 아주 적절하게 잘 설명해 주고 있다. 즉 최적화란? 말은 뇌가 주어진 사회적 환경에 유연성 있게 적응하고 조절하면서 스스로를 제어하는 동시에 자기내면의 세계에서 일어나는 다양한 정서적 반응을 조절하는 능력이다. 카멜레온이 포식자로부터 벗어나기 위하여 주어진 환경에 능동적으로 적응하여 자신을 변신하는 모습과 유사하다. 인간에게서 특히 발달한 사회적뇌의 리더십영향력은 카멜레온이 환경에 적응하여 다양한 색깔로 변신하는 모습과 흡사하다.

④ ASGD

 ASGD형 리더십 스타일의 강점은 친화성과 창의성을 기반으로 타인의

의견을 수용하여 조직 내 분위기를 경청하는 능력이 높고, 조직과 집단의 분위기를 좋게 만드는 능력이 있다. 이 리더십 스타일은 사교성이 높고 타인에게 개방적이며 자율적인 분위기를 선호하기 때문에 조직을 활성화시키는 능력이 뛰어나다. 이러한 리더는 팀원들의 다양한 의견을 적극적으로 듣고, 이를 바탕으로 창의적인 해결책을 모색하는 데 능숙하다. 그 결과, 조직 내에서 자유롭고 활기찬 분위기가 조성되며, 팀원들 간의 협력과 소통이 원활해진다.

반면 약점은 안정성이 부족하여 조직 내에서 불안정한 분위기가 조성될 수 있다. 이에 따라 다양한 의견이 나올 수 있지만, 이를 적절히 조절하고 제어하는 능력과 해결하려는 추진력이 다소 부족한 경향이 있다. 이러한 단점은 조직이 때때로 혼란스럽거나 목표 달성에 어려움을 겪게 만들 수 있다. 예를 들어, 모든 의견을 존중하더라도 최종 결정을 내리는 데 시간이 오래 걸리거나, 불필요한 논쟁이 발생할 수 있다. 따라서 ASGD형 리더는 안정성을 확보하기 위해 추가적인 전략이나 도구가 필요할 수 있다.

이 ASGD형 리더십 스타일이 최적화되면 조직 분위기를 유연하게 이끌어갈 수 있어 집단의 단결력을 높일 수 있다. 이들은 친화성, 개방성, 유연성이라는 키워드를 잘 활용하여 혁신적이고 개방적인 조직을 이끌어갈 수 있으며, 여유로운 분위기를 조성할 수 있다. 예를 들어, 팀원들이 자율적으로 업무를 수행할 수 있는 환경을 제공하거나, 창의적인 아이디어를 자유롭게 제안할 수 있는 문화를 조성함으로써 조직의 혁신성을 극대화할 수 있다.

반면, 도파민 부족 시 열정과 적극성이 떨어지며 에너지가 쇠약해질 수 있다. 이 경우 티로신이 풍부한 음식을 섭취하여 에너지를 보충할 필요가 있다. 특히 도파민 결핍은 정력 저하, 부부관계 소원화, 대인관계 자신감 저하 등의 문제를 야기할 수 있음에 주의를 요한다. 예를 들어, 도파민이 부족하면 일상생활에서의 활력이 떨어지며, 이는 업무 효율성 저하와 개인적인 관계의 악화로 이어질 수 있다. 따라서 ASGD형 리더는 자신의 신체적, 정신적 건강을 유지하기 위해 적절한 식습관과 생활 습관을 유지하는 것이 중요하다.

⑤ AGSD

AGSD형 리더십 스타일의 강점은 창의적 아이디어를 객관적으로 판단하고

분석할 수 있는 능력, 침착하게 자신의 생각을 표현하는 스타일이다. 이들은 수다스럽지 않지만 조직 구성원 및 대인관계에서 사교성과 친화성을 가지며, 안정적인 기준으로 접근하여 무리한 인간관계를 형성하지 않는다. 즉, 이들은 소수의 깊이 있는 관계를 중시하며, 불필요한 갈등을 피하고 효율적인 의사소통을 통해 조직 내에서 조화로운 분위기를 조성한다. 또한, 이들의 냉철한 분석력은 복잡한 문제를 해결하는 데 큰 도움이 되며, 조직 내에서 신뢰를 쌓는 데 중요한 역할을 한다.

 그러나 이들의 약점은 추진력과 개방성이 부족하여 자신들만 잘하면 된다는 생각에 매몰될 수 있다. 직장에서는 업무 추진력이 떨어지며 다른 집단과의 원만한 관계 개선에 적극적이지 않다. 이러한 리더가 최적화된 능력을 발휘하려면 친밀한 관계를 바탕으로 안정적인 분위기를 조성하는 능력을 활용해야 한다. 즉, 팀원들과의 신뢰를 바탕으로 한 협력 체계를 구축하고, 변화와 혁신을 두려워하지 않는 태도를 갖추는 것이 중요하다. 또한, 일과 대인관계를 조화롭게 만들어 조직과 집단의 업무 효율성과 생산성을 높이는 노력이 필요하다. 이를 위해서는 지속적인 피드백과 성찰을 통해 자신의 리더십 스타일을 개선하고, 팀원들의 의견을 경청하는 자세가 필요하다.

 도파민 결핍 시에는 에너지 소실감, 의욕 상실, 자신감 저하 등의 문제가 발생할 수 있다. 이 경우 도파민을 보충할 수 있는 티로신이 포함된 식단 변화가 필요하다. 예를 들어, 치즈, 두부, 콩류, 견과류 등 티로신이 풍부한 음식을 섭취함으로써 도파민 수치를 높일 수 있다. 또한, 규칙적인 운동과 충분한 수면도 도파민 분비를 촉진하는 데 도움이 된다. 이러한 생활 습관 변화를 통해 신체적, 정신적 건강을 유지하고, 더 나은 삶의 질을 도모할 수 있다.

C소장은 S대학에서 음악을 전공한 수재이며, 자신의 분야에서 뛰어난 지적 능력을 가지고 있다. 그를 만나면 포근함과 인정이 넘치는 큰 덩치의 사람이라는 인상을 받을 수 있다. 어릴 때부터 음악 재능이 뛰어나 주변의 사랑을 많이 받으며 성장한 인물이다. 그는 학문적 능력뿐만 아니라 새로운 지식을 습득하고 활용하는 데 관심이 많으며, 조용하면서도 안정감을 느끼게 하는 사람이다. 차분하게 자신에게 주어진 일에 충실하지만, 스스로 앞장서 개척하고 추진하는 일은 별로 없다. 혼자 인생을 즐기는 사람으로, 무리하게 투자하거나 도전하지 않는다. 그의 강점은 아세틸콜린 분비가 많아 인정이 많고 사교적이며 친밀한 성향을 가지고 있다. 또한 가바 분비가 적어 무리하게 투자하여 손실을 발생시키는 일은 하지 않는다. 이는 그가 신중하게 결정을 내리고, 안정적인 선택을 통해 위험을 최소화하는 데 기여한다. C소장은 이러한 성향 덕분에 주변 사람들에게 신뢰를 받고, 그의 리더십 하에서 조직은 안정적으로 운영되고 있다.

⑥ AGDS

AGDS형 리더십 스타일의 강점은 친화성, 창조성, 안정성을 추구하는 특성에 있다. 이들은 조용하면서도 부하나 집단을 친밀하게 관리하는 능력을 가지고 있으며, 업무와 사람 관계를 함께 중요시하면서 추진력을 발휘한다. 이들의 친화성 덕분에 팀원들과의 관계를 돈독히 하고, 심리적 안정감을 제공하여 협력적인 분위기를 조성한다. 창조성은 새로운 아

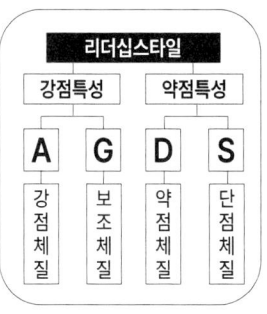

이디어와 혁신적인 접근 방식을 통해 문제를 해결하는 데 큰 도움이 되며, 안정성은 팀의 신뢰를 얻고 일관된 성과를 유지하는 데 기여한다. 그러나 약점으로는 개방성이 부족하여 타인의 생각과 아이디어를 잘 수용하지 않으려는 경향이 있어, 조직 전체적인 분위기가 폐쇄적이라는 느낌을 줄 수 있다. 또한 마음에 드는 사람과 그렇지 않은 사람을 구분하는 특성으로 인해 적극적이고 활동적인 스타일이라고 볼 수 없다. 이러한 리더가 최적화되면 인간관계를 친밀하고 안정적으로 형성하여 외부로부터 신뢰성 있다는 평가를 받을 수 있으며, 합리적 추진력과 개방적 수용성을 적절히 활용할 수 있다. 이는 조직 내의 다양한 의견을 수용하고, 팀원들의 창의성을 최대한 발휘하게 할 수 있는 중요한 요소로 작용할 것이다.

세로토닌 부족은 행복감 상실, 우울감, 의기소침, 부정적 관점 등의 심리적 문제를 야기할 수 있으므로 주의를 요한다. 따라서 평소에 세로토닌을 보충할 수 있는 트립토판이 많이 함유된 음식을 섭취하는 방법을 고려해볼 필요가 있다. 트립토판은 칠면조, 닭고기, 생선, 달걀, 콩류, 치즈, 견과류 등 다양한 음식에 포함되어 있으며, 이를 통해 자연스럽게 세로토닌 수치를 높일 수 있다. 또한 규칙적인 운동과 충분한 햇볕 노출도 세로토닌 분비를 촉진시키는 중요한 요소로 작용한다. 이러한 방법들을 통해 세로토닌 수치를 유지하면, 정신적 안정과 긍정적인 마음가짐을 유지하는 데 큰 도움이 될 것이다.

J원장은 후덕하고 인정이 많아 보이는 사람으로, 예의 바르고 상대방의 입장에서 대화하는 모습을 보인다. 그는 요즘 인기 교육 사업에 주인공으로 방송에 출현하여 자신의 강점인 남자 요리사 능력을 발휘하고 있다. 또한 아이디어가 많은 사람이라 광고 분야에서도 두드러진 능력을 보이고 있다. 직원들과의 관계에서도 건강과 피로를 걱정하며 배려하는 모습이 특징이다. J원장

의 강점은 친화성과 친밀함, 아이디어와 창의력을 바탕으로 한 선구적 역할이다. 그는 기업 교육에서 음식을 통한 팀워크 훈련의 새로운 방법을 제시하여 호황을 누리고 있다. 그의 이러한 접근 방식은 팀원들 간의 협력과 소통을 증진시키고, 공동의 목표를 향해 나아가는 데 큰 도움이 되었다. 그러나 약점으로는 무리한 투자나 일 추진을 하지 않는 안정적이고 계획적인 스타일로 인해 때로는 허무함과 우울증에 시달릴 수 있다는 점이 있다. 이는 그의 리더십 스타일이 과도한 신중함으로 인해 기회를 놓치는 경우가 발생할 수 있음을 의미한다. 이를 보완하기 위해서는 적절한 리스크를 감수하고, 새로운 도전에 대한 개방적인 태도를 유지하는 것이 필요하다.

3) 안정성 리더십 스타일

① GDSA

GDSA형 리더십 스타일의 강점은 조용하고 안정적인 성향이며, 가능성이 있

다고 판단되면 적극적으로 추진하면서도 침착하게 대응하여 결정적인 실수를 잘하지 않는 편이다. 이들은 안정성을 기반으로 업무를 추진하기 때문에 실수와 실패를 줄일 수 있다.

반면 약점은 사교성과 친밀함이 부족하고, 아이디어 생산력이 부족하며 타인의 생각과 아이디어를 수용하는 자세가 부족하여 보수적인 특성을 지니고 있다.

이러한 GDSA형 리더를 최적화하기 위해서는 인간관계를 중요시하고 사교적이며 친밀한 관계 형성을 위해 노력해야 한다. 또한 조직이나 사회활동에서

자율적이고 개방적인 활동에 참여하고, 조직 분위기를 쇄신하기 위해 개방 시스템을 도입할 필요가 있다.

마지막으로 본인의 기억력 저하와 건망증이 있다면 아세틸콜린 부족 현상일 수 있으므로, 콜린 성분이 풍부한 음식을 섭취하는 노력이 필요하다. "형님! 저는 고려청자를 옛 모습 그대로 구현할 수 있습니다. 제가 만든 것이 서울 모 호텔 프론터에 전시되어 있기도 합니다. 우리는 3대가 흙쟁이 입니다. 이제 내 아들도 도예학과를 전공하고 작품도자기 만들기를 배우고 나와 함께 만들고 있으니 벌써 4대째가 되는 군요?" 그를 처음 만난 것은 벌써 10년 전 이야기이다.

기업체 연수교육에서 장인정신을 가르치기 위한 아이디어로 도자기 만들기 실습프로그램을 만들고 경주지역에서 명성 있는 도예가로 초빙하기로 했다. 그가 연수원에 방문해서 하는 첫 마디가 "저는 도자기 만드는 것은 자신 있는데 말하는 것은 자신 없습니다." 결론은 강의는 전문 강사가 하고 도예가 선생은 직접시연을 보여주면서 세미나를 진행한 기억이 생생하다. 도예가 D선생은 체험 체득한 장인정신을 가진 명장임에 틀림없었다.

② GDAS

GDAS형 리더십 스타일의 강점은 합리적이고 안정적인 행동 방식으로 실수를 최소화하는 점이다. 이들은 명확하고 정확한 판단을 통해 조직을 이끌어가며, 모든 일을 체계적으로 처리하는 경향이 있다. 특히, 업무 중심적인 리더십을 발휘하여 목표와 결과물에 집중하는 모습을 보인다. 피들러의 상황적 리더십 이론에 따르면, 이는 과업 중심적 리더십 스타일에 해당하며, 조직의 효율성을 극대화하는 데 큰 도움이 된다. 이러한 리더십 스타일은 특히 복잡한 프

로젝트나 고위험 상황에서 빛을 발하며, 조직 구성원들에게 안정감을 제공한다.

그러나 GDAS형 리더십 스타일의 약점도 존재한다. 개방성과 자율성이 부족하여 구성원들과의 친밀한 인간관계를 형성하는 데 어려움을 겪는다. 이는 새로운 참여자나 다른 팀과의 협력 관계를 구축하는 데 장애물이 될 수 있다. 또한, 이들은 자신의 감정을 표현하는 데 서투르며, 타인의 감정을 이해하고 수용하는 능력도 부족할 수 있다. 따라서 이러한 리더가 최적의 성과를 내기 위해서는 인간관계 중심적인 사고를 수용하고, 다른 사람들과의 친밀한 관계 형성에 더 많은 노력을 기울일 필요가 있다. 아울러, 실수나 잘못을 인정하고 수용하는 자세를 갖추는 것이 중요하다. 이를 위해서는 정기적인 피드백을 받고, 자신을 돌아보는 시간을 가지는 것이 도움이 될 수 있다. 또한, 세로토닌 보충을 위해 아침식사를 거르지 않고 트립토판이 풍부한 음식을 섭취하는 생활습관을 유지하는 것도 중요하다.

S중공업의 B기장은 용접 기술에 탁월한 능력을 가진 명장으로, 그의 기술력은 업계에서 널리 인정받고 있다. 그는 자신감 있게 말하길, "말이나 글로 표현하는 것은 자신 없지만, 용접으로 만들 수 있는 것은 무엇이든 말씀만 주시면 원하는 것을 만들어 드릴 수 있습니다." B기장은 매일 남들보다 30분 일찍 출근하여 작업 준비를 철저히 갖추고, 실습생들에게 필요한 모든 작업 도구를 빠짐없이 챙기는 것으로 하루를 시작한다. 그의 철저한 준비와 주도면밀한 계획 덕분에 작업장에서 그를 능가할 사람이 없을 만큼 탁월한 능력을 보인다.

B기장은 자신의 일에 강한 자부심과 책임감을 가지고 있으며, 회사 일에 누

구보다 앞장서서 일하는 모습을 보인다. 그의 강점은 계획적이고 안정적이며 열정적으로 일하는 점이다. 이는 그가 맡은 프로젝트를 성공적으로 완수하는 데 큰 도움이 된다. 반면, 그의 약점은 자신의 강점과 기술을 문서로 표현하는 능력이 부족하고, 일에 지나치게 빠져 개인적인 자유와 여유를 누리지 못하는 것이다. 이로 인해 때때로 과로와 스트레스를 겪기도 한다. 이를 보완하기 위해, 그는 문서 작성 능력을 향상시키기 위한 교육을 받거나, 일정한 휴식 시간을 가지는 것이 필요하다..

③ GSDA

GSDA형 리더십 스타일의 강점 특성은 매우 안정적이고 계획적이며, 침착하

게 일을 추진하는 성향이 강하다. 이러한 리더는 항상 상황을 냉정하게 분석하고, 감정에 휘둘리지 않으며, 계획을 철저히 세워 일을 진행한다. 또한 자율성과 개방성을 가지고 있어, 다양한 의견을 수용하고 타인의 입장을 이해하는 능력이 뛰어나다. 이러한 특성 덕분에 팀원들과의 협력도 원활하게 이루어지며, 공동의 목표를 효과적으로 달성할 수 있다. GSDA형 리더십 스타일은 치밀한 계획을 세워 다른 사람들을 참여시켜 일을 추진하는 특징을 가지고 있어, 조직에서의 신뢰를 쌓는 데도 유리하다.

GSDA형 리더십은 특히 프로젝트 관리와 같이 체계적이고 긴밀한 계획이 필요한 상황에서 뛰어난 능력을 발휘한다. 리더가 상황을 철저히 분석하고 계획을 세우는 과정에서 발생할 수 있는 오류를 최소화하고자 다양한 데이터를 수집하고 분석하는 데 시간을 투자한다. 이는 리스크를 줄이고, 예상치 못한 문

제 발생 시에도 신속하고 효과적인 대응을 가능하게 한다. 또한, 감정에 휘둘리지 않는 침착함 덕분에 위기 상황에서도 냉정하게 대처할 수 있으며, 팀원들에게 안정감을 주어 그들의 신뢰를 얻는다.

자율성과 개방성을 중시하는 GSDA형 리더는 팀원들의 다양한 의견을 존중하고, 이를 반영하여 최선의 결정을 내린다. 이는 팀원들이 자신의 의견이 존중받고 있다는 느낌을 받게 하여, 그들의 참여도와 몰입도를 높이는 데 기여한다. 또한, 타인의 입장을 이해하는 능력이 뛰어나기 때문에 갈등이 발생했을 때도 효과적으로 중재할 수 있으며, 팀 전체의 조화로운 분위기를 조성한다.

결론적으로, GSDA형 리더십 스타일은 조직 내에서의 신뢰를 쌓고, 공동의 목표를 효과적으로 달성하는 데 매우 유리한 리더십 스타일이다. 체계적이고 계획적인 접근 방식, 감정에 흔들리지 않는 침착함, 자율성과 개방성을 중시하는 태도는 팀원들과의 협력을 원활하게 하고, 조직의 성과를 극대화하는 데 기여한다.

GSDA형 리더십 스타일을 가진 사람은 복잡한 문제를 다루는 데 있어서도 탁월한 능력을 발휘한다. 이들은 문제를 작은 단위로 나누어 체계적으로 접근하며, 각 단계에서 발생할 수 있는 문제를 미리 예측하고 대비책을 세운다. 이러한 접근 방식은 문제 해결의 효율성을 높이고, 팀원들이 각자의 역할을 명확히 이해하고 수행할 수 있도록 돕는다. 또한, GSDA형 리더는 팀원들에게 명확한 목표와 기대치를 전달하여, 그들이 자신의 역할과 책임을 명확히 인지하고 이를 성실히 수행할 수 있도록 한다.

리더의 자율성과 개방성은 팀의 창의성과 혁신을 촉진하는 데 중요한 역할을 한다. GSDA형 리더는 팀원들에게 자유롭게 의견을 제시할 수 있는 환경을 제공하며, 이를 통해 다양한 아이디어와 해결책이 도출될 수 있도록 한다. 이러한 환경은 팀원들이 자신감을 가지고 적극적으로 참여할 수 있게 하며, 결과적으로 팀의 역량을 극대화하는 데 기여한다.

마지막으로, GSDA형 리더는 지속적인 학습과 성장을 중시한다. 이들은 자신과 팀원들의 전문성을 지속적으로 향상시키기 위해 다양한 교육과 훈련 프로그램을 활용하며, 이를 통해 팀의 전반적인 역량을 강화한다. 또한, 피드백을 적극적으로 수용하고 이를 바탕으로 개선점을 찾아 나가며, 조직의 목표를 지속적으로 달성해 나가는 데 중요한 역할을 한다.

④ GSAD

GSAD형 리더십 스타일의 강점은 안정적이고 계획적이며 침착한 업무 수행

능력이다. 이들은 업무를 스케줄에 따라 차분히 진행하며, 안정적인 기반 아래 자신의 삶을 즐긴다. 이러한 리더들은 세부적인 계획 수립과 꼼꼼한 실행을 통해 프로젝트를 성공적으로 완수할 수 있는 능력을 지니고 있다. 또한, 위기 상황에서도 침착하게 대응하여 조직을 보호하고, 불안 요소를 최소화하는 역할을 한다. 이로 인해 구성원들은 불안감 없이 업무에 집중할 수 있는 환경이 조성된다. 그러나 GSAD형 리더십의 약점은 계획에 없는 새로운 상황에 적응하는 능력이 부족하고, 빠르게 추진하고 결정하는 능력이 부족하여 기회를 놓칠 수 있다.

예기치 않은 사건이나 급변하는 시장 상황에서 빠르게 대응하지 못하는 경우가 많으며, 이는 조직의 성장과 발전에 제약을 가할 수 있다. 또한, 지나치게 계획에 의존하는 경향이 있어 유연한 사고와 창의적인 접근이 요구되는

상황에서 한계를 드러낼 수 있다.

　GSAD형 리더십을 최적화하려면 추진력과 적극성을 기르는 것이 중요하다. 조직 내에서 앞장서서 일을 추진하고, 새로운 아이디어에 관심을 가지며 타인의 창의적 아이디어를 수용하는 노력이 필요하다. 이는 조직의 혁신과 발전을 촉진시키는 데 중요한 요소이다. 또한 목표 달성을 위해 적극적으로 행동하는 습관을 기를 필요가 있다. 이를 통해 리더는 보다 유연하고 다변적인 리더십을 발휘할 수 있다.

　더불어 도파민 부족으로 인한 신체적, 정신적 증상이 나타날 수 있으므로, 티로신이 풍부한 식품을 섭취하는 등의 노력이 필요할 것으로 보인다. 이는 리더의 전반적인 건강을 유지하고, 업무 효율성을 높이는 데 도움이 된다. 티로신이 포함된 식품으로는 콩류, 닭고기, 생선 등이 있으며, 이러한 식단을 통해 도파민 수치를 유지하는 것이 중요하다.

　GSAD형 리더는 체계적인 프로젝트 관리 능력을 바탕으로 안정적인 프로젝트 수행이 가능하다. 이들은 세부적인 계획 수립과 꼼꼼한 실행으로 프로젝트를 성공적으로 완수할 수 있다. 또한 위기 상황에서도 침착하게 대응하여 조직을 보호할 수 있다. 나아가 GSAD형 리더는 조직 내 안정적인 분위기를 조성하여 구성원들이 안심하고 업무에 집중할 수 있는 환경을 만들어 낼 수 있다. 다만 새로운 상황에 대한 적응력 부족과 빠른 의사결정 능력 부족과 같은 약점을 보완하기 위해 추진력과 적극성을 기르는 노력이 필요하다. 이를 통해 GSAD형 리더는 더욱 효과적이고 균형 잡힌 리더십을 발휘할 수 있을 것이다.

⑤ GASD

　GASD형 리더는 차분하고 안정적인 성향을 지니고 있어 조직 구성원들에게 신뢰감을 줄 수 있다. 이러한 리더는 감정의 기복이 적고, 침착하게 상황을 분석하여 최선의 결정을 내리려는 경향이 있다.  이들은 부하직원들을 세심하게 보살피며, 실수를 방지하기 위해 세부적으로 관여하는 모습을 보인다. 마치 참모와 같은 역할을 수행하며 조직의 안정적인 운영에 기여한다. 이러한 리더십 스타일은 조직 내에서 안정감을 제공하고, 구성원들이 안심하고 업무에 집중할 수 있게 만든다.

그러나 GASD형 리더의 약점은 추진력과 적극성이 부족하다는 점이다. 이들은 새로운 시도나 변화에 대한 개방성이 다소 부족하며, 기존의 틀을 유지하려는 경향이 강하다. 이러한 성향은 조직이 급변하는 외부 환경에 신속하게 대응하지 못하게 할 수 있다. 또한 GASD형 리더는 자신이 좋아하는 사람과 싫어하는 사람을 구분하는 경향이 있다. 이는 조직 내에 불공정한 대우를 초래할 수 있으며, 구성원들 간의 갈등을 유발할 수 있다. 따라서 GASD형 리더가 리더십을 최적화하기 위해서는 추진력과 적극성을 기르는 노력이 필요하다.

또한 도파민 부족으로 인한 에너지 저하 문제도 해결해야 한다. 도파민은 신체적, 정신적 에너지의 원천이라고 볼 수 있다. 도파민의 전구물질인 티로신이 풍부한 음식을 섭취하면 도파민 생성을 촉진하여 GASD형 리더의 추진력과 의욕을 높일 수 있다. 티로신이 많이 포함된 식품으로는 치즈, 아보카도, 바나나 등이 있으며, 이러한 식품을 정기적으로 섭취함으로써 도파민 수치를 관리할 수 있다. 또한 규칙적인 운동도 도파민 생성을 도와줄 수 있다.

종합적으로 GASD형 리더가 최적화된 리더십을 발휘하기 위해서는 안정적이고 신뢰감 있는 리더십 스타일을 유지하면서도, 추진력과 개방성을 높이는 노력이 필요하다. 이를 위해서는 새로운 시도를 두려워하지 않고 다양한 의견을 수용하는 자세를 가져야 한다. 또한 도파민 부족 문제를 해결하여 에너지 수준을 높임으로써 GASD형 리더의 전반적인 리더십 역량을 강화할 수 있다. 이를 통해 GASD형 리더는 조직 내에서 더 큰 영향력을 발휘할 수 있으며, 구성원들과 함께 성장할 수 있는 리더로 거듭날 수 있을 것이다.

⑥ GADS

뉴로리더십 프로그램 공개 세미나에서 한 참석자가 차분하면서도 약간 흥분된 목소리로 나에게 다가와 말했다. "선생님, 저는 L대기업체의 HRM(인적자원관리)과 HRD(인적자원개발) 부서에서 평생을 일해왔습니다. 지금도 연수원장으로서 전 직원을 교육하고 있지만, 아직도 답을 찾지 못했습니다. 아무리 좋은 교육을 해도 소용이 없다는 거죠."

그는 오랜 경험에도 불구하고 직원 교육의 효과성에 대한 고민을 토로하며, 여전히 해결책을 찾지 못했다고 말했다. 그의 목소리에서는 답답함과 안타까움이 느껴졌다. 최고 경영자 입장에서도 1년에 수백억을 투자하지만 교육을 시켜봤자 결과는 동일하다는 사실을 알면서도 지금도 교육에 투자하고 있습니다." 그의 말은 내가 하고 싶은 말인데 말이다. 나는 평생(30년 이상)기업체 교육을 하여온 나로서도 잘 알고 있지만 최고경영자도 그렇게 생각한다니 몹시 궁금하였다. "왜! 최고 경영자도 그렇게 생각하지요!" 그는 좀 더 심각하게 말을 이어가면서 "만약! 최고경영자 입장에서 그나마 교육에 투자를 하지 않으면 모든 책임은 CEO본인이 져야하지 않습니까? 그래서 대기업은 1년에 수백억을 투자하는 것입니다." 의외의 답변이다.

M경제신문사 인적자원개발팀장과의 대화에서, 그는 "선생님! 말씀대로 BHRD(Brain Human Resource Development) 교육이 ROI를 증명할 수 있다면 노벨상을 받아야겠군요!"라며 약간 비웃는 듯한 반응을 보였다. 이는 그가 기업 교육의 효과성에 대해 오랫동안 고민해왔음을 시사(時事)하는 말이다.

이어서 그는 "아마 다른 기업의 교육담당자들도 저와 같은 고민을 하고 있을 겁니다. 저는 오늘 너무 감동받았습니다. 제가 평생 고민하던 답을 찾을 수 있었으니까요?"라고 말했다. 그의 목소리와 표정에서 프로그램 소개 세미나 후 느낀 희망과 기대감이 엿보였다. 이를 통해 기업 교육 담당자들이 겪는 고민과 어려움, 그리고 새로운 해결책에 대한 기대감을 엿볼 수 있었다. 기업 교육의 효과성 증명은 오랜 과제이지만, 이번 세미나를 통해 그들에게 새로운 희망이 생겼음을 알 수 있었다.

이렇게 D원장과의 첫 만남은 시작이었다. 그는 성격이 차분하고 논리적이며 신중하면서도 적극적인 것을 보면 분명, G(가바)의 안정적이면서 논리적이고 스스로 판단에서 옳다는 판단을 하면서 D(도파민)의 열정과 적극적으로 앞장서면서 상대방의 입장에서 A(아세틸콜린)의 배려하는 특성을 지니고 있었다. 사실 내 입장에서는 이런 사람이 내가 진행하는 세미나에 참여해서 본인이 이해하게만 된다면 천군만마를 얻는 결과를 가져 올 것이고 10여 년간 준비해온 BHRD라는 새로운 분야를 개척할 수 있었기 때문에 관심이 많았다. "선생님! 우리 회사에 오셔서 입증한번 해 주실 수 있습니까?" 당연히 나는 그의 회사를 방문하였고 함께 일하는 사람들 14명의 BQ(Brain Quotient)를 검사하여 피드백해 주는 시간을 가졌다.

내가 지금 여기서 하려는 이야기는 그와 함께 근무하는 사람들의 이야기를 하려는 것이 아니라, 내가 정말 궁금하게 생각하는 D원장의 뇌를 들여다보는 것이었다. 나를 정말 깜짝 놀라게 하는 것은 그의 BQ를 보는 순간에 아하! 아무나 대기업에 연수원장이 되는 것이 아니구나! 사실 기업에서는 이런 스타일의 사람이 인정받을 것이라는 점을 익히 알고 있었지만 현실적으로 입증하는 계기가 되었으니 나로서도 다소 흥분되는 일이었다.

이글의 목적인 D원장의 리더십 스타일을 분석하여 보자. 그는 GADS형 리더십 스타일을 가진 사람이다. 그는 침착하고 안정적이며, 상대방을 인정하고 친밀한 유대관계를 형성하면서 살아가는 사람이다. 또한 자신이 추진하는 일에 대해 집요하게 공부하는 스타일로, 50대에 HR 분야 석사학위를 취득하는 등 적극적으로 배우려는 모습을 보인다.

이는 그의 강점특성인 GA(가바와 아세틸콜린)가 잘 발휘되고 있음을 보여준다. 더불어 약점특성인 DS(도파민과 세로토닌)에서도 두각을 나타내, 추진력과 적극성, 열정적인 면모를 보이고 타인과 잘 어울리며 함께 즐기는 모습을 보인다.

그러나 그의 가장 두드러진 약점은 일과 생활에 항상 바쁘게 살아간다는 점이다. 이로 인해 뇌 피로에 노출되어 있으며, 개인적인 즐거움이나 레크리에이션, 운동보다는 회사 일과 사람 관리에 빠져있는 모습을 보인다.

이는 약점특성인 S(세로토닌)으로 인해 자유로움과 현실을 즐기는 스타일이 아닌, 일중독에 가까운 모습을 보이기 때문이다. 이러한 GADS형 리더십의 약점을 극복하기 위해서는 자신에게 여유로움을 주고 스트레스에서 벗어날 수 있도록 하는 노력이 필요로 한다. 또한 자신을 희생하면서 살아가는 것에 한계가 있으므로, 때로는 즐기면서 행복한 느낌을 누리는 노력도 필요하다. 특히 세로토닌 부족으로 인한 우울증 예방을 위해 트립토판이 함유된 음식 섭취와 햇살을 맞으며 여유롭게 맨발걷기 운동 등이 도움이 될 수 있다.

결국 GADS형 리더는 자신의 강점을 최대한 발휘하면서도, 약점을 보완하기 위한 노력을 통해 균형잡힌 리더십을 발휘할 수 있다.

4) 개방성 리더십 스타일

① SDGA

SDGA형 리더십 스타일의 강점은 인생을 즐기는 것을 중요하게 여기며, 모험을 좋아하고 자유로운 삶을 추구하는 스타일이다. 또한 자신의 마음에 드는 일이나 생활을 반드시 실행하려는 경향이 강하고, 자신이 하는 일이 즐겁고 흥미롭지 않으면 관심을 가지지 않는다. 이들은 새로운 모험적인 일에 투자하거나 참여하는 것을 잘한다.

반면, SDGA형 리더십의 약점은 다른 사람과 어울리는 노력이나 친밀한 관계 맺기보다 자기중심적으로 행동하는 경향이 있다. 또한 자유방임적인 생활을 좋아하기 때문에 한 곳에 오랫동안 머무르지 못하고 안정적인 생활이 어려울 수 있다.

SDGA형의 리더십을 최적화시키는 방법은 다른 사람과 어울리며 상대방의 입장에서 상대방을 생각한다. 사람 중심적인 행동과 노력이 필요하다. 또한 합리적이고 안정적인 노력으로 일을 추진해야 한다. 자기중심적 사고에서 벗어나 타인과 조직을 배려하는 노력을 해야 한다.

아세틸콜린 부족 증상으로 기억력 저하와 대인관계 소원화를 경험할 수 있다. 이는 위험 신호이므로, 콜린이 풍부한 계란 등을 자주 섭취하는 것이 도움이 될 수 있다. 아세틸콜린은 기억력뿐만 아니라 창의성과 친밀한 인간관계에도 중요한 역할을 한다. 따라서 지속적인 결핍은 알츠하이머 치매 발병 위험을 높일 수 있으므로 주의해야 한다. 아세틸콜린 부족을 해결하는 다른 방법으로는 식이 요법 개선, 운동 및 스트레스 관리, 보조제 섭취, 인지 활동 증진 등이 있다.

식이 요법 개선을 통해 콜린이 풍부한 계란, 소고기, 닭고기, 콩, 견과류와 오메가-3 지방산이 풍부한 생선, 아마씨, 호두 등을 섭취하면 아세틸콜린 합성에 필요한 영양소를 보충할 수 있다. 또한 비타민 B1, B6, B12와 같은 비타민 B군 섭취도 도움이 된다.

규칙적인 운동과 스트레스 관리는 아세틸콜린 분비를 촉진하고 수준을 유지하는 데 효과적이다. 운동은 아세틸콜린 분비를 증가시키고, 스트레스 관리를 통해 아세틸콜린 수준을 안정적으로 유지할 수 있다.

보조제 섭취 방법으로는 콜린 보충제인 레시틴, 알파-GPC, CDP-콜린 등을 섭취하거나, 아세틸콜린 분해 억제제인 도네페질 등의 처방약을 복용할 수 있다. 다양한 방법을 통해 아세틸콜린 부족체질을 보완할 수 있다.

마지막으로 두뇌 운동(퍼즐, 게임, 새로운 기술 습득)과 사회적 활동(대화, 모임 참여) 등의 인지 활동 증진 방법도 아세틸콜린 부족 해결에 도움이 된다. 이러한 활동들은 아세틸콜린 분비를 촉진하고 인지 기능 향상에 기여할 수 있습니다. 이와 같은 다양한 방법들을 통해 개인의 상황에 맞게 아세틸콜린 부족을 해결할 수 있다. 다만 꾸준한 실천이 중요하다.

② SDAG

SDAG형 리더십 스타일의 주요 특성은 다음과 같다. 이들은 인생을 즐기는 스타일로, 모험과 여행을 좋아하며 벤처 투자에 관심이 많다. 또한 자신만의 독특한 사고방식과 접근법을 가지고 있어 벤처 사업에 관심이 많은 편이다. 이들은 자유분방하고 한 곳에 오래 머무르지 않으며, 다양한 생각의 변화를 경험하면서 새로운 도전을 즐긴다. 하지만 실패하면 쉽게 포기하는 경향이 있어 주의가 필요하다.

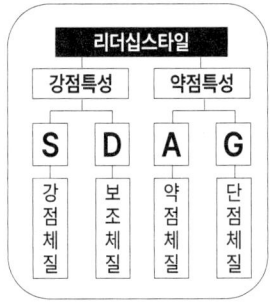

이러한 SDAG형 리더십 스타일의 장점은 창의성과 혁신성, 모험심 등이다. 이들은 새로운 아이디어를 적극적으로 수용하며, 기존의 틀에 얽매이지 않고 독창적인 방법으로 문제를 해결하려는 경향이 있다. 모험심이 강해 새로운 기회와 도전에 대한 두려움이 적고, 이를 통해 많은 성과를 이룰 수 있다. 하지만 단점으로는 지속성 부족, 실패에 대한 두려움, 집중력 부족 등이 있다. 지속적으로 한 가지 일에 집중하기 어려워 프로젝트를 중도에 포기하는 경우가 많으며, 실패를 경험하면 쉽게 의욕을 잃는 경향이 있다. 따라서 이들은 팀원들의 안정성과 지속성을 보완할 수 있는 다른 유형의 리더와 협력하면 효과적인 리더십을 발휘할 수 있다.

SDAG 리더십의 약점은 안정성과 억제성이 부족한 경향이 있다. 이로 인해 SDAG 리더들은 안정적인 생활을 하기 어려운 모습을 보인다. 특히 이들은 한 곳에 오랫동안 머물지 못하고 직업을 자주 바꾸면서, 집단이나 조직으로부터 신뢰를 잃기 쉽다.

이로 인해 팀원들과의 관계가 불안정해질 수 있으며, 장기적인 목표 달성이 어려워질 수 있다. 인생은 단순히 즐기는 것이 아니라, 타인과 협력하여 함께 목표를 향해 노력하는 것이 중요하다. GABA는 안정성을 높이고 조정자 역할을 잘하는 스타일이므로, SDAG 리더들이 GABA 부족을 겪지 않도록 주의해야 한다. GABA는 신경화학물질 중 억제성 물질로, 우리의 정서적 감정과 행동을 차분하게 움직이게 하여 안정성을 높여준다.

만약 SDAG 리더들이 자신의 감정을 잘 억제하지 못하고 자주 짜증을 내는 등의 현상이 나타난다면, 글루타민이 풍부한 식재료를 활용한 음식을 섭취하는 것이 도움이 될 수 있다. 가바(GABA)는 녹차에 다량 함유되어 있는 성분으로, 최근 들어 그 건강상의 이점이 주목받고 있다. 가바 함량을 높이기 위한 다양한 방법들이 연구되고 있는데, 그 중 대표적인 방법은 발아 과정을 거치는 곡물이다.

발아된 곡물은 가바 함량이 높아져 신경 안정에 도움을 줄 수 있다. 또한, 명상이나 요가와 같은 활동을 통해 정서적 안정과 집중력을 향상시킬 수 있다. 이러한 방법들을 통해 SDAG 리더들은 자신의 약점을 보완하고 보다 균형 잡힌 리더십을 발휘할 수 있을 것이다.

③ SGDA

SGDA형 리더십 스타일의 강점은 자유롭고 개방적이면서도 안정성을

기반으로 침착하고 계획적으로 업무를 추구하기 때문에 무리한 위험 감수가 적다는 점이다. 이러한 리더십 스타일을 가진 사람들은 주어진 일을 즐겁게 수행하면서도 안정적인 생활을 추구하고 조직의 안정성에 많은 관심을 기울인다. 이들은 조직 내에서 신뢰를 바탕으로 한 분위기

를 형성하며, 팀원들이 안심하고 업무에 몰입할 수 있도록 돕는다. 이러한 특징은 팀의 생산성 향상과 조직의 지속 가능성에 긍정적인 영향을 미친다. 예를 들어, 이들은 프로젝트의 세부 사항을 꼼꼼하게 계획하고, 예상 가능한 위험 요소를 미리 파악하여 대응책을 마련함으로써 업무의 효율성을 높인다. 또한, 팀원들과의 신뢰 관계를 중요시하여, 팀 내 갈등이 발생했을 때 이를 신속하게 해결하고, 팀원들의 의견을 존중하는 리더십을 발휘한다.

반면 SGDA형 리더십 스타일의 약점은 친화성과 사교성이 부족하다는 점이다. 새로운 사람을 사귀거나 새로운 아이디어를 받아들이는 데 어려움을 겪는 경우가 많다. 이러한 리더십 스타일을 가진 사람들은 단순한 일에는 적응 능력이 뛰어나지만, 사람 중심적이거나 창의력을 요구하는 업무 수행 능력은 부족한 편이다. 그 결과, 팀 내에서 혁신적인 아이디어가 부족하게 되어 조직의 성장에 제약이 될 수 있다. 예를 들어, 이들은 새로운 프로젝트나 변화하는 시장 상황에 빠르게 적응하기 어려워할 수 있으며, 팀원들의 창의적인 제안을 충분히 수용하지 못해 조직의 발전을 저해할 수 있다. SGDA형 리더십 스타일을 최적화하려면 친화성과 창의적 아이디어 창출 및 활용 능력을 향상시키는 것이 중요하다. 이를 위해 일 중심에서 사람의 중요성을 수용하는 태도를 갖추는 것이 필요하다. 아세틸콜린은 아이디어 창출과 인간관계에 큰 영향을 미치는 신경전달물질로, 부족하면 정신적·신체적 문제가 발생할 수 있다. 따라서 콜린이 풍부한 식재료를 섭취하는 것이 도움이 된다. 예를 들어, 콩, 땅콩, 단호박, 고구마 등의 식재료를 활용한 식단을 통해 아세틸콜린의 생성을 촉진할 수 있다. 이러한 노력은 SGDA형 리더가 보다 균형 잡힌 리더십을 발휘하는 데 기여할 것이다. 뿐만 아니라, 정기적으로 팀원들과의 소통을 강화하고, 팀 빌딩 활동을 통해 친밀감을 높이는 것도 중요한 전략이다. 이를 통해 리더는 팀원들의 다양한 의견을 수용하고, 창의적인 해결책을 모색하여 조직 전체의 발전을 도모할 수 있다.

④ SGAD

SGAD형 리더십의 특성을 살펴보면, 이들은 일과 생활의 균형을 중요하게 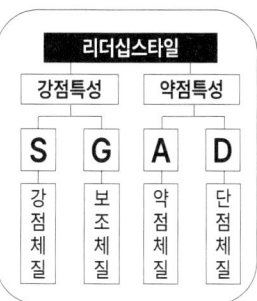 여기며 안정적이고 계획적인 성향을 가지고 있다. 이들은 업무 수행 시 차분하게 자신의 역할 범위 내에서 리더십을 발휘하는 경향이 있다. 이는 팀 내에서 신뢰를 쌓고 조화로운 분위기를 유지하는 데 큰 도움이 된다. 또한, 이들은 장기적인 목표를 설정하고 이를 체계적으로 달성해 나가는 능력을 갖추고 있어, 조직의 지속 가능한 성장을 도모할 수 있다. 그러나 이들의 약점은 외향성과 추진력, 그리고 적극성이 부족한 것이다. 업무 수행 시 목적을 세우더라도 적극적으로 추진하기보다는 안전성과 흥미에 더 관심이 많아 다양한 업무에 신속하게 대응하는 능력이 부족할 수 있다. 이는 변화가 빠르게 일어나는 현대의 비즈니스 환경에서 단점으로 작용할 수 있으며, 긴급한 상황에서의 대응 능력을 약화시킬 수 있다.

SGAD형 리더십을 최적화하기 위해서는 매사에 적극적인 노력과 타인과의 원활한 소통, 그리고 강력한 추진력을 발휘하는 것이 중요하다. 특히 부족한 추진력은 에너지 부족에서 비롯되므로, 도파민 분출을 돕는 티로신이 풍부한 식재료를 활용한 음식을 섭취하는 것이 도움이 될 수 있다. 예를 들어, 치즈, 아보카도, 닭고기, 두부 등이 티로신을 많이 함유하고 있다. 다만 술을 통해 감정을 표출하는 것은 바람직하지 않다.

술을 마시면 일시적으로 도파민 분비가 증가하여 기분이 좋아지는 것으로 알려져 있다. 하지만 지속적이고 과도한 음주는 뇌 구조와 기능에 부정적인 영향을 미칠 수 있으므로 주의가 필요하다. 알코올은 뇌의 신경 전달 물질에 영향을 미쳐 우울증, 불안증, 기억력 저하 등을 유발할 수 있다. 따라서 술을 자주 마시거나 과도하게 섭취하는 것은 바람직하지 않다. 건강한 도파민 분비를 위해 규칙적인 운동, 충분한 수면, 그리고 스트레스 관리도 중요하다. 이러한 요소들을 고려하여 SGAD형 리더십을 더욱 효과적으로 발휘할 수 있다.

⑤ SAGD

SAGD형 리더십 스타일은 다양한 사람들과 잘 어울리고 여유롭게 살아가기를 즐기는 특성을 가지고 있다. 이들은 집단생활에서 분위기를 잘 이끌어가며, 조직 내에서도 거침없이 사람들과 어울리고 창의적인 아이디어를 많이 내는 편이다. 하지만 이들의 약점은 실제로 아이디어를 실행에 옮기는 능력이 부족하다. 즉, 창의적인 생각은 많이 하지만 자신이 앞장서서 추진하지 않고 다른 사람이 추진하면 그에 동조하는 스타일이다.

이러한 SAGD형 리더의 리더십을 최적화하기 위해서는 에너지와 추진력을 높이는 것이 중요하다. 적극적으로 아이디어를 실행에 옮기려는 노력이 필요하며, 이를 위해 에너지 조절 능력을 기르는 것이 도움이 될 수 있다. 도파민은 에너지 넘치는 휘발유와 같은 역할을 하므로, 티로신이 풍부한 식재료를 활용한 음식을 섭취하면 에너지를 활성화시킬 수 있다.

티로신 보충을 위한 식재료를 살펴보면, 다양한 옵션이 있다. 우선, 오일 생선류는 풍부한 오메가-3 지방산을 함유하고 있어 전반적인 건강과 기분 조절에 긍정적인 영향을 미칠 수 있다. 요구르트, 바나나, 코티지치즈, 견과류와 씨앗종류 등도 티로신이 풍부한 식품으로 알려져 있다. 특히 이러한 식품들은 정신적 건강 향상에 도움을 줄 수 있는 '행복 식단'의 일부로 추천되고 있다.

또한 전문가들은 충분한 수분 섭취의 중요성도 강조하고 있다. 탈수상태가 지속되면 피로, 두뇌 혼란, 에너지 저하, 두통, 감정 변화 등의 문제가 발생할 수 있기 때문이다. 따라서 건강한 뇌 기능을 위해서는 다양한 영양소가 풍부한 식단과 함께 적절한 수분 섭취가 필요하다.

SAGD형 리더는 또한 자신의 한계를 인식하고 이를 보완하기 위한 다양한 방법을 모색해야 한다. 예를 들어, 팀 내에서 실행력이 강한 구성원을 파트너로 삼아 서로의 강점을 보완하는 전략을 사용할 수 있다. 이를 통해 아이디어를 단순히 제안하는 데 그치지 않고 구체적으로 실행에 옮길 수 있는 환경을 조성할 수 있다.

또한, 정기적인 피드백 세션을 통해 자신의 성과와 개선점을 지속적으로 점검하는 것도 중요하다. 이러한 피드백 과정은 자기성찰을 돕고, 보다 효과적인 리더십을 발휘하는 데 필요한 자기개선의 기회를 제공할 것이다. 리더십 코칭이나 멘토링 프로그램을 활용하는 것도 좋은 방법이다. 이를 통해 더욱 체계적이고 전문적인 지식을 바탕으로 자신을 성장시키고, 팀의 성과를 극대화할 수 있다.

결론적으로, SAGD형 리더는 자신의 창의적인 아이디어와 사람들과의 좋은 관계를 바탕으로 조직에 긍정적인 영향을 미칠 수 있다. 그러나 아이디어를 실행하는 과정에서의 부족함을 보완하기 위해 에너지 관리, 식단 조절, 협업, 피드백 등을 통해 지속적인 자기발전을 도모하는 것이 필요하다. 이러한 노력들은 궁극적으로 조직의 성공과 개인의 성장 모두를 이루는 데 큰 도움이 될 것이다.

⑥ SADG

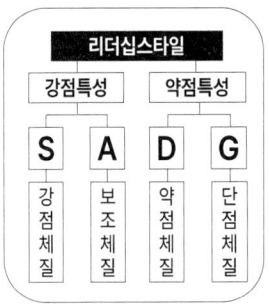

SADG 리더십 스타일의 강점은 여유롭게 인생을 즐기며, 분위기를 좋아하고 다른 사람들과 어울려 대화를 나누며 친밀한 인간관계를 누리는 것을 좋아한다. 이러한 성향은 팀 내에서 좋은 분위기를 조성하고, 구성원들 간의 유대감을 높이는 데 큰 도움이 된다. 예를 들어, 팀 빌딩 활동이나 비공식적인 모임을 통해 구성원들이 서로 더 잘 알게 되며, 이는 팀의 결속력을 강화한다. 또한, 다양한 사람들과의 대화를 통해 새로운 아이디어와 관점을 얻을 수 있어 창의적인 문제 해결에도 기여할 수 있다. 이와 같은 사교적인 특성은 조직 내에서 협업을 촉진하고, 공동의 목표를 달성하는 데 있어 중요한 역할을 한다. 이러한 리더는 구성원들로 하여금 자신의 의견을 자유롭게 표현하게 하여, 상호 존중과 신뢰를 바탕으로 한 협력 분위기를 조성한다.

그러나 SADG 리더십 스타일에는 약점도 존재한다. 안정성을 추구하지 않고 계획적이지 않으며, 즉흥적으로 대응하다 실수하기도 한다. 이러한 단점은 때때로 중요한 결정을 내릴 때 신중함이 부족할 수 있으며, 장기적인 계획 수립과 실행에 어려움을 초래할 수 있다. 예를 들어, 프로젝트의 중요한 마일스톤(계획수립, 관리)을 놓치거나, 예산을 초과하는 상황이 발생할 수 있다. 즉흥적인 대응은 예기치 않은 상황에서 유연성을 발휘할 수 있지만, 그로 인해 발생하는 실수는 조직의 신뢰도와 효율성에 부정적인 영향을 미칠 수 있다. 이로 인해 팀의 목표 달성에 차질이 생기거나, 구성원들의 사기가 저하될 수 있다. SADG 리더십을 최적화하기 위해서는 사전에 준비하는 습관과 추진력이 필요하다. 계획적인 접근과 준비는 예기치 않은 상황에서도 보다 안정적이고 신뢰성 있는 대응을 가능하게 한다.

예를 들어, 프로젝트 시작 전에 철저한 계획을 세우고, 예상되는 문제들을 미리 대비하는 것이 중요하다. 또한, 특히 감정 조절 능력이 부족할 수 있으므로, 글루타민이 풍부한 식재료를 활용한 음식과 간식을 섭취하여 가바(GABA) 활성화를 돕는 것이 도움이 될 수 있다. 가바는 신경계의 자극을 억제하는 역할을 하여 스트레스와 긴장을 완화시키는 데 효과적이다. 이를 통해 감정 조절 능력을 향상시키고, 리더로서의 역할을 보다 효과적으로 수행할 수 있다. 예를 들어, 규칙적인 운동과 명상도 스트레스 관리에 큰 도움이 된다. 이러한 노력을 통해 SADG 리더는 더 균형 잡힌 리더십을 발휘할 수 있으며, 팀의 성공을 이끌어낼 수 있다.

이상에서 24가지 뇌체질 기반 뉴로리더십 스타일을 구분했고, 부족한 부분에 대한 대응책도 함께 고민해 보았다. 많은 리더들이 지위와 권한을 가지고도 오만과 자만심에 빠져 리더십 능력이 떨어지는 경우를 흔히 볼 수 있다. 이런 리더들은 근본적으로 인성 문제가 있거나, 리더십 교육이나 훈련을 제대로 받지 못해 그런 것으로 생각하기 쉽다. 하지만, 수백만 년 동안 인간의 뇌에서 진화한 리더십 능력은 생존과 번식을 위한 최상의 학습 모델로, DNA를 통해 물려받는 것이다. 그럼에도 불구하고 개인차에 따라 리더십 행위가 다르게 나타나거나 잘 나가던 리더십에 결정적인 문제가 생기는 것은 그 사람의 사고방식에 근본적인 문제가 있는 것이 아니라, 뇌에서 일어나는 신경전달물질의 조화와 뉴런 모듈의 신경가소성에 의해 결정된다. 아무리 뛰어난 능력을 가진 리더라도 지속적으로 음주에 노출되면 올바른 판단을 하지 못하는 것도 이와 같은 현상일 수 있다.

세미나에서 가끔 이런 질문을 하는 사람들이 있다. "리더십은 누구나 가지고 있나요?" "왜 리더십을 생존과 번식의 문제로 보나요?" "리더십은 배우는 것만으로 결정되지 않는다고 강조하는데, 그 이유는 무엇인가요?"

맞다! 뇌는 생존과 번식을 위해 수백만 년 동안 최적화된 리더십을 가진 유전적 기반으로 태어난다. 그런데 왜 리더십이 무너지고 사람들이 사이코패스나 독재자가 되거나 무력하고 책임감 없는 사람이 될까? 그 이유는 간단하다. 뇌가 무너졌기 때문이다. 이 책을 읽으면서 여러분이 이런 사실에 대한 답을 찾기를 바란다. 이제 뇌를 활성화시키는 방법을 살펴볼 것이다.

5) 균형 잡힌 리더십 스타일

인간이 가진 리더십에 완벽한 스타일이 존재할까? '완벽'이란 무엇일까? 앨버트 엘리스가 말했듯이, 완벽주의는 병이라고 할 수 있으므로, 인간은 완벽할 수 없다. 오히려, 완성 가능성을 향해 나아가는 인지적 동물로 표현하는 것이 더 맞을 것이다. 나라의 지도자를 뽑을 때, 많은 사람들이 선거를 통해 한 사람을 선택한다. 그리고 우리가 선택한 지도자에게 완벽한 리더십을 발휘해야 한다고 요구하면서, 조금이라도 기대에 못 미치면 비난을 쏟아낸다. 유권자 입장에서는 더 완벽한 리더십을 발휘하는 지도자를 바랄 수 있겠지만, 사실 그런 사람은 존재하지 않을 것이다.

어떤 사람이 도산 안창호 선생을 찾아가 "선생님, 저는 선생님을 존경합니다. 그래서 앞으로 평생 동안 선생님을 모시고 배우며 살겠습니다."라고 말했을 때, 도산 선생은 "당신이 나를 존경한다니 정말 감사합니다! 그런데 나와 함께 살다 보면 인간의 냄새를 알게 되어 실망할까 두렵습니다. 사람에게는 사람 냄새가 나기 마련이니까요."라고 말했다고 한다.

어떤 집단에서든 완벽한 인간이나 완전한 리더십을 기대하는 것은 일종의 미신입니다. 왜냐하면 인간은 결국 인간일 뿐이기 때문입니다. 중요한 것은 그들 중 누가 좀 더 균형 잡힌 리더십을 발휘하느냐에 달려 있다.

세미나 장에서의 일이다. 뉴로리더십 세미나에 참가한 필자가 잘 아는 K본부장이 질문을 하였다. "선생님! DAGS 모두가 점수가 높은데 뭐가 잘못된 것입니까? 제가 뭘 잘못 판단한 것인가요?"라는 질문을 했다. 실제로 그의 점수는 모두 중상이상으로 높은 점수로 D(도파민):40.80, A(아세틸콜린):38.00, G(가바):34.2, S(세로토닌):34.4으로 35점에서 40점 사이의 평균적으로 높은 점수를 보여주는 것이었다. 앞에서 살펴본 24가지 리더십 스타일은 강점특성과 약점특성을 중심으로 설명한 것이라면, 균형 잡힌 리더십 성향이란? 상향 평균을 35점 이상 최대 편차 3-5점 사이로 균형을 이루었다면 바로 균형 잡힌 리더십 스타일이다.

K본부장이 질문했을 때, 그의 특성은 조직 내에서의 업무 추진력(도파민), 다양한 사회적 활동에서의 사교성(아세틸콜린), 문제 해결 시 합리적이고 논리적인 판단력(가바), 그리고 다른 사람과 어울려 즐길 수 있는 레크리에이션 마인드(세로토닌)를 바탕으로 한다면, 그는 분명히 4가지 신경전달물질의 균형이 잘 맞춰진 사람임이 분명하다. 실제로 그의 점수가 그렇게 나온 것이 그의 특성을 반영한다.

브레이브 맨 박사에 의하면 인간은 누구나 타고난 뇌체질 특성이 있다고 한다. 그 특성이 가장 균형을 이룰 때 성격특성은 물론 인격적 특성도 균형을 이

문다하였다. 그에게서 뇌의 균형 상태를 찾아볼 수 있는 탁월한 능력은 사람들과의 인맥을 형성하는 능력이나 끈기 있게 집단을 이끌어가는 능력을 남다른 면이 있음이 분명하다. 그런가 하면 거대한 조직의 영업을 주도적으로 이끌면서 조직의 생산성을 극대화하는 모습은 남다르다 할 수 있다. 나는 때때로 이런 욕심을 가진다. 이런 사람이 뇌가 최적화되었을 때 어떤 리더십을 발휘할까? 라는 생각이다. 물론 모든 면에서 완벽할 수는 없다. 다만 완성가능성을 향하여 나아가는 인간의 상위의 모습은 분명 있을 것이다. 신경전달물질이 균형을 이루며 살아가는 사람이 어느 날 갑자기 무너지는 현상은 바로 균형이 깨어지는 순간 일어나는 현상이다. 뇌 균형 상태를 상위의 상태를 유지하는 방법은 자신의 뇌 체질을 정확하게 분석하여 자신에게 부족한 부분이 무엇인가를 알고 스스로 뉴로피드백을 통해 항상 최적화 상태를 유지하는 노력이다.

 온종일 매스컴을 통해서 나오는 정치평론가들은 우리나라 정치인들을 끝없이 비난하면서 질책을 하는 모습을 바라 볼 때 정말 이 나라에는 올바른 정치인은 진정으로 없는 것일까? 안타깝게도 대한민국의 정치인에 대한 국민들의 평가는 어떤 직종에 비교해도 최하위의 신뢰성을 가진 집단들이라는 평가를 듣는다. 그리고 선거철이 되면 자신이 지지하는 사람을 거품 물고 선전하면서 선거운동을 한다. 그리고 자신이 지지하는 정치인이 선거에서 당선되면 환호를 하는가 하면 때로는 눈물을 흘리며 감격해 하기도 한다. 그런데 선거철이 끝나고 나면 너나 할 것 없이 비난한다. 왜 그럴까?

 정치적 성향은 무엇 때문에 생기는 것일까? 과연 나는 정치지도자를 선택할 때 편견 없이 공정한 입장에서 선택하는 것일까? 여러분이 내 강의를 듣는 수강자라면 과연 무엇이라 답변할까?

6) 독수리오형제(篤首厘五侀倚)

리더십 원형에서 포유류의 리더십 모형들을 살펴보면, 각 동물들은 생존에 더 유리한 리더십 유형을 선택했고 그 종의 모든 동물이 동일한 방법으로 리더십 스타일을 구사한다는 사실을 알 수 있다(52-72p 참조). 예를 들어 망토개코원숭이는 먹이를 구하러 집단이 이동할 때 선거를 통해 분산형 리더십을 발휘했고, 기러기는 서번트(희생적) 리더십을 발휘하면서 수만 km를 기하학적 기술을 활용하여 편대 형으로 비행했다. 또한 늑대는 가족 중심적 리더십을 발휘하여 리더가 솔선수범하여 희생하면서 무리의 안위를 지키고, 무리의 구성원들은 리더가 위험에 빠지지 않도록 응원하면서 상보적 관계를 유지했다.

한편 템노트락스 개미의 멘토링 리더십은 리더십과 팔로우십을 발휘하는 텐덤주행에 대해 이해할 수 있었다. 반면 닭대가리 리더십과 침팬지의 독재자 리더십도 살펴보았다.

그러나 인간은 본능적 원형(3S)의 리더십을 기반으로 인지적 원형(GIVE-DIR Model) 리더십 역량을 발휘한다는 점에서 포유류와 차별화된다. 이는 인간의 뇌에서 분비되는 신경전달 물질에 따라 개인의 성격 및 행동 특성이 발현되기 때문이다.

선행연구에 기반하여 나는 뇌체질과 5대 성격을 토대로 개인별 신경화학물질의 과다에 따라 리더십 유형을 4대 특성과 24종류로 구분하였다. 모든 인간은 자신만의 "강점 특성" 리더십 성향과 "약점 특성"이 있으며, 이를 보완하여 최적화된 리더십 영향력을 발휘하기 위해서는 사회적 신경망을 활용하는 방법이 필요할 것이다.

독수리오형제라는 용어는 대한민국의 성인이면 가장 쉽게 기억할 수 있는 단어로 그 의미는 다섯 형제가 힘을 합해서 위기의 지구를 구하기 위해 싸우는 줄거리의 내용이다. 악당을 물리친다는 사회적 관계를 형성하여 탁월한 능력을 발휘하는 만화영화이다. 여기서 만화영화를 소개하려는 것이 아니라, 뉴로리더십에서 기대하는 의미를 한마디의 단어로 설명하기 위하여 활용하였음을 밝혀둔다. 솔직히 말해 독수리오형제라는 단어를 뉴로리더십 설명에 적합하게 하기 위하여 한자(漢子) 단어 하나하나를 짜깁기 하여 만들었음을 미리 밝혀둔다.

독수리오형제(篤首厘五佽侪)라는 단어 하나하나를 살펴보자, 도타운(篤;도타울 독) 신뢰를 기반으로 리더가(首; 우두머리 수) 리더십(조력과 지지)과 팔로우십(자문과 추종)으로 영향력을(厘;다스릴 리)행사하여 구성원(五; 다섯 오)들이 조직목표를 달성(佽;이룰 형)할 수 있게 도움을 주고받는 리더스클럽(侪; 동아리 제)이다. 다시 정리하면 "독수리오형제란? 도타운 신뢰를 기반으로 리더가 리더십과 팔로우십으로 영향력을 행사하여 구성원들이 조직의 목표를 달성할 수 있게 도움을 주고받는 리더스클럽이다." 독수리오형제는 인간의 뇌에 존재하는 사회적뇌를 활용하는 인간관계기술이다.

인간의 뇌는 일정한 작업을 할 때는 작업기억인 배외측전전두엽(Dorsolateral prefrontal Cortex)을 중심으로 활동을 한다. 당신이 이 글을 읽고 있는 순간에는 배외측전전두엽에서 작업기억을 중심으로 주의집중력으로 책 읽기라는 작업을 수행한다. 만약 당신의 뇌가 산만해지면서 감정적인 생각이 작동을 한다면 갑자기 집중하여 읽던 글은 눈에 들어오지 않고 "감히 나를 무시해! 언젠가 본때를 보여줘야지!"라는 감정의 뇌(변연계)가 작동을 하면서 혼란이 일어나게 될 것이다. 더 이상 책을 읽어 봤자 성과는 없을 것이니 만약 그렇다면 지금 책을 덮고 저 건너편에 푸른 산을 바라보며 잠시 쉬어보자, 이쯤 되면 당신의 뇌는 아무것도 하지 않으면서 텅 빈 상태가 될 것이라 가정할 것이다. 그러나 이때를 신경과학자들은 기본신경망(default network)상태가 된다고 한다. 기본 신경망인 디폴트 네트워크가 작동할 때, 뇌에서는 오히려 더 많은 부분이 활성화되었다. 구체적으로 배내측전전두 피질(Dorsomedial prefrontal cortex), 측두두정 접합(Temporoparietal junction), 후대상(Posterior cingulate), 측두극(temporal Poles) 등 여러 부위가 활성화되었다.(자세한 내용은 190p~200p를 참고하시기 바랍니다.)

인간의 뇌는 생존과 번식에 유리한 환경을 확보하기 위해 진화해왔다. 이 과정에서 뇌는 혼자보다는 사회적 관계에 더 익숙해졌다. 이는 인간이 혼자서 문제를 해결하는 것보다는 집단의 힘을 모아 해결하는 것이 더 현명하다는 사실을 시사한다.

뇌의 진화 과정은 다음과 같이 이루어졌다. 먼저 뇌의 가장 기본적인 부분인 원시 뇌가 형성되었다. 이 원시 뇌는 생존과 기본적인 기능을 담당하는 부분으로, 척추동물의 공통적인 특징이다.

진화 과정에서 새로운 뇌 영역이 추가되어 점차 뇌가 복잡해졌다. 초기에 형성된 원시 뇌는 사라지지 않고 그대로 남아 기본적인 기능을 담당하게 되었다. 새로 발달한 뇌 영역은 더 복잡한 기능을 수행하게 된 것이다.

특히 인간의 뇌는 전두엽과 대뇌피질이 발달하여 고등 정신 기능을 담당하게 되었다. 이를 통해 인간은 언어, 추상적 사고, 창의성 등의 능력을 발달시킬 수 있었다.

또한 인간의 뇌는 사회적 관계와 상호작용을 위해 진화해왔다. 따라서 사회적 지능과 협력 능력이 중요한 뇌 기능으로 발달했다.

이와 같은 과정을 통해 뇌는 원시적인 형태에서부터 복잡한 기능을 수행할 수 있는 현대 인간의 뇌로 발전해왔다.

집단지성은 다양한 사람들의 지식과 경험을 모아서 더 나은 해결책을 찾아낼 수 있는 중요한 개념이다. 이런 개념을 통해 다양한 배경, 전문성, 경험을 가진 사람들이 모여 자신들의 아이디어를 공유하고 토론함으로써, 개별적인 사람이 제공할 수 있는 것보다 더 포괄적이고 다양한 해결책을 제시할 수 있다.

특히, 복잡한 문제들을 해결하는 데 있어 집단지성의 역할은 더욱 중요하다. 기후 변화, 경제 위기, 공중 보건 문제와 같이 단일 분야의 전문 지식으로 해결하기 어려운 문제들은 다양한 분야의 전문가들이 협력함으로써 더 효과적으로 대응할 수 있다. 이들이 지식과 경험을 공유하고 문제를 다양한 관점에서 검토함으로써, 더 포괄적이고 효과적인 해결책을 찾아낼 수 있다.

따라서 집단지성은 정보의 양을 단순히 늘리는 것을 넘어, 정보의 질을 향상시키고 더 창의적이고 혁신적인 아이디어를 생성할 기회를 제공한다. 이 과정에서 각 개인의 지식과 경험은 소중한 자산이 되며, 협력과 상호작용을 통해 인류가 직면한 다양한 문제에 대한 해결책을 찾을 수 있다.

7) 인간의 지혜 집단지성의 발견

집단지성의 개념은 1906년 영국의 프랜시스 콜턴(Francis Galton)이 박람회에서 우연히 소의 몸무게를 맞히는 게임을 관찰하면서 시작되었다. 콜턴은 800여 명의 참가자들이 제출한 추정치를 모아 평균을 내어 보았는데, 그 결과가 실제 무게와 0.5kg밖에 차이가 나지 않았다. 이를 통해 콜턴은 집단의 지혜가 개인의 지혜를 능가할 수 있다는 것을 발견했다.

프랜시스 콜턴은 이 발견에 큰 흥미를 느껴 추가적인 연구를 진행하게 되었다. 그는 다양한 상황에서 집단이 내리는 결정이 얼마나 정확한지 분석했다. 그의 연구는 단순한 게임에서 시작되었지만, 이를 통해 집단지성이 경제, 정치, 과학 등 여러 분야에서 적용될 수 있음을 보여주었다. 콜턴은 집단지성이 개인의 편견이나 오류를 상쇄할 수 있는 가능성을 제시하면서, 집단지성이 단순한 합의 이상의 의미를 지니고 있음을 강조했다.

이후 집단지성은 다양한 학문적 연구와 실험을 통해 발전해 왔다. 예를 들어, 인터넷과 소셜 미디어의 발달은 집단지성의 적용 범위를 더욱 넓혔다. 오늘날 우리는 위키피디아와 같은 온라인 플랫폼을 통해 수많은 사람들이 협력하여 지식을 축적하고 공유하는 것을 목격할 수 있다. 이처럼 집단지성은 현대 사회에서 중요한 역할을 하며, 문제 해결과 의사결정 과정에서 그 가치를 인정받고 있다

이후 1910년 미국의 곤충학자 윌리엄 모턴 휠러(William Morton Wheeler)가 《개미: 그들의 구조·발달·행동》이라는 저서에서 집단지성 개념을 처음 제시했다. 휠러는 개미들이 협력하여 하나의 유기체처럼 행동하는 모습을 관찰하면서 이를 집단지성의 사례로 설명했다. 그는 개미들이 개별적으로는 단순한 생명체에 불과하지만, 협력하여 복잡하고 효율적인 구조물을 만들어내는 과정을 통해 집단지성의 개념을 구체화했다. 따라서 인간은 혼자서 문제를 해결하려 하기보다는 집단의 힘을 모아 해결책을 찾는 것이 더 현명하다는 사실을 발견한 것이다. 이를 통해 다양한 관점과 경험을 바탕으로 더 나은 해결책을 도출할 수 있기 때문이다.

휠러는 개체로는 미미한 개미가 공동체로서 협업하여 거대한 개미집을 만들어내는 것을 관찰하였고, 이를 근거로 개미는 개체로서는 미미하지만 군집하여서는 높은 지능체계를 형성한다고 설명하였다. 그는 개미들이 각자 맡은 바

역할을 수행하며, 상호작용을 통해 최적의 결과를 도출하는 과정을 자세히 분석했다. 이러한 관찰은 인간 사회에서도 마찬가지로 적용될 수 있으며, 개개인의 지식과 경험을 모아 공동의 목표를 달성하는 것이 중요함을 시사했다.

사회학자 피에르 레비(Pierre Levy)는 오늘날 기업, 학교, 대학, 지역에서 자라고 있는 '지식의 나무'라고 설명하면서, "그것은 어디에나 분포하며, 지속적으로 가치가 부여되고, 실시간으로 조정되며, 역량의 실제적 동원에 이르는 지성"이라고 정의하였다. 레비는 현대 사회에서 정보와 지식이 실시간으로 공유되고, 이를 통해 집단지성이 더욱 강화되는 모습을 강조했다. 그는 디지털 기술의 발전으로 인해 지식의 나무가 더 빠르게 성장하고, 그 결과 더 나은 문제 해결과 혁신을 가능하게 한다고 보았다. 이러한 집단지성의 활용은 단순히 문제 해결을 넘어, 사회 전반의 발전과 성장을 이끄는 중요한 요소로 작용하고 있다집단지성이라는 협업을 이용하여 기업을 위기에서 구한 캐나다 토론토에 본사를 둔 골드코프(Gold Corp)라는 금광회사의 사례를 살펴보자.

골드코프사는 생산비용은 올라가고 부채는 쌓이고 노동력은 불안정한 상태에서 새로운 금광을 발견하지 않으면 파산위기에 빠지게 되었다. 위기를 맞은 골드코프의 CEO인 로버트 머큐언은 마침 MIT공대에서 열린 리눅스 세미나에서 힌트를 얻어 위기에서 탈출할 방법을 찾았다. 그 방법은 골드 코프가 소유하고 있는 레드레이크에 관한 자사의 1948년부터의 모든 지질자료를 인터넷에 공개하면서 네티즌들에게 금이 매장되어 있는 장소를 알려달라는 요청을 하면서 57만5,000달러의 현상금을 내걸었다. 결과는 50개국에서 1,000명 이상의 지질학자, 수학자, 군인, 대학생 등 다양한 사람들이 의견을 제시했다.

로버트 머큐언은 "인터넷의 자료를 분석한 후 컴퓨터 그래픽을 보던 순간 망치로 얻어맞은 느낌이었다." 라고 말을 했다. 지원자들이 금이 나올 곳으로 지목한 곳은 110군데였고, 그 중 절반은 회사에 소속된 지질학자들이 쳐다보지도 않았던 장소였다. 놀랍게도 그들이 지목한 곳 80%이상에서 어마어마한 양의 금광석이 쏟아져 나왔다. 그렇게 해서 얻은 금은 모두 24만 8,000kg이었다.[61]

이후 집단지성은 다양한 연구를 통하여 인간사회에서 일어나는 결과들을 통하여 설명하기도 하였다. 그 대표적인 집단지성의 결과는 사이버 공간을 통하여 지식을 표현하는 위키피디아가 그 좋은 예이다.

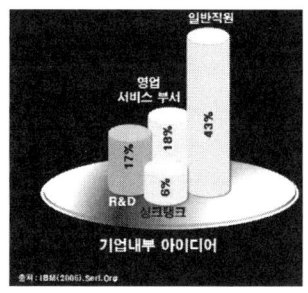

또 다른 집단지성의 기업 사례를 살펴보자. IBM의 기업내부 아이디어가 누구로부터 나오는 가를 조사 분석한 결과 R&D부서에서 나오는 것 17%, 싱크탱크 6%, 영업 서비스 부서 18%였고, 놀라운 사실은 일반직원 들로부터 나오는 유용한 아이디어가 43%였다는 설명이다.

지금 나는 집단지성을 설명하려는 것이 아니라, 인간이 혼자의 힘으로 문제를 해결하기보다 서로 힘을 합하여 문제를 해결하는 것이 유용하다는 사실을 밝혀두고자 한다. 개인에게 존재하는 리더십은 누구에게나 약점이 있고 강점이 있다는 사실을 리더십 스타일별로 살펴보았다. 그렇다면 더 탁월한 리더십을 발휘할 수 있는 방법은 바로 부족한 것은 보완하고 모자라는 것은 사회적 네트워크를 활용하는 방법이 독수리오형제이다.

독수리오형제에는 리더십과 팔로우십이 함께 존재한다. 즉, 리더가 성공하기 위해서는 스스로 팔로우십(자문과 추종)을 발휘하는 능력과 리더십(조력과 지지)을 발휘하는 능력이 서로 보완적일 때 탁월한 리더십을 발휘하게 된다.

예를 들어, 김대중 대통령과 김영삼 대통령은 대통령으로 취임할 수 있었던 이유가 바로 좌우의 핵심적인 참모와 지원자들이 있었기 때문이다. 이들은 리더에게 필요한 팔로우십과 리더십을 제공했다.

문제는 최고의 리더로 등극한 후 그가 누구로부터 팔로우십과 리더십의 영향력을 행사할 것인가에 달려 있다. 이것이 위대한 지도자가 되느냐 못되느냐를 판가름하는 핵심요소라고 할 수 있다.

따라서 리더와 팔로워의 상호작용이 중요하며, 리더는 팔로워의 자발성을 존중하고 팔로워는 리더를 지지하는 방식으로 협력해야 한다. 이를 통해 조직의 목적을 효과적으로 달성할 수 있다.

독수리오형제를 완성하는 네트워크의 시스템 비밀은 리더인 나를 중시하므로, 팔로우십과 리더십을 형성하는 좌의정(左議正)과 우의정(右依淨), 그리고 좌청용(左聽用)과 우백호(右伯護)가 그것이다. 이 네 가지 요소는 리더십의 핵심을 이루며, 각각의 역할이 명확하게 구분되어 있다.

팔로우십은 좌의정과 우의정을 의미한다. 좌의정(左議正)은 좌뇌가 발달한 사람을 통해 자신에게 부족한 부분에 대한 자문을 듣는 것을 말한다. 뇌의 좌측 전전두엽은 긍정의 시스템이 작용하는 곳으로, 논리적 사고와 분석 능력이 뛰어난 사람이 맡는다. 이러한 사람은 리더가 놓치기 쉬운 부분들을 보완해주며, 계획을 세울 때 합리적이고 체계적인 접근을 제안한다. 반면에 우의정(右依淨)은 우뇌가 발달한 사람을 통해 잘하는 것을 더 잘할 수 있게 추종할 대상을 말한다. 우측 전전두엽은 부정적 감정과 관련이 있으며, 창의적이고 직관적인 사고를 하는 사람이 맡는다. 이는 리더가 새로운 아이디어를 개발하거나 문제를 해결할 때 중요한 역할을 한다.

DAGS형 리더의 독수리오형제를 사례로 살펴보면, 우반구의 복외측 전전두피질은 다양한 자제력과 관련이 있어 자신의 감정이나 욕구를 억제할 때 활성화되는 부분으로, 좌뇌보다 우뇌에서 이 부분이 유일하게 큰 면적을 차지한다. 리더로서 잘못된 선택이나 결정을 받아들일 때 자제력, 즉 자기조절능력을 발휘할 수 있는 부분이며, 어떤 면에서는 소통 시스템이다. 이 부분이 활성화되면 리더는 더 나은 결정을 내릴 수 있으며, 팀의 목표를 달성하기 위해 필요한 조정과 타협을 이끌어낼 수 있다. 또한, 좌청용(左聽用)과 우백호(右伯護)는 각각 팀의 안정성과 혁신성을 담당하며, 리더가 모든 상황에서 효과적으로 대응할 수 있도록 돕는 역할을 한다.

DAGS형의 강점특성은 DA(도파민과 아세틸콜린)은 외향성과 친화성이 강점이고 약점특성은 GS(가바와 세로토닌)는 안정성과 개방성이 약점이다. 잘하는 것을 더욱 잘하게 하는 것은 강점특성을 강화하는 것이고, 못하는 것을 잘하게 하는 것은 약점특성을 보완하는 것이다. 사회적뇌를 가진 인간이 취할 수 있는 가장 현명한 방법이 바로 두뇌를 활영한 사회적 네트워크를 활용하는 것이다.

좌의정(左議正)은 좌반구 앞부분에 존재하는 좌측전전두엽은 긍정성(이야기를 꾸미는 작화기능이 있음)을 활용하여 자신의 약점을 보완하기 위하여 정반대의 강점특성을 가진 GS or SG 특성의 사람을 찾아 팔로십으로 자문관계를 형성하여 자신에게서 부족한 점을 벤치마킹하는 것이다. 대상자는 생존한 인물이나 역사속의 인물을 멘토로 삼아 그를 본받아 그 뜻을 전수받는다는 의미도 포함한다. 반드시 기억해야 할 것은 좌의정은 "자신의 약점"을 보완할 수 있는 대상자라야 한다. 즉 당신이 약점특성이 GS로 안정적(G)이고 개방적(S)이지 못하여 자신의 마음을 타인에게 솔직하게 표현하지 못하거나 자신을 너무 옥죄어 스트레스를 받으며 산다면 안정성을 기반으로 인생을 즐기면서 편안하게 여생을 살아가는 사람들을 만나 자문계약(신뢰할 수 있는 관계를 통해서 평생 동안 자신의 리더십에 문제가 발생할 때 그 화두를 해결하기 위하여 그의 치적을 검토하여 지혜를 찾고 존중의 표시로 평생고언을 마다하지 않겠다는 의지의 표명으로 매년 1회 이상 파워감사의 편지쓰기 등)을 통하여 언제나 자신의 약점을 보완하는 자문을 받거나 마음의 사부로 삼아 내면의 소리에 귀를 기울인다.

우의정(右依淨)은 앞 이마부분인 우측전전두엽의 부정의 뇌(사실을 있는 그대로 해석하는 능력과 조절하는 능력도 있음)를 편안하게 쉬게 하면서 자신의 강점을 강화하여 잘하는 것을 더욱 잘하게 하는 것이다. 즉 당신의 강점이 DA로 추진력과 열정적인 적극성 그리고 친밀함과 사교적인 특성을 지녔다면 당신의 주변에 당신과 유사한 특성을 지닌 DA or AD강점특성을 지닌 멘토를 찾아 추종계약(신뢰할 수 있는 관계를 통해서 평생을 자신이 강점을 더욱 잘하게 롤 모델로 삼고 정표와 존중의 표시로 매년 1회 이상 파워감사의 편지쓰기 등)을 형성하여 벤치마킹을 통하여 잘하는 것을 더욱 잘하게 하는 것이다. 좌의정과 우의정은 자신의 강점특성과 약점특성을 자문과 추종을 통하여 리더십 역량을 극대화하는 인맥관계 또는 신뢰관계를 형성하는 것이다.

"감히 내가 누군데! 누구의 도움과 자문을 받고 추종을 해!"라는 생각을 한다면 국민을 불행하게하고, 기업의 미래를 어둡게 하는 참담한 팔로우십을 가진 것이다. 독제와 독선은 '내가하면 잘하는 것이고, 남이 하면 믿을 수 없다.'는 잘못된 신념에서 나온다. 다시 말해 사회적뇌의 신경시스템이 경직에서 비롯된다.

리더십의 영향력을 행사하는 능력은 "권한으로부터 오는 것이 아니라, 무엇을 줄 것인가(인지적 영향력)"로부터 나온다.

리더인 당신은 집단구성원들에게 무엇을 줄 것인가 7가지를 제시하라하면 무엇을 줄 것인가? 돈, 권력, 사랑, 행복, 꿈(비전) 명예, 재능, 개인의 역량, 공정함, 도덕성, 친밀감, 화합, 외교력, 지적능력, 소통, 성공, 직위, 책임, 청렴성, 결단력, 자비심, 이해심, 등 등 중 무엇을 줄 것인가? 스스로에게 질문해 보라! 그렇다면 이제 7가지를 기록해 보라!

①(　　　) ②(　　　) ③(　　　) ④(　　　) ⑤(　　　) ⑥(　　　) ⑦(　　　)

펜실베니아 대학 와튼 스쿨의 GLOBE(Global Leadership and Organization Behaviour Effectiveness) 연구에서는 전 세계 62개 문화권을 대상으로 리더가 갖추어야 할 덕목에 대해 심도 있는 조사를 진행했다. 이 연구 결과에 따르면 리더십의 핵심덕목으로 관대함(Generosity), 청렴성(Integrity), 비전(Vision), 공정성(Equitable), 외교력(Diplomacy), 지적능력(Intelligence), 결단력(Resolution) 등 총 7가지가 선정되었다. 이러한 덕목들은 다양한 문화적 배경을 초월하여 리더가 성공적으로 조직을 이끌기 위해 필수적으로 갖추어야 할 요소들로 확인되었다.

저자는 이러한 리더십 덕목들이 뉴로리더십의 인지적 본능에서 비롯된다고 설명하며, 리더가 팔로워들에게 제공할 수 있는 가장 강력한 무기라고 강조한다. 뉴로리더십은 뇌과학과 리더십을 결합한 새로운 접근 방식으로, 리더십의 본질을 이해하고 효과적인 리더십을 발휘하는 데 중요한 역할을 한다. 저자는 이를 'GIVE-DIR(director; 리더가 줄 수 있는 것) Model'이라고 명명하였다. 이 모델은 리더가 팔로워들에게 제공해야 하는 7가지 핵심덕목을 체계적으로 정리한 것으로, 리더가 조직 내에서 신뢰와 존경을 얻고, 궁극적으로 성과를 극대화하는 데 도움을 준다. GIVE-DIR 모델은 리더십 개발 프로그램이나 교육 과정에서 유용하게 활용될 수 있으며, 리더가 자신의 리더십 스타일을 평가하고 개선하는 데 중요한 지침이 될 수 있다.

소크라테스는 델포이 신전에 새겨진 "너 자신을 알라"는 말을 자신의 철학적 신념으로 삼았다. 그는 이를 바탕으로 "소크라테스 대화"라는 철학적 화두를 통해 대중들을 일깨우고자 했다.

소소크라테스의 방법은 무지(無知)의 세계에서 출발하여 예지(叡智)의 세계로 이르게 하는 "알아차림"을 강조했다. 그는 "너 자신을 알라!"는 말을 통해 모든 사람이 자신의 약점을 지니고 있으며, 이를 알아차리는 것이 중요하다는 역설적인 메시지를 전달했다. 자신의 무지를 깨닫는 것이 진정한 지혜의 시작이라는 그의 철학은 많은 사람들에게 깊은 인상을 남겼다.

개인의 강점과 약점은 누구에게나 존재한다. 소크라테스는 이러한 자기인식을 바탕으로 대화를 통해 상대방이 원래 알고 있던 지식을 상기시키고 새로운 사상을 낳게 하는 것을 목표로 했다. 이는 비판적 질문과 적극적 경청을 중요시하는 소크라테스식 대화법의 특징이다. 이러한 대화법은 상대방의 생각을 명확하게 하고, 논리적인 사고를 촉진하며, 진리 탐구를 위한 중요한 도구로 작용했다.

인간이 가진 사회적 뇌의 선택은 강점과 약점을 보완하는 네트워크를 만드는 것이 궁극적인 목표이다. 해파리의 군체(群體)형성 사례에서 살펴보았듯이, 해파리는 환경이 풍부하고 생존에 유리한 상태에서는 각자 먹이를 찾아 생존하지만, 환경이 불리한 상태가 되면 길게는 30m에 이르는 군체(群體)를 형성하여 각 개인의 기능(생존과 번식)을 유보하고, 역할을 분담하며 생존한다. 이러한 협력적 생존 방식은 인간 사회에서도 유사하게 나타난다. 인간은 개인의 능력을 극대화하면서도, 협력과 분업을 통해 사회적 문제를 해결해 나간다.

인간은 해파리와 다르게 37조 개에 이르는 체세포들이 모여서 만들어진 유전적으로 동일한 다세포 동물이다. 다세포 동물은 진핵세포가 모여 만들어진 것으로, 단세포가 가진 영생(永生)을 포기하고 함께 죽고 함께 사는 공생공사(共生共死)의 메커니즘을 선택했다. 즉, 단세포가 진핵세포로, 진핵세포가 수십 역년을 거쳐 다세포 동식물로 진화하였고, 다세포 동물의 한 종인 인간의 뇌는 생존에 더 유리한 방법으로 집단을 형성하여 인류의 번성을 이루고 문화와 문명의 기적을 만들어냈다. 이처럼 인간은 복잡한 사회적 구조와 문화를 통해 지속적인 발전을 이루어왔으며, 이는 각 개인의 강점과 약점을 적절히 조화시키는 능력 덕분이다.

독수리오형제의 기본 원리는 생존과 번식에 유리한 진화의 과정에서 물려받은 뇌의 특성을 활용하여 리더십의 문제를 해결하는 것이다. 좌청룡과 우백호의 선택은 리더에게 복종하는 사람을 만들어 자신에게 희생하게 하는 것이 아니라, 서로 조언을 주고받는 인지적 선택이다.

좌청룡(左聽用)은 리더에게 직접적으로 충언하고 잘못된 점을 조언하여 유익하게 하는 조력자이다. 조력을 받을 수 있는 핵심은 자신의 약점을 보완할 수 있는 조력자를 인정하고 신뢰관계를 형성하는 것이다. 이 과정에서 리더는 자신의 한계를 인지하고, 이를 보완할 수 있는 조력자를 찾는 데 주력해야 한다. 조력자는 리더의 판단력을 강화시키고, 더 나은 결정을 내릴 수 있도록 도와주는 존재로서 중요한 역할을 한다.

우백호(右伯護)는 리더의 가치, 철학, 비전, 목표를 수용하고 강점을 함께 실행하는 사람이다. 좌청룡과 우백호는 현재 리더와 함께 공생공존할 수 있는 사람이어야 한다. 즉, 리더가 줄 수 있는 인지적 영향력을 행사할 수 있다. 우백호는 리더의 목표를 이해하고, 이를 실현하기 위해 헌신할 수 있는 능력을 갖추고 있다. 또한, 리더의 비전을 공유하며, 조직 전체의 방향성을 유지하는 데 중요한 역할을 한다.

첫째, 리더와 조력자의 보완적 관계 형성을 통해 서로의 강점을 활용할 수 있어 리더십의 효과성을 높일 수 있다. 리더의 약점을 보완하는 조력자는 리더가 더 나은 결정을 내릴 수 있도록 돕고, 조직의 목표를 달성하는 데 큰 기여를 할 수 있다. 둘째, 조력자와의 협력을 통해 다양한 관점을 얻고 균형 잡힌 의사결정을 내릴 수 있으며, 이는 리더 개인의 성장과 발전으로 이어질 수 있다. 다양한 관점은 리더가 다양한 상황에서 적절한 결정을 내리는 데 큰 도움을 준다. 셋째, 리더와 조력자의 협력은 조직의 생산성과 효율성을 높여 조직의 지속가능한 성장으로 이어질 수 있다. 협력은 조직 내의 신뢰를 증진시키고, 팀워크를 강화하여 조직 전체의 성과를 향상시킨다.

따라서 리더십에서 자신의 약점을 보완할 수 있는 조력자를 찾는 것은 리더 개인과 조직 전체의 성과 향상을 위해 매우 중요한 과정이다. 조력자는 리더의 부족한 부분을 채워주고, 리더십의 질을 높이는 데 중요한 역할을 한다. 이를 통해 조직은 더욱 강력하고 효율적으로 운영될 수 있으며, 리더와 조력자의 협력은 조직의 장기적인 성공을 보장할 수 있다.

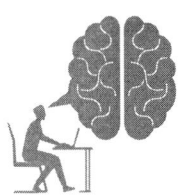

당신의 뇌를
리더십의 무기로 만들기

MODULE
04

뇌가 바뀌면 운명이 바뀐다

1. 긍정의 뇌 부정의 뇌	325
2. Force Leader In vs. Power Leader In	334
3. 뉴로리더십 공식∫(3S≤7C)x(F≤P)	341
4. 본능적 원형과 인지적 원형의 충돌	345
5. 긍정의 뇌가 주도하는 리더십	349
6. POWER LEADER IN 모델	351
추진력(推進力, Propulsion)	351
창의력(創意力, Originality)	352
예지력(叡智力, Wisdom)	353
포용력(包容力, Embrace)	355
통제력(統制力, Regulation)	357
지도력(指導力, Leading)	359
인내력(忍耐力, Endurance)	361
성취력(成就力, Accomplishment)	362
영성력(靈性力, Divine)	363
경쟁력(競爭力, Emulation)	365
결단력(決斷力, Resolution)	366
외교력(外交力, Intercourse)	368
협상력(協商力, Negotiation)	370
7. FORCE LEADER IN 모델	373
결벽(Fastidiousness)	373
강박(Obsession)	376
부패(Rottenness)	377
투쟁(Combat)	379
질투(Envy)	382
도취(Ecstasy)	385
비하(Abasement)	386
우울(Depression)	388
무력(Effete)	389
불안(Restlessness)	391
조급(Impatient)	392
신경(Neurones)	393
8. 리더십의 향상성	395

MODULE 04

뇌가 바뀌면 운명이 바뀐다

1. 긍정의 뇌 부정의 뇌

뉴로리더십 세미나는 참가자들에게 자신의 브레인지수(BQ)를 검사하고, 그 결과를 통해 각자의 핵심정서를 파악할 수 있는 기회를 제공한다. 여기서 핵심정서란 개인의 기본적인 감정 상태를 말하는데, 긍정적인 정서(예: 행복, 자신감 등)와 부정적인 정서(예: 불안, 우울 등)로 구분된다. 이러한 접근 방식은 참가자 개개인의 심리적 및 정서적 특성을 더 깊이 이해하고, 그에 따라 개인의 성장과 발전을 도모할 수 있게 한다.

뉴로리더십 세미나는 단순히 정보를 제공하는 것에 그치지 않고, 실질적인 변화를 이끌어내는 것을 목표로 한다. 참가자들은 브레인지수 검사를 통해 자신의 뇌 활동과 감정 반응을 구체적으로 분석할 수 있다. 이는 자신의 강점과 약점을 명확히 파악하는 데 큰 도움이 된다. 예를 들어, 긍정적인 정서가 강한 사람은 더 창의적이고 생산적인 활동을 할 수 있는 반면, 부정적인 정서가 강한 사람은 스트레스를 관리하고 감정 조절 능력을 향상시키는 것이 필요하다.

세미나에서는 이러한 결과를 바탕으로 개인 맞춤형 발전 계획을 수립할 수 있도록 도와준다.

또한, 세미나는 참가자들 간의 상호 작용을 통해 새로운 인사이트를 얻을 수 있는 기회를 제공한다. 그룹 공감토론과 워크숍을 통해 자신의 경험을 공유하고 다른 사람의 경험을 들으며, 다양한 관점에서 문제를 바라보는 능력을 키울 수 있다. 이 과정에서 참가자들은 서로의 강점을 발견하고, 이를 통해 더 나은 리더십을 발휘할 수 있는 방법을 배우게 된다. 뉴로리더십 세미나는 이처럼 개인의 심리적, 정서적 성장을 중시하며, 이를 통해 참가자들이 더 나은 삶을 살아갈 수 있도록 돕는 중요한 프로그램이다.

청강 신청자로 참여한 A씨의 경우, 어릴 때부터 늘 예민하고 신중한 성격을 가지고 있었다. 이러한 특성은 그의 일상생활과 대인관계에도 영향을 미쳤으며, BQ검사에서 그의 행동성향이 부정적인 경향을 보이고 있음을 확인할 수 있었다. 반면, 정서성향에서는 명랑함이 두드러졌다. 이는 그가 자신에 대해서는 긍정적인 생각을 가지고 있지만, 타인에 대해서는 비판적이고 부정적인 태도를 취하는 경향이 있음을 의미한다. 이러한 '나는 옳고, 너는 그르다'라는 태도는 그의 대인 관계와 사회적 상호작용에 있어 어려움을 초래할 수 있다.

뉴로리더십 세미나는 개인의 특성을 분석하고 이해하는 데 중점을 둔다. 이를 통해 참가자들이 자신의 잠재력을 최대한 발휘하고, 부정적인 행동 성향을 긍정적으로 전환하여 뇌를 최적화할 수 있다. 이는 A씨와 같은 참가자들에게 자기인식을 높이고, 건강하고 긍정적인 대인 관계를 형성하는 데 중요한 기반이 될 수 있다.

A씨는 매우 신중하게 "선생님! 과연 다른 사람이 BQ검사를 믿을 수 있을까요?"라고 질문했다. 나는 속으로 "드디어 시작하는구나?"라는 생각을 하며, 그

의 또 다른 질문을 기다리고 있었다.

나 : "혹시 선생님, 오늘 검사에서 제가 어떤 점을 틀렸는지 알 수 있을까요?"

　　[A씨는 잠시 생각에 잠긴 듯한 표정을 지으며 대답한다.]

A : "음, 오늘 우리가 진행한 5분짜리 검사로 자신에 대해 상당히 정확하게 알 수 있었다는 것, 이해했습니다."

나 : "아, 그렇군요?"

　　[A씨는 고개를 끄덕이며, 다소 회의적인 목소리로 말을 이어 간다.]

A : "그렇다고 해서, 그게 대체 무슨 의미가 있는 겁니까?"

　　[나는 A씨의 의구심을 해소시키고자 조금 더 설명을 추가했다.]

나 : "선생님, 학생 교육 현장에서도 진단 도구들을 많이 사용하시잖아요? 그 도구들을 통해 교육생들을 객관적으로 이해하고 파악하기 위해서 사용하는 거 아닌가요?"

　　[A씨는 잠시 생각에 잠기다가, 나의 말에 동의한다는 듯이 대답한다.]

A : 네 선생님 말씀 알겠습니다.

인간의 뇌는 매우 복잡한 구조이다. 그중에서도 감정을 처리하는 부분은 특히 더욱 세밀하게 분화되어 있다. 연구에 따르면, 긍정적인 감정을 느끼게 하는 뇌의 부위와 부정적인 감정을 처리하는 부위가 서로 다르다는 사실이 밝혀졌다. 이는 각각의 감정이 독립적인 경로를 통해 우리의 행동과 반응에 영향을 미친다는 것을 의미한다.

예를 들어, 기쁨이나 만족 같은 긍정적인 감정은 뇌의 특정 부위를 활성화시켜 우리를 더 행복하고 만족스럽게 만든다. 반면, 두려움이나 슬픔 또는 불안

같은 부정적인 감정은 다른 부위를 활성화시켜 우리를 보호하거나 위험으로부터 회피하도록 한다.

이러한 감정의 활성화에는 다양한 신경전달 물질이 관여하는데, 이들 물질 역시 긍정과 부정의 감정에 따라 다르게 작용한다. 예를 들어, 도파민과 세로토닌 같은 신경전달 물질은 기분을 좋게 하고, 우리를 긍정적으로 만들어 줄 수 있는 반면, 코르티솔과 같은 스트레스 호르몬은 우리를 긴장하게 만들고, 부정적인 감정을 경험하게 할 수 있다.

뇌가 긍정과 부정의 감정을 모두 처리할 수 있는 능력을 갖춘 이유는 인간이 생존하고 번성하기 위해서는 두 가지 유형의 감정이 모두 필요하기 때문이다. 긍정적인 감정은 우리가 사회적으로 연결되어 있음을 느끼게 하고, 협력하고 창의적인 해결책을 찾도록 돕는다. 반면, 부정적인 감정은 우리에게 위험을 알리고, 생존을 위해 필요한 신중함과 조심성을 갖게 한다. 이처럼 뇌는 긍정과 부정의 감정을 통해 우리가 복잡한 사회적 환경에서 적응하고 생존할 수 있도록 돕는다. 따라서 긍정만을 추구하는 것이 아니라, 부정적인 감정을 건강하게 경험하는 것도 중요함을 알 수 있다

에베레스트 산을 정복하려는 등반가들의 사례를 살펴보자. 이들 대부분이 갖고 있는 긍정적인 사고방식은 매우 흥미로운 연구 주제가 된다. 이들은 자신들의 한계를 뛰어넘고, 극한의 상황 속에서도 끝까지 도전하는 정신을 발휘한다. 그럼에도 불구하고, 에베레스트 산에 도전한 3,000여 명 중 약 10%에 해당하는 300명이 산을 오르는 과정에서 목숨을 잃었다는 사실은 충격적이다. 이는 등반가들에게 무조건적인 긍정만큼이나 무조건적인 부정도 생존에 있어서 바람직하지 않음을 시사한다.

실제로 인간의 사고방식에 대한 연구는 흥미로운 결과를 보여준다. 일반적으

로 현재의 어려움이나 문제 상황을 대면할 때, 사람들은 부정적인 관점을 취하는 경향이 있다. 반면, 미래에 대한 기대나 희망을 가질 때는 긍정적인 사고방식이 우세하다는 연구 결과가 있다. 이는 인간이 어려움을 겪으며 살아가는 동안에도 희망을 잃지 않고, 더 나은 미래를 향해 나아가려는 본능적인 욕구를 반영하는 것일 수 있다.

이러한 연구 결과는 긍정적인 사고의 중요성을 강조하면서도, 그것이 항상 최선의 결과를 보장하지는 않음을 보여준다. 에베레스트 산과 같은 극한의 도전에 임할 때, 긍정적인 사고와 함께 현실적인 위험을 인지하고 준비하는 것이 중요하다. 즉, 긍정적 사고는 목표 달성을 위한 동기 부여가 될 수 있지만, 실제 상황에 대한 현실적인 평가와 준비가 뒷받침 되어야한다. 이를 통해 우리는 목표를 향해 나아가는 동시에, 불필요한 위험으로부터 자신을 보호할 수 있는 균형 잡힌 사고방식의 중요성을 이해할 수 있다.

미국 오하이오주 클리블랜드에 자리한 케이스 웨스턴 리저브 대학에서 생화학을 가르치는 교수 제임스 E 줄(James E. Zull)은 인간의 감정 세계에 대한 흥미로운 주장을 펼쳤다. 그는 쾌락, 기쁨, 만족감, 충족감 그리고 행복과 같은 긍정적인 감정을 일으키는 뇌의 영역이, 분노, 슬픔, 불안과 같은 부정적인 감정을 조절하는 뇌의 영역보다 훨씬 더 오래된 역사를 가지고 있다고 설명한다. 줄 교수의 이러한 설명은 인간이 본능적으로 긍정적인 감정을 추구하는 존재임을 시사한다.

그는 인간의 감정 조절 시스템에서 중요한 역할을 하는 두 가지 주요 구조를 언급한다. 첫 번째는 긍정적 감정을 생성하는 '기저 구조'로, 이는 쾌락과 관련된 감정을 조절한다. 반면, 두 번째는 부정적 정서를 담당하는 '편도체'로, 스트레스나 위협을 감지할 때 활성화된다. 줄 교수의 연구에 따르면, 이러한 구조의 발달 과정을 통해 인간은 자연스럽게 긍정적인 경험을 추구하고, 이를 통해 감정적인 안정과 만족감을 얻게 된다고 한다.

이는 인간이 긍정적인 감정을 더 깊게 경험하고, 이를 통해 삶의 질을 향상시키는 데 중요한 역할을 할 수 있음을 보여준다.

셀리그만의 연구에 따르면, 긍정적 심리학은 개인의 행복과 웰빙을 향상시키는 것으로 나타났다. 이 연구는 개인의 강점과 긍정적 감정에 초점을 맞추어 정신건강 증진을 도모하는 새로운 접근법을 제시하였다.

셀리그만은 긍정적 심리학을 통해 사람들이 자신의 강점을 발견하고 이를 발전시키는 것이 얼마나 중요한지를 강조했다. 그는 이 과정을 통해 사람들이 더 큰 삶의 만족과 행복을 느낄 수 있다고 주장하였다. 예를 들어, 개인의 강점을 파악하고 이를 일상생활에서 활용하는 것은 개인의 자존감과 자신감을 크게 향상시킬 수 있다.

또한, 셀리그만은 긍정적 감정의 중요성에 대해서도 언급하였다. 긍정적 감정은 스트레스와 불안을 줄이는 데 중요한 역할을 하며, 이는 궁극적으로 개인의 전반적인 정신 건강에 긍정적인 영향을 미친다. 예를 들어, 감사의 감정을 자주 느끼고 표현하는 사람들은 그렇지 않은 사람들보다 더 행복하고 건강한 삶을 사는 경향이 있다.

이와 같이, 셀리그만의 긍정적 심리학 연구는 개인의 강점과 긍정적 감정을 중시하는 접근법을 통해 정신 건강과 웰빙을 증진시킬 수 있는 방법을 제시하였다. 이는 기존의 병리학적 접근법과는 다른 새로운 시각을 제공하며, 많은 사람들에게 실질적인 도움을 줄 수 있는 중요한 연구로 평가받고 있다.

한편, 우리의 원시 조상들이 포식자로부터 생명을 보호하기 위해 주변 환경에 민감하게 반응하는 것은 당연한 일이었다. 현대 사회에서도 우리는 여전히 고대의 본능적 반응에 사로잡혀 있다. 예를 들어, 바스락거리는 소리에 민감하게 반응하거나 뱀을 보고 놀라는 것은 인류가 야생에서 생존해야 했던 시절의 흔적이다. 그러나 이러한 반응이 현대 사회에서 여전히 유효한지에 대해서는 의문을 제기할 수 있다.

실제로, 우리가 뱀에 대한 두려움을 느끼는 것은 부조화의 가설을 뒷받침하고 있다. 현대 사회에서 대부분의 사람들은 평생 동안 뱀을 직접 마주치거나 물린 경험이 없음에도 불구하고, 장난감 뱀을 던지면 큰 소동이 일어난다. 이는 우리의 뇌가 무의식적으로 여전히 고대의 생존 메커니즘을 따르고 있음을 보여준다.

한편, 현대 사회에서 우리에게 가장 큰 위협은 오히려 자동차와 같은 현대 발명품이다. 2023년에 발생한 교통사고는 총 230,000건으로, 그 중 5,500명이 사망했다. 이는 하루 평균 약 630건의 교통사고가 발생하고, 하루 평균 약 15명이 사망한다는 것을 의미한다. 이러한 통계는 자동차가 우리에게 얼마나 큰 위협인지를 명확하게 보여준다. 그럼에도 불구하고, 우리는 거리의 자동차를 보고 놀라지 않는다. 이는 우리의 뇌가 현대의 위협보다 고대의 위협에 더 민감하다는 것을 시사하며, 우리의 생존 메커니즘과 현대 사회의 변화 사이에 불일치가 있다는 가설을 뒷받침한다.

빅맨의 저자들은 부조화의 가설을 매우 구체적으로 설명했다. 그들은 우리의 뇌가 오늘날 직면하는 복잡하고 거대한 사회 구조에 적응하기 어려움을 겪고 있다고 주장했다. 이는 우리의 두뇌가 여전히 소규모, 평등주의적인 부족 사회에서 생활하는 데 최적화되어 있기 때문이다. 이러한 부족 사회는 과거 인류가 대부분의 시간을 보냈던 곳이다. 빅맨의 저자들은 "비록 우리가 현대 사회의 일원으로 살고 있지만, 우리의 뇌는 아직도 고대의 생활 방식에 더 잘 적응하고 있다"고 설명한다. 이러한 부조화의 관점에서 볼 때, 현대 사회의 복잡성과 규모는 우리의 원시적 뇌에게는 이질적이며, 때로는 압도적인 것으로 느껴질 수 있다. 특히 거대한 기업이나 넓은 시민사회와 같이 인간의 원시적 경험 범위를 훨씬 뛰어넘는 구조들과 상호작용할 때 이러한 부조화가 두드러진다. 빅맨의 저자들은 이러한 부조화가 우리 뇌에서 일어나는 부정적 정서적 반응을 촉발한다고 주장한다. 이러한 정서적 반응은 대부분 무의식적으로 일어나며, 우리가 의식적으로 인지하거나 조절하기 어렵다.

따라서 현대 사회의 도전에 직면할 때, 우리의 뇌는 종종 고대의 생존 메커니즘에 의존하여 반응하려 하며, 이는 때때로 비효율적이거나 부적절한 반응을 유발할 수 있다.

역행차단(backward masking) 실험은 의식적 인식과 무의식적 인식 사이의 복잡한 관계를 탐구하기 위해 실시된 중요한 실험이다. 이 실험의 핵심은 인간의 뇌가 무의식적 수준에서 어떻게 정보를 처리하는지, 그리고 이러한 무의식적 처리가 의식적 인식에 어떤 영향을 미치는지를 이해하는 것이다.

과학자들은 이를 위해 피험자를 뇌 스캐너 안에 눕혀 놓고, 특정 이미지를 짧은 시간 동안 노출시키며 뇌 반응을 면밀히 관찰하였다. 실험에 사용된 이미지는 주로 두려움, 공포, 혐오와 같은 강렬한 부정적 감정을 유발하는 내용이었다. 흥미롭게도, 이러한 이미지들이 피험자에게 단 30밀리초(ms) 이하의 극히 짧은 시간 동안에만 노출되었음에도 불구하고, 뇌의 특정 부위가 활성화되는 현상이 관찰되었다.

가장 주목할 만한 발견은 전두엽과 같은 의식적 처리를 담당하는 뇌 영역에서는 이러한 짧은 시간 동안 별다른 반응이 관찰되지 않았다는 점이다. 실제로 피험자들은 자신이 무엇을 보았는지 조차 알지 못하였는데, 이는 의식적

인식이 발생하지 않았다. 하지만 두려움과 공포를 감지하는 데 중요한 역할을 하는 편도체는 활성화된 것으로 나타났다. 이는 우리의 무의식이 주변 환경에서 오는 정보를 처리하고 특정한 반응을 일으키고 있음을 보여준다.

이 실험은 무의식적 인식의 존재와 역할에 대한 이해를 한 단계 더 깊게 해주며, 의식적 인지와 무의식적 인지 사이의 복잡한 상호작용에 대한 새로운 통찰을 제공한다. 또한 인간의 뇌가 복잡한 정보를 처리하는 방식에 대한 연구에 있어 중요한 기여를 하며, 심리학과 인지과학 분야에 많은 영감을 주고 있다.

조직 내에서 발생하는 다양한 상황들은 내게 직접적인 영향을 미치든 그렇지 않든, 심지어 가장 사소해 보이는 것들마저도 나는 의식적으로 크게 신경 쓰지 않는다. 그러나 놀랍게도 우리의 뇌, 특히 편도체라 불리는 부분은 이런 일들을 부정적인 감정으로 받아들이는 경향이 있다. 이는 매우 흥미로운 현상으로, 우리가 일상에서 마주하는 다양한 자극들이 실제로 우리의 감정상태에 어떤 영향을 미치는지를 분명히 보여준다.

이러한 현상을 좀 더 깊이 이해하기 위해서는, 우리의 뇌가 어떻게 작동하는지 살펴볼 필요가 있다. 우리의 뇌는 매우 복잡한 구조를 가지고 있으며, 그 중에서도 편도체는 감정을 처리하는 핵심 역할을 한다. 우리가 일상생활에서 마주치는 각종 사건들, 특히 부정적인 것들에 대해 편도체는 과민 반응을 보일 수 있다. 이는 우리 뇌가 오랜 진화의 과정 속에서 생존을 위해 필수적인 경계와 방어 메커니즘을 발달시켜 왔기 때문이다.

따라서 아주 사소한 부정적인 사건이라 할지라도, 우리의 뇌는 그것을 생존에 대한 위협으로 인식할 수 있으며, 이는 현실에서의 부조화와 갈등을 더욱 부각시키는 결과를 낳는다. 이런 과정을 통해 볼 때, 우리의 뇌는 긍정적인 자극보다는 부정적인 자극에 더 민감하게 반응하는 경향이 있다. 이는 우리가 일상에서 겪는 다양한 문제들과 마주할 때, 그 문제들이 단순한 과제나 도전으로 여겨지기보다는 부정적인 감정을 자극하는 위협 요소로 받아들여진다는 것을 의미한다. 이는 우리가 문제 해결 과정에서 겪는 스트레스와 불안감의 원인이 될 수 있으며, 우리의 일상생활과 정신건강에 영향을 미칠 수 있다. 따라서, 우리는 뇌의 작동 방식을 이해하고, 일상에서 마주하는 부정적인 자극에 대해 보다 건강한 대응 방법을 찾아야 할 필요가 있다.

2. Force Leader In vs. Power Leader In

환경은 모든 생명체의 존재와 진화에 있어서 두 가지 상반된 역할을 수행한다. 한편으로는 생명체가 살아가는 데 필요한 자원을 제공하며, 다른 한편으로는 생존을 위한 도전과 위협을 제시한다. 이는 환경 속에서 생명체들이 먹이를 찾고, 서식지를 확보하며, 포식자로부터 자신을 보호할 수 있는 수단과 방법을 발전시키도록 요구한다. 반면에 환경 변화에 적응하지 못하는 종은 결국 생존 경쟁에서 도태되고 만다. 이러한 과정을 통해 생명체들은 수백만 년에 걸쳐 다양한 환경에 적합하도록 진화해 왔다.

특히, 찰스 다윈의 진화론을 상징하는 사례 중 하나인 갈라파고스 제도의 핀치새들은 환경과의 상호작용을 통한 진화의 탁월한 예를 보여준다. 이들은 제도 내 다양한 섬들에서 살아가며, 각 섬의 특정 씨앗 크기에 맞춰 부리의 형태가 진화했다. 예를 들어, 크고 단단한 씨앗을 주로 먹는 핀치새는 그에 적합하도록 더 크고 강한 부리를 가지게 되었으며, 작은 씨앗을 먹는 종은 더 작고 정교한 부리를 발전시켰다.

그러나 환경 변화는 때때로 예측할 수 없는 위협을 가져오기도 한다. 1997년 갈라파고스 제도에서 발생한 가뭄은 이러한 환경 변화의 심각한 영향을 명확히 보여주었다. 가뭄으로 인해 씨앗을 제공하는 식물들이 흉작을 겪으면서, 핀치새들 사이에서도 생존이 가능한 종과 그렇지 않은 종 사이에 명확한 구분이 생겼다. 특히, 작은 크기의 부리를 가진 핀치새들이 대규모로 죽어 나갔다는 점은 주목할 만하다. 당시 살아남은 핀치새들 중에는 큰 부리를 가진 종이 주로 살아남았는데, 이는 그들만이 단단한 남가새 열매의 씨앗을 부숴 먹을 수 있었기 때문이다. 이처럼 환경 변화에 따른 자연 선택의 과정은 생명체의 진화에 있어 중대한 요소로 작용하며, 살아남은 핀치새들의 후손은 더욱 강한 부리를 가졌다. 따라서, 환경은 생명체의 생존과 진화에 있어 끊임없는 도전과 기회를 제공하는 복잡한 요소임을 확인할 수 있다.

그렇다면, 인간은 극한의 환경에서 어떻게 생존해왔을까? 인간은 추위에 직면했을 때, 곰처럼 기름진 음식을 섭취하고 굴속에서 겨울을 나는 방식이나, 기러기처럼 추위를 피해 따뜻한 지역으로 수천 킬로미터를 이동하는 전략을 선택하지 않는다. 대신, 인간은 보다 복잡하고 창의적인 방법을 선택해왔다. 이는 옷을 만들고, 불을 피우며, 건축물을 짓는 등의 방법으로 환경에 적응하고, 필요에 따라 환경 자체를 변화시키는 능력을 포함한다. 이러한 인간만의 독특한 접근 방식은 생존 기술의 다양성과 사회적, 문화적 진화의 깊이를 보여주며, 인간이 자연 환경뿐만 아니라 자신들이 만든 환경 속에서도 살아남을 수 있는 능력을 갖추게 한다.

인간의 뇌는 복잡하면서도 미묘한 긍정과 부정의 메커니즘을 자신의 이득을 위해 은밀하게 조정하는 능력을 가지고 있다. 이는 자연의 다른 생명체들이 생존과 번식을 위해 진화한 방식과 유사하다. 예를 들어, 톡소플라즈마가 쥐의 내장에서 자라나 결국 쥐의 뇌를 조종하여 고양이 오줌에 끌리게 만들어, 그 결과 유성생식이 가능한 고양이의 내장으로 자신을 옮길 수 있는 기회를 얻는 것과 같다. 이러한 복잡한 상호작용은 인간이 오늘날 고도의 문명을 이룩하는 데 결정적인 역할을 했을 가능성을 시사한다.

인간의 뇌는 문제를 인식하고 분석하며 해결책을 찾아내는 뛰어난 능력을 가지고 있다. 이러한 능력 덕분에 인간은 자연의 제약을 넘어서는 다양한 발명과 혁신을 이룩할 수 있었다. 예를 들어, 비행기의 발명으로 인해 우리는 지구 곳곳을 빠르게 이동할 수 있게 되었고, 달 탐사를 위해 인공위성과 우주선을 개발함으로써 우주의 신비를 탐험하는 것이 가능해졌다. 이 과정에서 인간은 컴퓨터, 자동차, 인공위성, 로봇 등 수많은 혁신적인 도구를 만들어내며 물리적 세계의 많은 문제를 해결해 왔다.

그러나 인간자신의 뇌와 마음의 문제를 어떻게 해결하고 있는지에 대해서는 여전히 많은 이들이 궁금해하고 있다. 대부분의 사람들은 인간의 뇌를 신비로운 영역으로 여기며, 그 복잡성과 미스터리 때문에 접근하기 어려워한다. 인간 신체의 여러 부위 중에서도 뇌는 과학적 연구와 이해가 가장 늦게 이루어진 분야 중 하나이다. 이는 뇌가 얼마나 복잡하고 정교한 기관인지 보여준다. 신경과학은 복잡한 뇌구조와 기능을 연구하는 학문으로, 이를 통해 우리는 인간 문제에 대한 깊은 이해로 나아갈 수 있다.

신경과학의 발전은 인간의 감정, 기억, 학습, 그리고 의사결정 과정 등 다양한 정신적 기능을 이해하는 데 큰 기여를 하고 있다. 예를 들어, 뇌의 특정 영역이 감정 조절에 어떤 역할을 하는지, 기억이 어떻게 형성되고 저장되는지,

학습이 어떤 메커니즘을 통해 이루어지는지 등을 연구함으로써 우리는 인간의 행동과 심리를 보다 명확하게 파악할 수 있게 되었다. 이러한 연구들은 정신 질환의 치료법 개발에도 큰 도움이 되고 있으며, 궁극적으로는 인간의 삶의 질을 향상시키는 데 중요한 역할을 하고 있다.

인간의 감정, 생각, 그리고 의식이라는 것은 우리가 일상에서 경험하는 인간의 마음의 신비를 잘 나타내고 있다. 그렇다면 인간의 마음, 즉 의식은 도대체 무엇일까? 이 질문에 대한 답을 찾기 위해 수천 년 동안 우리는 탐색해왔지만, 여전히 그 깊이와 복잡성에 혼란스러워하고 있다. "열길 물속은 알아도 한길의 사람 속은 모르듯이"라는 속담처럼, 인간의 내면세계를 완전히 이해하는 것은 여전히 멀고도 험난한 길처럼 보인다. 이는 인간의 마음이 무한한 가능성과 변화무쌍한 본성을 가지고 있음을 반영하는 것일지도 모른다.

이러한 맥락에서 신경과학자 마이클 가자니가(Michael Gazzaniga)의 말은 매우 의미가 깊다. 그는 "우리의 의식적 인식은 비의식 과정이라는 빙산의 일각에 불과하다"고 언급했다. 이는 우리가 인식하고 있는 의식의 세계가 사실 우리 마음의 일부분에 지나지 않음을 시사한다. 의식 수준 아래에서, 비의식적인 뇌는 매우 활발하게 움직이고 있다. 이 비의식적인 뇌는 우리 몸의 기본 생리 기능을 조절할 뿐만 아니라, 우리가 인식하지 못하는 수많은 결정과 행동을 지휘한다. 심장을 뛰게 하고, 폐가 호흡하게 하며, 체온을 유지하는 것은 물론이고, 우리의 감정, 기억, 문제 해결 능력 등도 이에 포함된다.

가자니가의 설명은 우리의 마음이 단순히 의식적 인식에 국한되지 않고, 훨씬 더 복잡하고 다층적인 구조를 가지고 있음을 밝혀준다. 우리가 일상생활에서 경험하는 의식적인 생각과 감정은 비의식적인 뇌의 활동에 크게 영향을 받는다. 결국, 인간의 마음을 이해하기 위해서는 의식과 비의식 사이의 상호작용을 탐구하는 것이 필수적이다. 이것이 인간본성의 근본적인 질문에 접근하는 데 있어 중요한 열쇠가 될 것이다.

우리가 문제에 직면했을 때, 종종 우리의 반응은 깊게 뿌리박힌 긍정적이거나 부정적인 점화 과정에 의해 좌우되는데, 이러한 과정은 우리가 세상을 바라보는 방식에 깊은 영향을 미친다. 예를 들어, 어떤 상황을 긍정적으로 바라보는 경향이 있다면, 우리는 더 많은 기회와 가능성을 보게 되며, 반대로 부정적인 점화 과정에 빠져 있다면, 위험과 문제점만을 강조하게 된다. 이러한 편향된 사고방식은 우리가 세상을 분류하고 이해하는 방식에도 큰 영향을 끼치며, 이는 다양한 인지 과정에서 명확하게 드러난다.

사회적 상호 작용 과정에서의 연합 유대 형성, 사기꾼을 감지하는 능력, 심지어는 도덕적 판단을 내리는 과정 등 우리가 일상에서 자주 접하는 여러 문제들은 대부분 의식적이고 무의식적인 인지 메커니즘에 의해 이뤄진다. 이러한 메커니즘은 인간의 뇌가 오랜 시간 동안 진화하면서 발달해 온 것으로, 우리가 더 나은 결정을 내리고 생존과 번식에 유리한 방향으로 나아갈 수 있도록 설계되었다는 점을 인식해야 한다. 뇌의 이러한 복잡한 과정들은 결국 우리의 유전자가 다음 세대로 효율적으로 전달될 수 있도록 최적화되어 있다.

따라서, 인간의 뇌와 그것이 우리의 생각과 행동에 끼치는 영향을 이해하는 것은 매우 중요하다. 이러한 인식을 통해 우리는 자신의 편향된 사고방식을 인지하고 극복하는 방법을 배울 수 있으며, 결과적으로 더 객관적이고 현명한 결정을 내릴 수 있게 된다. 우리의 뇌가 진화한 궁극적인 목적을 이해함으로써, 우리는 인간의 본능과 이성 사이의 균형을 찾고, 보다 풍요로운 삶을 영위할 수 있을 것이다.

우리의 뇌는 복잡한 결정을 내리고, 위험을 회피하며, 사회적 상호작용을 통해 생존과 번영을 도모하는 과정에서 수많은 세대에 걸쳐 진화해왔다. 이러한 진화의 과정에서, 뇌는 긍정적인 감정과 부정적인 감정을 구분하고, 그에 따라 반응하는 메커니즘을 발달시켜왔다. 그러나 부조화의 가설에 따르면, 현대 사회에서 우리가 직면하는 복잡한 문제와 스트레스에 대응하기 위해 이러한 감정적 메커니즘이 여전히 활동적으로 작용한다는 것이다. 특히, 이는 무의식적 수준에서의 정서적 반응에 큰 영향을 미치는데, 이는 조직 내에서의 의사결정, 리더십, 그리고 팀워크에 직접적인 영향을 줄 수 있다.

이러한 맥락에서 조직의 리더들은 자신과 팀원들의 뇌가 어떻게 작동하는지 이해하고, 그에 따른 긍정적인 환경을 조성하는 것이 중요하다. 리더가 뇌의 작동 방식을 이해하면, 팀원들의 동기부여, 스트레스 관리, 창의적 문제 해결을 위한 효과적인 전략을 수립할 수 있다. 이는 곧 조직의 생존과 발전에 중요한 역할을 할 수 있다.

또한, 인간의 뇌를 탐색하는 과정은 오랫동안 제한적이었다. 과거에는 기술적 한계로 인해, 인간의 뇌를 직접적으로 연구하는 것이 거의 불가능했다. 이는 마치 바닷가의 거북이가 강력한 껍질에 둘러싸여 있어 그 내부를 직접 들여다보기 어려운 것과 같은 이유로, 인간의 뇌 또한 두개골이라는 단단한 보호막에 싸여 있었다. 따라서 과학자들은 죽은 인간의 뇌를 해부하거나, 다른 동물의 뇌를 연구함으로써 간접적으로 인간 뇌의 작동 원리를 이해하려고 시도했다. 이러한 과정은 인간이 자신의 뇌와 그 놀라운 능력에 대해 깊이 이해하는 데 상당한 시간과 노력을 요구했다. 그러나 최근의 과학 기술 발전으로 인해, 우리는 이제 뇌의 구조와 기능을 더 정밀하게 탐색하고 이해할 수 있는 새로운 기회를 가지게 되었다.

신경과학자 로돌프 R. 이나스는 인간의 뇌가 어떻게 심장과 유사하게, 적어도 두 가지 다른 방식으로 자기 참조적인 '닫힌계(Closed System)'로 기능하는지에 대해 설명했다. 그의 연구에 따르면, 첫 번째 이유는 뇌가 골격에 완전히 둘러싸여 있어서 외부에서 직접적으로 볼 수 없는 구조를 가지고 있다. 이는 뇌가 자신의 활동을 직접 관찰하거나 평가할 수 없음을 의미한다. 두 번째 이유는 뇌가 자신을 인식하고 이해하는 데에 전문화된 감각 기관에 의존한다. 이 감각기관들은 외부 세계의 자극을 수집하고 이를 뇌로 전달하는 역할을 하며, 뇌는 이 정보를 바탕으로 자신의 상태를 파악하고 반응한다.

이나스는 감각기관이 어떻게 내부 상태를 구체화하는 방향으로 진화했는지에 대해서도 설명한다. 이는 감각기관들이 외부 세계로부터 정보를 수집하는 것뿐만 아니라, 이 정보를 통해 뇌가 자신의 내부 상태를 이해하고 조절할 수 있도록 한다는 것을 의미한다. 이러한 내부 상태는 유전적으로 물려받은 신경 회로를 반영하는데, 이 회로들은 개인의 생물학적 특성과 밀접하게 관련되어 있다. 신경 회로의 구성은 유전적으로 미리 결정되어 있기 때문에, 우리가 경험하는 감각과 반응은 일정 부분 우리의 유전적 구성에 의해 영향을 받는다.

따라서, 이나스의 연구는 뇌가 어떻게 자기 참조적인 방식으로 작동하는지, 그리고 이 과정에서 감각 기관이 어떠한 역할을 하는지에 대한 깊은 이해를 제공한다. 이는 인간의 인식과 행동이 어떻게 우리의 생물학적 기반 위에 구축되는지에 대한 통찰을 준다.[68]

현대 사회에서 첨단 과학기술, 통신기술, 우주선 기술 등이 눈부신 속도로 발전하고 있음에도 불구하고, 인간내면의 감정을 다루는 능력은 100년 전과 비교해 볼 때 별다른 진보를 보이지 않는다는 것은 매우 흥미로운 현상이다. 이는 고도로 발전된 기술이 우리의 일상생활, 특히 안전과 편리함을 크게 향상시켰음에도 불구하고, 인간본성의 근본적인 부분, 즉 감정의 조절과 관리에 있어서는 여전히 많은 어려움을 겪고 있다는 것을 의미한다.

앞에서 살펴 본 바와 같이 우리가 풀숲에서 갑자기 나타난 뱀을 보고 깜짝 놀라는 반응은 고대로부터 이어진 본능적인 두려움의 반응이다. 반면, 현대 사회에서 실제로 우리의 생명을 가장 많이 위협하는 요소 중 하나인 자동차 사고에 대해서는 상대적으로 덜 두려워한다. 이러한 현상은 인간의 뇌가 무의식적으로 과거의 경험과 감정에 크게 의존하고 있기 때문에 발생한다. 우리의 무의식은 오랜 시간 동안 축적된 경험과 감정을 기반으로 반응하며, 이는 때때로 논리적이지 않은 행동이나 반응을 유발하기도 한다.

이런 맥락에서 볼 때, 인간이 때때로 개나 돼지, 소, 말 같은 다른 동물보다 더 못한 감정 처리 결과를 보이는 것은 놀랍지 않다. 이는 인간의 감정과 무의식이 과거에 머물러 있는 경향이 있기 때문이다. 따라서 우리가 기술적 진보와 더불어 인간의 내면적 성장과 감정 조절 능력의 발전에도 관심을 기울여야 하는 이유는 여기에 있다. 인간의 감정을 이해하고 관리하는 방법을 배우는 것은 현대 사회에서 살아가는 데 있어 필수적인 요소이며, 이를 통해 우리는 더욱 건강하고 조화로운 삶을 영위할 수 있을 것이다.

3. 뉴로리더십공식 $\int(3S \leq 7C) \times (F \leq P)$

뉴로리더십은 인간의 복잡한 생존 메커니즘과 집단 내에서의 상호작용을 이해하는 데 중요한 열쇠를 제공한다. 이 이론은 인간이 생존을 위해 진화하는 과정에서 형성된 본능적 욕구, 즉 3S(Sex, Salary, Status)와 복잡한 사회적 구조를 유지하고 발전시키기 위해 진화한 인지적 두뇌 기능인 7C(Give-Dir)를 통합한다. 3S는 인간의 기본적인 생존 본능을 대변하는데, 이는 개인이 자신의 유전자를 보존하고, 생존을 위한 자원을 확보하며, 사회적 지위를 통해 이러한 목표를 달성하는 데 유리한 조건을 만드는 것과 관련이 있다.

한편, 7C는 리더가 팔로워에게 인지적으로 제공할 수 있는 중요한 가치들을 나타낸다. 여기서 Give-Dir는 리더십의 핵심 요소이다.

관대함(Generosity), 청렴성(Integrity), 비전(Vision), 공정성(Equitable), 외교력(Diplomacy), 지적능력(Intelligence), 결단력(Resolution)이 그것이다. 이러한 요소들은 리더가 집단 내에서 효과적인 지도자로 기능하기 위해 필수적인 덕목들이다. 각각은 리더의 인지적 기능과 결정 메커니즘을 반영한다. 이 모델은 각 요소의 첫 글자를 따서 만들어진 것으로, 리더십 이론에 있어서 새롭고 창의적인 접근 방식을 제시한다. 인간의 경쟁 본능은 모든 생명체에 내재된 가장 근본적인 본능 중 하나이다.

이 본능은 개체가 생존하고 번식하기 위해 필수적인 요소로, 자신의 DNA를 보존하고 후대에 전달하는 것에 깊이 연관되어 있다. 뇌는 이러한 목적을 달성하기 위한 주요 도구로 기능하는데, 첫 번째로는 생존을 위한 먹이 사냥(Salary)이며, 두 번째로는 번식(Sex)이다. 이러한 본능은 파충류에서 시작해 포유류, 그리고 인간을 포함한 고등동물에 이르기까지 생명의 진화 과정에서 꾸준히 관찰되는 공통적인 특성이다. 따라서 우리 인간의 뇌도 이러한 기본적인 생존 및 번식의 본능에서 크게 벗어나지 않는 범위 내에서 진화해 온 것으로 볼 수 있다. 이는 인간이 복잡한 사회적 구조 속에서도 여전히 기본적인 생명 유지 본능에 충실하다는 것을 시사한다.

사회적 집단을 형성하는 대표적인 동물인 인간의 두뇌는 혼자 존재하기보다 함께 집단을 형성하는 것이 생존(Salary)에 유리하다는 것을 알았기 때문에 인류최초 우리의 원시조상들은 혼자보다는 몇 명 또는 몇 가족중심의 집단을 형성하면서 점점 더 큰 집단으로 발전하였을 것이다. 그 이유는 명백하다. 생존(Salary)과 번식(Sex)에 더 유리하였기 때문이다.

이 이야기는 "빅맨" 저자의 관점에서 해석해보면, 인류 역사가 약 200만 년 전 아프리카 사바나의 광활하고 위험한 환경에서 시작될 때, 집단을 형성하는 전략이 생존에 중요했다는 것을 알 수 있다. 이런 환경에서는 큰 집단을 이루는 것이 생존에 유리했는데, 이는 포식자로부터 보호받거나 식량을 공유하고 자원을 최적화하기 위함이었다. 따라서 '팔로우십 인지능력', 즉 특정 상황에서 어떤 사람이나 집단을 따를지 결정하는 내부 규칙 또는 가이드를 갖춘 사람들이 그렇지 않은 사람들보다 생존과 번식에 더 성공적이었다.

이 '인지능력'은 단순한 체력뿐만 아니라 상황을 판단하고 집단 내에서 적절한 위치를 찾는 지능적 능력을 포함한다. 이 능력은 우리 조상들에게는 공동체 생활을 통한 생존 방식으로 더 흔하고 자연스러운 것이었다.

이 과정을 통해 다양한 장소에서 여러 집단이 형성되었고 자연스럽게 집단 내 리더십이 생겨났다. 즉, 일부 개인이 다른 사람들을 이끄는 역할을 맡게 된 것이다. 이처럼 인간의 뇌는 수많은 세대에 걸쳐 팔로우십과 리더십 능력을 진화시켜 왔다. 이는 오늘날 복잡한 사회 구조에서 사회적 동물로 살아가는 우리에게 필수적인 능력이 되었다.

이와 같이 "빅맨"의 저자는 인간진화 과정에서 집단생활이 어떻게 발전했는지, 그리고 이 과정에서 팔로우십과 리더십 능력이 어떻게 공진화(coevolution)했는지 설명함으로써 현대 사회에서 리더십을 이해하는 새로운 관점을 제공한다.

집단의 안전과 생존 그리고 번식에 유리한 환경을 잘 만드는 우두머리가 탄생하였을 것이고, 그 우두머리는 집단 구성원들의 안전을 위하여 많은 비용(먹을 것이 있는 장소를 잘 아는 것, 집단을 안전한 곳에 이동시키는 능력, 다른 집단 간의 경쟁에서 이길 수 있는 전략적 또는 힘의 능력 등)을 지불해야 하는 희생을 감수해야 했을 것이다. 그 희생의 대가로 얻은 보상은 팔로우들이 제공하는 지위(Status)일 것이다. 그래서 집단을 형성하는 동물이나 인간이나 모든 집단동물들에게서는 우두머리가 존재하는 것이다.

빅맨의 저자들은 인간의 본능적인 행동 양식 중 하나로 '팔로우십 두뇌'를 가진 사람들에 대해 언급한다. 이들은 개별적으로 독립적인 결정을 내리고 행동하기보다는 집단 내에서 함께 움직이며 공동의 결정에 따르는 것을 선호하는 경향이 있다. 이런 행동 양식은 고대 사회에서 생존과 번식에 매우 유리한 조건이었다. 집단 내에서의 협력과 단결은 위험으로부터 보호받을 가능성을 높이며, 사회적 관계망 내에서의 지지를 통해 자원을 공유하고 위기 상황에서 서로를 돕는 것이 가능했다.

저자들은 이러한 '팔로우십 두뇌'를 가진 인간들이 집단 내에서 보다 안정적인 생활 환경을 구축할 수 있었기 때문에, 개별적으로 행동하는 경향이 더 강한 사람들에 비해 생존과 번식에 있어 유리한 위치에 있었다고 주장한다. 결과적으로, 이들은 더 많은 자식을 낳고 기르는 데 성공했으며, 그 자식들 역시 '팔로우십 두뇌'의 특성을 물려받아 다음 세대로 전달할 수 있었다. 이 과정이 반복되면서, 사회적 상호작용과 집단 내 협력을 중시하는 인간의 특성이 강화되었다고 볼 수 있다. 결국, 이러한 경향은 인류의 진화 과정에서 중요한 역할을 했으며, 오늘날 인간사회의 기본적인 행동 양식 중 하나로 자리 잡게 되었다는 것이 빅맨 저자들의 주장이다.[69]

4. 본능적 원형과 인지적 원형의 충돌

생존, 번식, 그리고 지위는 인간뿐만 아니라 모든 동물에게서도 발견되는 두뇌의 특징이다. 이 특징들은 기러기의 이동 패턴부터 침팬지의 사회적 계급 구조에 이르기까지 다양한 동물 종에서 관찰된다. 이러한 동물들은 생존을 위해 음식을 찾고, 종의 번식을 위해 짝을 선택하며, 그룹 내에서 높은 지위를 획득하기 위해 경쟁한다. 이러한 행동들은 인간사회에서도 유사하게 관찰되지만, 인간은 다른 동물들과 구별되는 복잡한 리더십 특성을 보인다.

그렇다면 인간을 다른 동물들과 구별하는 리더십 특성은 어디에서 찾을 수 있는가? 이 질문에 답하기 위해서는 생존, 번식, 지위의 기본적인 필요를 넘어서 인간의 독특한 리더십 특성을 살펴볼 필요가 있다.

사회적 집단을 형성하는 동물들은 본능적으로 리더십의 특성을 가지고 있으며, "모든 종은 내재화된 리더십 모델을 따른다"고 할 수 있다. 이 내재화된 리더십 모델은 사회적 집단을 이루는 동물들에게 리더십과 팔로우십이 뇌에 내재화되어 진화해 온 결과라고 볼 수 있다. 리더십은 생존과 번영을 위한 중요한 요소로 작용하며, 이는 각 동물 종마다 고유한 형태로 나타난다.

예를 들어, 기러기는 이동할 때 편대를 이루고, 우두머리가 가장 앞에서 자신을 희생하며 이끌어가는 서번트 리더십을 보여준다. 기러기의 우두머리는 긴 비행 동안 앞에서 공기 저항을 줄여주고, 체력이 고갈되면 뒤로 물러나 다른 기러기가 역할을 대신한다. 이는 기러기의 생존 가능성을 높이며, 전체 집단의 효율적인 이동을 보장한다. 또한, 늑대는 가족 중심의 집단을 형성하며 생명을 유지하고 먹이를 사냥하는 방식으로 생활한다. 늑대 무리는 엄격한 계층 구조를 가지고 있으며, 알파 늑대가 무리를 이끌고 중요한 결정을 내린다. 이러한 리더십 구조는 무리의 질서를 유지하고, 사냥 성공률을 높이는 데 기여한다.

이러한 사실은 시간이 지나도 크게 변하지 않으며, 각 동물이 선택하고 진화해 온 리더십의 원형이 각 종의 특성에 맞게 발전해 온 것을 잘 보여 준다. 동물들은 환경 변화에 적응하며 리더십 모델을 지속적으로 개선해 왔으며, 이는 리더십이 단순한 권력의 문제가 아니라 생존과 직결된 중요한 요소임을 시사한다. 따라서 동물 사회에서의 리더십은 개별 종의 특성과 생태적 요구에 맞추어 발전해 온 중요한 진화적 결과라고 할 수 있다.

그렇다면 인간은 어떠한가? 모든 동물은 내재화 된 생존선택 특징 즉, 그 환경에 적응이던 반 적응이던 그 종의 선택은 모두 동일하게 선택되어 진화하였지만, 인간종이 자연환경에 적응하는 패턴은 적응과 반 적응 모두를 활용하여 인간에게 유리하게 환경을 변화시키며 진화하여 왔다는 점이 다른 것이다.

인간의 리더십도 이러한 맥락에서 본다면 그 답을 쉽게 찾을 수 있을 것이다. 모든 동물들이 내재화 된 리더십 능력을 활용한다면 인간은 "인지선택형 리더십원형"[70]이 존재하는 것이다. 인간의 '인지선택형 리더십원형'은 동물과 같은 본능적 리더십에만 의존하는 것이 아니라 뇌의 인지능력을 리더십에 활용한다는 점에서 차별화 된 인간적인 리더십특징이다. 본능적인 리더십 원형인 3S가 모든 인간이 갖춘 진화적 본능이라면 리더십의 인지적원형인 GIVE-DIR모델은 대뇌피질의 인지적 능력에 의해서 좌우 될 수 있는 선택적 인지원형이라 함이 적합하다.

본능적 원형이 무의식적과정의 산물이라면 인지적원형은 의식적 과정에서 선택되어진다. 다시 말하면 본능적 원형의 뇌는 무의식적 메커니즘에 의해 처리되어지는 것이기 때문에 의식이 개입할 여지가 작아진다. 반면에 의식적 처리과정을 거치는 인지적원형은 뇌의 최적화를 통한 의식적 개입에 의하여 형성되어 지는 것으로 인간이기 때문에 누리는 것이다.

 리더십에서 본능적 원형이 우세한 상태, 즉 3S(생존, 번식, 지위)가 7C(관대함, 청렴성, 비전, 공정성, 외교력, 지적능력, 결단력)보다 우위에 있을 때 리더는 본능적인 충동, 감정의 흐름, 그리고 그 순간의 반응에 크게 의존하게 되는 경향이 있다. 이러한 리더는 본능적 원형에 따라 행동하면서, 특히 스트레스가 높은 상황에서는 'Force Leader in'이라 불리는, 부정적인 뇌 주도의 무기를 사용하여 자신의 지배력을 강화하려고 한다. 이것은 리더가 스트레스를 받거나 압박감을 느끼는 상황에서 본능적 반응이나 감정에 기반하여 결정을 내리고 행동하는 경향이 있음을 의미한다. 이러한 경향은 특히 독재적인 성향의 리더십 양상을 나타내며, 때로는 필요한 순간에 신속하고 단호한 결정을 내릴 수 있는 장점을 제공하기도 한다. 하지만 이러한 접근 방식은 장기적으로 볼 때 팀 내의 창의성, 협력, 그리고 구성원 간의 신뢰 구축과 같은 중요한 요소들을 소홀히 할 수 있으며, 결국 비효율적이고 파괴적인 결과를 초래할 가능성이 높다.

 반대로, 인지적 원형(3S〈7C)이 본능적 원형보다 우세한 리더는 구성원에게 영향력을 미치는 최적화된 긍정적 뇌 주도의 무기인 'Power Leader in'을 사용한다. 이런 접근 방식은 리더가 논리적 사고, 분석, 그리고 체계적인 계획을 통해 문제를 해결하려고 시도한다. 이것은 리더가 상황을 깊이 있게 고찰하고, 다양한 가능성을 탐색한 뒤에 합리적인 결정을 내린다. 이러한 방식은 복잡한 문제 해결이나 장기적인 전략 수립에 특히 유리하다. 뿐만 아니라, 리더는 모든 구성원들의 협력과 통합을 유도하는 민주적 리더십을 발휘하여 생산적인 리더십을 보인다.

 이러한 인지적 리더들은 문제 해결 과정에서 창의적 사고를 적극 활용하여 전통적인 방법을 넘어서는 새로운 해결책을 모색한다. 이들은 각 상황을 철저히 분석하고, 이를 바탕으로 구성원들과 협력하여 혁신적인 아이디어를 생성한다. 이 과정에서 리더는 구성원들이 자유롭게 자신의 생각과 의견을 표현하도록 장려함으로써 팀 내 다양성과 창의성을 증진시킨다.

 더 나아가, 이러한 리더십 하에서 구성원들은 자신의 능력을 최대한 발휘할 수 있는 환경에서 일할 수 있게 되어, 조직의 성과가 향상된다. 따라서 인지적 리더십은 단순히 목표 달성을 넘어 조직의 지속 가능한 성장과 발전을 추구하는 데 있어 중요한 역할을 한다.

 결론적으로, 리더십의 성공은 리더가 어떤 원형에 더 의존하며 리더의 접근 방식이 주어진 상황에 얼마나 잘 부합하는지에 따라 달라진다. 본능적 원형은 직관과 감정 기반 반응을 강조하고, 인지적 원형은 분석적이고 이성적인 접근을 중요시한다. 이 두 가지 접근법은 특정 상황에서 더욱 효과적일 수 있으며, 리더는 상황에 따라 이러한 방법들을 유연하게 적용할 필요가 있다.

 예를 들어, 위기 상황이나 긴급한 결정이 필요할 때는 본능적 원형이 더 유리할 수 있고, 복잡한 문제를 해결하거나 장기 계획을 세우는 데에는 인지적 원형이 더 적합할 수 있다. 따라서 리더십을 발휘할 때 본능적 반응과 인지적 분석 사이의 균형을 찾는 것이 중요하다. 이러한 균형을 통해 리더는 다양한 상황에 효과적으로 대응하고 팀이나 조직을 성공으로 이끌 수 있다. 리더는 자신의 강점을 인식하고 필요에 따라 다양한 리더십 스타일을 적절하게 결합하는 유연성을 개발해야 한다.

5. 긍정의 뇌가 주도하는 리더십

긍정적인 뇌 주도하는 리더십 역량 모델은 리더들이 자신의 인지 능력을 활용하여 긍정적인 방향으로 팀원들을 이끌고, 조직 내에서 긍정적인 변화를 이끌어내는 역량을 중심으로 한다. 이 모델은 리더가 자신의 긍정적 사고방식을 바탕으로 타인에게 영향을 미치고, 팀원들의 동기를 부여하며, 조직의 목표 달성을 위해 긍정적인 환경을 조성하는 데 중점을 둔다. 리더의 긍정적인 인지 능력은 팀원들의 창의성을 자극하고, 업무의 효율성을 높이며, 조직 내에서 긍정적인 문화를 형성하는 데 필수적인 요소로 작용한다.

이 리더십 모델은 리더가 자신의 감정과 생각을 인식하고 이해하며 적용해서 팀원을 관리하도록 한다. 또한, 팀원들의 감정을 중요하게 여기며 그들의 감정을 인식하고 이해하는 동시에 팀원들의 감정에 이름표를 붙이고 공감하는 능력을 발휘하게 한다. 리더가 긍정적인 태도를 유지하면 이는 팀원들 사이에서도 긍정적인 태도가 전파되어 결국은 조직 전체의 분위기와 성과를 개선하는 데 큰 역할을 한다. 리더의 긍정적인 사고방식은 위기 상황에서도 팀원들을 안정시키고 문제를 해결하기 위한 창의적인 해결책을 찾는 데 중요한 역할을 한다. 긍정적인 뇌가 주도하는 리더십 역량 모델은 리더가 자신, 팀원들, 그리고 조직 전체에 긍정적인 영향을 미치는 핵심 요소들을 깊이 이해하고, 이를 통해 더 나은 리더십을 발휘한다.

리더의 긍정적 정서상태는 바이러스와 같이 많은 사람들에게 전이되어 조직 분위기를 활성화시킨다. 이는 조직 내에서 발생하는 문제들을 능동적으로 해결하는 데 큰 도움이 된다는 사실이 다음 실험을 통해 확인될 수 있다.

44명의 의사 수련생을 대상으로 한 실험에서 이들을 세 집단으로 나누었다.

첫 번째 집단에게는 긍정적 정서를 유발하기 위해 작은 사탕봉지를 주었고, 두 번째 집단에게는 인도주의적 의료 행위에 관한 선언서를 낭독하게 함으로써 전문직적 사명감을 자극하였다. 세 번째 집단은 실험의 통제집단으로 별다른 조치를 취하지 않았다.

이후 모든 의사 수련생들에게 진단하기 어려운 간 질환의 증상을 제시하고 그들에게 진단을 내리게 하였다. 이 과정을 통해 연구자들은 긍정적 정서가 의사결정 및 문제 해결 능력에 미치는 영향을 관찰할 수 있었다. 그 결과, 사탕을 받은 첫 번째 집단이 초기 간 질환 증세를 고려하여 가장 효율적이고 정확하게 진단한 것으로 나타났다.

이 실험 결과는 조직 내 리더가 유지하고 전파하는 긍정적 정서상태의 중요성을 강조한다. 긍정적 분위기는 팀 구성원들의 창의성을 자극하고, 문제 해결 능력을 강화시키며, 조직 전체의 성과를 향상시킬 수 있다. 따라서 리더들은 자신의 정서상태를 관리하고 이를 통해 조직 내 긍정적 변화를 주도할 필요가 있다 또 한 가지 연구 사례를 들어보자. 압정 한 통. 성냥 한 통, 양초 한 자루를 지급한 다음 촛농을 바닥에 흘리지 않게끔 초를 벽에 붙여야 하는 게임이다. 이 일에는 창의력이 필요하다. 실험 결과 피험자의 긍정적 정서를 이끌어내도록 하는 사탕 한 봉지를 주거나, 재미있는 만화책을 읽게 하거나, 감정을 실어 긍정적 단어들을 큰 소리로 읽게 하는 방식과 그렇지 않는 방식으로 실험했을 때, 긍정성을 일으키는 과제를 수행한 다음 게임을 한 집단이 그렇지 않는 집단에 비교하여 과제를 완수하는 창의력을 더 잘 발휘하였다.[71]

예를 들어 조직 내에서 발생한 문제를 해결하기 위하여 창의성이나 또는 다양한 집중력과 협상력을 요구하는 문제가 발생하였을 때 긍정적 정서를 자극하는 방법으로 접근 한다면 훨씬 더 생산적으로 조직의 문제를 해결할 것이다. 그렇다면 리더는 과연 어떤 리더십역량을 갖추어야 할까? 그 역량을 리더가 팔로우에게 긍정적 영향력을 미칠 수 있는 POWER LEADER IN 모델이다

6. POWER LEADER IN 모델

추진력(推進力, Propulsion)

　추진력은 리더가 조직의 비전과 목표를 달성하는 데 있어 핵심적인 역량이다. 실제 기업 현장에서도 추진력 있는 리더십이 중요하게 작용하고 있다.

　예를 들어, 애플의 창업자 스티브 잡스는 자신의 강력한 추진력으로 유명했다. 그는 아이폰, 아이패드 등 혁신적인 제품을 출시하며 애플을 세계적인 기업으로 성장시켰다. 잡스는 자신의 비전을 구현하기 위해 구성원들을 끊임없이 독려하고 동기부여하며, 어려운 상황에서도 포기하지 않고 목표를 향해 단호하게 전진했다. 이러한 추진력이 있었기에 애플은 혁신을 거듭할 수 있었고, 세계적인 IT 기업으로 발돋움할 수 있었다.

　또 다른 사례로, 테슬라의 CEO 일론 머스크를 들 수 있다. 그는 전기차와 우주 산업에서 혁신을 주도하며 기업을 성장시켜왔다. 머스크는 자신의 대담한 비전을 실현하기 위해 구성원들을 고무시키고, 어려움에 직면해도 포기하지 않는 강력한 추진력을 발휘했다. 이러한 리더십이 테슬라가 기존 자동차 산업을 혁신할 수 있게 한 핵심 요인이 되었다.

　이처럼 기업 현장에서 추진력 있는 리더십은 혁신과 성장을 이끌어내는 데 중요한 역할을 한다. 리더가 자신의 비전을 효과적으로 추진하고, 구성원들을

단호하게 이끌어나갈 수 있는 추진력은 기업 성공의 원동력이 될 수 있다.

창의력(創意力, Originality)

조직 내에서 창의적 사고와 태도를 높이기 위해 실시하는 교육과 정책은 단순한 지식 전달이 아닌, 구성원들이 스스로 생각하고 문제를 해결할 수 있는 능력 개발에 초점을 둔다. 이러한 창의력 개발은 기존의 고정관념과 편견을 깨뜨리는 것에서 시작한다. 즉, 틀에 박힌 사고방식에서 벗어나 다양한 관점에서 문제를 바라볼 수 있는 사고의 유연성을 강화하는 것이 중요하다. 이 과정을 통해 개인의 문제 해결 능력이 향상되고, 이는 곧 조직 전체의 성과 창출로 이어질 수 있는 토대를 마련한다.

긍정심리학의 창시자 마틴 셀리그만은 창의성을 새롭고 독창적인 아이디어를 생각해내는 것 이상으로 정의한다. 그에 따르면 창의성은 우리가 원하는 목표를 달성하기 위해 새로우면서도 실현 가능한 방법을 찾아내는 능력이다. 이는 단순한 상상력의 발휘를 넘어서, 실제로 실행 가능한 해결책을 모색하는 데 중점을 둔다.

셀리그만은 또한 리더십의 관점에서 창의력의 중요성을 강조한다. 그는 리더가 직면하는 다양한 도전과 문제를 해결하는 과정에서 창의력이 핵심 역량이라고 주장한다. 이는 리더 자신의 창의성뿐만 아니라, 조직 구성원들의 창의적인 잠재력을 활용하고 이끌어내는 능력을 포함한다. 리더가 자신의 창의력과 팀의 창의적 아이디어를 장려하고 촉진함으로써, 조직 전체의 성공과 혁신을 이끌 수 있다.

창의성은 조직의 혁신과 성장에 필수적인 요소이다. 창의적인 생각과 접근 방식은 새로운 아이디어, 제품, 서비스 또는 해결책을 만들어내어 조직이 경쟁에서 우위를 차지하게 한다. 또한 창의성은 문제 해결 과정에서 기존의 관습이나 사고방식에 얽매이지 않고 다양한 각도에서 문제를 바라보고 해결할 수 있는 능력을 키운다.

조직 내에서 창의성을 장려하고 발전시키기 위해서는 개방적이고 실험적인 문화를 조성하는 것이 중요하다. 실패를 두려워하지 않고 도전을 장려하는 환경에서 구성원들은 자유롭게 아이디어를 제시하고 실험할 수 있다. 이런 환경은 창의적 사고를 촉진하고, 결과적으로 조직 전체의 혁신과 성장을 이끌어낸다.

창의성은 또한 조직의 유연성과 적응력을 높여준다. 변화하는 시장 환경과 고객의 요구에 빠르게 대응할 수 있는 능력은 오늘날 조직이 성공하기 위해 필수적이다. 창의성이 높은 조직은 이러한 변화에 효과적으로 대응하며, 지속적으로 성장하고 발전할 수 있는 기반을 마련한다.

결론적으로, 창의성은 조직의 혁신, 성장, 유연성, 그리고 적응력을 증진시키는 핵심 요소이다. 조직이 창의성을 발전시키고 이를 문화로 장려하는 것은 지속 가능한 성공을 위해 매우 중요하다.

예지력(叡智力, Wisdom)

예지력은 리더십에서 필수적인 덕목 중 하나로, 리더가 갖추어야 할 중요한 자질로 여겨진다. 긍정심리학의 관점에서 볼 때, 예지력은 단순히 미래를 예측하는 능력을 넘어서, 가장 성숙한 감정 중 하나로 평가되며, 더 나아가 지혜라는 덕목과 깊은 관련이 있다고 할 수 있다. 이러한 분류는 예지력이 단순히 앞을 내다보는 것을 넘어서, 미래의 사건들에 대해 깊이 있게 이해하고, 그에 따른 지혜로운 판단을 내릴 수 있는 능력을 포함하기 때문이다.

예지력은 리더가 집단 구성원이나 조직의 미래를 미리 내다보고, 그에 따른 행동을 준비하며, 발생할 수 있는 다양한 상황에 대해 효과적으로 대응할 수 있게 하는 핵심 역량이다. 이는 리더가 미래에 대한 명확한 비전을 가지고 있으며, 그 비전을 향해 조직을 이끌어갈 수 있는 능력을 의미한다. 예지력을 갖춘 리더는 불확실한 미래 속에서도 불안과 혼란을 최소화하고, 조직이나 팀이 한 방향으로 나아갈 수 있도록 안정적인 가이드라인을 제공한다.

예지력의 가장 큰 특징은 미래를 향한 예측이며, 이를 바탕으로 준비된 행동과 전략을 세우는 것이다. 이는 리더가 현재의 상황뿐만 아니라, 미래에 발생할 수 있는 다양한 변화와 도전에 대해 선제적으로 대비하고, 그에 알맞은 해결책을 모색할 수 있는 능력을 포함한다. 따라서, 예지력은 리더가 조직의 목표를 향해 나아가는 데 있어 중심적인 역할을 하며, 이는 결국 조직의 성공과 직결된다고 할 수 있다.

진화 리더십에서 언급되는 정찰병 리더와 비슷한 예지력의 소유자는, 끈질긴 지구력과 좌절감을 참아내며 자신을 철저히 절제하고 미래를 예측하여 준비하는 능력이 탁월한 사람이다. 그들은 호기심, 지적 능력, 조바심, 모험을 감수하는 성향 및 새로운 경험을 기꺼이 받아들이는 태도 등을 소유한 리더이다. 이러한 특성을 가진 대표적인 인물로 빌 게이츠와 스티브 잡스를 들 수 있다.

빌 게이츠는 개인용 컴퓨터(PC)의 미래를 예견한 대표적인 인물이다. 1970년대 말, 대부분의 사람들이 컴퓨터를 큰 기계로만 인식하던 시기에, 그는 개인용 컴퓨터가 일상생활에서 중요한 역할을 할 것으로 예측했다. 이러한 비전을 바탕으로 마이크로소프트를 설립하고 PC 운영 체제를 개발하여, 전 세계적으로 개인용 컴퓨터의 보급을 가속화했다. 그의 예지력은 정보 기술의 대중화를 촉진하여 디지털 시대로의 전환에 결정적인 역할을 했다.

스티브 잡스는 사용자 경험과 디자인의 중요성을 내다본 인물로 평가받는다. 잡스는 기술 자체보다는 기술이 사람들의 삶에 어떻게 통합되어야 하는지에 더 주목했다. 이 관점에서 그는 애플 컴퓨터, 아이팟, 아이폰, 아이패드 등을 선보이며 시장에 혁신을 가져왔다. 특히 아이폰은 스마트폰 시장의 패러다임을 완전히 바꿔 놓았다. 잡스의 예지력은 기술이 인간중심으로 진화해야 한다는 철학을 구현함으로써 현대 사회에서 기술의 역할을 재정의하는 데 실현되었다.

빌 게이츠와 스티브 잡스의 예지력은 단순히 미래를 예측하는 것을 넘어, 그들의 비전을 현실로 전환한 점에서 특별히 의미가 깊다. 그들의 성취는 우리가 오늘날 누리고 있는 디지털 시대의 기반을 마련했으며, 그들의 예지력은 현대 기술의 발전에 중요한 영감을 계속 제공한다.

포용력(包容力, Embrace)

포용력은 리더십에서 중요한 능력이다. 리더가 되면 팔로워들이 있을 테지만, 그중 일부는 리더를 지지하고 일부는 반대할 것이다. 이런 상황에서 리더가 어떻게 행동해야 하는지에 대한 답은 포용력에 있다. 포용력은 용서와 연민, 이 두 가지 핵심 가치가 결합된 것이다. 용서는 부하 직원이나 팀원의 실수나 잘못을 이해하고 받아들이며, 그들에게 잘못을 바로잡을 수 있는 또 다른 기회를 제공하는 것이다. 이는 팀 내에서 신뢰를 구축하고 실수에서 배우는 문화를 조성하는 데 도움이 된다. 반면, 연민은 팀원들이나 주변 사람들의 어려움을 이해하고, 그들의 관점에서 생각하며, 그들을 돕고자 하는 마음가짐이다. 이러한 포용력의 중요성은 고대 중국의 역사 기록에서도 찾아볼 수 있다. 사마천의 "사기"는 춘추시대의 다섯 패자 중 하나인 초나라의 장왕의 리더십을 소개한다.[72]

장왕은 신하들을 불러 연회를 열었다. 갑자기 세찬 바람이 불어 연회장의 불이 모두 꺼졌다. 그 순간 한 신하가 충동을 이기지 못하고 왕의 애첩을 농락했다. 애첩은 신하의 갓끈을 잡아 뜯은 뒤 범인을 찾아달라고 장왕에게 호소했다. 하지만 장왕은 사사로운 일로 신하를 처벌하는 것이 옳지 않다는 것을 잘 알고 있었기 때문에, 연회에 참석한 모든 신하에게 이렇게 말했다.

"오늘 이렇게 즐거운 자리에서 나와 함께 술을 마시는데, 갓끈이 끊어지지 않은 사람은 제대로 즐기지 않은 걸로 하겠다!"

명령에 따라 신하들은 모두 자신의 갓끈을 끊었다. 이후 연회장에 불이 다시 켜졌지만, 신하들의 갓끈이 모두 잘린 상태여서 누가 범인인지 알 수 없었다. 몇 년 후, 초나라가 진나라와 전쟁을 했다. 가장 앞장서 적을 격퇴한 용감한 장수가 있었는데, 장왕이 그를 불러 왜 그렇게 용감하게 싸웠는지 물었다. 장수는 과거 자신의 잘못을 덮어준 장왕의 은혜에 보답한 것뿐이라고 대답했다.

이야기는 유명한 "절영지회(絶纓之會)"에서 비롯됐다. 만약 장왕이 당시 애첩에게만 집중하고 있었다면, 아마도 "사기"에 기록된 역사가 달라졌을 것이다. 리더가 보여준 관용과 포용력은 결국 사람들을 스스로 움직이게 만들었고, 장왕을 춘추오패 중 한 명으로 만들어 준 결정적인 역할을 했다.

포용력은 조직 내에서 흔히 경험할 수 있는 리더십의 중요한 덕목이다. 포용력을 잃고 냉정한 구조화된 조직만을 추구하는 것은 오히려 조직의 생산성을 떨어뜨린다는 것을 알 수 있다.

포용력의 또 다른 예시로는 GE의 전 CEO인 잭 웰치가 있다. 잭 웰치는 경영 혁신을 위해 어려운 구조조정을 진행할 때, 해고 대상자들과 그 가족들을 직접 만나 설득하는 데 그치지 않고, 그들이 새로운 직장을 찾는 데 필요한 노력을 아끼지 않았다. 이러한 행동은 그가 단순히 조직의 효율성만을 추구하지 않고, 조직 구성원들에 대한 깊은 이해와 배려를 바탕으로 한 리더십을 가지고 있음을 보여준다. 이처럼 포용력은 조직의 구성원들을 이해하고 그들의 상황에 공감하며, 필요한 지원을 제공하는 것에서 비롯된다. 이는 결국 조직 전체의 동기 부여와 생산성 향상으로 이어진다.

통제력(統制力, Regulation)

리더십 역량은 자신의 감정과 행동을 조절하고 관리하는 데 있어 매우 중요한 요소이다. 자기리더십의 핵심 덕목 중 하나로, 개인 리더의 통제적 억제력을 강조한다. 조직 내에서 적절한 시기에 물러나기로 하는 것은 리더에게 쉽지 않은 일이다. 이러한 결정들은 높은 수준의 통제력과 리더 자신의 필요, 욕구, 충동적 행동을 억제할 수 있는 능력을 요구한다. 리더가 이러한 통제력 능력을 발휘할 때 조직 내에 긍정적인 영향을 미친다.

또한, 부하 직원들의 실수에 직면했을 때, 실수를 인정하고 긍정적인 방향으로 지도하는 것이 중요하다. 비난하거나 꾸짖기보다는 실수를 인정하고 이로부터 배우고 성장할 기회를 부하 직원들에게 제공한다. 리더의 태도는 부하 직원들의 충성도를 높이고 조직 전체의 긍정적인 분위기를 조성하는 데 이바지 한다.

리더가 부정적인 감정에 압도되어 이를 제어하지 못하면 조직 내에 지속적인 갈등을 초래할 수 있다. 리더가 부정적인 감정을 다루는 방식은 조직의 분위기와 성과에 직접적인 영향을 미친다. 따라서 리더는 부정적인 감정이 생겼을 때 침착함을 유지하고 차분하게 대응할 수 있는 능력을 개발해야 한다. 이 통제력은 리더 자신뿐만 아니라 조직 전체의 건강한 발전에 필수적인 측면이다.

자제력에 관한 실제 사례로는 재신다 아던 뉴질랜드 총리의 리더십을 들 수 있다. 2019년 크라이스트처치에서 발생한 대규모 총격 사건 이후, 아던 총리는 강력한 리더십과 깊은 공감 능력을 보여주었다. 그녀는 국가의 슬픔과 충격을 마주하고 즉각적으로 총기 법 개정에 나섰다. 또한, 이 어려운 시기에 국민을 하나로 뭉치게 하는 데 집중했다. 아던 총리의 행동은 강력한 통제력과 자기조절이 긍정적인 변화를 만들어 낼 수 있음을 보여준다.

스티브 잡스의 경우도 통제력의 중요한 예시이다. 잡스는 애플을 세계적인 기업으로 만든 주역이지만, 그의 성공은 단순히 혁신적인 제품에만 기인한 것이 아니다. 잡스는 자신의 감정과 행동, 특히 업무와 프로젝트에 대한 깊은 집중력을 통제하는 데 능숙했다. 그의 통제력은 때로는 엄격하고 요구가 많은 것으로 비쳤지만, 이는 애플 제품의 품질과 혁신을 유지하는 데 필수적이었다. 잡스는 자신의 비전을 명확하게 하고, 이를 실현하기 위해 필요한 통제력을 발휘하여 애플을 기술 산업의 선두주자로 만들었다. 이러한 통제력은 조직의 목표 달성과 지속 가능한 성장을 위해 필수적인 요소로 작용했다

중국의 수나라 시대에는 하약필이라는 이름을 가진 장군이 존재했다. 그의 아버지, 하약돈은 북주 시대에 큰 공을 세우며 명성을 떨친 인물이었다. 하약돈은 전쟁터에서의 뛰어난 지휘 능력뿐만 아니라, 그의 뛰어난 전략으로 많은 승리를 이끌어낸 것으로 유명했다. 그러나 그는 사람들과의 대화에서 매우 솔직하고 때로는 거친 언어를 사용하는 것으로도 알려져 있었다. 이러한 성격

때문에 그는 많은 권문귀족들 사이에서 불편한 존재가 되었고, 결국 그들의 노여움을 사게되어 사약을 받는 비극적인 운명에 이르게 되었다.

하약돈의 죽음은 특히 그의 아들, 하약필에게 깊은 인상을 남겼다. 하약돈은 자신의 죽음을 앞두고, 아들에게 마지막으로 남긴 교훈이 있었다. 그는 아들 하약필의 혀를 내밀게 하고, 송곳으로 그 혀를 찔러 혀의 중요성과 말의 무게를 깨닫게 하려 했다. 이 교훈은 세월이 흘러도 여전히 많은 사람들에게 전달되고 있는 유명한 이야기가 되었다.

오늘날, 막말을 일삼는 정치인들을 볼 때마다, 우리는 자연스럽게 하약돈의 교훈을 떠올리게 된다. 이는 단순히 말을 조심해야 한다는 것을 넘어서, 리더로서의 자기조절 능력과 통제력의 중요성을 상기시킨다. 리더가 자신의 감정을 조절하는 능력을 잃고, 타인을 적절히 통제하지 못하면, 그는 무력증에 빠지고 결국 리더로서의 영향력을 상실하게 된다. 하약돈과 하약필의 이야기는 시대를 초월하여 리더십의 핵심 요소 중 하나인 자기조절의 중요성을 강조한다.

지도력(指導力, Leading)

긍정 심리학자 마틴 셀리그만은 지도력이 뛰어난 사람은 단체를 조직하고 관리하는 능력이 남다르다고 말했다. 인간적인 지도자가 되기 위해서는 먼저 유능한 지도자가 되어야 한다. 조직의 임무를 효율적으로 수행하게 하고 구성원들이 원만한 관계를 유지하도록 이끌어야 한다. 또한 유능한 지도자는 조직 간 문제를 다룰 때 누구에게도 원한을 품지 않고, 모든 사람들에게 관대하며, 옳은 일은 단호하게 추진하는 인도주의적 정신을 겸비해야 한다고 설명했다. 리더십은 자신의 지도력을 어떻게 발휘하느냐가 중요하다. 리더십은 인지적 원형에서 밝혀진 Give-Dir 모델에서 살펴본 것처럼, 인지적 리더십 모델을 기반으로 리더십 역량을 발휘하는 것이다.

현대 사회에서 많은 사람들이 리더십을 단순히 조직이나 집단의 목표를 효율적으로 달성하는 것으로 생각한다. 이러한 관점은 리더가 사용하는 수단과 방법을 가리지 않고 목표 달성을 최우선으로 여기는 것을 포함한다. 그러나 이러한 생각은 리더십의 본질을 잘못 이해한 것이다. 진정한 리더십의 핵심은 신뢰성에 있다. 신뢰성은 조직이나 집단 내에서 긍정적인 관계를 구축하고 유지하는 데 필수적이다. 신뢰를 바탕으로 한 리더십은 조직 구성원들이 공동의 목표를 향해 협력하도록 동기를 부여하며, 이는 더욱 효과적이고 지속 가능한 결과를 낳는다.

한편, 결과만을 강조하는 태도는 장기적으로 조직의 부패로 이어질 수 있다. 목표 달성을 위해 부정직하거나 불법적인 행동을 정당화하는 리더들은 타인의 신뢰를 잃게 되며, 이러한 신뢰 상실은 조직 전체에 부정적인 영향을 미친다. 사실, 많은 정치인들과 집단의 리더들이 부패한 행위에 자주 연루되는 것이 그들이 부패의 고리를 끊지 못하는 주된 이유다.

리더가 자신의 이익을 우선시하고 비윤리적인 방법을 선택할 때, 그 결과는 불가피하게 부패로 이어진다. 리더가 부패하고 리더십을 잃는 과정은 본능적 욕구를 우선시할 때 더 자주 발생한다. 본능적 욕구를 우선시하는 리더들은 권력을 유지하고 확장하기 위해 신뢰와 윤리를 무시하는 경향이 있으며, 이는 결국 조직의 건강한 발전을 방해하고 리더십의 핵심 가치를 훼손한다.

따라서 진정한 리더십은 결과 달성뿐만 아니라 과정에서의 신뢰성과 윤리를 강조해야 한다. 이를 통해 조직은 지속 가능한 성장과 발전을 달성하고 리더와 구성원 간의 긍정적인 관계를 구축할 수 있다.

인내력(忍耐力, Endurance)

리더에게 인내심은 단순히 긴 시간을 견디는 것 이상의 의미를 가진다. 리더십에서 요구되는 인내심은 목표를 향해 지속적으로 나아가는 끈기와 상황에 관계없이 지치지 않고 근면하게 일하는 성실성, 지칠 줄 모르는 근면함을 포함한다. 때로 리더십의 인내심은 상대방의 변화나 결과를 기다리는 것을 의미하는데, 이는 과정에서 긍정적 변화를 이끌어내기 위한 노력을 계속하는 것과 동일하다.

리더는 어려운 환경에서도 부하들이 성공으로 가는 길을 찾을 수 있도록 지원하고, 그들이 목표에 도달할 때까지 기다려야 한다. 또한, 조직의 올바른 정책이나 방향이 당장 눈에 띄는 결과를 내지 않더라도, 장기적 성공을 위한 인내심 있는 태도가 중요하다. 부하들의 능력이 부족하다고 판단될 때 그들의 잠재력을 실현시키고, 그들의 개인적 성장을 지원하는 것 역시 인내심의 한 형태다. 이처럼 인내심은 리더가 가져야 할 중요한 덕목 중 하나이며, 리더의 인내심은 결국 조직의 성장과 발전을 이끈다.

이러한 인내심을 가진 리더십의 사례로는 넬슨 만델라를 들 수 있다. 남아프리카 공화국의 인종차별 철폐를 위해 투쟁하며, 만델라는 27년이라는 긴 세월을 감옥에서 보냈다. 그러나 그는 자신의 신념을 굽히지 않고 인내심을 가지고 기다렸다. 석방된 후에는 남아프리카 공화국의 대통령이 되어 인종 간의 화합을 이룩하는 등, 그의 인내심은 결국 큰 변화를 가져왔다. 만델라의 리더십은 인내심이 어떻게 조직 또는 국가의 근본적 변화를 이끌어낼 수 있는지를 보여주는 강력한 예시다.

예를 들어, 불성실한 자세를 가지거나 자신의 화려함을 위해 근면성실함을 잃고 사치와 낭비를 일삼으며 조직이 성공하기를 기다리는 태도나, 리더가 조급한 마음으로 오직 성과만을 추구한다면 어떤 결과를 얻게 될까? 자명한 사실은 이런 태도가 리더십 능력을 무너뜨리는 결과를 가져온다는 것이다. 인내라는 것은 단지 수십 년을 참고 기다리는 것만으로 얻어지는 것이 아니다.

한 집단을 이끄는 리더는 행동으로 실천하면서 자신을 제어하고 꾸준히 목표를 향해 노력하는 데에서 시작한다. 만약 리더가 단기적 성과에만 집착한다면, 그 조급함이 자신과 집단을 불안하게 만들 것이다. 나는 인내심이 미덕이라고 생각하지만, 만약 조급증이 그 사람을 지배한다면 그것은 바로 리더십의 본능적인 실패로 이어지는 것이다.

성취력(成就力, Accomplishment)

성취 욕구를 통해 높은 성과를 얻으려는 노력은 개인의 성공뿐만 아니라 기업의 빠른 성장과 혁신을 이끄는 중요한 동력이 된다. 이러한 관점은 심리학자 메크클렌드(D. McClelland)의 연구에서도 강조되며, 성취 욕구가 강한 개인은 자신에게 도전적인 목표를 설정하고, 모험을 추구하며, 자신의 일에 깊이 몰두하는 경향이 있다고 설명한다. McClelland는 성취 욕구가 높은 사람들로 구성된 조직이나 사회가 빠른 성장을 보이며, 이러한 개인이 훌륭한 경영자로 성장할 가능성이 높다고 주장한다.

이러한 이론을 실제 기업 사례에 적용해보면, 애플(Apple)이 대표적인 예로 들 수 있다. 스티브 잡스는 성취 욕구가 매우 강한 인물로 알려져 있으며, 그의 리더십 아래 애플은 혁신적인 제품을 지속적으로 출시하며 기술 산업에서의 선두자리를 확고히 했다. 잡스는 항상 도전적인 목표를 설정하고, 그 목표를 달성하기 위해 팀을 이끌었으며, 이러한 접근 방식은 애플을 세계에서 가장 가치 있는 기업 중 하나로 만드는 데 결정적인 역할을 했다.

성취 욕구가 높은 리더는 단순히 목표를 달성하는 것을 넘어서, 전체 팀이나 조직의 능력을 강화하는 방법을 모색한다. 따라서 성취 욕구가 높은 사람들로 이루어진 조직은 강력하고 지속 가능한 성장을 달성할 가능성이 더 높다. 이는 성취 욕구가 단지 개인의 성공에만 기여하는 것이 아니라, 조직 전체의 혁신과 성장을 촉진하는 중요한 요소임을 입증한다.[73]

성취하고자 하는 성격적 특성을 지닌 많은 사람들이 자신의 목표를 달성하기 위하여 줄기찬 노력을 함에도 불구하고 성과를 얻지 못하는 경우는 왜 그럴까? 필자가 리더십 역량을 진단하는 과정에서 많은 사람들이 성취력(成就力)이 높다는 사실에 동의하고 누가 보아도 열정적으로 살아감에도 불구하고 성과를 얻지 못하는 이유는 어디에 있을까?

그런데 놀랍게도 성취해야 한다는 강박적 특성을 가졌다는 사실이다. 성취력이 높은 사람이 강박적 집착으로 리더십 역량을 낭비하는 가장 큰 이유는 모든 것을 내가 해야 한다는 자기집착적 욕심에 노출되면서 목표가 모호해질 때 나타나는 현상이다. 무엇이든지 다 잘 하려는 것은 무엇이든지 다 잘 못하는 결과가 올 뿐만 아니라 강박적 집착에 쌓여 결과를 얻지 못하는 경우가 여기에 해당한다. 기업의 CEO가 조직의 생산성을 높이려는 노력은 분명 중요하지만 모든 것은 내 손을 거치지 않으면 안 된다는 집착에 빠졌을 때 강박적 결과를 얻는 것이다.

영성력(靈性力, Divine)

'종교적 다원주의 관점에서 바라본 '영성'의 이해는 단순히 육체와 구별되는 영적 속성이나 인간의 내면 문제, 혹은 신비주의적 경향성에 관한 것이 아니라는 점이 점점 더 퍼져가고 있다. 다시 말해, 로마 가톨릭, 이슬람, 불교 등 다양한 종교에서도 영성에 대한 큰 관심을 보이고 있으며, 이러한 관심은 '영성'을 기독교의 경계를 넘어서는 도구로 만들고 있다. 이는 동양 종교가 추구하는 인간내면의 문제와 기독교의 영성 사이의 경계를 허물고, 사람들을 종교적 다원화의 길로 이끌고 있다.

예를 들어, 남아프리카 공화국의 넬슨 만델라는 인종 차별 철폐와 국가의 화합을 이루기 위해 영성의 힘을 활용한 세계적인 지도자 중 한 명이다. 그의 리더십 아래에서, 남아공은 아파르트헤이트의 종식과 민주화라는 역사적인 변화를 이루었다. 만델라는 자신의 신념과 영적 가치를 바탕으로, 다양한 인종과 종교가 공존하는 사회를 만들어 나갔다. 그의 접근 방식은 개인의 내면 문제를 영적 관점에서 바라보고, 집단의 목표 달성을 위해 마음과 몸을 수련하는 종교적 믿음을 포함하는 리더십의 영성을 잘 보여준다.

리더십의 영성은 내면의 문제를 영적인 관점에서 자신을 수양하고 고백하는 것을 포함하며, 때로는 집단의 목표 달성을 위해 심신을 수행하는 종교적 믿음을 포함한다. 이러한 리더십의 영성은 개인의 목표 달성뿐만 아니라 집단의 목표 달성에도 중요한 역할을 하며, 그룹 내의 소속감과 목적의식을 강화하는 데 기여한다.

리더십의 영성이란, 다양한 어려움과 도전, 그리고 그와 더불어 오는 부정적인 시각과 반대 의견, 심지어 고통스러운 상황마저도 포용하고 이겨낼 수 있는 깊고 넓은 내면적 세계관을 가진 것을 의미한다. 이는 단순히 긍정적인 상황에서만 리더로서의 능력을 발휘하는 것이 아니라, 어떠한 상황에서도 굳건하게 자신의 역할을 수행하고, 집단의 방향성을 유지하며, 구성원들을 올바른 길로 이끌 수 있는 탁월한 능력을 말한다.

특히, 리더가 자신의 내면에 대한 굳건한 신념과 믿음을 가지고 있지 않을 경우, 집단은 불안정한 상태에 빠지기 쉽다. 리더의 내면적 세계가 흔들리면, 그것은 곧 집단의 신뢰와 안정성에 직접적인 영향을 미치게 된다. 리더의 불안정은 집단 내의 불확실성을 증가시키고, 이는 곧 위기로 이어질 수 있다. 따라서, 리더는 자신의 내면적 세계와 영성을 꾸준히 성장시키고, 강화하는 것이 중요하다. 이를 통해, 리더는 어떠한 외부 상황이나 도전에도 흔들리지 않는 굳건한 기반을 마련할 수 있으며, 이는 집단 전체의 안정성과 성공으로 이어질 수 있다.

경쟁력(競爭力, Emulation)

세상에는 한정된 돈과 자원이 있기 때문에, 모든 사람이 자신이 원하는 모든 것을 갖는 것은 불가능하다. 이러한 현실 속에서, 개인이나 조직이 자신이 원하는 목표나 자원을 얻기 위해서는 다른 이들과의 경쟁에서 우위를 점해야 한다. 이러한 경쟁에서 앞서가거나 승리하기 위한 능력이 바로 '경쟁력'이다. 기업의 경우, 시장에서 다른 경쟁사보다 우위에 서기 위해서는 소비자들이 선호하는 상품을 개발하고, 이를 통해 소비자의 선택을 받아야 한다. 이를 위해 기업들은 제품의 품질, 가격, 디자인, 서비스, 기능 등 여러 면에서 경쟁사보다 우수한 제품을 개발하기 위한 치열한 경쟁에 참여한다.

경쟁은 크게 두 가지 형태로 나뉘어진다. 첫 번째는 집단 내부의 경쟁이며, 이는 조직 내에서 리더의 위치를 유지하고 강화하기 위한 경쟁이다. 리더는 자신의 리더십을 확고히 하고 조직 내에서 영향력을 유지하기 위해 내부 경쟁에서 우위를 점해야 한다. 또한, 조직이 외부 환경에서 생존하고 번영하기 위해서는 다른 조직, 기업 또는 개인과의 경쟁에서도 우위를 점하는 것이 중요하다. 이를 위해서는 리더가 조직이 외부 경쟁에서도 우위를 점할 수 있도록 전략을 수립하고 실행하는 것이 중요하다. 이러한 경쟁력은 조직의 성공과 지속 가능성을 결정하는 핵심 요소이며, 리더는 내부와 외부 모두에서의 경쟁에서 우위를 차지하기 위한 전략적 계획과 실행에 중점을 두어야 한다.

경쟁력은 열정을 기반으로 한 목표 달성을 위한 끊임없는 노력이다. 이는 지배력과 열정이라는 두 가지 속성이 함께 작용하면서 자연의 적자생존 원리를 내포하는 것이다. 경쟁력의 원천은 리더의 인생 태도와 직접적인 관련이 있다. 결과적으로, 서로 이기는 게임은 공존의 속성을 가지며, 이기고 지는 게임은 투쟁의 속성을 가진다.

삼성전자의 성공 사례를 보면, 경쟁우위 전략의 중요성을 잘 보여준다. 삼성전자는 지속적인 혁신과 기술 개발을 통해 제품의 품질과 기능을 향상시켜 소비자의 선택을 받을 수 있는 상품을 만들어냈다. 또한, 다양한 시장에서의 경쟁력을 강화하기 위해 글로벌 시장에 진출하고 현지화 전략을 적극적으로 활용했다. 이러한 전략들은 삼성전자가 국내뿐만 아니라 전 세계 시장에서도 경쟁우위를 차지할 수 있게 만들었으며, 기업의 성공과 지속 가능성의 기반을 마련해주었다.

결단력(決斷力, Resolution)

결단력은 단순히 강한 의지만을 의미하는 것이 아니다. 용기 있는 리더에게 있어 결단력은 위기 상황에서의 빠른 판단과 정확한 대응을 가능하게 하는 중요한 덕목이다. 이는 리더가 직면한 상황이 어려울수록 더욱 중요해진다. 예를 들어, 경제적 위기, 조직 내의 갈등, 혹은 경쟁 집단과의 치열한 경쟁 상황 등에서 리더의 결단력은 조직의 미래를 결정짓는 핵심 요소가 된다.

뿐만 아니라, 결단력은 리더가 전략적으로 수정을 수용하고, 새로운 방향으로 조직을 이끌어갈 수 있는 능력과도 밀접하게 연관되어 있다. 이는 특히 경쟁 집단과의 경쟁에서 유리한 위치를 확보하기 위해 필수적이다. 더 나아가, 리더의 결단력은 부하 직원의 실수를 용인하고 포용함으로써, 실수에서 배우고 성장할 수 있는 조직 문화를 조성하는 데에도 기여한다.

부정과 부패에 용감하게 도전하는 능력, 유혹과 회유에 넘어가지 않고 자신의 주장과 충성심을 지키는 능력 또한 결단력의 중요한 측면이다. 이는 리더가 개인적 이익보다는 조직의 이익과 원칙을 우선시하는 태도를 보여주며, 이는 리더의 도덕적 권위를 높이고, 조직 내외부에서의 신뢰를 구축하는 데에 핵심적인 역할을 한다. 결국, 결단력은 용기를 가지고 도전하는 정신과 용감함이 함께 작동하는 매커니즘이며, 이는 리더가 조직을 성공으로 이끌기 위해 반드시 갖추어야 할 속성 중 하나다. 전두엽은 인간의 뇌에서 결정을 내리고, 문제를 해결하고, 행동을 계획하고 조절하는 데 중요한 역할을 하는 부위다. 이는 결단력에 있어서 핵심적인 역할을 한다. 전두엽의 결단력과 관련된 메커니즘은 복잡한 정보를 처리하고, 장기적인 결과를 예측하며, 감정과 충동을 관리하는 능력을 포함한다. 이러한 과정을 통해 개인은 여러 선택지 중 최선의 결정을 내리게 된다. 전두엽의 기능이 잘 작동할 때, 사람은 더욱 합리적이고 효과적인 결정을 내릴 수 있다. 예를 들어, 정치인의 경우, 현명한 결단력을 발휘하여 복잡한 정치적 상황에서 국가의 이익을 최우선으로 고려하는 결정을 내릴 수 있다. 한 사례로, 역사적으로 링컨 대통령은 미국 남북전쟁 동안 노예

해방 선언을 결정함으로써, 국가의 분열을 막고 통합을 이루는 결정적인 역할을 했다. 이는 그의 전두엽이 장기적인 결과를 예측하고, 국가의 이익을 우선시하는 결정을 내릴 수 있게 한 예라 할 수 있다.

기업의 위기 상황에서의 경영 결단력 역시 전두엽의 기능과 밀접하게 관련되어 있다. 예를 들어, 1997년 아시아 금융 위기 당시 삼성그룹은 주요 계열사 중 비효율적인 부분을 과감히 정리하고, 핵심 사업에 집중하는 전략적 결단을 내렸다. 이 결정은 전두엽의 복잡한 정보 처리 능력과 장기적인 성공을 위한 결과 예측 능력을 바탕으로 한 것이다. 결과적으로 삼성은 위기를 극복하고 글로벌 기업으로 성장하는 데 성공했다.

이처럼 전두엽의 결단력과 관련된 메커니즘은 개인이 더욱 현명하고 효과적인 결정을 내릴 수 있게 해준다. 정치인의 현명한 결단력이 국가를 위기에서 구하고, 기업의 경영 결단력이 위기를 기회로 전환하는 데 결정적인 역할을 하는 것은 바로 이러한 전두엽의 기능 덕분이다.

외교력(外交力, Intercourse)

외교력이란 개념은 하워드 가드너(Howard Earl Gardner)가 제시한 다중 지능 이론에서 비롯된 것으로, 사람들 사이의 사회적 상호작용, 대인관계 능력, 그리고 감정을 인식하고 조절하는 능력과 밀접하게 연관되어 있다고 설명한다. 이 이론의 창시자인 가드너는 인간이 서로 다른 사람들과의 관계에서 성공적으로 기능하기 위해 필요한 특별한 종류의 지능을 '인간친화 지능'이라고 불렀다. 그는 이 지능이 사람들 간의 미묘한 차이점, 즉 각자의 기분, 성향, 동기, 의도를 정확하게 파악하는 데 기반한다고 강조했다. 이러한 능력은 다른 사람들의 뒤에 숨겨진 진짜 감정이나 욕구를 읽어내는 데 핵심적인 역할을 한다. 이런 이유로, 외교력은 종교 지도자, 정치인, 판매원, 교사, 치료사, 부모와 같이 다른 사람들과 긴밀하게 소통해야 하는 직업군에서 특히 중요하게 여겨진다. 이들은 각자의 역할에서 이 지능을 활용하여 효과적인 의사소통, 갈등 해결, 그리고 타인의 욕구와 감정을 이해하고 조절하는 데 필요한 기술을 발휘한다. 또한, 신경과학의 연구 결과에 따르면, 인간의 뇌에서 전두엽은 대인 관계와 관련된 중요한 역할을 담당하고 있다는 것이 밝혀졌다.

전두엽은 의사결정, 문제 해결, 감정 조절 등 다양한 고급 인지 기능을 담당하는데, 이 부위가 손상될 경우, 다른 인지 기능이 정상적으로 작동하더라도 사람의 성격에 심각한 변화가 생길 수 있다.

이는 대인 관계 능력이 우리 뇌의 특정 부위와 어떻게 연결되어 있는지를 보여주는 한 예로, 외교력이 단순한 사회적 기술을 넘어서 인간의 복잡한 심리적 및 신경학적 과정과 깊이 연관되어 있음을 시사한다. 외교력은 뇌의 신경전달 물질 중에서 아세틸콜린의 영향을 받는 것이다. 브레이버 맨(Eric R. Braverman) 신경외과 교수는 뇌체질 사용설명서에서 "아세틸콜린 체질의 사람들은 사교적이고 카리스마가 있으며, 만나고 인사하며 새 친구를 만나는 것을 좋아한다"라고 하였다. 따라서 외교력은 리더가 집단의 이익을 얻기 위해 상대방에게 친화적인 접근을 통해 서로 신뢰와 믿음을 얻을 수 있는 방법으로 진화한 것이다. 이는 친화성 기반의 뇌에서 상대방을 인정하고 칭찬하는 친화적인 노력의 산물이다.

외교력의 중요성은 특히 기업과 정치 지도자의 사례에서 두드러진다. 예를 들어, 애플의 전 CEO인 스티브 잡스는 그의 외교력을 통해 다양한 업계의 리더들과 협력하여 애플 제품의 시장을 확대하는 데 성공했다. 그는 상대방과의 긍정적인 관계 구축과 신뢰를 바탕으로 한 협력을 통해 애플을 세계적인 기업으로 성장시켰다.

정치 분야에서는 넬슨 만델라가 외교력의 탁월한 사례로 꼽힌다. 남아프리카 공화국의 전 대통령인 만델라는 인종 차별 철폐와 국가의 화합을 이루기 위해 상대방과의 대화와 협상에 크게 의존했다. 그의 외교력은 상대방을 이해하고 존중하는 것에서 시작되었으며, 이는 남아프리카 공화국의 평화적인 전환을 가능하게 한 주요 요소였다.

이처럼 외교력은 개인의 사교성과 카리스마뿐만 아니라 조직이나 국가가 그 목표를 달성하기 위해 필수적인 능력이다. 상대방과 긍정적인 관계를 구축하고 기반한 신뢰와 믿음을 통해 협력을 이끌어내는 능력은 모든 분야에서 성공의 열쇠이다.

협상력(協商力, Negotiation)

협상력이란 조정자로서 역할을 수행하는 능력을 말한다. 이는 단순히 갈등을 조정하는 것을 넘어서, 집단 내에서 평화를 유지하고 조화롭게 만드는 사람을 가리킨다. 또한, 이러한 능력을 가진 사람은 경쟁자나 경쟁 집단과의 관계에서도 협상을 통해 집단의 이익을 증진시키고 성과를 이끌어내는 역할을 한다.

과거부터 현재에 이르기까지, 우리의 선조들은 다양한 사회적 갈등과 충돌을 경험해왔다. 특히 남성들 사이에서는 여성을 차지하거나 권력을 얻기 위해 심지어 죽음도 무릅쓰는 심각한 갈등이 자주 발생했다.

이러한 위험한 상황에서 협상가들은 중재자로 나서서 갈등을 해결하고 집단 내에서의 결속력이 약화되는 것을 방지했다. 이들은 말과 행동으로 갈등을 완화시키고, 집단의 이익을 위해 최선의 결과를 도출해내는 중요한 역할을 담당했다.

소련과의 냉전 종식 과정은 협상력의 중요성을 극명하게 보여주는 사례다. 1980년대, 미국의 로널드 레이건 대통령과 소련의 미하일 고르바초프 총서기장은 각각의 국가 이익을 대변하며, 긴장 관계 해소를 위한 중대한 협상에 나섰다. 레이건은 "힘을 통한 평화" 정책을 추진하며 소련에 대한 군사적, 경제적 압박을 가했고, 이는 고르바초프가 내부 개혁을 가속화하게 만드는 중요한 요인이 되었다.

고르바초프는 "페레스트로이카"(개혁)와 "글라스노스트"(개방) 정책을 통해 소련 사회와 경제의 개혁을 추진하였으며, 서방 국가들과의 관계 개선을 통해 냉전 긴장을 완화하고 핵무기를 감축하기를 원했다. 이러한 목표를 달성하기 위해 레이건과 고르바초프는 여러 차례 정상회담을 가졌고, 이는 냉전 종식으로 이어지는 결정적인 순간들 중 하나였다.

1987년에는 양국이 역사적인 중거리 핵무기 폐기 조약(INF 조약)에 서명하였다. 이 조약은 냉전 기간 중 첫 실질적인 핵무기 감축 조약으로, 이후 더 많은 핵무기 감축 및 군비 통제에 관한 논의가 이어졌다. 이러한 대화와 협상은 국제적 긴장 완화로 이어졌으며, 결국 소련의 붕괴와 냉전의 종식으로 귀결되었다. 이 과정은 협상력이 어떻게 역사적 전환점을 이끌어낼 수 있는지를 보여준다. 결단력 있는 리더십, 전략적 협상, 그리고 변화를 수용할 준비가 되어 있는 용기는 역사적 변혁을 이루어낼 수 있는 핵심 요소임을 명백히 증명했다. 사막을 무사히 건너기 위해 가장 중요한 것은 무엇일까? 물론 나침반도 필요하고 오아시스도 찾을 수 있어야 할 것이다. 그러나 상인이 낙타를 타고 사막을 건너 사업을 성공시키고자 할 때 무엇보다도 중요한 것은 바로 낙타와도 협상할 줄 아는 상인의 협상력이다. 낙타와 제대로 협상하지 못한 상인은 사막 한가운데 내동댕이쳐질 것이기 때문이다. 이처럼 협상은 때론 생명을 구하고, 때론 기업을 일으키고, 때론 전쟁을 막고 위기에 빠진 나라를 구한다.

고려시대 거란 군을 자진 철군시키고 오히려 강동6주까지 되돌려 받은 서희 장군의 예는 우리 역사상 최고의 협상으로 손꼽을 수 있다.

굳이 이처럼 역사를 거슬러 찾을 필요도 없을 것이다. 외환위기의 고통을 겪은 우리는 협상의 중요성을 뼈저리게 실감할 수밖에 없었고 전문적인 노련한 협상가가 무엇보다 절실했던 탓이다. 대우나 하이닉스 인수 협상의 뼈아픈 교훈을 들먹이지 않더라도 글로벌화된 현대의 비즈니스 사회에서 협상의 중요성은 날로 증가하고 있다.[74]

뇌 과학의 세계에서 협상력과 같은 복잡한 인간의 행동은 놀랍게도 우리 뇌 속의 거울신경세포의 작동을 통해 이해될 수 있다. 이 신경세포들은 타인의 행동을 관찰함으로써 그 행동을 이해하고 모방하는 데 핵심적인 역할을 한다. 거울신경세포에 대한 중요한 발견은 1990년대 초, 이탈리아의 신경생리학자 지아코모 리졸라티와 그의 연구팀에 의해 이루어졌다. 그들은 원숭이의 뇌 연구 중에, 연구원이 땅콩을 집는 모습을 관찰하는 원숭이의 뇌 내에서, 실제로 원숭이 자신이 땅콩을 집을 때와 동일한 신경세포가 활성화되는 현상을 발견했다. 이러한 발견은 인간의 공감 능력과 사회적 상호작용의 근간을 이해하는 데 중요한 단서를 제공했다.

신경과학자 빌라야누르 라마찬드란은 이러한 거울신경세포의 중요성을 인식하고, 그것을 공감 능력을 보여주는 '달라이 라마 세포'라고 명명했다. 그는 이 세포들이 단순히 타인의 행동을 모방하는 것을 넘어서, 타인의 감정과 의도를 이해하고 공감하는 데 결정적인 역할을 한다고 설명했다. 라마찬드란은 또한 인류의 놀라운 문명 발전과 문화적 성취가 바로 이 거울신경세포의 작동 덕분에 가능했다고 주장했다. 예를 들면, 언어 학습, 예술적 창작, 그리고 사회적 협력과 같은 인간의 고유한 능력들이 거울신경세포를 통한 모방과 공감의 과정에서 발달했다고 볼 수 있다. 이렇게 거울신경세포는 우리가 타인과 연결되고, 서로를 이해하며, 복잡한 사회적 네트워크를 구축하는 데 근본적인 기반을 제공한다.

7. FORCE LEADSR IN 모델

결벽(Fastidiousness)

공포증이라고도 불리는 이 결벽은, 사람들이 특정한 불결한 상태를 병적으로 극도로 두려워하는 정신적 질환 중 하나다. 이러한 공포는 단순히 싫어함을 넘어서, 개인의 일상생활에까지 심각한 영향을 미치는 경우가 많다. 결벽증을 가진 사람들은 자신 뿐만 아니라 타인에게도 높은 청결 기준을 요구하며, 이는 종종 융통성이 없는 태도로 비춰져 사회적 관계에 부정적인 영향을 줄 수 있다.

이 질환을 가진 사람들은 완벽주의적 성향이 강하게 나타나며, 자신과 타인에 대한 엄격한 기준으로 인해 불안 증상을 경험하기도 한다. 그들은 자신이 설정한 청결 기준에 미치지 못하는 것에 대한 공포로 인해, 자신의 행동에 제한을 받아 생활에 불편함을 겪는다. 또한, 결벽증을 가진 사람들은 자신의 기준을 주변 사람들에게 강요하려는 경향이 있어, 이로 인해 대인 관계에서의 문제가 자주 발생한다.

결벽증은 본질적으로 강박 증상의 일종으로 볼 수 있다. 이는 병에 노출되었을지도 모른다는 근거 없는 두려움이나, 주변 환경이 지저분하고 더럽다고 여기는 생각이 반복될 때 나타나는 증상이다. 때때로 이러한 증상은 완벽주의적 성향과 맞물려 나타나기도 한다. 결국, 이러한 결벽증은 개인의 정신적 건강은 물론, 사회적 관계와 일상 생활에까지 영향을 미치는 심각한 질환으로 이해되어야 한다.

"결벽증"은 공식 의학 용어가 아니며, 개인마다 다르게 해석될 수 있는데, 일반적으로 깨끗함에 대한 지나친 집착이나 완벽을 추구하는 것을 말한다. 이는 더러움에 대한 과도한 두려움과 항상 청결을 유지해야 하는 강박적 행동을 포함한다.

예를 들어, 어떤 사람은 손을 씻는 행위를 하루에 수십 번 반복할 수 있다. 이런 사람은 손이 더러워졌다는 생각에 강박적으로 빠져, 정상적인 일상 생활이 어려워질 수 있다. 또 다른 예로는 집안의 모든 물건을 항상 정해진 위치에 정리해야만 안정을 느끼는 사람이 있다. 이런 사람은 물건이 조금이라도 자리를 이탈하면 큰 불안감을 느끼며, 그것을 바로잡지 않고는 다른 일에 집중하기 어렵다.

"결벽증" 성향이 있는 사람들은 자신과 그들의 주변이 완벽해야 한다고 믿으며, 이로 인해 자신의 생각에 매우 집착하게 된다. 이런 성향 때문에, 그들은 타인의 실수나 결함을 받아들이기 어렵고 종종 타인을 지나치게 비판하게 된다. 이러한 태도는 결국 자신과 타인에 대한 인내심을 잃게 하여, 사회적 관계에서 어려움을 겪게 할 수 있다. 결국 "결벽증" 성향은 일상 생활과 대인 관계에 부정적인 영향을 미칠 수 있는 복잡한 문제이다.

신경과 의사이자 커뮤니케이션 분야에서 권위자로 인정받는 마크 고울스톤 박사는 인간의 심리와 행동에 대한 흥미로운 관찰을 공유한다. 그는 우리가 어떻게 세상을 거울처럼 반영하며, 세상의 다양한 요구와 기대에 부응하려 노력하는지, 그리고 그 과정에서 세상으로부터 사랑과 인정을 받고자 하는 강한 욕구를 가지고 있다고 지적한다. 이러한 과정은 인간이 사회적 존재로서 어떻게 상호작용하고, 연결되며, 서로를 이해하려는 본능을 가지고 있다는 것을 보여준다.

하지만 고울스톤 박사는 이러한 상호반영의 과정에서 우리가 또한 다른 사람으로부터 같은 방식으로 반영되길 갈망한다고 언급한다. 우리는 다른 사람이 우리의 감정과 생각을 이해하고 공감해주길 바라며, 이러한 공감과 이해는 우리가 사회적으로 건강하게 기능하는 데 필수적이다. 그러나 이 갈망이 충족되지 않을 때, 우리는 거울신경세포의 결핍을 경험할 수 있다. 거울신경세포는 다른 사람의 행동을 관찰하고 그것을 내면화하여 타인과의 공감능력을 형성하는 데 중요한 역할을 한다.

이 결핍은 우리가 타인을 수용하고, 그들의 감정에 공감하며, 그들을 포용하는 능력을 상실하게 만든다. 이러한 상태는 결국 사람이 자신만의 거울신경세포 결핍에 갇히게 하여, 사회적 고립과 결벽증을 포함한 다양한 정서적 문제로 이어질 수 있다.

고울스톤 박사는 이러한 문제를 해결하기 위해서는 우리가 서로에 대한 이해와 공감의 중요성을 인식하고, 적극적으로 타인과의 긍정적인 상호작용을 추구해야 한다고 강조한다. 이런 접근은 타인과의 관계를 개선하고, 우리 자신의 정서적 건강을 증진하는 데 중요한 역할을 할 수 있다.

강박(Obsession)

강박증은 개인이 의도하지 않은 특정한 생각이나 이미지가 끊임없이 머릿속에 떠올라, 심한 불안감을 느끼게 되는 정신 질환이다. 이러한 불안감을 해소하기 위해, 환자는 일련의 행동을 반복적으로 수행하게 된다. 예를 들어, 한 사람이 현관문을 잠그고 몇 걸음 걸어가다가 문이 제대로 잠기지 않았다는 불안한 생각에 사로잡혀, 여러 번이나 되돌아가 문이 잠겼는지 확인하는 것이 그 예이다. 이런 행동은 간혹 수십 번까지 반복될 수 있으며, 환자에게 큰 스트레스와 불편함을 주게 된다.

강박증은 시간이 경과함에 따라 점차 심해질 수 있으며, 이는 뇌의 구조적 변화로 인해 발생한다고 알려져 있다. 뇌의 특정 영역이 이 질환의 발달에 영향을 미치며, 이로 인해 환자는 자신의 강박적인 생각과 행동을 조절하는 데 어려움을 겪게 된다. 환자는 자신의 불안을 줄이기 위해, 끊임없이 자신의 행동을 확인하며, 이를 통해 잠재적인 위험으로부터 자신을 보호하려 한다. 이런 행동은 일시적인 안정감을 제공하지만, 장기적으로는 강박증의 문제를 더욱 악화시키는 결과를 초래할 수 있다.

환자들은 종종 자신의 걱정거리에 지나치게 집중하게 되며, 이는 일상 생활에 큰 지장을 줄 수 있다. 강박증 환자들은 자신이 수행하는 행동이 비합리적임을 인식하고 있음에도 불구하고, 자신의 강박적인 욕구에 저항하기가 매우 어렵다고 느낀다. 따라서, 이러한 강박적인 행동을 통제하려는 시도는 환자에게 많은 정신적 고통을 주며, 강박증을 효과적으로 관리하기 위해서는 전문적인 도움이 필요하다는 것이 많은 전문가들의 의견이다.

강박장애를 겪고 있는 사람들은 자신의 공포와 걱정에 대해 생각하면 할수록 그 공포가 점점 더 커져만 간다는 사실을 잘 알고 있다. 이러한 상황은 마치 눈덩이가 굴러가면서 점점 커지듯, 걱정이 또 다른 걱정을 낳는 악순환을 만들어낸다. 슈와츠 박사에 따르면, 이는 강박장애가 발생하는 뇌의 특정 작동 방식 때문이다. 안와전두피질에서 발생하는 '실수한 느낌'이라는 신호가 뇌의 깊은 곳에 위치한 띠이랑에 전달되면, 이는 실수를 고치지 않으면 뭔가 나쁜 일이 일어날 것이라는 강렬한 두려움과 불안을 유발한다. 이 과정에서 발생하는 불안과 공포는 장과 심장으로도 신호를 보내, 신체적 감각을 통해 공포를 체감하게 만든다.

문제의 핵심은 이러한 과정에서 '자동변환장치'로 불리는 꼬리핵이 제 역할을 하지 못할 때 발생한다. 꼬리핵은 정상적인 상황에서는 불필요한 생각이나 느낌을 다음 단계로 넘어가게 도와주는 중요한 역할을 한다. 하지만 강박장애를 겪는 사람들의 경우, 이 꼬리핵이 제대로 작동하지 않아 안와전두피질과 띠이랑이 계속해서 같은 신호를 반복해서 보내게 된다. 이는 마치 책을 읽다가 한 페이지에서 계속 머물러 있게 되는 것과 같은 상황을 만들어낸다.

결국, 강박장애를 겪는 사람들은 같은 걱정과 불안에 사로잡혀 계속해서 같은 생각의 루프에 갇히게 되는 것이다. 이러한 이해는 강박장애의 복잡한 심리적, 생리적 메커니즘을 이해하는 데 중요한 열쇠를 제공한다.

부패(Rottenness)

부정부패는 개인이나 소수의 집단이 자신의 권한과 영향력을 부당하게 사용하여 개인적 이익을 취하는 행위이다. 이 행위는 법과 도덕에 어긋나며, 사회의 근본적인 질서와 공정성을 해친다. 결과적으로, 이는 공동체 전체의 발전을 저해한다. 대부분의 부정부패 행위는 권력과 이익을 추구하는 인간의 본능에서 비롯된다. 이 과정에서 개인이나 집단이 선택하는 생존 전략 중 하나로 나타난다. 단기적인 이익을 가져올 수 있으나, 장기적으로는 집단 내 분열을 초래하고 사회 전체를 위기에 빠뜨린다.

　권력을 소유한 개인이나 집단은 자신의 위치를 공고히 하고 더 많은 이익을 얻기 위해 종종 족벌주의와 부정부패를 동원한다. 이는 사회 구성원 간의 불신을 증폭시키고, 권력의 불평등을 심화시킨다. 한국 사회에서 고위 공직자들은 임명되기 전에 엄격한 청문회를 통해 도덕성과 청렴도를 검증받는다. 이 과정은 부정부패를 사전에 차단하고 공직자들의 도덕적 기준을 확립하기 위한 중요한 절차이다.

　부정부패에 빠진 리더는 팔로워들로부터 신뢰를 잃게 된다. 이는 리더로서의 권위와 자격을 상실하는 결과로 이어진다. 신뢰는 한번 잃으면 회복하기 어렵다. 이는 결국 리더의 퇴출이나 팔로워들의 반항으로 이어질 수 있다. 따라서 리더의 부정부패는 개인의 문제를 넘어 조직이나 사회 전체에 심각한 해악을 끼치는 것이다. 이 문제를 해결하기 위해서는 부정부패를 처벌하는 것을 넘어, 체계적인 예방과 근절을 위한 시스템 구축이 필요하다.

　부정부패 방지를 위한 교육, 투명한 시스템의 도입, 공정한 법 집행 등이 포함되어야 한다. 결국, 사회 전체가 부정부패에 대한 인식을 공유하고, 이를 근절하기 위해 함께 노력해야 한다. 국내외에서는 부정부패 사건이 다수 발생해왔다. 예를 들어, 한국에서는 대통령의 친구인 최순실이 국정농단 사건에 연루되어 대통령이 탄핵되는 사건이 있었다. 이 사건은 한국 사회 전체에 큰 충격을 주었으며, 공직자의 도덕성과 투명성에 대한 국민의 요구를 높였다.

　국외에서는 브라질의 '세탁 작전'이 유명하다. 이는 브라질 국영 석유회사인 페트로브라스를 중심으로 한 대규모 부정부패 스캔들로, 수많은 정치인과 기업이 연루되었다. 이 스캔들은 브라질뿐만 아니라 전 세계적으로 부정부패에 대한 경각심을 높였다.

이러한 사례들은 리더의 부정부패가 단순히 개인의 문제를 넘어서 국가 전체의 신뢰와 발전을 저해할 수 있음을 보여준다. 이에 대응하기 위해서는 개인의 도덕적 각성뿐만 아니라, 사회적, 제도적 차원에서의 체계적인 대응이 필수적이다.

투쟁(Combat)

투쟁은 단순히 물리적인 싸움에 국한되지 않는다. 생존의 수단으로서, 그것은 진화의 과정에서 발전해온 복잡한 메커니즘이다. 동물들 사이에서 이러한 투쟁은 생존을 위한 필수적인 본능적인 선택으로 자리 잡고 있다. 예를 들어, 야생에서 포식자와 피식자 사이의 관계에서 볼 수 있는 것처럼, 극한의 상황에서 투쟁은 생존하거나 사망하는 결정적인 순간을 정의한다. 인간의 경우, 뇌가 특정 상황을 위험하거나 위기로 판단하게 되면, 고대로부터 진화해온 투쟁 또는 도피 반응이 자동적으로 활성화된다. 이러한 반응은 의식적인 결정이 아니라, 무의식적으로 일어나는 신체의 자연스러운 반응이다. 특히 생존에 직접적인 위협을 느낄 때, 인간은 본능적으로 공격적인 행동을 취할 수 있다. 이러한 공격적인 행동, 즉 투쟁은 생존을 위한 본능적인 욕구에서 비롯된다.

이 본능적인 반응은 인간이 직면하는 위험에 대응하는 방식을 형성한다. 예를 들어, 위험한 동물을 마주쳤을 때 또는 생존을 위협하는 극한의 환경 조건 하에서, 인간은 무의식적으로 투쟁 또는 도피의 선택을 할 수 있다. 이는 단순한 생리적 반응 이상의 것으로, 생존을 위한 근본적인 전략이며, 인간과 동물

모두에게 공통적인 생존 본능의 일부이다.

G. 지멜의 1908년 저작인 《사회학》에서 제시된 사회학적 투쟁 개념은 후대 학자들에게 큰 영향을 미쳤다. 이 중에서도 L.A. 코저는 지멜의 투쟁 개념을 발전시켜, 집단이 외부 세력과의 싸움을 통해 내부적으로 더욱 단합되고 응집력을 강화한다는 주장을 펼쳤다. 코저는 이러한 과정이 특정한 조건 하에서 사회의 계층이나 집단, 나아가 사회 구조 전반에 걸쳐 안정성과 탄력성, 그리고 통합성을 증진시킬 수 있다고 설명했다. 그는 이러한 상황에서 발생하는 긍정적인 변화가 사회적 통합과 발전에 기여할 수 있다고 보았다.

반대로, É. 뒤르켐으로부터 T. 파슨스에 이르기까지 합의 이론을 중심으로 한 학자들은 사회학적 투쟁을 사회 구조 내의 병리 현상으로 바라보았다. 이들은 사회 구조 내에서의 투쟁이 사회적 합의의 결핍이나 긴장의 극대화를 초래하며, 이는 사회 구조의 통합을 해치는 요소로 작용한다고 주장했다. 이러한 관점에서 볼 때, 위에서 언급된 투쟁의 병리 현상과 사회적 합의의 중요성에 대한 이론을 실제 사회 투쟁 사례와 연결해 설명하는 것이다. 2011년에 발생한 아랍의 봄이 이를 잘 보여주는 사례라 할 수 있다.

아랍의 봄은 튀니지에서 시작하여 이집트, 리비아, 시리아 등 여러 아랍 국가로 확산된 대규모 시민 운동과 반정부 시위를 의미한다. 이 시기 동안 각국의 시민들은 정치적 자유, 경제적 기회의 확대, 부패 척결 등 다양한 요구를 가지고 일어섰다. 이러한 요구들은 기존 정치 체제에 대한 근본적인 도전이었으며, 여러 나라에서는 정권 교체가 이루어졌다.

아랍의 봄은 사회적 투쟁이 어떻게 사회적 변화를 이끌 수 있는지를 보여주는 강력한 사례이다. 그러나 이 과정에서 발생한 폭력, 경제적 불안정, 정치적 혼란 등은 투쟁이 사회적 병리 현상으로 작용할 수 있음을 시사한다. 특히 시리아의 경우, 시위가 내전으로 발전하여 수많은 사망자를 발생시키고 국가를 파괴했으며, 이는 투쟁이 얼마나 치명적인 결과를 초래할 수 있는지를 보여준다.

반대로, 이집트에서는 군대와 시민들 사이의 일정한 합의와 협력이 새로운 정부 구성으로 이어졌다. 이는 사회적 합의가 갈등을 해결하고 사회적 통합을 이루는 데 있어 중요한 역할을 할 수 있음을 보여준다. 물론 이집트의 새 정부도 다양한 도전에 직면하고 있지만, 사회적 갈등을 해결하기 위한 합의와 협력의 시도는 지속적인 사회적 발전을 위한 중요한 단계이다.

아랍의 봄은 사회적 투쟁이 양면성을 가지고 있음을 보여준다. 투쟁은 사회적 변화를 위한 중요한 동력이 될 수 있지만, 동시에 사회적 병리 현상으로 작용하여 사회를 분열시키고 안정성을 해칠 수 있다. 따라서 사회적 변화를 추구하는 과정에서는 사회 구성원 간의 합의와 협력의 중요성을 인식하고, 이를 통해 갈등을 건설적으로 해결해 나가는 것이 중요하다.

갈등의 근본 원인은 개인 또는 집단이 느끼는 욕구와 불만에서 비롯된다. 이러한 불만이 개인의 생활에서 중요한 요소로 자리 잡고, 이를 해결하려는 강한 욕구가 있을 때, 갈등은 불가피하다. 특히 이러한 욕구를 충족시킬 대안이 없을 때 상황은 더욱 악화된다. 또한, 관련 당사자 사이에 공통된 이해관계나 비슷한 배경이 있을 경우, 이는 상호 이해와 공감의 기반이 될 수 있지만, 동시에 경쟁의 원천이 되기도 한다. 개인적인 불만이나 갈등이 집단적 수준으로 확대될 때, 이는 더 복잡하고 어려운 문제로 발전한다. 더욱이, 원하는 충족의 대상이 매우 희소하거나 유일할 때, 경쟁은 더욱 치열해지며, 이는 갈등으로 이어지는 주요 요인이 된다.

리더가 경쟁적 행위에서 경쟁력이라는 파워(Power)를 사용하여 승자가 되는 것과 투쟁을 통하여 포스(Force)를 통하여 쟁취하는 것에는 많은 차이가 있다. 전자는 상호 윈윈 상황을 열어갈 수 있는 가능성을 제공하는 반면, 후자는 제로섬 게임에 빠질 위험을 안고 있다. 즉, 한 쪽이 이기고 다른 쪽이 필연적으로 지는 상황으로, 결국 더 큰 갈등과 투쟁으로 이어질 수 있다. 따라서 리더는 경쟁과 갈등 사이의 미묘한 균형을 이해하고, 이를 바탕으로 그들의 집단을 더 현명하고 효과적으로 이끌어야 한다.

질투(Envy)
　질투는 단순히 인간만의 감정이 아니라, 생존을 위한 경쟁 과정에서 자연스럽게 발생하는 복잡한 감정 중 하나다. 이는 사람 뿐만 아니라, 동물에게도 나타나는 보편적인 현상임을 알 수 있다. 특히, 인간과 밀접한 관계를 맺고 있는 반려동물들 사이에서도 이러한 감정은 뚜렷하게 관찰된다. 예를 들어, 반려동물을 키우는 많은 가정에서는 흔히 "우리 집 영희가 어린 조카가 방문했을 때, 분명히 질투하는 모습을 목격했다"는 이야기를 나눈다. 이처럼 반려동물이 가족 구성원 중 새로운 인물, 특히 자신보다 더 많은 관심을 받을 수 있는 유아에게 질투를 느끼는 것은, 그들 역시 소속감과 주목받고 싶은 욕구가 강하다는 것을 시사한다.
　더 나아가, 이러한 질투의 감정은 반려동물이 인간가족 구성원과의 관계에서 어떤 위치에 있으며, 어떻게 그들의 사랑과 관심을 받고 싶어하는지를 보여준다. 이는 반려동물이 단순한 동물이 아니라, 감정을 느끼고 사회적 상호작용을 중시하는 존재임을 입증하는 사례 중 하나다. 따라서 반려동물의 이러한 감정을 이해하고 적절히 대응하는 것은, 그들과 더욱 깊은 유대감을 형성하고 건강한 관계를 유지하는 데 중요한 요소가 된다. 이를 통해, 반려동물과 인간이 서로의 존재를 더욱 소중히 여기며 함께 성장해 나갈 수 있는 긍정적인 환경을 조성할 수 있을 것이다.

진화심리학자들은 질투가 인간의 진화 과정에서 중요한 역할을 했다고 주장한다. 이들의 설명에 따르면, 질투는 주로 배우자를 빼앗기거나 배신당하는 문제에 대한 자연스러운 반응으로 발전했다. 특히, 남성과 여성의 질투는 서로 다른 방식으로 진화했다고 볼 수 있다.

남성의 경우, 질투는 주로 파트너의 성적 부정에 집중되는 경향이 있다. 이는 역사적으로 여성의 성적 부정이 남성의 부성 확실성, 즉 자신이 아이의 생물학적 아버지임을 확신할 수 없게 만들었기 때문이다. 이러한 불확실성은 남성에게 커다란 생존상의 위협이 될 수 있으며, 따라서 이에 대한 반응으로 남성은 성적 부정에 대해 특히 민감하게 반응하게 진화했을 가능성이 있다.

반면, 여성의 질투는 장기적인 관점에서 파트너의 투자와 헌신이 줄어들 위험에 더 크게 초점을 맞추는 경향이 있다. 여성에게 있어 파트너의 정서적인 이탈은 자신과 자녀에 대한 지원이 줄어들 수 있음을 의미하므로, 여성은 파트너의 정서적인 부정에 더 민감하게 반응하는 것으로 보인다.

또한, 연구에 따르면 남성은 여성에 비해 성적인 부정에 대해, 여성은 남성에 비해 감정적인 부정에 대해 더 민감하게 반응한다. 이는 남성과 여성이 각각 직면한 진화상의 문제에 대응하는 방식이 다르다는 것을 시사한다. 남성은 성적인 부정을 통해 자신의 부성에 대한 위협을 감지하고, 여성은 감정적인 부정을 통해 파트너의 지원과 헌신의 감소를 우려한다.

이러한 진화심리학적 관점은 인간의 질투가 단순한 감정이 아니라, 복잡한 사회적 관계와 생존 전략 속에서 발전해온 중요한 메커니즘임을 보여준다. 이를 통해 우리는 인간행동의 근원을 보다 깊이 이해할 수 있으며, 현대 사회에서의 인간관계를 분석하는 데 있어서도 중요한 통찰을 제공한다.

fMRI를 사용해 남녀의 성적 부정과 감정적 부정에 대한 이미지를 보여 주면서 촬영을 했을 때, 남자는 소뇌와 편도체, 시상하부가 발화하여 성과 공격성과 관련한 뇌 영역이 더 활성화 되었고, 반면에 여자는 뇌의 뒤 위고랑은 파트너의 장래 의도를 추측하는 것으로 마음을 읽는 뇌 영역이 활성화되었다.[75]

질투는 본능적 원형의 기본인 Sex로서부터 출발한다. 조직의 리더가 질투심에 매몰되어 있으면 판단력을 잃어버려 올바른 결단력을 가질 수 없게 된다.

조직 내에서 질투가 발생하면, 이는 팀 협력을 방해하고 조직의 전반적인 성능에 부정적인 영향을 미칠 수 있다. 예를 들어, 팀원 중 한 명이 승진하거나 특별한 인정을 받았을 때, 다른 팀원들은 질투를 느낄 수 있다. 이러한 질투는 팀 내에서 의사소통 부족, 신뢰상실, 그리고 치열한 경쟁을 초래하여 팀의 단결력과 생산성을 약화시키는 원인이 된다. 이 문제에 대한 해결책은 몇 가지가 있다. 첫째, 리더는 조직 내 결정 과정을 투명하게 공유해야 한다. 이는 정보의 비대칭, 즉 모든 팀원이 공정하게 대우받고 있다고 느낄 수 있게 하는 근본적인 질투의 원인을 해결하는 방법이다. 둘째, 모든 성취와 보상은 명확한 기준에 기반해야 한다. 이는 개인의 노력과 성과가 공정하게 평가받고 있다는 인식을 증가시켜 질투의 감정을 줄일 수 있다. 셋째, 정기적인 팀 빌딩 활동을 실시해야 한다. 이는 팀원 간의 신뢰와 동료애를 강화하여 상호 이해와 존중의 문화를 조성함으로써 질투의 감정을 상호 지원의 정신으로 대체할 수 있다. 넷째, 리더는 각 팀원의 경력 목표와 성장을 지원하는 개인 발전 계획을 수립해야 한다. 이는 팀원들이 다른 사람과의 비교로 인해 발생하는 질투를 방지하고 자신의 성장 경로에 집중하게 함으로써 해결할 수 있다. 마지막으로, 팀원들이 자유롭게 의견을 표현할 수 있는 기회를 제공하고, 그들의 성과와 기여도를 명확히 이해할 수 있도록 정기적인 피드백을 제공해야 한다.

질투는 조직 내에서 피할 수 없이 발생할 수 있는 감정이다. 그러나 적절한 관리와 접근 방식을 통해 긍정적인 변화를 이끌어낼 수 있다. 이를 위해 리더의 역할은 이러한 감정을 조기에 식별하고 건강한 조직 문화를 유지하기 위한 해결책을 제공하는 것이다.

도취(Ecstasy)

자기도취는 일명 나르시시즘(narcissism) 또는 자기애(自己愛)는 정신분석학적 용어로, 자신의 외모, 능력과 같은 어떠한 이유를 들어 지나치게 자기 자신이 뛰어나다고 믿거나 아니면 자신을 사랑하는 자기중심성 성격 또는 행동을 말한다. 이는 대부분 청소년들이 주체성을 형성하는 동안 거쳐 가는 하나의 과정이기도 하며, 정신분석학에서는 보통 인격 장애 증상으로 본다. 자기의 신체에 대하여 성적 흥분을 느끼거나, 자신을 완벽한 사람으로 여기면서 환상 속에서 만족을 얻는다. 이 단어의 유래는 물에 비친 자신의 모습에 반해서 물에 빠져 죽었다는 그리스 신화에 나오는 나르키소스의 이름을 따서 독일의 네케가 만든 용어이다. 신경과학자 에드워드 홀랜더(Edward Hollander)은 나르시스트를 두고 "정신적 자위행위자"라 부른다. 그들은 자신이 원하는 것은 스스로 사랑스럽게 어루만지는 것뿐이기 때문이다. 나르시시즘은 사회 곳곳에서 발견될 수 있는 현상이며, 특히 나르시스트 개인은 자신이 항상 모든 상황의 중심에 있어야 한다고 믿는다. 이러한 사람들은 자신의 존재가 무대 위의 주인공처럼 느껴져야 하며, 주변 사람들, 특히 가까운 관계에 있는 이들로부터는 끊임없는 찬사와 박수를 기대한다. 나르시스트는 자신의 우월함을 굳게 믿으며, 언제나 자신이 주목받고 조명을 받아야 한다고 여긴다. 자신의 지식이나 성공에 대해 자랑스럽게 말하는 것을 즐기며, 반면에 타인의 성공이나 성취는 경시하거나 무시하는 경향이 있다. 또한, 다른 사람의 문제나 어려움은 하찮게 여기는 반면, 자신이 직면한 문제에 대해서는 과도하게 중요하게 생각하고, 타인의 공감과 이해를 강하게 요구한다.

나르시스트는 정치, 기업계의 리더직을 포함한 다양한 분야에서 찾아볼 수 있는데, 이들은 종종 자신의 의견이나 방식만이 정확하다고 여기며, 이를 통해 부하 직원이나 동료들과의 관계에서도 오직 자신의 이익을 취하고자 하는 태도를 보인다. 이처럼 자기중심적인 리더는 그들이 리더십을 발휘하는 조직이나 팀 내에서 여러 가지 문제를 일으킬 수 있다. 팀워크 부족, 의사소통의 장애, 그리고 창의성과 혁신의 저해는 나르시스트 리더 하에서 자주 발생하는 문제점들 중 일부다. 이러한 문제들은 결국 조직의 성장을 방해하고, 직원들의 사기를 저하시키며, 전반적인 생산성에 부정적인 영향을 미칠 수 있다.

비하(Abasement)

비하는 토마스 헤리스의 인생태도에 따르면 자기부정 타인긍정에서 비롯되는 것이다. 특히 교류분석(TA ; Transactional Analysis)이론에서는 자신을 업신여기고 학대 또는 비난하면서 자신을 부정하는 스타일에서 생기는 것이다. 에릭 번(Eric Berne, 1910-1970]은 이를 두고 Kick Me(나를 짓밟아 주세요)라는 게임을 하는 것이라 하였다.

어린아이가 성장하는 과정에서 부모로부터 학대를 많이 받거나 비난을 받으면서 성장한 아이들에게서 흔히 나타나는 금지령의 일종이다. 심리학자 굴

딩은 인생의 금지령을 12가지로 구분했다. "존재하지 마라(Don't exist)", "네가 성별인대로 행동하지 마라(Don't be the sex you're)", "아이처럼 행동하지 마라(Don't be a child)", "성장하지 마라(Don't grow)", "성공하지 마라(Don't succeed)", "그것을 하지 마라(Don't do that)", "중요한 사람이 되지 마라(Don't be important)", "존재하지 마라(Don't being)", "사랑하거나 신뢰하지 마라(Don't love or Don't trust)", "의지하거나 정신이 온전하지 마라(Don't be will or Don't be sane)", "생각하지 마라(Don't think)", "느끼지 마라(Don't feel)"라고 하였다.[76]

토마스 헤리스는 자신을 비하하는 사람을 두고 자기부정 타인긍정, 즉 'I'm not ok, you're ok'의 인생 태도를 지닌 사람이라고 했다.

리더가 이런 태도를 갖고 있다면 조직에 여러 가지 부정적인 영향을 미칠 수 있다. 리더가 자신을 낮추고 타인을 과도하게 긍정한다면, 결정을 내리거나 중요한 지시를 할 때 자신감이 부족해 보일 수 있다.

이는 팀원들이 리더의 능력을 의심하게 만들고, 결국 조직의 목표 달성에 영향을 줄 수 있다. 또한, 리더의 자기부정적 태도는 팀원들에게도 부정적인 자세를 전파할 수 있어, 조직 전체의 사기 저하로 이어질 수 있다.

해결방안으로는 우선 리더 자신이 자신의 태도를 인식하고 긍정적인 자기 인식을 갖도록 노력하는 것이 중요하다. 자기긍정을 높이기 위한 교육 프로그램이나 워크숍에 참여할 수도 있다.

또한, 조직 내에서 서로를 지지하고 긍정적인 피드백을 주고받는 문화를 조성하는 것도 중요하다. 이를 통해 리더와 팀원 모두가 서로를 더욱 신뢰하고, 조직의 목표 달성에 긍정적인 영향을 미칠 수 있는 환경을 만들 수 있다.

우울(Depression)

우울증은 현대인들이 가장 많이 시달리는 질병 중에 한가지라는 사실을 필자가 많은 사람들을 대상으로 상담하면서 느낀 문제일 뿐만 아니라, BQ(Brain Quotient)검사에서 상당히 많은 사람들이 우울증으로 판단되는 결과를 보여주기도 하였으며(진단결과 행동성향은 부정적이고 정서지수는 우울일 때), 대부분 우울증을 앓고 있는 사람은 스스로 자신이 우울증을 앓고 있다는 사실을 알고 있다. 우울증은 부정적 감정과 관련성이 많고 세로토닌 신경전달물질과 밀접한 관련이 있다는 사실을 많은 신경과학은 밝히고 있다.

우울증 유전자를 관련 연구한 아브샬롬 카스피(Avshalom Caspi)와 그의 동료들의 연구를 살펴보면, 세로토닌 전달 유전자형에 따라 짧은 유전자 두 개를 가진 그룹(S/S)과 긴 유전자와 짧은 유전자를 각각 한 개씩 가진 그룹(S/L) 그리고 긴 유전자를 두 개를 가진 그룹(L/L)으로 나누어 5년 후 그들에게 지금까지 살아오면서 몇 번이나 힘든 인생사를 겪었는지에 대한 질문을 하였다. 그 결과 L/L그룹은 4번 이상의 부정적인 인생사를 겪었어도 우울증 비율은 20%미만이었고, S/S그룹은 두 번 부정적 경험에서 20% 세 번 경험에 30% 네 번 이상 경우에는 40%이상으로 나타났다.

반면에 S/L그룹은 중간정도의 결과가 나왔다.[77] 연구 결과에 따르면, 짧은 유전자를 가진 사람들은 부정적인 인생사를 겪었을 때 우울증에 더 쉽게 노출된다. 이러한 연구 결과는 리더가 우울증을 겪을 때 개인과 조직에 미치는 영향과 해결방안을 고려할 때 중요하다.

우선, 리더가 우울증을 겪을 경우, 그 영향은 개인 수준을 넘어 전체 조직에까지 퍼질 수 있다. 우울증에 시달리는 리더는 감정 조절에 어려움을 겪을 수 있으며, 의사결정 능력이 저하될 수 있다. 이는 조직의 목표 달성에 부정적인 영향을 미칠 수 있다. 리더의 우울증은 팀원들을 의기소침하게 만들고 조직 내 긴장과 충돌의 원인이 될 수 있다.

이러한 문제들을 해결하기 위해서는 다각도의 접근이 필요하다. 우선, 리더는 자신의 우울증을 인식하고 전문가의 도움을 받아야 한다. 상담이나 치료를 통해 우울증 극복의 첫걸음을 뗄 수 있다. 또한, 규칙적인 운동, 균형 잡힌 식사, 충분한 수면 등 건강한 생활 습관을 유지하는 것도 우울증 관리에 도움이 될 수 있다.

조직 수준에서는 리더의 우울증을 이해하고 지원하는 문화를 조성하는 것이 필요하다. 조직 구성원들이 서로의 정신 건강을 존중하고 필요할 때 지원을 제공할 수 있는 문화가 중요하다. 또한, 리더의 업무 부담을 줄이고 적절한 휴식을 할 수 있도록 허용하는 것도 우울증 회복에 도움이 될 수 있다.

결론적으로, 리더의 우울증은 개인과 조직에 다양한 부정적 영향을 미칠 수 있으며, 이를 극복하기 위해서는 개인과 조직 모두의 적극적인 노력이 필요하다. 전문가의 도움을 받기, 건강한 생활 습관 유지하기, 조직 내 지원 문화 조성하기 등은 이 문제를 해결하는 데 중요한 단계이다.

무력(Effete)

전신무력증은 빈혈증이나 암 같은 만성·소모성 질환의 경우에 일어나며, 부신(副腎) 질환에서는 지배적인 증세이다. 특정 기관이나 기관계(器官系)에 한해서 일어나는 무력증도 있다.

예를 들면, 눈의 피로나 근육계의 만성 진행성 무력증으로, 10~20대의 여성에게 많으며, 눈꺼풀이 처지고 교근(咬筋)이 침해되어 연하(嚥下)나 보행이 부

자유스럽게 되는 중증의 근무력증 등이다. 신경쇠약이나 정신쇠약에서는 강한 주관적 피로감이 있으나 진정한 쇠약은 아니다.[78] 리더가 무력해지면, 조직 내에서 다양한 문제가 발생한다. 무력한 상태의 리더는 자신의 감정을 제대로 조절하지 못하고, 어떤 행동에도 의욕을 잃는다. 이러한 상태는 도파민과 같은 신경전달 물질이 부족할 때 발생할 수 있으며, 이는 집중력 감소, 사고 및 의사결정 속도 저하, 그리고 업무에 대한 흥미 상실로 이어진다.

리더의 무력증은 조직 전체에 부정적인 영향을 끼친다. 리더가 자신의 감정을 제대로 조절하지 못하면, 조직 내 긴장과 갈등이 증가한다. 또한, 의욕을 잃은 리더는 조직의 목표 달성을 방해하고 팀원들을 탈모티베이션 상태로 만들 수 있다. 의사결정 능력이 저하되면 중요한 기회를 놓치거나 잘못된 결정을 내릴 위험이 증가한다. 대인관계 기술과 집중력이 저하되면 조직의 일상 운영과 팀워크에도 부정적인 영향을 미친다.

이러한 문제를 해결하기 위해서는 리더가 건강한 식습관, 규칙적인 운동, 충분한 수면을 통해 자연스럽게 도파민 수준을 높여야 한다. 스트레스 관리 기술을 배우고 심리학자나 정신건강 전문가와 상담하는 것도 무력증을 극복하는 데 도움이 된다. 시간관리, 목표설정, 긍정적 사고와 같은 자기관리 기술을 개발하는 것도 중요하다. 팀원들과 정기적인 미팅과 열린 소통을 통해 문제를 공유하고 해결책을 찾는 노력도 필요하다.

리더의 무력증 문제를 해결하는 것은 단순히 개인적인 문제를 넘어서 조직 전체에 중요하다. 이 문제에 대해 적극적으로 해결책을 모색하고 시행하는 것이 필수적이다.[79]

불안(Restlessness)

불안장애는 다양한 형태의 비정상적, 병적인 불안과 공포로 인하여 일상생활에 장애를 일으키는 정신 질환을 통칭한다. 불안과 공포는 정상적인 정서 반응이지만, 정상적 범위를 넘어서면 정신적 고통과 신체적 증상을 초래한다. 불안으로 교감신경이 흥분되어 두통, 심장 박동 증가, 호흡수 증가, 위장관계 이상 증상과 같은 신체적 증상이 나타나 불편하고 가정생활, 직장생활, 학업과 같은 일상 활동을 수행하기 어려운 경우 불안장애로 진단할 수 있다. 기업의 리더나 정치 지도자가 불안할 때, 그들의 불안은 단순한 개인적 문제를 넘어서 조직 전체에 심각한 영향을 미치는 다양한 문제를 야기한다. 리더의 불안정한 정서 상태는 의사결정 과정에서 매우 부정적인 역할을 하게 되는데, 이는 리더가 상황을 객관적으로 평가하는 데 필요한 명료한 사고를 방해하고, 결과적으로 비합리적이거나 지나치게 조심스러운, 때로는 과도하게 위험을 회피하는 결정을 내리게 할 수 있다. 이런 결정들은 조직의 명확한 방향성을 흐리게 하고, 중요한 기회를 잃어버리게 하는 위험을 내포하고 있다.

더 나아가, 리더의 불안은 그들의 태도와 행동을 통해 팀 구성원들에게 전파되어, 이는 전체 조직의 사기와 생산성에 부정적인 영향을 미친다. 구성원들은 리더의 불안을 감지하고 이로 인해 불확실성과 불안정성을 느끼게 되며, 이는 업무 효율성과 창의성을 저하시킬 수 있다.

정치 지도자의 경우, 그들의 불안은 대중에게 잘못된 신호를 보내어 정책의 일관성과 신뢰성에 큰 타격을 줄 수 있다. 이는 국민들 사이에서 혼란과 불안을 조성하고, 정치 지도자와 정부에 대한 신뢰를 저하시키며, 장기적으로는 국가의 안정성과 발전에 악영향을 끼칠 수 있다.

이러한 상황을 효과적으로 대처하고 불안을 극복하기 위해서는 리더와 정치

지도자들이 자신의 감정을 인식하고 관리하는 방법을 배우는 것이 중요하다. 이를 위해 스트레스 관리 기법, 정서적 지능 향상 프로그램, 마음챙김 명상과 같은 자기계발 프로그램에 참여하거나 전문가의 도움을 받는 것이 필요하다. 이와 더불어, 조직 내에서 소통과 협력을 강화하여 팀워크를 증진시키고, 긍정적인 조직 문화를 조성하는 노력도 필수적이다.

조급(Impatient)

 조급은 예민한 성격 특성을 가진 사람들에게서 나타나는 증상으로, 어떤 사실이 이루어지지 않을까 봐 걱정하거나 원하는 것이 성취되지 않을 때 어떻게 될까 하는 두려움, 무엇인가 쉽게 이뤄지지 않으면 자신의 존재 가치가 없다고 생각하는 경우 등에서 볼 수 있다. 조급함은 두려움, 공포, 불안에서 비롯되며, 안절부절 못하는 상태로 나타난다. BQ 검사에서는 신체적으로 긴장도가 높고, 뇌의 기초 리듬 지수가 불안정할 때, 즉 뇌가 안정되어 있지 못하고 산만한 상태에서 나타나는 신체적, 정신적 현상으로 나타난다.

 리더가 조급함을 보이는 순간부터, 그의 불안정한 감정은 정치 및 기업 조직의 기반을 흔들기 시작한다. 조급한 리더는 종종 성급한 결정을 내리며, 이는 단기적인 성과를 추구하면서 장기 전략이나 발전을 간과하는 경향이 있다. 이런 접근 방식은 팀원들 사이의 불안과 긴장을 증가시킬 뿐만 아니라, 조직의 성장 잠재력을 저해할 수 있다. 또한, 리더의 이러한 행동 양식은 구체적이고 다양한 부정적 영향을 초래한다.

 첫째, 조급한 리더는 즉각적인 성공을 선호하며, 장기적인 전략의 개발을 등한시한다. 이런 접근 방식은 단기적인 이익을 가져올 수 있지만, 조직의 지속 가능한 성장을 방해하고 장기적인 목표 달성을 어렵게 할 수 있다. 이는 조직의 미래를 위한 투자와 혁신을 방해한다.

둘째, 리더의 조급함은 직원들에게 과도한 압박을 가할 수 있다. 이는 업무의 질 저하, 창의성 감소 및 직원 만족도 하락으로 이어질 수 있다. 이러한 환경은 직원 이직률을 증가시키며, 결국 조직의 인적 자원 투자 손실로 이어질 수 있다.

셋째, 조급함 때문에 리더는 충분한 정보 수집 없이 빠르게 결정을 내릴 수 있다. 이는 비효율적이거나 잘못된 결정을 초래할 수 있으며, 이는 조직에 장기적인 손실을 초래할 수 있다. 이러한 결정들은 종종 수정하기 어렵거나 비용이 많이 들며, 조직에 큰 부담이 될 수 있다.

넷째, 리더의 조급함은 조직 문화에 부정적인 영향을 미칠 수 있다. 불안정하고 긴장된 조직 문화는 팀원들 사이의 협업과 상호 존중 문화를 해칠 수 있으며, 이는 조직 전체의 성과에 부정적인 영향을 미칠 수 있다. 건강한 조직 문화의 부재는 창의성, 혁신, 팀워크 및 동기 부여를 저해할 수 있다.

다섯째, 리더의 조급함은 조직의 대외 이미지에도 영향을 미칠 수 있다. 성급한 결정이나 변덕스러운 정책 변경은 조직의 신뢰성과 안정성에 의문을 제기할 수 있으며, 이는 기존 및 잠재적인 파트너십뿐만 아니라 고객 관계에도 부정적인 영향을 미칠 수 있다.

신경(Neurones)

신경성이 높은 사람들의 행동양상과 그로 인한 영향은 다방면에서 주목할 만하다. 이들은 마치 불면증 환자가 편안한 자세를 찾아 뒤척이듯, 자아를 지속적으로 재정의하고 자신의 위치를 다시 평가하려는 경향이 있다. 이러한 상태는 신경성의 본질적인 특성에서 비롯되는데, 신경성이란 개인이 스트레스에 어떻게 반응하며, 부정적인 감정을 얼마나 자주 경험하는지를 나타내는 심리학적 지표 중 하나다.

첫 번째로, 신경성의 높고 낮음은 유전적 요인에 의해 크게 영향을 받는다. 연구에 따르면, 신경성 점수가 높은 가족 구성원은 우울증, 자살 경향 뿐만 아니라, 스트레스를 받았을 때 더 심각한 정서적 반응을 보이는 경향이 있다. 이는 가족 내에서 신경성이 높은 구성원이 겪는 정신적 고통이 다른 가족 구성원에게도 영향을 미칠 수 있음을 의미한다.

두 번째로, 신경성이 높은 사람들은 자기평가가 낮고, 자신감이 부족하여 실패 확률이 높은 과제에 자신을 더 자주 노출시키는 경향이 있다. 이는 스스로를 과소평가하고, 자신의 능력에 대한 믿음이 부족하기 때문이다. 이러한 태도는 실패를 더 자주 경험하게 하며, 이는 다시금 부정적인 자기인식을 강화시킨다.

세 번째로, 부정적인 감정을 회피하려는 신경성이 높은 사람들의 시도는 아이러니하게도 종종 그들이 피하고자 했던 바로 그 결과를 초래한다. 예를 들어, 사회적 상황에 대한 두려움으로 인해 대인 관계를 피하는 것은 결국 더 큰 고립감과 외로움을 불러일으킬 수 있다.

더 나아가, 신경성이 높은 개인은 정신적 문제뿐만 아니라 신체적 건강 문제에도 더 취약하다. 우울증, 불안 장애, 불면증, 스트레스 관련 문제는 물론, 심장 질환, 소화 장애, 고혈압과 같은 다양한 신체 질환의 위험이 더 높다고 알려져 있다. 이는 신경성이 높은 사람들의 신체가 스트레스에 대해 더 민감하게 반응하고, 이로 인해 다양한 신체적 문제가 발생할 가능성이 높아지기 때문이다.

신경성이 높은 사람이 정치 지도자라면 스트레스 상황에 더 강하게 반응하여, 국가 위기 상황에서 침착한 판단을 내리기 어렵다. 또한, 이들은 부정적인 감정을 자주 경험하여 외교 관계에서 충동적이고 예측 불가능한 결정을 내릴 가능성이 크다. 마지막으로, 대중과의 소통에서 지나치게 방어적이거나 불안정하게 반응하여 대중의 신뢰를 잃을 위험이 있다.

반면에 기업의 관리자라면 높은 신경성은 직장에서의 스트레스 수준을 높여 팀원들의 사기와 생산성에 부정적인 영향을 미친다. 또한, 부정적인 감정폭발을 자주 경험하는 이들은 의사결정 과정에서 충동적이거나 비합리적인 결정을 내릴 위험이 크다. 마지막으로, 자신감 부족은 리더의 권위를 약화시켜 직원들의 존경을 얻기 어렵게 만든다. 이러한 문제들은 궁극적으로 조직의 성과와 안정성에 부정적인 영향을 미칠 수 있다.

8. 리더십의 항상성

생명의 진화는 경이로운 역사라고 말할 수 있다. 38억 년 전 최초의 생명체가 출현한 이래로 오늘날의 인간이 등장하기까지의 이 글을 읽는 당신과 나는 38억 년 전부터 준비된 위대한 존재이다. 다시 말하면 위대한 존재임에 자존심을 가져도 좋다는 이야기 이다.

신경과학자 안토니오 다마지오는 모든 생명체가 항상성을 지니고 있다고 설명했다. 즉, 가장 단순한 생명체인 박테리아에서부터 고등동물인 인간에 이르기까지 모든 생명체는 생명을 유지하기 위한 항상성을 지니고 있다는 의미다.

이처럼 생명체의 진화 과정은 경이롭고도 놀라운 역사라고 할 수 있다. 지금까지 살펴본 뉴로리더십은 이러한 생명체의 본질을 이해하고, 생존과 번식을 위한 본능적 원형과 인지적 원형의 통합된 개념에 대해 다루어 왔다.

단순히 생각해 보면, 생존을 위해서는 결국 생존과 번식이라는 본능적인 항상성에서부터 시작하지만, 고등동물인 인간만이 유일하게 지닌 인지적 원형 또한 더 나은 생존 도구로 신경 시스템의 발달을 통해 더 나은 생존수단으로 항성성이 존재한다는 의미를 포함한다. 이처럼 생명체의 진화과정은 단순한 생존과 번식의 차원을 넘어서, 인간의 인지적 능력이 발달하면서 더욱 복잡하고 다양한 양상으로 전개되어 왔다.

나는 어린이 놀이터에 매우 익숙하다. 그중에서도 손녀와 함께 타는 시소놀이가 가장 재미있다. 손녀가 "할아버지, 여기 앉아!"하고 명령하면, 나는 시소 한쪽 편에 앉아 시소놀이를 한다. 내 몸무게가 손녀의 약 3배나 되기 때문에, 균형을 유지하는 것이 중요하다. 그래서 시소놀이를 할 때마다 위험으로부터 안전한 놀이를 위해 균형잡힌 자세를 유지하려 노력한다. 무게중심을 잘못 잡으면 대형사고로 이어질 수 있기 때문이다.

리더는 집단의 생존과 발전을 위해 끊임없이 노력해야 한다. 한편으로는 긍정적인 면을 강조하고, 다른 한편으로는 부정적인 면도 고려하여 균형을 유지해야 한다. 앞서 살펴본 바와 같이, 좌뇌와 우뇌의 편향성에 대한 리처드 데이비슨 박사의 실험결과를 통해 알 수 있었다. 좌뇌는 긍정적 성향을 가지고 있고 우뇌는 부정적 성향을 가지고 있다. 이러한 좌뇌와 우뇌의 편향성은 진화과정에서 적응과 반적응의 결과라고 이해할 수 있다.

따라서 리더는 집단의 생존과 발전을 위해 긍정성과 부정성의 균형을 잡아야 한다. 한쪽으로 치우치지 않고 균형을 유지하면서 끊임없이 도전해야 한다.

인간의 인지적 능력은 주어진 한경에 적응하지 못할 때는 창발이라는 새로운 아이디어로 극복하여 위대한 인류문명을 창조하였다. 인간은 끊임없이 자신이 직면한 문제들을 해결하고자 노력해왔다. 이를 위해 인간은 두 가지 방향으로 도전해왔다.

첫째, 인간은 외적 환경을 극복하기 위한 도전을 해왔다. 자연의 제약과 한계를 뛰어넘기 위해 인간은 창의적인 아이디어와 기술을 끊임없이 개발해왔다. 그 결과 자동차, 비행기, 우주선 등이 개발되었고, 인간은 달에 도착하는 기적 같은 일을 이루어낼 수 있었다.

둘째, 인간은 육체적, 정신적 한계를 뛰어넘기 위해 지속적으로 노력해 왔다. 외적 환경을 극복하기 위해 창의적인 아이디어로 다양한 기술을 개발해 왔지만, 내적으로 발생하는 심리적 문제를 해결하는 데에는 어려움을 겪어 왔다.

인간은 자신과의 대화, 즉 자신과의 속말을 통해 내적 문제를 극복하려 노력해 왔지만, 대부분 자기 위로 수준에 머물러 있다. 하지만 속말로 되풀이하는 자신과의 대화를 통해 마음의 면역력을 작동시켜 위기를 극복하려는 노력은 끊임없이 이루어지고 있다. 이처럼 인간은 내·외적 환경 모두에 대한 도전을 통해 문제를 해결하려 시도해 왔다. 다만 외적 환경 극복을 위한 능력은 뛰어나지만, 내적 문제 해결에는 아직 지지부진한 현상을 보이고 있다.

다음 장에서는 리더가 자신의 내면적 문제를 해결하여 건강한 리더십을 발휘할 수 있도록 방법을 제시할 것이다. 리더로서 자신의 마음을 진단하고 주요 문제를 파악한 후 절차에 따라 실행한다. 이제 스스로 신경망을 재설정하여 새로운 지도자로 거듭나기를 희망한다. 그리하여 지도자로서 자신을 빛나게 하고 주변을 밝히며, 세상을 바르게 이끄는 파워리더십을 발휘하여 위대한 지도자로 새롭게 탄생하기를 기대한다.

당신의 뇌를
리더십의 무기로 만들기

MODULE
05

팔자 고치는
8가지 생활습관

NRP(신경망제설계) 8가지 습관	**401**
첫째, 뇌 훈련습관	403
둘째, 운동습관	405
셋째, 명상생활습관	407
넷째, 언어(감정)훈련습관	408
다섯째, 학습훈련습관	411
여섯째, 섭생훈련습관	412
일곱째, 수면훈련습관	414
여덟째, 인맥훈련습관	415

MODULE 05

팔자 고치는 8가지 생활습관

NRP(신경망제설계) 8가지 습관

뉴로리더십 프로그램은 신경과학의 최신 이론을 바탕으로, 리더십에 대한 혁신적이고 심도 있는 접근법을 제공하는 이 프로그램은 리더십을 진화론적 관점에서 본능적으로 발생하고 인지적으로 발전해 온 과정을 탐구하여 리더십의 본질을 새롭게 이해할 기회를 제공한다. 참가자들은 본능적 및 인지적 측면을 깊이 이해함으로써 자신만의 리더십 스타일을 발전시키고 개선할 수 있는 구체적인 학습 모델을 얻는다.

 이 과정은 8개의 세부 모듈로 구성되어 있으며, 각 모듈은 리더십의 다양한 측면을 깊이 있게 다루고 있다. 일부 모듈은 리더십의 심리학적 기초를 탐구하고, 다른 모듈은 의사결정 과정에서의 뇌 활동을 분석한다. 각 모듈은 특정 학습 목표를 제시하며, 참가자들은 13주에 걸쳐 제공되는 테마별 교육을 통해 이러한 목표를 달성하게 된다. 교육 과정은 참가자들이 뇌의 신경과학적 메커니즘을 이해하고, 이를 통해 리더십 능력을 실질적으로 향상시킬 방법을 배우도록 돕는다.

이 프로그램은 8가지 생활습관 실천을 통해 뉴로리더십 역량을 극대화하는 것을 목표로 한다. 이러한 습관화 훈련은 단순한 수련이 아닌 뇌를 최적화하여 인지적 파워리더십 역량을 강화하는 데 중점을 둔다. 독자 여러분도 제시된 8가지 습관을 생활 속에 실천하여 최적화된 결과를 얻기를 바란다.

습관을 바꾸면 운명이 달라질 수 있지만, 이를 실천하지 않으면 변화는 없다. 따라서 실천이 중요하다.

뇌 최적화의 긍정적인 영향은 다음과 같다. 첫째, 인지 능력 향상으로 기억력, 집중력, 창의성, 문제 해결 능력이 개선된다. 둘째, 정서적 안정성이 증진되어 스트레스 관리와 감정 조절 능력이 향상된다. 셋째, 신체 건강이 증진되며 수면의 질, 면역력, 에너지 수준이 향상된다. 넷째, 생활 만족도가 증가하고 행복감이 높아진다. 다섯째, 리더십 역량이 강화되어 효과적인 의사결정과 혁신적 사고가 가능해진다.

결국, 뇌 최적화는 개인의 성장뿐만 아니라 조직과 사회 전반에 긍정적인 영향을 미칠 수 있다. 뉴로리더십 역량 강화는 독자 여러분의 셀프리더십과 파워리더십 발휘를 이끌어낼 것이다. 셀프리더십은 자기 자신을 효과적으로 이끄는 능력이며, 파워리더십은 타인에게 강력한 영향력을 미치는 능력이다. 이 두 가지 리더십은 현대 사회에서 성공적인 삶을 사는 데 필수적이다.

앞으로 소개할 8가지 뇌 건강 습관은 실천하기 쉽도록 구체적인 '생활화 행동지침'을 제공한다. 매일 8가지를 100일간 실천하면, 평생 당신을 돕는 슈퍼 의사와 뉴로리더가 될 것이다. 이는 건강한 생활습관을 유지하는 것을 넘어, 자기 자신을 더 나은 방향으로 이끌어가는 능력을 극대화하는 과정이다.

100일 동안 지속적으로 실천함으로써 이 습관들은 자연스럽게 여러분의 일상에 녹아들어 인생 전반에 큰 변화를 가져올 것이다.

첫째, 뇌 훈련습관

뉴로피드백 훈련은 최신 과학기술에 기반하여 한국정신과학연구소의 박병운 박사가 개발한 혁신적인 도구이다. 이 훈련은 2채널 시스템을 갖춘 이동식 기기인 AI 기반 뉴로하모니 S20을 통해 사용자의 뇌파를 정밀하게 측정하고, 개인별 맞춤형 뉴로피드백 훈련을 제공한다.

훈련 프로그램은 일주일에 세 번 진행되며, 각 세션은 개인의 일정에 맞추어 유연하게 조정된다. 목표는 사용자가 일상생활에서 뇌 훈련을 자연스럽게 실천할 수 있게 하는 것이다. 이를 위해 참여자들은 13주 동안 뉴로하모니를 착용하고 교육 세션에 참여하게 되며, 이 과정은 자기주도적 학습을 장려한다.

뉴로피드백 훈련 방법은 호흡 훈련에서 시작해 기본 훈련, 뇌 이완 훈련, 집중력 훈련, 그리고 기억력 훈련에 이르기까지 다양한 훈련을 포함된다. 이 훈련들은 일상생활에 쉽게 통합될 수 있도록 설계되었다.

대부분의 참여자들은 특별한 상황이 없는 한 평생 동안 지속적으로 동일한 훈련 모드를 유지하게 되며, 이는 개인의 뇌 활동 패턴을 꾸준히 개선하는 전략이다. 뉴로피드백 훈련 프로그램에 참여하는 사람들은 정기적으로 자신의 뇌 활동과 상태를 분석하게 된다. 이 분석은 받는 훈련의 효과를 극대화하기 위해 필수적인 과정이다.

참여자들은 자신의 뇌 활동 데이터를 주의 깊게 검토하고, 이 정보를 바탕으로 훈련 방법을 개인의 필요에 맞게 조정한다. 매월 제공되는 피드백을 통해 참여자는 자신의 진행 상황을 명확하게 이해하고, 필요에 따라 훈련의 강도나 방향을 조정할 수 있다.

예를 들어, 기억력 문제를 겪고 있는 참여자는 기억력을 강화하는 특별한 훈련 프로그램에 더 많은 시간을 할애하게 된다. 이런 맞춤형 훈련을 통해 그들의 기억력 문제를 해결하는 데 도움을 준다. 반면, 창의력 발전을 원하는 참여자는 창의적 사고를 촉진하는 다양한 게임과 활동에 집중하게 된다. 이처럼 참여자의 개인적 필요와 목표에 따라 훈련 프로그램이 조정되어 각 개인의 잠재력을 최대한 발휘할 수 있다.

주의력이 산만하거나 집중력에 문제가 있는 사람들은 집중력 향상을 위한 훈련에 초점을 맞춘다. 이 훈련은 참여자가 일상에서 보다 집중력 있게 활동할 수 있도록 도움을 준다. 또한, 명상과 같은 뇌 건강 향상 활동에 관심이 있는 사람들은 명상 능력을 개선하고 더 평온한 마음을 유지할 수 있도록 하는 훈련에 참여하게 된다.

이와 같이 뉴로피드백 훈련은 참여자의 다양한 요구와 목표를 충족시키며 각자의 건강과 웰빙을 향상시키는 데 중점을 둔다.

[뇌파훈련생활행동지침]

1. 뉴로하모니 S20을 착용하고 일상생활 중 글쓰기, 독서, TV 시청, 청소 등에 적용하여 기본 훈련 상태로 생활화합니다.
2. 매주 3회 이상, 60분 이상 다양한 훈련 프로그램에 따라 규칙적으로 훈련을 실천합니다.
3. 이를 통해 BQ(Brain Quotient) 검사에서 휴식, 주의력, 집중력 각 30 이상의 목표를 달성하여 뇌 최적화 상태를 유지할 수 있습니다. BQ검사는 전문가를 만나거나 저자를 만나 책정할 수 있습니다.

둘째, 운동습관

뇌 건강을 지키기 위한 가장 기본적이고 중요한 습관은 꾸준한 유산소 운동으로, 맨발 걷기와 브레인 체조가 포함된다. 뇌 건강을 유지하고 향상시키려는 노력은 신체 활동에 기반하고 있으며, 특히 맨발 걷기는 발바닥을 통해 신체의 다양한 장기와 연결되는 경락을 자극하여 긍정적인 영향을 미치는 효과적인 운동 방법으로 알려져 있다. 발바닥에는 거의 모든 장기와 연결된 경락이 분포되어 있어, 맨발로 걷는 단순한 행동만으로도 신체의 오장육부를 자극하고 뛰어난 지압 효과를 경험할 수 있다.

연구에 따르면, 이러한 활동은 일반 지압보다 뇌 활성화에 240배 이상 자극 효과가 있다고 한다. 뇌 과학의 발전으로 걷기와 같은 유산소 운동이 뇌 건강에 미치는 긍정적인 영향에 대한 연구가 지속되고 있다. 특히 걷기 중 생성되는 BDNF(뇌 유래 신경 영양 인자)는 뇌 신경망을 강화하고 해마에서 매일 생성되는 700개 이상의 새로운 신경세포를 건강하게 유지하는 데 필수적이다. 우울증, 불안 등의 부정적인 감정을 완화하고 치매 예방에도 도움을 주는 것으로 알려져 있다.

맨발 걷기는 혈액 순환 개선, 스트레스 감소, 자세 개선 등 다양한 효과로 많은 이들의 관심을 받고 있다. 유튜브에서의 체험 사례들은 이 방법이 만성 통증, 불안장애, 수면장애 등을 개선하는 데 기적과 같은 효과를 보여준다고 주장한다. 전문가의 의학적 조언과 함께 제시된 사례들은 신뢰감을 더해준다.

맨발 걷기가 지구의 자유 전자인 음이온과 활성산소인 양이온을 정화하여 신체 기능을 조화롭게 만든다는 이론이 설명되기도 한다.

맨발 걷기는 엔도르핀 생성을 촉진하여 기분을 좋게 하고 스트레스를 줄이며, 세로토닌 등의 신경 전달 물질 분비를 활성화하여 행복감을 느끼게 한다.

또한, 발바닥 자극을 통해 뇌 활동을 촉진하고 심리적으로 긍정적인 영향을 미친다. 이와 함께, 땅에 직접 앉아 발을 대고 지면과 접촉함으로써 비슷한 건강 효과를 경험할 수 있어, 신체적 제약이 있는 사람들도 쉽게 접근할 수 있는 방법임을 보여준다.

브레인 짐(Brain Gym) 훈련은 미국의 치료 교육 전문가 폴 데니슨 박사가 개발한 프로그램으로, 뇌 기능을 활성화하기 위한 간단하고 재미있는 신체 운동이다. 이 훈련은 전 세계 80여 개국에서 활용되며, 교육근운동 이론을 바탕으로 학습, 사고, 창조 등의 뇌 기능 강화를 목표로 한다. 각 운동은 뇌의 균형을 맞추고, 집중력을 높이며, 스트레스를 줄이는 데 유익하다.

맨발 걷기를 통해 8가지 생활습관을 소개할 수 있다. 첫째, 뇌파 훈련을 생활화하는 '뇌 훈련 생활습관'. 둘째, 신체 유산소 운동과 맨발 걷기를 병행하는 '운동 생활습관'. 셋째, 발의 감각을 느끼며 걷는 '마음챙김 생활습관'. 넷째, 감정을 인식하고 이름을 붙이는 '감정 언어 생활습관'. 다섯째, 스마트폰으로 전자책을 듣는 '학습 생활습관'. 여섯째, 하루 견과류를 섭취하는 '섭생 생활습관'. 일곱째, 운동하는 사람들과 대화하는 '인맥생활습관'. 마지막으로, 양질의 수면을 취하는 '수면 생활습관'. 이처럼 맨발 걷기를 통해 뇌 건강을 위한 복합적인 훈련이 가능하며, 이는 1석 8조의 효과를 얻을 수 있다.

> **[운동생활행동지침] 맨발걷기와 브레인 체조를 실천합니다.**
> 맨발걷기 좋은 시대를 맞이하고 있습니다. 지방자치단체에서 앞 다투어 맨발걷기 장소를 만들고 있습니다. 맨발걷기 한 가지 운동으로 8가지를 습관화할 수 있습니다. 방법은 맨발걷기, 마음챙김 명상훈련, 1일 견과섭취로 섭생훈련, 이북으로 학습훈련, 숙면효과 이웃과 대화 나누며 인맥훈련을 실천합니다. 브레인체조는 폴데니슨 박사의 브레인 짐을 실천합니다.

셋째, 명상생활습관

　뇌 과학 연구는 마음챙김 명상이 정신적 및 신체적 건강에 미치는 긍정적인 영향을 밝혀내고 있다. 연구에 따르면, 마음챙김 명상은 스트레스와 감정 조절에 중요한 뇌 영역을 활성화한다.

　첫째, 전두엽 피질은 의사결정, 문제 해결, 감정 조절에 관여하며, 정기적인 명상은 이 영역의 활성화를 증가시켜 스트레스 관리와 긍정적인 감정 조절에 도움을 준다. 둘째, 해마는 학습과 기억에 중요한 역할을 하며, 마음챙김 명상은 해마의 회복력을 높여 스트레스로 인한 손상을 줄이고 기억력과 학습 능력을 향상시킨다. 셋째, 시상하부는 스트레스 반응을 조절하는 중심 역할을 하며, 명상은 스트레스 호르몬 코티솔의 분비를 줄여 스트레스 해소에 기여한다. 마지막으로, 편도체는 두려움과 스트레스 반응을 담당하며, 마음챙김 명상은 편도체의 활동을 줄여 감정 조절을 개선한다.

　일상에서 마음챙김 명상을 실천하는 방법은 다음과 같다. 첫째, 호흡에 집중하기: 편안한 자세로 앉거나 누워 자연스럽게 숨쉬고, 숨의 흐름을 관찰한다. 둘째, 신체감각에 주의 기울이기: 호흡에 집중한 후 몸의 각 부위에 차례로 주의를 기울인다. 셋째, 생각과 감정 관찰 및 방출하기: 떠오르는 생각과 감정을 판단 없이 인식하고, 부드럽게 호흡이나 신체 감각으로 주의를 돌린다. 넷째, 맨발 걷기 명상: 자연과 연결되는 방법으로, 발바닥이 땅과 접촉하는 순간부터 시작해 현재 순간에 집중한다.

　마음챙김 명상은 스트레스 관리와 집중력 향상에 도움을 주며, 뇌과학 연구는 이 방법의 효과성을 입증한다. 예를 들어, 뇌과학자 리처드 데이비슨은 명상이 정서 조절과 스트레스 대처 능력을 개선한다고 밝혔다. 정기적인 명상은 낮은 스트레스 수준과 긍정적인 감정을 유지하는 데 기여한다. 또한, 사라 라자 연구는 명상이 해마와 전전두 피질의 부피를 증가시킨다고 보고하여 학습과 기억력, 자기조절 능력 향상에 도움이 됨을 보여준다.

박병운 박사가 개발한 뉴로하모니 훈련 프로그램은 현대 뇌 과학 연구 성과를 바탕으로 한 혁신적인 접근 방식을 제공한다. 이 프로그램의 '평상시 훈련 프로그램'은 일상생활에서 쉽게 실천할 수 있는 명상 기법을 포함하고 있다. 이 훈련은 전통적인 마음챙김 명상과 뉴로피드백 기술을 결합하여 사용자가 자신의 뇌파를 효과적으로 조절할 수 있도록 돕는다. 뉴로하모니 훈련은 호흡 조절, 기 에너지 조절, 명상 훈련의 세 가지 주요 영역으로 나뉘며, 심신의 안정을 이루고 스트레스를 감소시키는 데 기여한다. 이를 통해 사용자는 더 높은 수준의 정신적 평화와 집중력을 발전시킬 수 있도록 설계되었다.

> **[명상생활행동지침]**
> 마음챙김 명상의 핵심은 일상에서 마음과 신체의 반응을 알아차리는 훈련입니다. 언제 어디서든 조용히 자신의 마음과 신체를 관찰하고, 객관적으로 바라봅니다. 예를 들어, 맨발걷기를 하며 발바닥의 감각, 호흡의 변화, 감정의 흐름 등을 의식적으로 관찰할 수 있습니다. 또한 일상 중에 잠시 멈춰 서서 내면 상태를 점검하는 것도 좋습니다. 이러한 마음챙김 훈련을 지속하면 자신의 내면을 깊이 이해하고 통찰할 수 있게 되며, 삶의 여유와 평화를 얻을 수 있습니다.

넷째, 언어(감정)훈련습관

언어 훈련은 림빅 시스템을 기반으로 감정과 기분을 조절하고 관리하는 데 중점을 두고 있다. 이 훈련은 특히 뉴로리더십 과정에서 중요한 프로그램으로 자리 잡고 있으며, 언어적 접근을 통해 개인의 정서적 감정을 조절하고 이해하는 능력을 향상시키는 것을 목표로 한다. 이 방법은 변연계, 즉 감정과 기억에 관여하는 뇌 부위를 활성화하는 데 중점을 둔다. 훈련 동안 참가자들은 매주 자신의 감정, 기분 변화 및 관련 생각을 다른 참가자와 공유한다.

이러한 상호작용은 뇌의 거울 뉴런을 활성화시켜 타인의 감정을 이해하고 공감하는 능력을 향상시킨다. 이 훈련은 개인의 감정 조절 능력을 키우기 위해 감정을 네 가지 영역으로 나누어 훈련한다.

첫째, 나의 감정 문제; 둘째, 거절해야 할 나의 감정 문제; 셋째, 협조를 구하는 나의 감정 문제; 넷째, 상대방의 감정 문제. 참가자들은 대부분의 감정 문제가 타인이 아닌 자신의 문제라는 사실에 깜짝 놀라게 된다. 이 훈련은 타인과의 관계에서도 긍정적인 변화를 이끌어내는 방법으로, 뉴로리더십 과정의 핵심 부분을 형성한다.

훈련은 감정을 구분하는 것에 그치지 않고, 각 감정 문제를 인식하고 해결하기 위한 구체적인 방법을 제시한다. 예를 들어, 나의 감정 문제를 다룰 때는 내면의 감정을 객관적으로 바라보는 연습을 통해 자기인식을 높이고 감정에 휘둘리지 않도록 돕는다. 거절해야 할 감정 문제에서는 불필요한 감정 소모를 줄이는 기술을 배우고, 협조를 구하는 감정 문제는 타인에게 도움을 요청하는 방법을 익히게 된다. 마지막으로, 상대방의 감정 문제는 상대방의 감정을 이해하고 공감하는 능력을 기르는 데 초점을 맞춘다. 이를 통해 갈등을 줄이고 더 나은 협력과 소통을 이끌어낼 수 있다.

결국 이 훈련은 개인의 감정 조절 능력을 높이고 타인과의 관계를 개선하는 데 큰 도움을 준다. 참가자들은 이 과정을 통해 자기 자신과 타인의 감정을 잘 인식하고 이해하며, 효과적으로 조절하는 능력을 기를 수 있다.

언어 훈련은 다양한 기술과 전략으로 이루어진다. 참가자들은 주어진 상황에서 느꼈던 감정을 표현하는 연습을 통해 자신의 감정을 명확히 인식하고 적절히 표현하는 능력을 향상시킨다. 또한, 다른 참가자들의 경험을 듣고 공감하는 과정을 통해 사회적 인지 능력을 강화하게 된다. 이 과정에서 참가자들은 자신의 감정이 타인에게도 공통적으로 나타날 수 있다는 것을 깨닫고, 감정의 보편성을 이해하게 된다.

언어 훈련은 스트레스 관리에도 효과적이다. 참가자들은 스트레스 상황에서 자신을 진정시키고 긍정적인 생각으로 전환하는 방법을 배우게 된다. 예를 들어, 깊은 호흡을 하며 긍정적인 언어를 사용하는 방법이나, 명상을 통해 마음을 안정시키는 기술을 익히게 된다. 이러한 기술들은 일상생활에서도 유용하게 적용되어 참가자들의 전반적인 삶의 질을 향상시키는 데 기여한다.

결론적으로, 언어 훈련은 단순히 언어 능력을 향상시키는 것이 아니라, 감정 조절과 스트레스 관리, 타인과의 관계 개선에까지 긍정적인 효과를 체험할 수 있는 종합적인 프로그램이다. 뉴로리더십 과정에서 이 훈련을 통해 얻은 경험과 기술은 참가자들의 개인적인 성장뿐 아니라 조직 내에서도 큰 변화를 이끌어낼 수 있다.

> **[언어생활행동지침]**
> 언어 훈련의 핵심은 상대방의 감정, 기분, 생각을 알아차리고 자신의 감정에 이름표를 붙이는 것입니다.
> 가정에서부터 시작하여 자신의 감정을 알아차리고 이를 표현하는 연습을 해볼 수 있습니다. 예를 들어, 아이들 때문에 화가 났다면 "네가 그렇게 행동하니 화가 난다."라고 자신의 감정을 명확히 표현해볼 수 있습니다. 또한 배우자가 잔소리한다고 느낀다면 "당신이 했던 말을 반복하니 불안하고 짜증난다."라고 상대방의 언행에 대한 자신의 감정을 표현할 수 있습니다.

다섯째, 학습훈련습관

학습 훈련은 뇌 과학 연구에 기반을 두고 있어 매우 중요하다. 제임스 이 줄 박사는 효과적인 학습 방법이 뇌의 작동 방식을 이해하고 이에 맞춰야 한다고 강조한다. 이는 뇌가 정보를 어떻게 처리하고 저장하는지를 깊이 이해해야 함을 의미한다. 또한, 뇌는 자기 주도적으로 학습할 수 있는 능력을 가지고 있으며, 이는 공부하지 않는 시간에도 지속된다. 이러한 현상은 '학습된 비사용'이라고 불리며, 의식적으로 학습하지 않을 때도 뇌가 정보를 수집하고 처리하는 과정을 나타낸다.

이 개념은 일상에서 다양한 경험을 통해 지식을 습득하고, 대화를 통해 타인과 생각과 감정을 공유하는 과정이 모두 학습에 기여함을 보여준다. 이는 뇌의 학습 메커니즘을 활용하며, 우리가 겪는 모든 경험이 학습의 기회가 될 수 있음을 의미한다.

마치 우리가 섭취하는 음식이 육체에 필요한 영양소를 제공하듯, 대화를 통한 생각과 감정의 교환도 우리의 정신적 에너지를 충족시키고 뇌의 발달을 촉진하는 역할을 한다. 따라서 일상 대화에서도 학습의 기회를 찾아 지속적으로 지식을 확장하고 정신적 건강을 유지할 수 있다.

물리학자 데이비드 붐은 현대 물리학, 특히 양자역학 분야에서 중요한 기여를 한 인물이다. 그는 인간존재와 우주의 본질에 대한 근본적인 질문을 던지며, 물질 세계와 비물질 세계의 상호 연결성을 제시했다. 붐은 인간을 물질적 존재로 한정짓지 않고, 물질 에너지인 몸과 비물질 에너지인 마음의 상호작용을 설명하고자 했다.

그의 이론은 '전체성과 묘묘한 질서'에 기반을 두고 있으며, 우주가 복잡하게 얽힌 하나의 거대한 질서라고 보았다. 붐은 양자역학이 물리적 세계의 작은 입자 뿐만 아니라 인간의 의식과 같은 비물질적 현상과도 깊은 관련이 있다고 주장했다. 그의 '무한 잠재성의 숨겨진 변수 이론'은 우주에 무한한 가능성이 존재하며, 이러한 가능성이 우리의 의식과 결합할 때 현실이 형성된다고 설명한다. 이는 인간의 마음이 물질적인 뇌의 활동 결과가 아니라, 더 깊은 우주적 차원과 연결되어 있음을 시사한다.

또한, 붐은 '얽힘(entanglement)'이라는 양자역학 현상을 통해 우리가 관찰하는 세계의 상호 얽힘과 우리의 의식이 현실에 미치는 영향을 설명했다.

이는 인간의 마음과 우주 간의 복잡한 관계를 이해하는 데 중요한 열쇠를 제공한다. 결론적으로, 데이비드 붐의 이론은 물질과 비물질, 몸과 마음, 인간과 우주가 어떻게 깊이 연결되어 있는지를 통찰하게 한다.

> **[학습생활행동지침]**
> 뇌의 특성은 공부하지 않아도 학습하는 능력을 가지고 있습니다. 이는 뇌가 생존 전략을 끊임없이 실천하려는 특성 때문입니다. 즉, 공부하지 않아도 학습하는 것은 비사용의 학습입니다. 뇌과학자들은 다양한 방법으로 실증적 연구를 진행하였습니다. 예를 들어, 긍정적인 노력을 전혀 하지 않으면 부정적인 생각이 학습된다는 결과가 나타났습니다.

여섯째, 섭생훈련습관

섭생훈련은 개인의 건강을 종합적으로 향상시키기 위해 24가지 뉴로리더십 스타일을 분석하여 맞춤형 식단을 제공한다. 체질별 식단 교육을 통해 개인의 영양소 부족을 보완하고 건강한 체질로 전환하는 독특한 프로그램이다.

뇌 체질은 도파민, 아세틸콜린, 가바(GABA), 세로토닌 등으로 나뉘며, 이는 각자의 뇌 활동과 관련된 신경전달물질에 따라 다르다. 각 체질은 특정 성향과 행동 패턴을 가지고 있으며, 이는 개인의 성격과 리더십 스타일에 영향을 미칩니다. 건강한 뇌 체질은 리더십 능력 발휘에 중요한 역할을 한다.

이 프로그램은 뇌 체질을 기반으로 개인에게 적합한 식단과 생활 방식을 제시하여 건강한 생활을 유도한다. 이를 통해 개인은 체질적으로 부족한 부분을 보완하고 전반적인 건강 상태를 개선할 수 있다.

음식은 신체와 정신 모두에 중요한 영향을 미치며, 잘못된 선택은 건강에 해로울 수 있다. 우리의 뇌 구조는 다양한 신경전달물질에 따라 체질이 나뉘고, 이는 외향성, 친화성, 안정성, 개방성과 같은 성격적 특성과 연관된다.

따라서 뇌 건강과 정신적 안정을 위해 유익한 음식과 해로운 음식을 구별해야 한다.

밀가루 음식, 튀김, 백설탕 등 가공식품은 부정적인 영향을 미치며, 만성 질환의 위험을 높인다. 이러한 음식을 피하고, 잡곡밥, 신선한 채소, 오메가-3가 풍부한 생선 등 건강에 긍정적인 음식을 섭취하는 것이 중요하다. 특히, 단 음식과 밀가루 음식의 중독성에 주의해야 하며, 이를 조기에 줄여 신체와 정신 건강을 유지할 수 있다.

오메가-3 지방산은 뇌 기능을 향상시키고 기억력과 학습능력을 증진시키며, 항산화제는 뇌 세포를 보호한다. 비타민 B군과 필수 미네랄은 뇌 기능에 필수적이다. 폴리페놀은 뇌 건강을 보호하는 데 도움을 주며, 건강한 지방은 뇌의 염증을 줄이는 데 기여한다.

반면 설탕과 정제된 밀가루가 포함된 가공식품은 피해야 한다. 신선하고 균형 잡힌 식단을 유지하는 것은 뇌 건강과 전반적인 신체건강에 매우 중요하다. 올바른 식습관을 통해 삶의 질을 향상시키고 건강삶을 영위할 수 있다.

> **[섭생습관행동지침]**
> 뇌 체질 중 도파민체질에는 바나나, 견과류, 콩류가 좋습니다. 아세틸콜린체질에게는 달걀노른자, 브로콜리, 토마토가 좋습니다. 가바체질에게는 현미, 시금치, 호두가 좋고, 세로토닌체질에게는 귀리, 치아씨, 연어가 좋습니다. 또한 강황은 항염증 효과가, 올리브유와 들깨기름은 오메가-3 지방산이 풍부하여 뇌 기능 향상에 효과적입니다. 개인의 뇌 체질을 검사하면 본인에게 가장 유익한 음식을 알 수 있습니다.

일곱째, 수면훈련습관

수면 훈련은 단순한 휴식을 넘어서 건강한 정신과 몸을 유지하는 데 필수적이다. 수면의 질은 전반적인 삶의 질에 큰 영향을 미치며, 뇌는 잠자는 동안 정보를 정리하고 학습과 기억력 증진에 중요한 역할을 한다. 수면은 렘수면과 서파수면(비REM 수면)으로 나뉘며, 각각 다른 기능을 수행한다. 렘수면은 꿈을 꾸고 기억력과 정서적 안정에 도움을 주며, 서파수면은 신체 회복과 면역력 강화에 기여한다.

균형 잡힌 수면 패턴은 삶의 질을 높이고, 뇌가 불필요한 정보를 걸러내며 효율적인 작동을 돕는다. 느린파동수면(SWS) 단계에서는 뇌파가 낮아지고, 신체와 마음이 회복된다. 충분하고 질 좋은 수면은 두뇌와 신체 건강에 필수적이므로, 좋은 수면 환경을 조성하는 것이 중요하다.

건강한 수면 습관을 유지하기 위해 다음과 같은 지침을 따른다. 첫째, 침대는 오로지 수면 용도로만 사용하고, 독서나 스마트폰 사용은 피해야 한다. 둘째, 침실을 어둡게 조절하여 멜라토닌 호르몬 분비를 촉진시키고, 잠자기 전 따뜻한 물로 샤워하여 긴장을 풀어준다. 셋째, 운동은 잠자리에 들기 최소 3시간

전까지 마무리해야 한다.

마지막으로, 음주는 피해야 하며, 술은 수면의 질을 저하시킨다. 이러한 지침을 따르면 건강하고 풍부한 수면을 경험할 수 있다.

[수면생활행동지침]

수면습관은 뇌, 마음, 행동에 중요한 영향을 미치므로 주의 깊게 관리해야 합니다. 좋은 수면 습관을 유지하기 위해서는 다음의 4가지 생활 수칙을 실천하는 것이 중요합니다. **첫째**, 편안한 잠자리를 마련합니다. 적절한 매트리스와 베개를 사용하고, 침실의 온도와 습도를 조절해야 합니다.

둘째, 수면 환경을 조성합니다. 침실은 조용하고 어두워야 하며, 전자기기 사용을 최소화합니다. 셋째, 수면 전에 운동을 피합니다. 운동은 수면을 방해할 수 있으므로, 잠자기 2시간 전에는 마치는 것이 좋습니다.
셋째, 수면 전 음주를 금지합니다. 알코올은 수면의 질을 떨어뜨리므로, 음주는 피해야 합니다. 이러한 생활 태도를 꾸준히 실천함으로써 더 나은 수면 환경을 만들고, 건강한 수면 습관을 유지할 수 있습니다. 이를 통해 뇌, 마음, 행동의 전반적인 건강을 증진시킬 수 있습니다.

여덟째, 인맥훈련습관

인맥훈련은 상호작용을 통해 강력한 연대감을 형성하는 과정이다. 이는 '독수리 오형제(篤首厘五佛佾)'라는 의미 있는 커뮤니티를 만드는 데 초점을 맞추며, 같은 목표와 가치관을 가진 사람들이 서로를 지지하고 격려하는 공간이다. 이러한 커뮤니티에서는 신뢰를 기반으로 한 리더십과 팔로워십이 발전하며, 각자의 장점을 활용해 서로의 성장을 도모한다.

인간은 기본적으로 사회적 존재로, 혼자서는 존재의 의미를 완전히 발휘할 수 없다. 뇌과학 연구에 따르면, 복잡한 문제를 해결할 때 전두엽(prefrontal cortex)이 활성화되며, 이는 집중적인 사고를 요구하는 작업에서 특히 두드러진다. 반면, 휴식을 취할 때는 뇌의 디폴트 모드 네트워크(default mode network)가 활성화되어 사회적 상황을 반영하고 타인과의 관계를 고려한다. 이러한 뇌의 활동은 사회적 상호작용을 통해 에너지를 얻고, 문제를 해결하고 성장할 수 있다는 것을 보여준다.

이러한 배경을 바탕으로, 인맥훈련과 '독수리 오형제'의 개념은 서로를 지지하고 발전시킬 수 있는 사회적 네트워크의 중요성을 강조한다. 서로의 경험과 지식을 공유함으로써 개인은 더 넓은 시각으로 문제에 접근할 수 있으며, 이는 결국 집단 전체의 발전으로 이어진다. 따라서, 강력한 인간관계를 구축하는 것이 개인과 집단 모두에게 중요한 역할을 한다.

인간의 사회적 상호작용이 뇌에 미치는 영향에 대한 연구는 심리학과 신경과학 분야에서 중요한 주제이다. 특히 마커스 라이클(Marcus E. Raichle) 교수의 연구는 주목할 만하다. 라이클 교수는 인간이 다른 사람과의 관계를 생각하거나 과거의 사회적 상황을 회상할 때 활성화되는 뇌의 영역인 '기본 모드 네트워크(Default Mode Network, DMN)'를 발견했다.

이 네트워크는 사회적 상호작용을 처리하고 타인과의 관계를 이해하는 데 중요한 역할을 한다. 기본 모드 네트워크는 우리가 쉬거나 명상할 때도 활성화되며, 사회적 사고와 자아 성찰과 관련이 깊다.

레베카 색스(Rebecca Saxe) 교수의 연구는 다른 사람의 마음을 읽는 능력, 즉 '이론 마음(Theory of Mind)'과 관련된 뇌의 부위에 초점을 맞췄다.

색스 교수는 '우측 측두엽 상회(Right Temporo-Parietal Junction, RTPJ)'가 다른 사람의 생각이나 의도를 이해하는 데 어떻게 기여하는지를 연구하였다. 이 뇌 영역의 활동을 통해 우리는 타인의 관점을 이해하고, 그들의 행동 뒤에 있는 의도를 추론할 수 있다. 색스 교수의 연구는 사회적 상황에서 서로를 이해하고 공감하는 데 대한 깊은 통찰을 제공한다.

이러한 연구 결과들은 인간의 사회적 상호작용이 감정적 수준뿐만 아니라 뇌의 구조와 기능에도 깊은 영향을 미친다는 것을 보여준다. 사회적 상호작용은 우리의 사고방식, 감정 처리, 자아인식 등 다양한 면에서 뇌의 작동에 영향을 미치며, 이를 통해 인간의 사회적 본성이 뇌 과학적으로 어떻게 구현되는지에 대한 이해를 얻을 수 있다. 사회적 상호작용과 뇌에 대한 연구는 서로를 이해하고 감정을 공유하며 사회적 존재로서 어떻게 기능하는지에 대한 깊은 통찰을 제공한다.

마커스 E. 라이클 교수와 레베카 색스 교수의 연구는 이 분야에서 중요한 기여를 한 사례이다. 독수리 오형제를 완성하는 것은 리더인 나를 중심으로 강점과 약점을 상호 보완하는 구조이다. 이러한 구조는 팔로우십과 리더십을 효율적으로 결합하여 명확한 목표 지향성과 효율적인 커뮤니케이션을 가능하게 한다. 이 구조에서 좌의정(左意正)과 우의정(右依靜)은 조직의 핵심 전략과 정책을 세우는 데 중요한 역할을 한다.

좌의정은 뜻을 바로잡는 데 도움을 주고, 우의정은 힘들 때 의지하며 마음을 편하게 해주는 역할을 한다. 또한, 좌청용(左聽用)과 우백호(右伯護)는 각각 조직 내부의 결속력 강화와 외부 확장에 중점을 두고 있다. 좌청용은 조직 내 단결과 팀워크를 강화하여 모든 구성원이 하나의 목표로 나아갈 수 있도록 지원하고, 우백호는 외부 자원과 정보를 효율적으로 조직 내로 유입시키는 역할을 한다. 이러한 구조와 역할 분담은 나를 중심으로 한 체계적이고 전략적 접근을 통해 독수리 오형제 네트워크가 강력한 시너지를 발휘하도록 한다.

[인맥생활행동지침]

    인맥은 미시적 의미에서 나를 중심으로 리더십과 팔로워십이 형성입니다. 이러한 네트워크의 기본이 '독수리 오형제(篤首厘五侕俙)'입니다. '독수리 오형제'란 도타운(篤)의 신뢰를 기반으로 리더(首)가 리더십(조력과 지지)과 팔로워십(자문과 추종)으로 영향력(厘)을 행사하여 친구들(五)이 조직 목표를 달성(侕)할 수 있게 도움을 주고받는 리더스 클럽(俙)입니다. 독수리 오형제의 완성을 위해서는 좌의정(左意正)은 뜻을 바로잡을 수 있는 사람, 우의정(右依靜)은 힘들 때 의지하고 편히 쉴 수 있게 도와주는 사람, 좌청룡(左聽用)은 귀담아 들을 수 있게 조언해주는 사람, 우백호(右佰護)는 나를 맏형처럼 보호해주는 사람의 네트워크를 구축하는 것이 그 출발점이 됩니다.

당신의 뇌를
리더십의 무기로 만들기

MODULE
06

최적화 했을 때 얻을 수 있는 강력한 효과

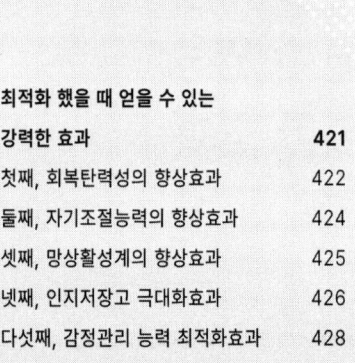

최적화 했을 때 얻을 수 있는
강력한 효과 421
첫째, 회복탄력성의 향상효과 422
둘째, 자기조절능력의 향상효과 424
셋째, 망상활성계의 향상효과 425
넷째, 인지저장고 극대화효과 426
다섯째, 감정관리 능력 최적화효과 428
여섯째, 표상적 사고력 향상효과 429
일곱째, 작업 기억력 향상효과 431

MODULE 06

최적화 했을 때 얻을 수 있는 강력한 효과

 뇌 최적화는 정보 처리와 학습 효율을 넘어 복잡한 인지 기능과 리더십 능력을 강화하는 데 중요한 역할을 한다. 이를 통해 조직 내 영향력을 높이고, 그룹의 사고와 행동을 이끌어 강력한 이념을 전파할 수 있다.

 첫째, 뇌 최적화는 리더의 의사결정 능력을 향상시킨다. 연구에 따르면, 의사결정에는 여러 뇌 영역이 관여하며, 이들 기능을 향상시키면 리더는 더 신중하고 효과적인 결정을 내릴 수 있다. 둘째, 문제 해결 능력을 강화하는 데 기여한다. 창의성, 분석력, 통합적 사고는 뇌 최적화를 통해 향상될 수 있다.

 셋째, 대인관계 능력을 증진시켜 긍정적이고 효과적인 관계를 형성하는데 도움을 준다. 넷째, 리더의 영향력과 추진력을 강화하여 조직 구성원들에게 더 큰 영향력을 발휘할 수 있게 한다. 마지막으로, 전략적 사고 능력을 제고하여 미래 지향적인 결정을 내릴 수 있도록 한다.

 종합적으로, 뇌 최적화는 리더십에 필요한 다양한 핵심 역량을 향상시켜, 리더가 조직과 구성원에게 효과적으로 영향력을 발휘하도록 돕는다. 뇌의 최적화 상태를 시각적으로 확인하기 위해, 우리는 13주 동안 NRP(신경망재설계)의 8가지 습관 훈련을 실시하며, 매월 뇌파 검사를 통해 상태를 모니터링한다. 뉴로리더십 프로그램은 신경가소성 원리를 활용하여 뇌가 새로운 정보를 받아들이고 변화할 수 있음을 기반으로 한다.

NRP의 훈련은 리더십 역량, 집중력, 의사결정 능력, 감정 조절 등을 강화하며, 뇌파 검사는 훈련 효과를 정량적으로 평가하는 도구이다. 이를 통해 개인의 뇌 활동 패턴을 분석하고 최적화할 수 있다.

결론적으로, NRP의 훈련과 뇌파 검사를 통한 모니터링은 개인의 리더십 능력과 생산성을 향상시키는 데 효과적이다. 13주 동안 집중적으로 진행되는 NRP의 목표는 '333클럽'에 도달하는 것으로, 이는 휴식력, 주의력, 집중력이 각각 30 이상의 수준에 도달해 뇌가 최적의 상태에 이르렀음을 의미한다. '333클럽'에 도달하는 것은 개인의 잠재력을 극대화하고, 일상에서의 도전을 효율적으로 극복할 기회를 제공한다. 이를 통해 삶의 질을 개선하고, 더 풍요롭고 만족스러운 삶을 누릴 수 있다.

첫째, 회복탄력성의 향상효과

회복탄력성(Resilience)은 개인이 스트레스, 압박, 실패와 같은 부정적인 상황에서 신속하게 원래 상태로 돌아오거나 이를 성장의 기회로 전환하는 능력을 의미한다. 이는 정신적, 감정적 건강과 삶의 질 향상에 필수적이다.

연구에 따르면, 회복탄력성은 개인의 심리적 안녕감과 긍정적인 삶의 결과에 직접 영향을 미친다. 2013년 연구에서는 회복탄력성이 높은 사람들이 스트레스 상황에서 정서적으로 더 안정적이며, 부정적 상황을 긍정적으로 해석하는 경향이 있음을 발견했다. 이러한 개인들은 어려움 후 더 빠르게 회복하고 개인적 성장을 경험한다. 명상과 같은 마음챙김 실천이 회복탄력성을 개선하는 효과가 있다는 연구도 있다. 정기적인 명상훈련은 스트레스 상황에서 긍정적인 반응을 유도하고 심리적 안정성을 증진시킨다.

따라서 회복탄력성 향상은 개인이 스트레스와 부정적인 상황에 효과적으로 대처하고 성장하는 데 핵심적인 역할을 한다.

미국 작가 엘리자베스 길버트는 저서 "빅 매직"(Big Magic)에서 창조적 삶을 위한 회복탄력성의 중요성을 강조한다.

그녀는 초기 경력 동안 수많은 거절을 겪었으나 이를 극복하고 베스트셀러를 출판하며 세계적으로 인정받는 작가가 되었다. 이는 실패 속에서도 개인적 성장의 기회를 찾는 회복탄력성의 좋은 예다. 리더십의 회복탄력성은 조직이 위기 상황에서 긍정적으로 극복할 수 있는 능력이다. 뉴질랜드 총리 자신다 아던은 크라이스트처치 총기 사건 이후 신속한 대응으로 우수한 리더십을 발휘했다.

기업의 경우, 삼성전자는 반도체 위기를 극복한 대표적인 사례로, 이건희 회장의 리더십 아래 대규모 투자와 기술 혁신을 통해 위기를 기회로 전환했다. 결론적으로, 리더의 회복탄력성은 위기 상황에서 긍정적인 사고와 결단력을 통해 성공적인 리더십을 발휘하는 데 핵심적인 역할을 한다.

따라서 회복탄력성을 향상시키기 위한 방법을 배우고 실천하는 것은 매우 중요하다.

둘째, 자기조절능력의 향상효과

자기조절능력은 행동, 감정, 생각을 스스로 조절하는 능력으로, 장기목표 달성에 필수적이며 전두엽 피질에서 관리된다. 이 뇌 부위는 계획, 판단, 충동조절 등을 담당하며, 자기조절의 중심지이다.

자기조절 항상성은 스트레스나 감정변화에 대응해 내적 상태를 안정적으로 유지하는 능력으로, 예를 들어 스트레스를 받을 때 호흡 조절이나 마음챙김명상을 통해 자신을 진정시키는 것이 이에 해당한다.

자기조절 능력을 향상시키는 방법 중 하나는 목표 설정과 계획 수립이다. '매일 맨발 걷기'와 같은 구체적인 목표를 세우면 행동이 더 목표 지향적으로 된다. 또한, 자신의 행동, 감정, 생각을 지속적으로 관찰하는 자기 모니터링이 중요하며, 부정적인 감정을 긍정적으로 전환하는 감정조절 기술을 개발하는 것도 효과적이다.

환경을 변화시켜 유혹과 방해 요소를 최소화하고 긍정적인 행동을 장려하는 것도 도움이 된다. 마지막으로 긍정적인 자기대화를 통해 자신감을 높이고 부정적인 생각 패턴을 바꾸는 것이 중요하다. 자기조절능력은 타고나는 것이 아니라 개발할 수 있는 기술로, 의식적인 노력과 실습을 통해 누구나 향상시킬 수 있으며, 이는 개인의 성공과 행복에 중요한 요소이다.

박병운 박사의 뇌파검사 설명은 뇌의 건강과 기능 평가에 대한 통찰을 제공한다. 자기조절능력의 중요성을 강조하며, 뇌가 다양한 상황에 적응하고 최적의 성능을 발휘하는 방법을 이해할 수 있게 한다. 뇌파 검사 데이터는 뇌가 다양한 기본 상태를 효율적으로 관리하는 방법을 보여준다. 자기조절지수는 개인의 심리적, 사회적, 직업적 효능감에 큰 영향을 미치며, 자기조절 능력이 높은 개인은 안정적이고 침착한 행동을 보인다.

또한, 주의조절력과 사회성은 전두엽과 두정엽의 상호작용으로 조절되며, 집중력은 다양한 뇌 영역의 협응에 의해 발현된다. 박병운 박사의 설명은 뇌 건강과 자기조절 능력의 중요성을 명확히 하며, 이를 통해 개인의 성격, 심리상태, 생활태도, 업무능력이 어떻게 영향을 받는지를 상세히 설명한다.

자기조절지수를 통한 이해는 뇌 건강을 유지하고 개선하는 방법에 대한 중요한 통찰을 제공하여, 심리적, 사회적, 직업적 능력 향상의 기초가 된다.

셋째, 망상활성계의 향상효과

망상활성계(Reticular Activating System, RAS)는 뇌간에 위치한 중요한 구조물이다. 우리가 각성 상태에 있을 때, 즉 주변 환경에 주의를 기울이며 깨어 있을 때 핵심적인 역할을 한다. 이 시스템의 기본적인 기능은 각성 상태를 유지하고 주의 집중력을 향상시키는 것이다. 이는 우리가 일상생활에서 수행하는 다양한 활동과 밀접하게 관련되어 있다.

망상활성계는 두 가지 주요 기능을 수행한다. 첫째, 깨어 있을 때 활성화되어 각성 상태를 유지하는 데 중요한 역할을 한다. 이는 뇌에 지속적으로 자극을 보내어 우리가 환경에 반응할 수 있게 한다. 둘째, 뇌파검사에서 주의조절지수를 통해 구체적인 상태를 파악할 수 있다. 특정 자극이나 활동에 집중해야 할 때, 망상활성계는 뇌의 다른 부분과 협력하여 그 자극이나 활동에 더 잘 집중할 수 있게 돕는다.

뇌 영상 연구, 예를 들어 기능적 자기공명영상(fMRI)을 사용한 연구에서는 망상활성계의 활성화를 직접 관찰할 수 있었다. 이러한 연구들은 각성 및 주의 조절에서 망상활성계의 중요한 역할을 입증한다.

현재 우리가 살고 있는 디지털 시대에는 인터넷과 소셜 네트워크 서비스(SNS)를 통해 접하는 정보의 양이 상상을 초월한다. 이러한 정보의 범람은 사용자들에게 끊임없이 새로운 자극을 제공하며, 이는 우리의 인지 능력에 상당한 영향을 미친다.

특히, 이런 환경 속에서 우리가 마주하는 도전 중 하나는 주의력의 결핍이다. 정보의 바다 속에서 정말 중요한 정보를 식별하고, 그에 집중하는 일은 점점 더 어려워지고 있다. 또한, 일상적으로 다양한 감정적 자극에 노출되면서 감정조절능력 또한 중요한 이슈로 떠오르고 있다.

이와 관련하여, 전기생리학적 연구 방법인 EEG(뇌파검사)를 활용한 연구들은 망상활성계의 중요성을 강조한다. 망상활성계의 활동과 우리 몸의 각성수준 사이에는 밀접한 연관성이 있으며, 이는 우리가 얼마나 잘 집중하고, 반응하며, 학습할 수 있는지에 큰 영향을 미친다.

결론적으로, 망상활성계는 우리의 뇌에서 매우 중요한 역할을 수행하며, 외부환경에 대한 우리의 반응, 주의력, 학습능력, 일상 활동의 수행 등에 필수적인 요소이다. 신경과학의 최신 연구는 망상활성계의 역할과 기능에 대한 깊은 이해를 가능하게 하며, 정보의 홍수 속에서도 우리가 어떻게 주의력과 감정조절능력을 향상시킬 수 있는지에 대한 실질적인 통찰을 제공해준다.

넷째, 인지저장고 극대화효과

인지저장고 극대화는 우리가 받아들인 정보를 더 효율적으로 처리하고 기억하는 능력을 향상시키기 위한 전략이다. 이 전략은 특히 정보를 장기 기억에 효과적으로 저장하고, 필요할 때 쉽게 꺼내 쓸 수 있도록 하는 데 중점을 둔다. 이를 통해 우리는 학습한 내용을 장기 기억으로 저장하고 치매 예방의 효과를 누릴 수 있다.

분산 학습 방법을 적용하면, 정보를 한 번에 많이 학습하기보다는 여러 번에 걸쳐 조금씩 학습함으로써 정보를 장기 기억으로 전환하는 데 도움이 된다. NRP 학습법에서는 13주 100일간 목표를 정하고 반복함으로써 더 깊이 이해하고 기억할 수 있다. 또한 새로운 정보를 기존 지식과 연결하는 연상 기법을 활용하면, 복잡한 정보를 더 쉽게 기억하고 오래 보존할 수 있다.

학습한 내용을 자신의 말로 다시 설명하는 공감토론 방법도 학습 효율을 높인다. 이 방법은 학습자가 내용을 더 깊이 이해하고 자신의 지식 체계에 통합하도록 돕는다. 정기적인 복습 또한 정보를 장기 기억에 견고하게 저장하는 데 중요하다.

이러한 전략들을 통합적으로 적용하면, 우리는 학습한 정보를 더 잘 기억하고 오랫동안 기억할 수 있어 학습 효율성을 크게 높일 수 있다. 정보의 홍수 속에서 중요 정보를 효과적으로 필터링, 기억, 활용하는 능력이 중요해지는 현대 사회에서 인지저장고 극대화 전략은 필수적이다.

연구에 따르면 정보를 시간을 두고 여러 세션에 걸쳐 배울 때 장기 기억에 더 효과적이며, 이는 분산 학습의 효과성을 과학적으로 뒷받침한다.

또한 새로운 정보를 기존 지식에 연결하는 연관 학습 기법이 기억력 향상에 도움이 된다.

신경과학자들의 연구는 뇌의 특정 영역이 정보 처리와 저장에 중요한 역할을 한다는 것을 보여준다. 노트르담 수녀들의 뇌 기증 사례는 평생 학습과 지적 도전이 뇌 건강 유지에 필수적임을 보여준다. 이는 신경 가소성을 통한 뇌 기능 향상의 가능성을 시사한다. 저자가 제안한 NRP 8가지 습관 훈련 중 맨발걷기와 오디오북 듣기 병행은 지속적이고 반복적인 학습을 통한 인지적 기억력 향상의 혁신적인 방법이 될 것이다.

다섯째, 감정관리 능력 최적화효과

자신의 감정을 알아차리고 적절히 표현할 수 있게 되면, 타인의 감정을 공감할 수 있게 된다. 이는 매우 중요한 능력으로, 이를 통해 원활한 의사소통과 협력이 가능해진다. 감정을 잘 파악하고 표현하며 조절하는 능력은 단순히 감정을 표출하는 데 그치지 않고, 다른 사람의 감정을 이해하고 그에 맞춰 대응하는 능력까지 포함된다. 이를 통해 갈등 상황에서도 차분히 대응할 수 있게 되어 신뢰로운 관계를 형성할 수 있다.

예를 들어, 직장에서 동료와의 갈등이 발생했을 때, 차분하게 자신의 감정을 전달하고 상대방의 입장을 공감하며 수용하는 태도는 갈등을 해결하고 더 나은 협력 관계를 구축하는 데 큰 도움이 된다. 이러한 태도는 상대방에게 신뢰감을 주고, 서로의 입장을 이해함으로써 다음과 같은 효과를 기대할 수 있다.

① 자아실현과 성장 도모: 자신의 감정을 잘 다루는 사람은 자신의 내면을 더 잘 이해할 수 있으며, 이를 통해 자아실현과 성장을 도모할 수 있다. 신경과학 연구에 따르면, 자신의 감정을 잘 조절할 수 있는 사람은 전전두엽 피질 활성화가 높아 자기인식과 자기조절 능력이 뛰어나며, 이는 자아실현과 성장에 긍정적인 영향을 미친다.

② 직업적 성공과 리더십 발휘: 감정을 적절히 표현하고 타인의 감정을 이해하는 능력은 직장에서의 성공과 리더십 발휘에 중요한 역할을 한다. 메타분석연구에 따르면, 감성지능이 높은 사람은 직무 성과, 리더십, 조직 몰입 등에서 더 뛰어난 것으

로 나타났다.

③ 신체적 건강 증진: 스트레스 관리와 같은 감정 조절 능력은 신체 건강에 긍정적인 영향을 미친다. 심리학 연구에 따르면, 감정 조절 능력이 높은 사람은 스트레스 호르몬 수준이 낮고 면역 기능이 더 좋은 것으로 나타났다.

④ 핵심정서의 변화: 감정 관리를 통해 긍정적인 핵심정서(기본 정서)가 강화될 수 있다. 뇌과학 연구에 따르면, 긍정적 정서 처리와 관련된 뇌 영역의 활성화가 높을수록 주관적 웰빙이 높은 것으로 나타났다.

이처럼 감정관리 능력을 최적화하면 심리적, 대인관계적, 직업적, 신체적 측면에서 다양한 긍정적인 효과를 누릴 수 있다. 감정을 잘 다루는 사람은 보다 행복하고 성공적인 삶을 살아갈 수 있다. 이는 단순한 감정 조절의 차원을 넘어, 전반적인 삶의 균형과 조화를 이루는 데 기여한다. 감정 관리 능력은 개인의 내면적 평화와 외부 환경과의 조화를 통해 더 나은 삶을 추구하는 데 필수적인 요소이다.

여섯째, 표상적 사고력 향상효과

표상적 사고력은 마음속에서 이미지나 상징을 통해 개념이나 사물을 표현하고, 이를 활용하여 문제를 해결하거나 새로운 아이디어를 창출하는 능력을 의미한다. 이러한 사고력은 추상적인 개념을 구체적인 이미지로 변환해 이해하고 기억하는 과정과 밀접하게 연관되어 있으며, 창의적 사고에 핵심적인 역할을 한다. 뇌 과학적으로 볼 때, 표상적 사고력과 관련된 뇌의 영역은 주로 우뇌에 위치해 있다. 특히, 시각적 정보 처리에 중요한 후두엽과 창의력 및 상상력과 관련된 측두엽 영역이 이 능력에 중요한 역할을 한다.

이와 관련된 연구들은 시각적 이미지를 활용한 학습이 창의적 문제 해결 능력과 어떤 상관관계가 있는지 조사해왔다. 예를 들어, 시각적 이미지 훈련을 받은 사람들이 그렇지 않은 사람들보다 창의적 문제 해결에서 더 우수한 결과를 보인다는 연구결과도 있다.

특히 표상적 사고력은 조직 내에서 혁신과 창의적 문제 해결에 중요한 역할을 한다. 이러한 사고 방식은 복잡한 문제를 보다 명확하고 이해하기 쉬운 형태로 단순화하여, 조직 구성원들이 새로운 관점에서 접근할 수 있도록 도와준다. 또한, 팀원들이 서로 다른 아이디어를 시각적으로 공유하고 통합함으로써, 보다 효과적인 의사소통과 협업을 촉진할 수 있다.

표상적 사고력은 리더가 조직의 비전과 목표를 명확하고 강력하게 전달하는 데 도움을 줄 수 있다. 시각적 이미지나 메타포를 사용하여 복잡한 아이디어나 전략을 설명함으로써, 구성원들의 이해도를 높이고 동기를 부여할 수 있다. 이는 리더가 팀의 창의성과 혁신을 이끌어내는 데 필수적인 요소이다. 표상적 사고력을 강화하는 방법은 다양하다.

시각적 예술 활동에 참여하는 것, 마인드맵과 같은 시각적 도구를 활용하여 정보를 정리하는 연습, 뉴로피드백 훈련에서 시각적 이미지를 활용한 게임이나 명상 훈련 등이 도움이 될 수 있다. 이를 통해 개인과 조직 모두에서 표상적 사고력을 강화할 수 있으며, 창의적 문제 해결, 효과적인 의사소통, 강력한 리더십 역량 등의 발전을 기대할 수 있다.

일곱째, 작업 기억력 향상효과

작업 기억력은 새로운 정보를 일시적으로 저장하고 처리하는 인지기능으로, 일상생활에서 학습, 의사결정, 문제해결에 필수적이다. 신경과학적 증거에 따르면, 작업 기억은 주로 전두엽과 측두엽에 위치한 뇌 영역에서 활성화된다. 이러한 뇌 영역은 정보를 일시적으로 저장할 뿐만 아니라 그것을 조작하고 처리하는 역할을 한다.

작업 기억력을 향상시키는 대표적인 인지훈련 프로그램으로는 '이중 n-back 훈련'과 '체계적 반복 학습'이 있다. 이중 n-back 훈련은 작업 기억력과 집중력 향상을 위한 방법이다. 이러한 훈련은 뉴로피드백 훈련에서 활용되고 있으며, 뉴로피드백을 통해 뇌 영역을 자극하고 특히 기억력훈련은 작업 기억력 용량 향상에 도움이 된다.

조직 내에서 향상된 작업 기억력이 가져올 수 있는 이점은 다음과 같다. 첫째, 의사결정 능력이 향상된다. 작업 기억력이 뛰어난 직원들은 필요한 정보를 더 잘 저장하고 처리할 수 있어, 복잡한 상황에서 빠르고 효과적인 결정을 내릴 수 있다.

둘째, 학습 능력이 향상된다. 새로운 정보를 효과적으로 처리하고 기억하는 능력이 개선되면, 직원들은 더 빨리 새로운 기술과 지식을 습득할 수 있다. 셋째, 문제 해결 능력이 향상된다. 작업 기억력은 문제 해결 과정에서 중요한 역할을 하며, 직원들은 복잡한 문제를 분석하고 해결책을 모색하면서 동시에 다양한 정보를 기억하고 결합할 수 있다.

조직에서는 뉴로리더십 프로그램 도입과 신경망 재설계 과정을 통한 8가지 습관화 훈련을 실시함으로써 직원들의 작업 기억력을 극대화할 수 있다. 또한 직원들의 정신 건강 지원, 충분한 휴식과 영양 보장 등을 통해 작업 기억력을 향상시킬 수 있다. 이러한 접근 방식은 직원들의 작업 기억력을 개선하여 조직의 생산성과 효율성을 증가시킬 수 있다.

이 과정에서 리더의 역할과 직원 교육이 매우 중요하다. 리더는 관련 프로그램과 지원 체계를 도입하고, 직원들의 참여를 독려해야 한다. 또한 긍정적인 조직 문화를 조성하여 직원들의 정신건강과 웰빙을 중시하도록 해야 한다. 직원 교육을 통해 직원들이 작업 기억력의 중요성을 이해하고 개인의 능력을 향상시킬 수 있는 방법을 배우도록 하는 것도 중요하다.

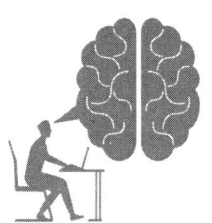

주

1) Rodolfo Liinis 꿈꾸는 기계의 진화(국내번역) 89-107p

2) Bear, Mark F. Barry W. Connors, Michael A. Paradiso (2006). 《Neuroscience:

3) Exploring the Brain》. Lippincott Williams & Wilkins

4) 뉴로리더십에서는 아세틸콜린 체질로 구분하고 있음

   M.R Rosenzweig, D. E. E. Benner, and M. C. Diamond, 1962. Effects of environmental complexity and training on brain chemistry and anatomy: A replication and extension. journal of comparative physiological psychology, 55:pp 429~437:M, J. Renner and Rosenzweig, 1987. p. 13.

5) The Brain That Change Itself(국내번역 기적을 부르는 뇌) 69:p.

6) 빅맨 14p.

7) [네이버 지식백과]

8) 박문호 "뇌 생각의 출현".

9) 박문호 "뇌 생각의 출현".55p

10) 박문호 "뇌 생각의 출현" 56p

11) 로버트 세폴스키의 인간의 행동을 좌우하는 기생생물

12) 로버트 세폴스키의 인간행동을 좌우하는 기생생물

13) 톡소포자충(Toxoplasma gondii)은 고양이를 종숙주로 하는 기생충이다. 고양이 배설물을 통해 외부로 퍼지며, 고양이 배설물의 접촉 외에도 오염된 야채, 과일, 흙이나 감염된 돼지, 양고기를 덜 익혀 먹을 때 인체에 감염된다. 인체에 감염되면 망막변성, 뇌수막염, 림프절염 등을 일으킬 수 있으며, 임산부가 감염될 경우에 태아가 수두증에 걸리거나 시력 상실을 일으키거나 유산될 수 있다

14) 스탠퍼드대학교 신경생물학자 로버트 새폴스키(Robert Sapolsky)가 밝힌 원생동물의 이야기에서 리더십이야기를 살펴본다. 물론 저자는 리더십이론으로 밝힌 것은 아니지만 인간만이 유일하게 리더십을 발휘할 것이라는 우리의 생각이 우리들만의 착각이라는 사실이다.

15) 에릭R브레이브멘의 뇌체질 사용설명서 참조(국내번역)

16) 뇌체질 사용설명서

17) 자연선택은 다윈(C. Darwin)이 처음 제기한 이론으로서 다윈이 주창한 진화론에 있어서 가장 핵심이 되는 부분이다. 다윈은 그의 저서 《종의 기원(The Origin of Species)》에서, 부모가 가지고 있는 형질이 후대로 전해져 내려올 때 자연선택을 통해서 주위 환경에 보다 잘 적응하는 형질이 선택되어 살아남아 내려옴으로써 진화가 일어난다고 주장하였다. 생물 개체는 같은 종이라도 환경에 적응하여 여러 가지 변이(variation)가 나타나게 되는데, 이 변이 중에서도 자신의 생존과 번식에 유리한 변이를 선택하여 후대로 전해준다는 것이다. 네이버지식백과

18) 네이버 지식사전

19) 빅맨 153P.

20) http://blog.naver.com/panem/70149934848.

21) Ohman and Mineka(2001),

22) 뇌 생각의 출현 박문호

23) 빅맨 229P.

24) 네이버 인물한국사 인용

25) 진화심리학 558P.

26) 빅맨 104p.

27) 서울신문 기사 일부 인용

28) 과학적인 리더십 93p.

29) 일명 혐오중추라 함.

30) 뇌를 알면 공부가 즐겁다(제임스 E. 줄). 119P.

31) Srinivasan S. Pillay

32) 뇌를 경청하라

33) 뇌를 경청하라

34) Goleman, D. and R. Boyatizis, "Social intelligence and the biology of

35) leadership." Harv Bus Rev, 2008. 86(9):P. 74~81, 136. 과학적 리더십P. 77.

36) 데니얼 네틀 성격의 탄생(국내변역) 24p

37) 데니얼 네틀 성격의 탄생(국내변역) 22p

38) 파생적 성격특성은 외향성, 친화성, 성실성, 개방성은 뇌 신경전달물질인 도파민, 아세틸콜린, 가바, 세로토닌과 관련성이 있으므로 이들 성격특성과 뇌체질을 기본적인 뇌의 성격특성으로 본다면 아드레날리과 관련있는 신경성은 파생적 성격특성이라 할 수 있다, 여기서 파생적 성격특성은 저자가 주장하는 것임.

39) 뇌의 성격특성과 뇌 체질에 대한 문헌연구에서 5대 성격특성과 4대 뇌체질을 연결하는 방법은 인간의 뇌에서 분출되는 신경전달물질인 아드레날린이 신경성과 연관

되어 있음을 설명하는 내용이다.

40) 자율신경계는 교감신경계(sympathetic nervous system)와 부교감신경계(parasympathetic nervous system)라는 두 개의 신경계로 다시 나누어지고 교감신경계는 스트레스를 받으면 활성화되면서 아드레날린을 방출하고. 반면에 스트레스가 감소하면 부교감신경계가 작동하면서 심리적 안정감을 주는 호르몬이 방출한다.

41) 켑은 1979년 연구에서 편도체의 중심핵을 손상시키면 공포조건화를 방해한다는 첫 번째 연구결과를 발표했다. 그 이후의 연구들은 편도체 줌심햇이 공포조건화에 중요한 구조임을 보여주기 위해 자극, 추적, 싱경활동 기록기법 등을 이용하였다.(조셉 루드 느끼는 뇌 국내번역 242p주석)

42) 조셉 루드 느끼는 뇌 국내번역 218p

43) 브레이버 맨 뇌 사용설명서 국내변역 47p

44) 브레이버 맨 뇌 사용설명서 국내번역 59p

45) [네이버 지식백과] 도파민 [dopamine] (시사상식사전, 박문각)

46) [네이버 지식백과] 아세틸콜린[acetylcholine] (두산백과)

47) 브레이버 맨 뇌 사용설명서 국내번역 210-211p

48) [네이버 지식백과] 세로토닌 [serotonin] (시사상식사전, 박문각)

49) 브레이버 맨 뇌 사용설명서 국내번역 66p

50) 333클럽이라 함은 BQ검사에서 자기조절능력이 휴시력 30점이상 주의력 30점 이상, 집중력30점 이상이면서 100점을 초과하는 점수를 가졌을때를 말하며, 최대편차가 5점 이하일 때이다.

51) 뉴로 셀 이북 434-440p

52) Matthew D. Liberman의 사회적뇌(국내번역)55p

53) Matthew D. Liberman의 사회적뇌(국내번역)56p

54) Matthew D. Liberman의 사회적뇌(국내번역)36p

55) Dunbar. R. I. M(1998) The Social brain hypothesis. Matthew D. Liberman의 사회적뇌(국내번역)38p

56) Matthew D. Liberman의 사회적뇌(국내번역)240p

57) Mark van Vugt, Ahuja(2010) SELECTED(빅맨;국내번역)309p

58) Mark van Vugt, Ahuja(2010) SELECTED(빅맨;국내번역)310p

59) Mark van Vugt, Ahuja(2010) SELECTED(빅맨;국내번역)311-312p

60) Mark van Vugt, Ahuja(2010) SELECTED(빅맨;국내번역)310p

61) 공감의 시대, 제러미 리프킨(Jeremy Refkin)658p

62) Michael S. Gazzaniga, 뇌로 부터의 자유 109p

63) Rodolfo Llinas 꿈꾸는 기계의 진화 27p

64) Mark van Vugt, Anjana Ahuja (2010) why Some People, Why Others Follow, and Why It Matters,(국내번역 빅맨) 39p

65) 선택인지형리더십원형이란 인간의 대뇌피질에 존재하는 인지적 능력을 활용하여 인간특유의 다양화된 리더십 모형을 사용한다. 즉 개인적 성향에 따라 가공할 만한 독재자 리더십을 발휘하는 경우도 있고, 상상을 초월하는 인간성을 발휘하는 서번트 리더십을 발휘하기도 하는 등 다양한 리더십 능력을 발휘하는 것을 저자는 선택인지형리더십원형이라 하였다.

66) 만틴 셀리그만 긍정심리학, 64-65p

67) http://blog.naver.com/5for10/220152304621

68) 성취욕구 [成就欲求, need for achievement] (행정학사전, 2009.1.15, 대영문화사)

70) Divid bass, 진화심리학(국내번역)529-533p

71) Roobert l, Goulding Changing Lives Through Re-decision Therapy(재결단치료법 국내번역)49p

72) 데니얼 네틀 성격의 탄생(국내번역)144-145p

73) 무력증 [asthenia, 無力症] (두산백과)

74) BQ진단 피드백자료인 자기조절지수에서 나타나는 결과

에필로그

뉴로리더십의 여정을 마무리하며, 저자는 뤼튼AI의 교정과 퇴고 지원에 깊은 감사를 전합니다. AI의 탁월한 독해력과 정확하고 신속한 교정 및 퇴고 능력에 감사드립니다. 또한 이 책의 기반이 된 세계적인 신경과학자들의 선구적인 연구에도 감사의 마음을 표합니다.

특히 새벽마다 일어나 뉴로리더십 원고를 작성하는 저자를 지켜보며 헌신적으로 지원해 준 아내 최금숙님께 진심어린 감사의 인사를 드립니다. 이 책이 세상에 나오기까지 아내의 도움이 있었기에 가능했다는 것을 깊이 인정하며, 이 자리를 빌어 아내에게 깊은 감사의 마음을 전합니다.

-저자의 제안을 수용해서 창원대학교 재학생들에게 '차세대 뉴로리더십' 과정을 NCS(국가직무능력표준) 과정에 적용하여 3년간 실증적 연구를 지원하고, 뉴로리더십 성과를 입증하는 논문을 직접 학계에 발표하신 김수진 교수님께 깊이 감사드립니다. 교육과정 운영에 헌신적인 도움을 주신 김진이 뇌

과학 박사와 딸 이미영, 막내 동생 이영숙 선생님들께도 깊은 감사의 말씀을 드립니다. 특히 뉴로리더십을 뇌 과학적으로 입증할 수 있게 "BQ(Brain Quotient)"를 제공하여 사전 사후 성과를 과학적으로 분석할 수 있게 해주신 세계 최초 휴대용 뉴로하모니 S20 개발자이신 파낙토스 박병운 박사님과 한결같은 마음으로 지원해주신 부사장님께도 깊은 감사를 드립니다.

저자는 다양한 실증연구와 입증을 위한 뉴로리더십 강사양성과정을 직접 진행하며 많은 분들의 도움을 받았습니다. 김기진 대표님, 김만수 선생님, 빅철순 선생님, 정다겸 선생님, 오재훈 선생님, 김정숙 선생님, 임동구 박사님 등 많은 분들이 참여해 주셨습니다. 대구에서는 윤정숙 본부장님께서 교육장을 제공하고, 조현섭 선생님, 배종희 선생님 등 많은 분들이 함께 13주 교육과정 실증연구에 참여해 주시고 마지막 교정까지 정성을 다해주신 도정석, 박감운 선생님께 감사드립니다.

특히 이 책이 탄생하기까지 많은 기업에서 뉴로리더십 교육을 진행했는데, 그중 현대모비스에서 고동록 (전)이사님께서 전 사원 대상 뉴로리더십 기반 조직활성화 교육을 적극 지원해 주셨습니다. 당시 교육에 참여했던 직원들 중 일부는 재교육을 받기도 하였습니다. 김만수 선생님, 이종택 선생님, 구경임 선생님, 지호진 선생님, 남상구 선생님, 민경자 박사님, 이차연 선생님 등 많은 분들께서 과정 진행에 적극적으로 도움을 주셨습니다. 이렇게 다양한 이들의 도움과 지원 속에서 완성된 이 책이 독자 여러분의 뉴로리더십 여정에 큰 도움이 되고, 함께 성장하고 변화하는 여정을 떠나시길 바랍니다.

끝으로 뉴로리더십 책의 출판을 위해 '영혼의 숲' 출판사 관계자 여러분의 헌신적인 노력에 감사드립니다.

뉴로리더십[24유형진단]과 [포스리더십역량과 파워리더십역량] 등 다양한 진단도구를 https://band.us/@neuroleadership에서 다운받아 사용하실 수 있고, 이 밴드에서 저자와 질의응답을 받으실 수 있습니다.

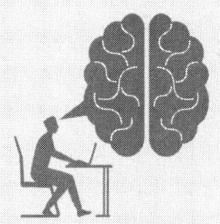

당신의 뇌를 최적화하라
뇌가 바뀌면 운명이 바뀐다

뇌가 바뀌면 운명이 바뀐다

저 자 | 이종훈
초판인쇄 | 2024년 11월 11일
초판발행 | 2024년 11월 20일

펴낸곳 | 도서출판 영혼의 숲
펴낸이 | 허광빈
편집디자인 | 정원식

편 집 | 서울특별시 중구 퇴계로 187 국제빌딩 206호
주 소 | 서울특별시 은평구 통일로 53길 9-15
전 화 | 02) 2263-0856
모바일 | 010-6770-6440
E-mail | booksyhs@naver.com

ISBN : ISBN: 979-11-90780-20-9(03190)

가격 : 18,000원

* 이 책의 저작권은 저자와 도서출판 영혼의 숲에 있습니다.
  무단전재와 복제를 금하며 잘못된 책은 교환해 드립니다.
* 저자와 협의로 인지는 생략합니다.

> 이 도서의 국립중앙도서관 출판예정도서목록(CIP)은 서지정보유통지원시스템 홈페이지(http://seoji.nl.go.kr)와 국가자료종합목록시스템(http://www.nl.go.kr/kolisnet)에서 이용하실 수 있습니다.
> (CIP제어번호 : ISBN: 979-11-90780-20-9(03190))